Zeitgeschichte

Zeitgeschichte
Ullstein Buch Nr. 33008
im Verlag Ullstein GmbH,
Frankfurt/M – Berlin

Ungekürzte Ausgabe

Umschlagentwurf:
Hansbernd Lindemann
Die Lagekarte zeichnete
August Eigener
nach Angaben des Verfassers
Alle Rechte vorbehalten
Mit Genehmigung der
Gerhard Stalling AG,
Druck und Verlagshaus, Oldenburg
© 1960 by Gerhard Stalling Verlag
Oldenburg (Oldb) und Hamburg
Printed in Germany 1987
Gesamtherstellung:
Ebner Ulm
ISBN 3 548 33008 8

Juli 1987
122.–124. Tsd.

Vom selben Autor
in der Reihe der
Ullstein Bücher

Die Wüstenfüchse (33020)
Unternehmen Barbarossa (33017)

Paul Carell.

Sie kommen!

Der deutsche Bericht über die Invasion
und die 80tägige Schlacht um Frankreich

Zeitgeschichte

VORWORT DES VERFASSERS

Ein Chronist von Siegen zu sein, ist eine dankbare Aufgabe. Aber über einen Feldzug berichten, an dessen Ende eine kriegsentscheidende Katastrophe steht, das ist eine leidige Sache. Die Verführung ist groß, sich entweder an den verlorenen Schlachten vorbeizudrücken, oder zwischen Sinnlosigkeit und Schuldfragen zu wüten.

Das will der Verfasser nicht. Er will berichten, wie es wirklich war. Möglichst genau. Aus Erlebnisberichten und aus Dokumenten. Und alles zusammengeschaut für eine breite Schicht interessierter Leser.

Das war nur möglich dank der Hilfe von ein paar Hundert freiwilligen Mitarbeitern — vom einfachen Landser bis zum Armeeführer —, die in dem unerbittlichen Drama an einem bestimmten Platz standen. Ihnen allen hat der Verfasser zu danken: für ihre Berichte, ihre zur Verfügung gestellten Aufzeichnungen und kriegsgeschichtlichen Arbeiten, für die über alle Wirren geretteten Gefechtsskizzen, Originalbefehle und Lagepläne. Vieles wurde auf diese Weise auch für die Kriegsgeschichte ans Licht gebracht. Manche strittige Frage geklärt.

Meinungen und Urteile mancher Mitarbeiter über einzelne Vorgänge des Feldzuges waren mitunter verschieden. In einem aber herrschte zwischen Verfasser, Mitarbeitern und Ratgebern stets volle Einmütigkeit: sich immer nur von der Frage leiten zu lassen, wie es wirklich war und warum es so war.

Paul Carell

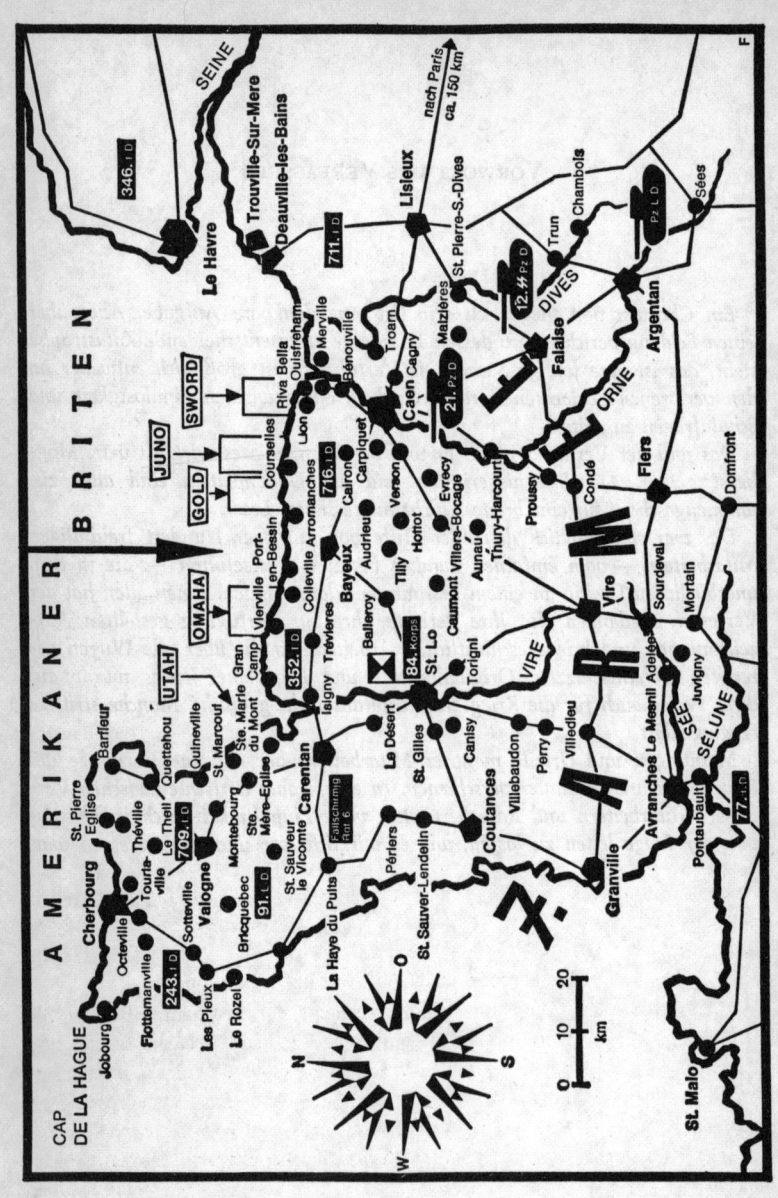

I

HANGEN UND BANGEN

Schlechtes Wetter

Es ist Sonnabend, der 3. Juni 1944. Der Oberfeuerwerker Günter Witte liegt im Dünengras an der Atlantikküste der Normandie und sucht mit dem Fernglas den Himmel ab. Die Mittagssonne ist verhangen. Trotzdem ist es warm, wie es sich Anfang Juni für die Cotentin-Halbinsel gehört. Aber es kommen Wetterwolken auf. Mit den schönen, sonnigen Tagen scheint's vorbei zu sein.

Die lange Atlantikdüne rauscht. Dazwischen knallen Hammerschläge. Ein Kommando vom Heeresküstenartillerieregiment 1262 baut vor Rozel ein französisches Beutegeschütz ein.

»He, Witte, was macht die Jagd?« ruft der Leutnant Wollschläger zur Düne hinauf. »Kein Glück heute«, antwortet der Oberfeuerwerker. Im gleichen Augenblick aber wirft er das Glas auf sein Krätzchen, das neben ihm liegt. Rollt sich blitzschnell auf den Bauch. Reißt die französische Schrotflinte hoch. Der Doppellauf wandert langsam von rechts nach links. »Peng!« und noch mal »peng!« Ein weißes Knäuel flattert torkelnd zur Erde. Witte läßt die Flinte ins Gras fallen und rennt davon.

»Hast du sie?« rufen sie ihm entgegen, als er nach einer Minute zurückkommt.

»Hier«, lacht der Oberfeuerwerker. »Hier.« Und zeigt seinen Kameraden eine tote Taube. »Ist sie geladen?« fragt Wollschläger.

»Klar, Herr Leutnant, bitte sehr.« Witte hält ihm das Metallröhrchen hin, das er aus dem Gefieder gelöst hat. Er macht es auf. Ein Zettel aus hauchdünnem Reispapier ist drin. Darauf stehen lauter Ziffern, Buchstaben und am Schluß eine winzige Zeichnung: ein Fuchs. »Das vorige Mal war's ein Rabe oder eine Elster oder so etwas«, meint Witte. Er hat Erfahrung.

»Bringen Sie das Ding ins Schloß«, befiehlt der Leutnant. »Beeilen Sie sich.« Und Witte radelt mit dem requirierten Veloziped los, die Straße von les Pieux nach Cherbourg hinauf, zum Regimentsstab im Schlößchen bei Sotteville, um seine erlegte Brieftaube mit der Post für England abzugeben: Post von der geheimen Agentenfront in Frankreich für den englischen Geheimdienst. Post, mit der die Feuerstellungen und Bunker verraten werden, welche

7

die Deutschen an der Küste und im Hinterland bauen, die Truppenteile, die in den Dörfern liegen, und alles, was einen Geheimdienst am Feinde interessiert.

Es war an der ganzen nordfranzösischen Küste zum Sport geworden, die fliegenden Postboten abzuschießen. Freilich, man erwischte nur wenige. Ungezählte landeten glücklich in den britischen Schlägen an der Südküste Englands. Von denen, die nicht ankamen, war eine besonders wertvoll. Ihr Ausbleiben kostete viele amerikanische Soldaten das Leben. Wir werden davon noch hören.

Am Montag früh, dem 5. Juni, registrierte der Ic beim 84. Armeekorps in St. Lô, Major Friedrich Hayn, die Meldung der 709. Division über die abgeschossene Brieftaube mit Agentenpost. Er legte das Aluminiumröllchen mit dem chiffrierten Text beiseite, um es General Marcks zu zeigen und dann morgen, also am 6. Juni, mit dem Kurier an die Abwehrzentrale nach Paris zu schicken. Er ahnte noch nicht, daß er »morgen« sehr viel Wichtigeres zu tun haben würde.

Der Major warf einen Blick durch das große Fenster hinüber zur Kathedrale mit ihren majestätischen Türmen. Schaute in den Himmel, der schlechtes Wetter verhieß. Und widmete sich seiner Arbeit: Lagekarten, Luftangriffe, Feindnachrichten. Papier, Papier.

Wie Major Hayn im Hauptquartier des 84. Armeekorps, so studierten die Stabsoffiziere überall in den Schlössern um Paris, in der Bretagne und in der Normandie, drüben in Belgien, am Pas de Calais, in Holland und in Südfrankreich am 5. Juni 1944 die Meldungen und Informationen über Feindeinflüge, Bombardierungen, Nachrichten von den Küstenabschnitten und vom Fortgang der Befestigungsarbeiten. Vor allem aber der Wetterlage galt ihre Aufmerksamkeit. Denn am Wetter hing alles.

Das Wetter war das A und O.

Das Wetter entschied die Frage: Kommen sie, oder kommen sie nicht? Und wegen dieser Frage waren sie ja alle da, die Stäbe, die Generale und die 58 Divisionen westlich des Rheins. Alle warteten sie, alle waren von der einen Frage beherrscht: Wann kommen sie?

Wenn ein General die Frage stellte: »Kann heute eine Feindlandung drohen?« galt der erste Blick seiner Stabsoffiziere der Wetterkarte. Denn zu Schiff mußte der Feind kommen. Und dafür galten bestimmte Gesetze. Bei Windstärken über 4 und Sichtweite unter 3 Seemeilen zum Beispiel war kein Landemanöver zu machen. Und Regen mit tiefhängenden Wolken — nun, das verhinderte jeden Schutz in der Luft, der für eine Landungs-Armada unerläßlich war. Sie würden auch nicht am hellen Mittag angefahren kommen, sondern mit Sicherheit vor Tagesanbruch, um im Schutze der Dunkelheit bis dicht unter die Küste fahren zu können. Das bedeutete, daß im Morgengrauen entweder Ebbe sein mußte oder Flut. Je nachdem, zu welcher Taktik sich General

Eisenhower entschlossen hatte: bei Ebbe oder bei Flut zu landen. Das wußte natürlich niemand. Die deutschen Stäbe neigten allerdings der Meinung zu, er würde bei Flut mit auflaufendem Wasser landen. Einer von vielen Irrtümern.

Wie sah die Wetterlage am 5. Juni 1944 an der Normandieküste aus? Beruhigend. Sehr beruhigend. Wind mit Stärken 5 bis 6. Seegang zwischen 4 und 5. Stark bevölkt. An vielen Stellen Nieselregen. Man hoffte in allen Stäben zwischen Paris und Brest auf eine ruhige Nacht. Bei einer Flasche Chablis oder auch zwei.

Prosit. »A votre santé«, sagen die Franzosen.

Die Posten in den Artilleriestäden, den Stützpunkten und Widerstandsnestern an der langen Küste Nordfrankreichs hatten keinen Chablis. Höchstens einen Calvados, einen Apfelschnaps. Sie blickten aufs nächtliche dunstverhangene Meer und wachten.

In den Mannschaftsbunkern der Seinemündung liegen die Landser auf ihren Pritschen. Es ist heiß und feucht und stickig in diesen modernen Troglodyten-Höhlen. Die Männer palavern. Oder sie drücken Heimweh und Resignation auf echte Soldatenart aus und singen den Schlager der Bunker im Westen, das »Lili Marlen« der Normandie: »Süße kleine Schaffnerin . . .«

120 Kilometer von der Seinemündung entfernt, an der Ostküste der Cotentin-Halbinsel, im Widerstandsnest Nr. 5, liegt ein Zug der 3. Kompanie des Infanterieregiments 919. Der Leutnant Arthur Jahnke geht durch den vordersten Graben auf dem Dünenkopf. Der Posten steht beim Scherenfernrohr.

»Was los?« fragt ihn Jahnke.

»Nichts Neues, Herr Leutnant.«

Jahnke tritt ans Fernrohr. Schaut über den Strand aufs Meer. Die Nacht ist schwarz. Regenwolken hängen vor dem Mond. Dann und wann nur bricht er voll und rund durch ein Wolkenloch. Taucht den Strand und das Land dahinter, mit seinen Hecken, Apfelgärten und Weiden, in fahles Licht. Spiegelt sich für Sekunden im Wasser der überschwemmten Flußtäler. Und verschwindet wieder.

»Bei dem Wetter kommen sie nicht«, sagt der Posten. Der Leutnant nickt. Bei dem Wetter kommen sie nicht! Er klopft dreimal auf die hölzerne Brüstung des Beobachtungsstandes. Und geht zurück ins Steinhaus des Stützpunktes W 5.

»Bei dem Wetter kommen sie nicht«, das war auch das Urteil der Meteorologen.

Der Seekommandant Normandie, Konteradmiral Hennecke, befragte am 5. Juni in Cherbourg den Leiter seiner Wetterwarte am Cap de la Hague eindringlich über die Wetterlage. Er war mißtrauisch, denn die erste Juniwoche war im Hinblick auf den Eintritt von Ebbe und Flut, Mondphase und Großwetterlage für eine Landung günstig. Außerdem hatte der Ortungsoffizier,

Oberleutnant Wesemann, gemeldet, daß in der voraufgegangenen Nacht auffallend starke Bewegungen auf dem Radarschirm gewesen seien. »Könnte auf größere Schiffsansammlungen schließen lassen«, hatte er gemeint. Die Ortung war dann offenbar durch Störung verlorengegangen. Immerhin!

Aber Admiral Hennecke bekam von seinen Wetterfröschen die beruhigende Erklärung: »Die See ist rauh, die Sicht schlecht; es herrscht Windstärke 5 bis 6, der Regen wird sich verstärken. Wahrscheinlich kriegen wir nicht mal die üblichen Luftangriffe.«

Wie schlecht die Wetteraussicht war, unterstrich die Meldung, daß ein nach Brest bestimmter Geleitzug wegen der Wetterlage nicht ausgelaufen war.

»Und morgen, wie wird es morgen?« fragte der Admiral.

»Es ist in den nächsten Tagen kaum mit einer kurzfristigen Wetteränderung zu rechnen«, war die Antwort der Meteorologen.

Hennecke machte ein fröhliches Gesicht. »Das heißt also«, sinnierte er, »daß der nächste Termin, an dem alle Voraussetzungen von Tide, Mond und Großwetterlage für eine Landung hier bei uns in Nordfrankreich wieder zusammenstimmen, erst zweite Hälfte Juni wäre!«

Auch in Le Mans, im Hauptquartier der 7. Armee, fragte Generaloberst Dollmann seinen Chef des Stabes: »Kann heute was passieren?«

Generalmajor Pemsel hatte sich bereits in Paris beim Stab der Marinegruppe erkundigt. Er konnte seinen Oberbefehlshaber auf die beruhigende Erklärung der Meteorologen hinweisen, fügte allerdings zweifelnd hinzu: »Verlasse sich einer auf die Wetterfrösche!«

Aber der Kommandierende hatte den Schlußsatz wohl gar nicht gehört. Auch ihm gefiel das Wort zu gut: »Sie werden nicht kommen!« Denn auch er sah den Zeitgewinn und rechnete: Wenn sie heute nicht kommen, dann sind wieder Wochen gewonnen. Und Zeit brauchte man, um noch mehr Strandhindernisse anzulegen, Bunker zu bauen und Küstenartillerie heranzuführen. Was gab es noch alles zu tun, um das 900 Kilometer breite französische Küstentor nach Europa sicherzumachen.

»Dann können wir morgen früh ja die Kommandeurbesprechung mit dem anschließenden Kriegsspiel in Rennes stattfinden lassen«, sagte General Dollmann zu seinem Ordonnanzoffizier. »Veranlassen Sie alles. Jeder Divisionskommandeur soll zwei Regimentskommandeure mitbringen. Ich erwarte die Herren morgen vormittag um 10 Uhr in Rennes.«

Der Chef des Stabes der 7. Armee war ein mißtrauischer und vorsichtiger Generalstäbler. Ihm war trotz der beruhigenden Prognose der Meteorologen unheimlich zumute bei dem Gedanken, daß die ganze Front der 7. Armee zwei Tage lang von den wichtigsten Truppenführern entblößt werden sollte. Er schickte deshalb an verschiedene Divisionskommandeure ein Fernschreiben und legte ihnen nahe, nicht vor Morgengrauen zur Fahrt nach Rennes aufzubrechen; denn wenn wider Erwarten doch eine Landung kommen sollte, dann kam sie in den frühen Morgenstunden. Und bis vor Tagesanbruch würde Klarheit herrschen. Aber natürlich konnte dieser Rat den weit von Le Mans liegenden Divisionskommandeuren nicht viel nutzen. Sie wären bei den zerbombten Straßen bis 10 Uhr vormittags nicht angekommen. Vom Gefechtsstand der 709. Division des Generals von Schlieben bei Valognes waren es zum Beispiel 190 Kilometer. General Falley von der 91. Luftlandedivision hatte es von Château Haut aus nicht viel näher. Schlieben machte sich deshalb mit Genehmigung des 84. Korps schon am Nachmittag des 5. auf den Weg. Generalmajor Falley fuhr bei Einbruch der Dunkelheit los. »Bei dem Mistwetter ist doch nichts zu befürchten«, sagte er zu seinem Ia.

Auch Feldmarschall Erwin Rommel, der Oberbefehlshaber der Heeresgruppe B, militärischer Herr über die gesamte nordfranzösische Küstenfront, hatte sich von dem schlechten Wetter verlocken lassen, das Angenehme mit dem Nützlichen zu verbinden, und war am Vormittag des 5. aus seinem Stabsquartier, dem alten tausendjährigen Schloß der Herzöge von Rochefoucauld, La Roche Guyon, nach Deutschland abgefahren. Er wollte einen kurzen Besuch bei seiner Frau in Herrlingen machen, die am 6. Juni Geburtstag hatte, und dann nach Berchtesgaden weiterfahren, um bei Hitler Vortrag zu halten. Einen sehr wichtigen Vortrag. Ziel: Verstärkung der Küstenfront. Die Verlegung von zwei weiteren Panzerdivisionen und einer Nebelwerferbrigade in die Normandie wollte Rommel dem Führer abtrotzen. In seinem Tagebuch findet sich die Eintragung: »Das dringendste Problem war, in einem persönlichen Gespräch den Führer zu überzeugen . . .«

Rommel war in Sorge über die Lage an der Küste. Wenn nicht Verstärkungen für die Küstenlinie und für die Eingreifreserven eintrafen, blieb die Chance gering, einen gelandeten Feind wieder ins Meer zu werfen. Rommel brauchte mehr und bessere Divisionen. Er brauchte kampferfahrene Truppenteile. Wie sollten die Divisionen aus alten Reservisten, die Ostbataillone aus ehemaligen russischen Kriegsgefangenen, die Bataillone aus Magen- und Ohrenkranken, die zum Teil viel zu alten ·Besatzungen der Küstenbatterien einen Landungsversuch großen Stils mit Einsatz von Schiffsartillerie, Luftbombardement und anschließendem Nahkampf überstehen?

Das Durchschnittsalter der Soldaten der 709. Division zum Beispiel lag bei 36 Jahren. Die amerikanischen GI's in den Sturm-Divisionen, die drüben in England sprungbereit standen, waren im Schnitt 25. Das Durchschnittsalter in den Marinebatterien an der Invasionsfront betrug sogar 45 Jahre. Es gab 56jährige und ältere Männer hinter den Kanonen. Diese Zahlen sprechen Bände. Aber wurde dieses Manko nicht durch den unüberwindlichen Atlantikwall ausgeglichen? Vom Schutzschild aus Beton, Stahl, Kanonen und Minen? Standen nicht an der Küste die drohenden Bunkerburgen mit ihren mächtigen

Schiffsgeschützen? War nicht der Strand von Brest bis Ostende gespickt mit tückischen, tödlichen Hindernissen?

Er war es leider nicht. Der Atlantikwall existierte im Sommer 1944 nur im Pas de Calais. Im übrigen bestand er nur aus einer Kette weit auseinandergezogener, zum Teil erst halbfertiger Stützpunkte. Von den schweren Batterien waren die wenigsten ausreichend verschartet und bestückt, die meisten mit Beutegeschützen ausgerüstet, die wegen ihres Kalibers und der fehlenden Feuerleiteinrichtungen zur Bekämpfung von anfahrenden Schiffszielen gänzlich ungeeignet waren.

Vor allem die Luftwaffe machte Rommel Sorgen. Er wußte aus dem Afrikakrieg und aus den Kämpfen in Italien um die Landeköpfe Salerno und Anzio, was Luftüberlegenheit des Gegners bedeutete. Er wußte von El Alamein, wie die Jabos ganze Panzerdivisionen am Boden festnageln konnten. Weder Generalfeldmarschall von Rundstedt, der Oberbefehlshaber West, noch General der Panzertruppe Geyr von Schweppenburg, der Befehlshaber der Panzerstreitkräfte mit Sitz in Paris, hatten jemals in dieser Hinsicht Erfahrungen gesammelt.

Rommel hatte sie gemacht; und daraus war sein Verteidigungsplan entstanden, nachdem er im November 1943 zum Befehlshaber der Heeresgruppe B ernannt und damit zum Herrn der nordfranzösischen Küste geworden war.

Sein Grundgedanke war einfach: Der Strand ist die Hauptkampflinie. Der Kampf mit den gelandeten Invasionskräften wird gleich an der Küste, an den Landeköpfen aufgenommen, damit verlustreiche lange Anmarschwege zum Kampffeld vermieden werden.

»Wenn der Gegner landet, befindet er sich im schwächsten Moment«, sagte Rommel. »Die Männer sind unsicher, womöglich seekrank. Das Gelände ist ihnen unbekannt. Schwere Waffen sind noch nicht in ausreichendem Maße vorhanden. In diesem Augenblick muß ich sie schlagen.«

Deshalb die Forderung: Alle verfügbaren Waffen und Kämpfer müssen in diesem Augenblick eingesetzt werden. Der Feind muß beim ersten Schritt an Land, möglichst noch auf See, getroffen werden. Statt einer tief gegliederten Verteidigung im herkömmlichen Sinne verlangte Rommel deshalb eine lineare Abwehrgliederung dicht an der Küste. Die schweren Waffen, die Artillerie, die taktischen Reserven — alles sollte im vollen Umfang für den Feuerkampf an der Küste eingesetzt werden. Er ging so weit, daß er verlangte, die Panzerdivisionen ganz vorn aufzubauen, damit sie von Anfang an in die Abwehrschlacht an der Küste eingreifen konnten.

Das war die aktive Abwehr. Die passive war seine Erfindung der Strandhindernisse. Es war seine alte Idee aus dem Afrikakrieg. Vor Alamein hatte er die »Teufelsgärten« gebaut, große Sperrzonen mit höllischen Hindernissen: dreistöckig verlegte Minen, Granaten mit Stolperdrahtzündung, harmlos erscheinende Pfähle mit riesigen Sprengladungen. Dasselbe sollte — noch raffinierter, noch gigantischer — die Küste Frankreichs gegen eine Landungsflotte absichern.

Für den bei Flut unter Wasser stehenden Vorstrand erfand er die Auflaufböcke mit Minen und Stahlsägen, auf denen die Landungsboote stranden sollten. Er ließ aus alten tschechischen Beständen die sogenannten »Tschechenigel«, Eisenträgerhindernisse, zu Hunderttausenden heranholen und auf den Strand werfen.

Er erfand die raffiniertesten Minenkonstruktionen: auf verdrahteten Pfählen die »Nußknackermine«, die durch den Druck des Landungsschiffes auf einen Pfahl ausgelöst werden sollte. Den »Rollbock« mit Granatzündung.

Er ließ im Hinterland auf Wiesen, Waldlichtungen und Feldern baumhohe Pfähle in den Boden rammen gegen Luftlandungen. Sie erhielten den sinnigen Namen »Rommelspargel«.

Er war unermüdlich im Erfinden. Und um den Widerstand der von solchen neumodischen Dingen nicht sehr beeindruckten alten Kommandeure zu brechen, befahl er: »Ich verbiete jeden Ausbildungsdienst und verlange, daß jede Minute für die Arbeit an den Strandhindernissen genutzt wird.« Denn: »Am Strand wird die Invasion entschieden und zwar in den ersten 24 Stunden.«

Feldmarschall von Rundstedt und General Freiherr Geyr von Schweppenburg waren gegenteiliger Auffassung. Sie wollten die Entscheidungsschlacht weit hinter der Küste führen. Wollten die Panzerkräfte und Eingreifreserven im französischen Hinterland halten, um den Gegner — nach klassischer strategischer Lehre — beim Stoß ins Land in weiträumigen Zangenoperationen einschließen und vernichten zu können. »Nicht an Land lassen«, war Rommels These. »Kommen lassen«, war Rundstedts und Geyrs Devise.

Hitler hatte in diesem Streit der Meinungen eine Entscheidung gefällt, die zwar General Geyrs Plan verwarf, aber Rommels Forderung doch nicht voll verwirklichte. Die Panzerdivisionen blieben Rommels Befehl entzogen. Sie lagen zwar nicht so weit im Hinterland, wie Rundstedt und Geyr es wollten; aber auch nicht so dicht hinter der Küste, wie Rommel es für nötig hielt.

Als der Feldmarschall am Vormittag des 5. Juni nach Herrlingen fuhr, ging ihm das alles durch den Kopf, und er machte mit dem Chef seiner Operationsabteilung einen Plan, wie er Hitler zu einer Änderung der Abwehr-Strategie bewegen, vor allem, wie er ihn zu einer Verstärkung der Divisionen in Nordfrankreich, notfalls auf Kosten der Besatzung in Norwegen, in Südfrankreich oder auf den Kanalinseln, bringen könnte.

Rommel wußte, daß die Strategie »der Strand ist die HKL« nicht zu verwirklichen war, wenn eine einzige Division, wie zum Beispiel die 709. des Generals von Schlieben, einen Frontabschnitt von 65 Kilometer verteidigen sollte. Wenn zwischen den Widerstandsnestern 3 bis 5 Kilometer Niemandsland lagen, konnte der Gegner nicht am Landen gehindert, geschweige denn wieder ins Meer geworfen werden. Die bewährte Faustregel besagte, daß eine Division mit 10 Kilometer Frontlinie vollauf bedient war. Rommel kannte diese Faustregel natürlich. Er sah also nur eine Lösung: Irgendwo mußten Löcher in die europäische Front gerissen werden. Denn der alte Grundsatz Friedrichs des Großen gilt bis auf den heutigen Tag: »Wer alles defendieren will, defendieret gar nichts!«

Das alles wollte Rommel Adolf Hitler am 6. Juni klarmachen. Aber er kam nicht mehr dazu; denn am 6. Juni war es bereits zu spät. Die Uhr lief schon. Und niemand ahnte es. Vorerst jedenfalls nicht.

Ein Vers von Paul Verlaine

Ein Heer von alliierten Sicherheitsoffizieren wachte auf der anderen Seite des Kanals über den Termin des Angriffs, über den Decision-Day, den Entscheidungstag, kurz D-Day genannt. Ein großes Agentenheer der deutschen Abwehr versuchte das Geheimnis zu lüften.

Und es gelang!

Ehe die ersten Flugzeuge am D-Tag von England zu den Bombenangriffen gegen die Küste der Normandie starteten, wußte das deutsche Oberkommando in Frankreich, daß die Invasion begann. Es hatte den Beweis im wörtlichen Sinne auf dem Tisch liegen. Nur — es nützte ihn nicht.

Das ist keine Legende und keine Filmgeschichte. Der Bericht über diese Sensation steht im amtlichen amerikanischen Kriegsgeschichtswerk über die Invasion; der Beweis findet sich im Kriegstagebuch der deutschen 15. Armee. Verrat und Spionage-Abwehrkunst hatten das große Geheimnis gelüftet, waren in sein feingesponnenes Netz eingebrochen. Kein deutscher Stabsoffizier, kein Stützpunktkommandant und kein Landser hätte am 6. Juni von der Invasion überrascht zu werden brauchen. Daß es trotzdem geschah, ist eine tolle Geschichte. Hier ist sie:

Das alliierte Oberkommando hatte in Frankreich eine weitverzweigte Geheimorganisation für Nachrichtenbeschaffung und Sabotage aufgezogen. Erfahrene Rayon-Chefs leiteten die verschiedenen Sektionen, in denen zum Beispiel die »Allianz der Tiere« die am besten funktionierende Nachrichtenorganisation war. Ihre Mitglieder trugen Tiernamen. Die Nachrichtenübermittlung geschah per Funk oder auch mit Brieftauben. Neben den Spionen standen die Saboteure. Ihre Organisationen waren teilweise untereinander verbunden, teilweise aus Sicherheitsgründen scharf getrennt. Auch die Sabotage-Organisationen waren über ganz Frankreich verbreitet, in Regionen aufgeteilt, mit Bezirkschefs, Kommandoführern und Tausenden von Mitarbeitern. Ihre Aufgabe war, laufend Störaktionen gegen den Ausbau der deutschen

Verteidigung vorzunehmen, vor allem, sich bereit zu halten für den großen Schlag am Tage der Invasion.

Zehn Gramm Zucker, drei Stückchen, in das Anmachwasser der Betonmischmaschine geworfen, genügen, 100 Kilo Beton die Bindungsfestigkeit zu rauben. Denn wenn der Grundstoff Calcium sich statt mit Kohlensäure mit Zucker verbindet, entsteht das leichter lösliche Calciumsacharat. Hatte sich also ein dienstverpflichteter Arbeiter der französischen Widerstandsbewegung den Platz an der Betonmischmaschine verschafft, dann konnte er mit verhältnismäßig kleinen Zuckermengen, die er heimlich in die Trockenmischung oder in den Lagerstoff praktizierte, die Betonmischung wichtiger Teile treffen: die Schartenwände eines Geschützstandes oder die Mittelteile einer Bunkerdecke. Ein Granateinschlag genügte dann, den Beton wie Sandstein zu zermalmen. Aber das war nur eine Seite dieses dunklen Geschäfts. Für den Tag X hatte die alliierte SOE in London, der Stab der Sabotageorganisationen, einen besonderen Plan, den »Plan Grün«. Sein Ziel: Stunden vor der Invasion sollten 571 französische Bahnhöfe und Weichen zerstört und 30 Hauptstrecken schlagartig unbefahrbar gemacht werden. Daneben stand der »Plan Schildkröte«. Er galt der Unterbrechung der Fernsprechleitungen, Sprengung von Wegkreuzungen, Brücken und Viadukten.

Es ist klar, daß das Hauptproblem für diese Arbeit der Einsatzbefehl war. Schließlich konnte man den vielen Sektionsleitern in den verschiedenen Bezirken Frankreichs nicht tagelang vorher den supergeheimen Invasionstag bekanntgeben. Abgesehen davon, daß dieser Termin im letzten Augenblick verschoben werden konnte — wie es dann auch geschah.

So entstand die Idee, die Befehle über den Rundfunk zu geben. Die Chefs der Sabotageorganisationen hatten Weisung, an jedem 1., 2., 15., und 16. des Monats die französischen Sendungen des BBC genau abzuhören und auf ein Codewort zu achten, und zwar die erste Zeile aus dem Gedicht von Paul Verlaine über den Herbst. Kam sie, das heißt, wurde sie mitten zwischen anderen Meldungen vorgelesen, so hieß das, die Invasion steht bevor. Von nun an mußten die Radiosendungen ständig abgehört werden, um auf die zweite Hälfte des Verses zu warten, die sogenannte B-Botschaft. Kam auch sie, so besagte das: Die Invasion kommt im Laufe der nächsten 48 Stunden. Alle Sabotagechefs hatten sich von nun an sorgfältig auf die gleichfalls durch Radio-Chiffre kommenden Sonderbefehle für ihre Aktionen im Rahmen von Plan »Grün« und »Schildkröte« bereit zu halten.

Gut eingefädelt. Aber die deutsche Abwehr knackte das Geheimnis. Die Organisation hatte zu viele Mitwisser, und einer stand in deutschen Diensten. Er lieferte Admiral Canaris, dem Chef der deutschen Abwehr, das Gedicht, das militärisch wertvollste Gedicht der Literaturgeschichte. Canaris behandelte es wie eine kostbare Rarität. Er konnte den ersten Vers bald auswendig:

Les sanglots longs　　　　　So schluchzend zieht
des violons　　　　　　　　das Geigenlied
de l'automne　　　　　　　des Herbstes hin,
Blessent mon cœur　　　　daß matt und wund
d'une langueur　　　　　　vor Schmerz und Qual
monotone　　　　　　　　ich bin.

Das war der schicksalsschwere Vers, den Canaris seinen Abhörstellen-Leitern als teuerstes Geheimnis ans Herz legte.

So kam es, daß nicht nur die Rayon-Chefs, die Kommandoführer und die aktiven Saboteure der SOE sorgfältig die BBC-Sendungen nach dem Vers des Verlaine-Gedichtes über den Herbst abhörten, sondern daß auch die Spezialisten der Nachrichtenstelle von Generaloberst Salmuths 15. Armee im Hauptquartier Tourcoing auf den Spruch warteten. Sie ließen sich durch die zahllosen Tarn-Mitteilungen nicht täuschen und irremachen. Sie kannten den richtigen Text und warteten. Und ihr Warten wurde belohnt.

Das Kriegstagebuch der 15. Armee, die zwischen Seine und Maas stand, enthält am 5. Juni fünf Eintragungen. Die erste sagt, daß die Nachrichtenstelle den ersten Teil der Verlaine-Zeile »Les sanglots longs des violons de l'automne«, am 1., 2. und 3. Juni abgehört hat. Die zweite Eintragung berichtet unter der Uhrzeit 21.15 Uhr: »Zweite Hälfte des Spruchs: ›Blessent mon cœur d'une langueur monotone‹ abgehört.«

Die dritte, vierte und fünfte Eintragung um 21.20 Uhr, 22 Uhr und 22.15 Uhr lassen geradezu die dramatische Erregung des Schreibers erkennen. Sie besagen, daß die sensationelle Nachricht, das große Geheimnis, an Chef 15. Armee, den Oberbefehlshaber West, an die Generalkommandos, die 16. Flakdivision, die Militär-Befehlshaber in Belgien und Frankreich sowie an die Heeresgruppe B und an das Oberkommando der Wehrmacht in Rastenburg weitergegeben wurde. Spätestens um 22.15 Uhr am 5. Juni wußte das deutsche OKW, wußten Feldmarschall von Rundstedt, der Marinegruppenstab in Paris und die Heeresgruppe Rommel, daß die Invasion unmittelbar bevorstand.

Noch war kein Schuß gefallen. Von den englischen Flugplätzen starteten gerade die Bomber. Und die Transporter mit den Luft-Landetruppen rollten zu den Startbahnen. Die Piloten und Fallschirmjäger glaubten alle an ihr Geheimnis. Doch ihr Geheimnis war schon enthüllt.

Aber keine Sorge — es schadete nichts. Ein großer Aufwand war vertan, der erste Sieg vom deutschen Oberkommando verschenkt. Generaloberst von Salmuth versetzte zwar seine 15. Armee, die nicht im Bereich der kommenden Geschehnisse lag, sofort in höchste Alarmbereitschaft. Aber sonst geschah nichts. Gar nichts. Die Heeresgruppe B alarmierte ihre 7. Armee nicht und ließ sie Stunden später ahnungslos das Opfer des mächtigsten Angriffs der

Kriegsgeschichte werden. Das 84. Korps, gegen dessen Küstendivisionen sich die ersten Luft- und Seelandungen richteten, wurde der Überraschung preisgegeben. Weder der Seekommandant Normandie, Admiral Hennecke, und seine wichtigen Marineküstenbatterien, noch die Radarstationen wurden alarmiert. Rommel wurde nicht sofort aus Herrlingen zurückgerufen. Seine Heeresgruppe blieb 14 entscheidende Stunden ohne ihren Kopf, ohne die treibende, alles beherrschende Kraft. Der Chef des Stabes, General Speidel, war auf sich selbst gestellt.

General Jodl im Führerhauptquartier kann man zubilligen, daß er der Meinung war, Feldmarschall von Rundstedt werde den Alarm auslösen. Aber der tat es nicht. Tat es nicht, weil er nicht an die Information glaubte. Das amerikanische Standardwerk über die Geschichte der Invasion zitiert ein Wort aus seinem Stabe: »General Eisenhower kündigt doch die Invasion nicht über die Sendungen des BBC an.«

Man glaubte die Information einfach nicht. Eine Gedichtzeile von Verlaine — lachhaft!

Warum sich allerdings auch der Generalstab der Heeresgruppe B von dieser souveränen Verachtung psychologischer Kriegführung leiten ließ und nicht von sich aus seine Korps und Divisionen alarmierte, bleibt ungeklärt.

So blieb der Sieg der deutschen Abwehr ohne Frucht. Die Nacht vom 5. und 6. Juni verlief in Routinearbeit, Sorglosigkeit und nicht selten in gemütlichem Frohsinn.

Starke Bomberverbände im Anflug

In Cherbourg saßen wie jede Nacht die deutschen Funker und Offiziere im Gefechtsstollen des Seekommandanten. Dann und wann kam der Lagezimmer- und Ordonnanzoffizier, Leutnant Gunnar Blume, aus der kleinen Villa Henneckes, die genau über dem Bunkerstollen lag, herunter und fragte: »Was Neues?«

Aber es gab nichts Neues in Cherbourg. Blume konnte jedesmal beruhigt wieder nach oben ziehen. Und dort saß Admiral Hennecke mit den Offizieren seines Stabes in dem großen Raum, aus dessen Fenstern man am Tage den Blick übers Meer genoß. Jetzt waren die dicken Vorhänge zugezogen. Die Tische waren für einen Imbiß gedeckt. Admiral Hennecke hatte Gäste. Nach einer Veranstaltung der Truppenbetreuung durch eine sehr gute Konzerttruppe hatte der Admiral die Künstler und seine Offiziere noch in sein Haus gebeten.

Auch zwei junge Frauen waren dabei: die unverwüstliche Marinestabshelferin Ursula Bräutigam, die bei Leutnant Blume das Kriegstagebuch schrieb, und die Frau von Korvettenkapitän Wist, die als Pianistin zu der gastspielenden Fronttruppe gehörte.

Frau Wist sah das Klavier in Henneckes Messeraum. Probierte. Es war gut gestimmt. Sie spielte ein paar Takte, und dann klangen wie der Traum vergangener Zeiten plötzlich Schumanns »Papillons« durch den Raum. Die Zeit schien stillzustehen.

Aber sie stand nicht still. Eine Ordonnanz schlängelte sich an Blume heran und holte ihn zum Telefon. Als der Leutnant zurückkam, beugte er sich zu Hennecke: »Stärkste Luftangriffe auf Städte und Straßen im Küstengebiet, Herr Admiral. Weitere starke Bombereinflüge werden über der Calvados-Küste gemeldet.«

Hennecke nickte. Der Krieg mahnte. Der Krieg duldete keine »Papillons« von Schumann. Der Admiral schaute auf die Uhr. Es ging auf 23.30 Uhr. »Starke Bombereinflüge.« Das Wort ging ihm nicht aus dem Kopf.

Die flogen, wie und wann sie wollten. Wer sollte sie auch daran hindern? Gerade heute hatte Hennecke aus Paris erfahren, daß die II. Gruppe des Jagdgeschwaders 26, das der erfolgreiche Kommodore Priller, »der Mathematiker der Luft«, führte, nach Südfrankreich zur Auffrischung verlegt war. Die I. und III. Gruppe waren unterwegs nach Reims und Metz. Damit blieb die Jagdabwehr am Jagdgeschwader 2, dem Richthofengeschwader, hängen. Aber Feldmarschall von Rundstedt hatte die Generale stets getröstet: »Spätestens am dritten Tage einer Invasion können Sie mit Unterstützung von 1000 Flugzeugen rechnen.« Und Rundstedt berief sich auf das feste Versprechen Adolf Hitlers: »Spätestens am dritten Tage nach dem Tag X setze ich die Invasionsfront in den Stand, die Luftherrschaft der Anglo-Amerikaner zu brechen.«

Auf diese Weise befehligte Feldmarschall Sperrle zwar eine Luftflotte, die nach dem Kriegtagebuch am 5. Juni auf dem Papier 496 Flugzeuge besaß, von denen aber nur 319 einsatzbereit waren: 88 Bomber, 172 Jäger und 59 Aufklärer.

»Ich kann meine Jagdgeschwader nicht in Frankreich auf die Invasion warten lassen«, hatte Göring gesagt. »Ich brauche sie zur Reichsverteidigung.« Und deshalb hatte er die Jagdverbände zur Bekämpfung der Bomberoffensive gegen Deutschland eingesetzt. Das II. Fliegerkorps hatte auf diese Weise im Westen überhaupt keine Flugzeuge verfügbar. Sie sollten am Invasionstag aus Deutschland auf die Flugplätze im Kampfraum geworfen werden.

Daran dachte Admiral Hennecke, und er hatte keine Ruhe mehr bei dem Fest. Er fuhr hinunter in den Bunkerstollen, der zwar erst halbfertig, aber schon jetzt ein raffinierter und todsicherer Befehlsstand war. Im rechten Stollen hatte man ein Lazarett eingerichtet, links befanden sich der Lage- und

Kartenraum und die Befehlsstationen. Und zu jeder Batterie an der Küste gab es direkte Telefonleitungen. Sogar ins Führerhauptquartier im ostpreußischen Rastenburg führte eine direkte Leitung.

Der Offizier vom Dienst reichte dem Admiral die Meldungen von den Beobachtungsstellen der Marine-Küstenbatterien im Einsatzraum von der Seine-Bucht bis zur normannischen Inselgruppe.

»Starkes Motorengeräusch anfliegender Bomberverbände.«

»Einflug von leichten Aufklärungsflugzeugen auf breiter Front.«

»Zielmarkierungswürfe hinter der Front.«

Auch die kleine Beobachtungsstelle beim Leuchtfeuer von Quettehou meldete Einflüge von Pfadfinderflugzeugen und Transportmaschinen.

»Das ist ja ein Großkampftag«, knurrte Hennecke. Und ein unbehagliches Gefühl beschlich ihn.

»Blume, gehen Sie rauf und bitten Sie, Schluß zu machen. Entschuldigen Sie mich bei Frau Wist; aber ich glaube, wir müssen uns jetzt eine andere Musik anhören.«

Das Fest war zu Ende. Die Gäste fuhren in ihre Quartiere.

In einer merkwürdigen Verquickung, in einem düsteren Spiel zwischen Ahnungslosigkeit und Verdacht, verlief die Nacht vom 5. zum 6. Juni.

Nicht nur Feldmarschall Rommel war zu einem Geburtstag gefahren.

Auch bei der Panzer-Lehr-Division des Generalleutnants Fritz Bayerlein, die als OKW-Reserve im Raum Nogent le Rotrou zwischen Tours und Le Mans lag, feierten zwei Offiziere des Regiments 902 in ihrem Quartier in Vibraye gemeinsam Geburtstag. Der eine war am 5., der andere am 6. Juni geboren. Das war eine glänzende Gelegenheit, früh anzufangen und spät aufzuhören. Der Burgunder schmeckte. Es ging hoch her.

Bayerleins Division war ein vorbildlich ausgerüsteter Kampfverband: Als einzige Panzerdivision der Wehrmacht zu hundert Prozent gepanzert, hatte sie 260 Panzer und 800 armierte Kettenfahrzeuge. Die Unteroffiziere waren ausgesuchte Männer, gut ausgebildet. Das Durchschnittsalter war $21^{1}/_{2}$ Jahre. »Mit dieser Division allein«, hatte der Generalinspekteur der Panzertruppen, Generaloberst Guderian, bei der Kritik nach einem Kriegsspiel zu Bayerlein gesagt, »mit dieser Division allein werden Sie die Anglo-Amerikaner ins Meer zurückwerfen. Ins Meer«, hatte Guderian betont hinzugefügt und geschlossen: »Denn Ihr Ziel ist nicht die Küste, sondern das Meer.«

Als die beiden Geburtstagskinder von 902 mit ihren Kameraden vom Burgunder fröhlich geworden waren, stellten sie den Soldatensender Calais ein, Englands Propagandastimme für die deutschen Landser. Da gab es zwischen den Meldungen immer heiße Musik. Aber Leutnant Bohmbach suchte vergeblich. Sender Calais hatte offenbar keine Zeit für Heiterkeit. Man probierte es mit dem BBC. Aber auch da mangelte es an Musik. Gewichtige Stimmen gaben Sinnsprüche durch, die anscheinend für die französische Widerstandsbewegung bestimmt waren. Unverständliche Redensarten in getarnter blumiger Sprache: »Johann liebt Marie.« »Keine Angst vor Farben.« »Die Würfel sind gefallen.« »Die rote Rübe ist geschabt.« Dann kamen Ratschläge an die französische Zivilbevölkerung, wie sie sich bei Bombenangriffen zu verhalten habe. Daß sie die Städte, in denen deutsche Truppen, besonders Stäbe, lägen, am besten bei Luftangriffen verlassen sollten, um in dem offenen Gelände Schutz zu suchen. »Geht aufs Land«, tönte es aus dem Rundfunk.

Eine Minute lang hing die Geburtstagsfreude an einem dünnen Faden des Mißbehagens. Das eindringliche Gerede machte die Männer nervös. »Mensch, sollte da was in der Luft liegen?«

Aber als ein Anruf beim Regiment und schließlich auch bei der Division die beruhigende Erklärung brachte. »Nichts los. Kein Alarm«, da drehte man den unverständlichen Franzmann ab. Und ließ dafür Champagnerflaschen knallen.

Auch der Funkmeister Klaus Lück vom Panzerregiment 22 hatte am 6. Juni Geburtstag. Sein Regiment gehörte zur wiederaufgestellten 21. Panzerdivision, der alten afrikanischen Elitetruppe, die in Tunesien geblieben war. Die 21er waren in der Normandie der küstennächste Panzerverband. Die Division war noch nicht zum besten ausgerüstet. Die Fahrer fluchten über die französischen Panzer, in die erst Funkeinrichtungen eingebaut werden mußten. Die Männer der Artillerieabteilung übten an Russenpaks. Nur langsam kamen die Panzer IV, mit der 7,5-cm-Kurz- und Langrohrkanone.

Bei den Grenadierregimentern sah es genau so belämmert aus. Der Fahrzeugpark war bescheiden. Aber Panzerfäuste hatte man wenigstens. Die »Grenadiere« konnten damit der Herkunft ihres Namens wieder Ehre machen: Granatierer = Granatwerfer. »Die besten Waffen aber sind die alten Gefreiten, Obergefreiten und Unteroffiziere«, war ein Schnack, den der Leutnant Höller gern machte. Er war Afrikaner aus der alten 21. Panzerdivision. Jetzt Führer des schweren Zuges der 8. Kompanie im Panzergrenadierregiment 192, das im Raum zwischen Caen und Küste, links der Orne lag.

Viele aus Rommels Afrikakorps, die den Schlamassel überstanden hatten und in letzter Minute der Gefangenschaft in Tunesien entgehen konnten, saßen in der 21. Panzerdivision. Dazu kamen Rußlandkämpfer und alte Hasen aus Kreta. Ein kampferprobter Haufen. Der Divisionskommandeur, Generalmajor Feuchtinger, saß zuerst in Rennes, später in St. Pierre sur Dives. Nach dem Geschmack alter Panzerhasen ein bißchen weit hinter dem Kampfraum, der doch das Küstengebiet sein sollte.

Der Regimentsstab des Panzerregiments 22 unter Oberst von Oppeln-

Bronikowski lag in Falaise. Die beiden Panzerabteilungen waren ziemlich weit über die Linie Tours — Le Mans verstreut. Die Kompanien lagen in den verträumten Nestern zwischen Weiden und Apfelgärten. Manche schoben eine ruhige Kugel und wußten sich ihre kleinen Vergnügungen zu organisieren. Andere machten straffen Kasernenhofdienst und fluchten deshalb über die eifrigen Kompaniechefs. Wie die 4. Kompanie in Epaney zum Beispiel, 30 Kilometer südlich Caen, auf ihren Hauptmann Hoffmann. Er hatte auch diese Nacht wieder einen ausgedehnten Patrouillendienst angesetzt.

Unteroffizier Heilig hingegen, der in Afrika bei den sagenumwobenen 361ern gefochten hatte und sich dort von der Wehrunwürde des ehemaligen Fremdenlegionärs zum Unteroffizier hochmarschierte, war in der 1. Kompanie besser bedient. »Wenn's schießt, ist noch immer Zeit zum Sterben, vorher wird gelebt«, war sein Grundsatz. Auch in der Nacht vom 5. zum 6. war er mit seinem Freund, dem Obergefreiten Briten, per Fahrrad von Verson nach Caen gefahren. Es wurde allerdings ein ungemütliches Vergnügen.

Funkmeister Lück machte um 22.30 Uhr seinen letzten Kontrollgang bei der Regimentsfernsprechvermittlung. Auch er stellte die alte Frage: »Was los?« Auch er bekam die Antwort der sorglosen Front: »Nichts Besonderes, Herr Funkmeister, nur Anflüge von Bomberverbänden auf die Küste sind gemeldet!« Lück wünschte gute Nacht und ging in sein Zimmer, oben im alten Château. Dort wartete sein Apfelschnaps für den Mitternachtsschluck als Beigabe zum Geburtstagsbrief seiner Frau, den er sich bis 12 Uhr aufgespart hatte. Als er es von der Kirchturmuhr von Falaise Mitternacht schlagen hörte, trank er zwei Daumenbreit seines Calvados und legte sich mit dem Brief auf das alte Sofa. »Lieber Klaus . . .«

Die Nacht lag über der Normandie. Eine sternenlose Nacht. Aus dem Gefechtsstand des 84. Korps in St. Lô trat Major Friedrich Hayn in den kleinen Garten. Stundenlang hatte er mit seinem 1. Schreiber Lagekarten gezeichnet, die der Kommandierende, General der Artillerie Erich Marcks, für das angeordnete Kriegsspiel der 7. Armee mit nach Rennes nehmen wollte. Das Thema der Kommandeursübung lautete »Luftlandung«. Fallschirmjägergeneral Meindl sollte das Spiel leiten.

Welche Ironie: Kriegsspiel Luftlandung! Angesetzt für eine Stunde, da der blutige Ernstfall schon gegeben sein wird. Und dann werden die wichtigsten Kommandeure in ihren Gefechtsständen fehlen.

Der Blick Hayns glitt über das tief eingeschnittene Viretal, über die Wiesen, über die Gärten mit Apfelbäumen. Der Ic des 84. Korps dachte an Anklam. Dort stand seine Mittelschule, in der er Rektor war. Mitten in die Gedanken brauste ein Viermot.-Bomber dicht über das Wasser der Vire. Vom nahen Flakstand, auf dem Turm des Gymnasiums, spritzten die 2-cm-Leuchtspurgeschosse Kurven in die Nacht. Jetzt mitten hinein in den Bomber. Genau über dem Priesterseminar Agneaux, auf der Höhe des Westufers, erwischte es ihn. Stichflamme. Abschuß! Als sollte er abgeläutet werden, tönten von der Kathedrale die 12 Glockenschläge der Mitternacht.

Der Major ging in den Bunker. Der Chef des Stabes, Oberstleutnant Friedrich von Criegern, und der Ia, Major Hasso Viebig, warteten schon. Denn auch hier gab es ein Geburtstagskind. Der Befehlshaber des 84. Armeekorps, General Marcks, war am 6. Juni 1891 geboren und wurde 53 Jahre alt. Die Feier war kurz. Marcks, ein glänzender Offizier alter Schule, vom OKW wegen seiner früheren Beziehungen zu General von Schleicher nicht geliebt, aber wegen seiner militärischen Fähigkeiten im Dienst behalten, war kein Freund von Festen. Seine Mahlzeiten hielten sich peinlich genau an die vorgeschriebenen Rationssätze. So beliebt bei den Offizieren des ganzen Korpsbereiches eine Einladung beim Stabe der 709. Division des Generals von Schlieben war, der einen Ruf als Feinschmecker hatte, so wenig drängte man sich zu den Mahlzeiten des Korpsstabes. General Marcks' Beliebtheit tat das aber keinen Abbruch. Ein Zeichen mehr für die Persönlichkeit dieses Mannes.

Mit dem Glockenschlag von der Kathedrale erschienen die Offiziere zur Gratulation. Man trank im Stehen ein Glas Chablis. Dann ging der General mit knarrendem Schritt wieder zum Kartentisch. Er trug eine Prothese. Im Rußlandfeldzug hatte er ein Bein verloren.

Auch Marcks war für das Kriegsspiel am 6. vormittags vom Befehlshaber der 7. Armee nach Rennes befohlen. Er wollte gut präpariert sein. »Bitte die Karten, Hayn«, sagte er zum Ic. Der Major breitete die Lagekarten aus: Feindlage. Luftlage. Sonderkarte mit eigenen Artillerie-Stellungen. Minengürtel und Überschwemmungsgebiete.

Der General sinnierte über die Großaufklärung der englisch-amerikanischen Luftwaffe am Vortage. Seit 22 Uhr kamen nun auch heute die Meldungen über starke Einflüge. Trotz des schlechten Wetters. Was bedeutete das? Die Frage umschloß das große Geheimnis. Das Geheimnis, dessen Lösung längst auf den Tischen in St. Germain und La Roche Guyon lag. Der Kommandeur des entscheidenden Korps erfuhr es nicht!

Und während der General Marcks in St. Lô über die Bombereinflüge grübelt, Admiral Hennecke in Cherbourg die einlaufenden Meldungen prüft, Leutnant Jahnke im Widerstandsnest Nr. 5 westlich St. Mère Eglise sich auf die Pritsche seines Steinhauses streckt, der Funkmeister Lück vom Panzerregiment 22 in Falaise seinen Calvados trinkt, die Offiziere vom Panzergrenadier-Lehr-Regiment 902 ärgerlich den BBC abstellen und in den Bunkern der Seine-, Orne- und Viremündung die selige Schnulze »Süße kleine Schaffnerin...« das Summen der Mückenschwärme übertönt — da flammt im Spitzenflugzeug der 82. amerikanischen Luftlandedivision das grüne Licht auf.

Der Generalmajor James Gavin wirft einen Blick in die Tiefe. Und springt.

Sein Fallschirm öffnet sich mit einem Ruck. Der General sieht in der Dunkelheit nichts. Aber er weiß, daß sich jetzt, in dieser Minute, Tausende von Fallschirmen öffnen. Neben ihm, hinter ihm, mitten über der Cotentin-Halbinsel. Und genauso werden jetzt drüben, 80 Kilometer entfernt, östlich der Orne die britischen Jäger springen, die Lastensegler pfeifend zur Erde gleiten. Eine Armee fällt aus dem nächtlichen Himmel in den Krieg.

Alarm — Fallschirmjäger landen

Oberstleutnant Hoffmann hatte gerade auf die Uhr geschaut. Es war 40 Minuten nach Mitternacht. Der 6. Juni war also eine knappe Dreiviertelstunde alt. Seit einer Stunde ging ständiges Flugzeuggebrumm über den Gefechtsstand des III. Bataillons, Grenadierregiment 919, östlich Montebourg.

Da kam eine neue Welle. Das Donnern wurde lauter.

Hoffmann trat vor den Bunker.

Erschrak.

Sechs Riesenvögel flogen genau seinen Gefechtsstand an. Sie waren deutlich zu sehen; denn der Mond brach gerade durch. »Die springen ja ab.« — Einen Augenblick dachte Hoffmann, daß eine Maschine defekt sei und die Besatzung aussteigen wolle. Aber dann begriff er: Das war ein Fallschirmjäger-Einsatz. Die weißen Bälle schwebten herunter. Genau auf seinen Bunker zu.

»Alarm! — Feindliche Fallschirmjäger.«

So schnell war der Stab des III. Bataillons noch nie in die Hosen gekommen.

»Alarm! — Alarm!«

Die Karabiner der Wachen bellten. Sie hielten auf die herunterbaumelnden Schirme. Aber dann verschwand der Mond. Dunkelheit hüllte die schwingend herunterschwebenden Feinde ein. Hoffmann griff sich ein Gewehr. Da fegte der erste Feuerstrahl einer amerikanischen MPi aus dem Dunkel.

Die Schlacht um die Normandie hatte begonnen.

80 Kilometer südöstlich vom Gefechtsstand des III. Bataillons Grenadierregiment 919, drüben, jenseits der Orne, knallte es auch. Der deutsche Wachposten auf der Ostseite der Brücke über den Caen-Kanal bei Bénouville schrak zusammen, als ungefähr 50 Meter von seinem betonierten Postenstand entfernt plötzlich ein Flugzeug gespenstisch ohne Motorengeräusch auf den Boden zuraste. Gleich darauf krachte es. Splitterte. Stille.

Der Posten riß den Karabiner von der Schulter, lud durch. Hielt den Atem an. Lauschte. »Ein abgestürzter Bomber«, war sein erster Gedanke. Seit über einer Stunde donnerten ja die feindlichen Bomberverbände von See her übers Land. Von Caen her hörte man die Explosionen. Aus dem Raume Troarn belferte die Flak.

»Die sind sicher hin«, dachte der Landesschütze Wilhelm Furtner. Da fauchte vor seinen Augen ein greller Blitz auf. Den Krach der Phosphorhandgranate hörte er nicht mehr.

Die Kameraden im Unterstand vor dem Brückenaufgang fuhren zusammen. Sprangen ans MG. Jagten auf alle Fälle eine Garbe hinaus. Sahen nichts. Aber jetzt hörten sie den Ruf: »Able-Able.« Sie wußten nicht, daß es das Stichwort des A-Zuges einer Kampfgruppe der 6. britischen Luftlandedivision war, deren Lastensegler soeben vor ihrer Nase bei der Landung zu Bruch gegangen war. Der Gefreite der Wache wollte zum Telefon greifen. Wollte den Zugführer drüben an der anderen Seite der Brücke alarmieren. Aber er kam nicht mehr dazu. Zwei Handgranaten flogen durch die Scharte des Bunkers. Aus.

Es war gut gemacht. Die Männer des Majors John Howard hatten ja auch lange genug geübt. Sie hatten sich ein Modell dieser Brücke in England gebaut. Mit allen Details. Und die kannten sie aus Luftaufnahmen und aus Agentenberichten genau. Wochenlang, das ganze Frühjahr über, hatten sie den Angriff auf die Brücke geübt. Mit der Stoppuhr.

Alles klappte. Vor allem die Überraschung.

Der A-Zug zerschneidet den Stacheldraht am Brückenaufgang. Jetzt hat Leisetun keinen Zweck mehr. Die Handgranaten müssen die Brückenwache an der anderen Seite alarmiert haben. Mit »Able-Able«-Rufen jagen die Tommys über die Brücke.

Sie hören das Krachen der anderen Lastensegler.

Sie hören auch den Sammelruf des B-Zuges, der »Baker« lautet. »Baker-Baker«.

Und dann läßt sich auch der C-Zug vernehmen: »Charly-Charly«.

Das deutsche MG fetzt über die Brücke. Die ersten Tommys fallen. Aber das Gros kommt hinüber. Ein kurzes Gefecht. Die Brückenwache fällt. Der Übergang bei Bénouville über den Caen-Kanal ist in britischer Hand. Nur der Gefreite Weber ist entwischt. Und er jagt durchs Dorf zum Ortskommandanten. »Britische Fallschirmjäger haben die Kanalbrücke genommen.« Was er noch nicht weiß, ist, daß auch die benachbarte weiterführende Brücke über die Orne bei Ranville von Fallschirmjägern der 5. britischen Luftlandebrigade im Handstreich genommen wurde. Beim II. Bataillon Panzergrenadierregiment 192 in Cairon rasselt das Feldtelefon: »Abmarsch zum Gegenstoß auf feindliche Fallschirmjäger im Brückenkopf Bénouville.«

Auch an der Dives-Brücke, die über die Straße Varaville — Grangues läuft, steht der Posten und blickt in die Nacht. Die Brückenwache gehört zum II. Bataillon Infanterieregiment 744. Ein knapper Zug. Die Männer sind auf diese verfluchte Brücke nicht gut zu sprechen. Vor vier Wochen hatte das III. Bataillon ohne irgendeine Ankündigung eine Nachtübung veranstaltet und dabei einen Angriff auf die Brücke geübt. Die Brückenwache ahnte nicht, daß die Schüsse, die plötzlich vor dem Brückenaufgang krachten, von Platzpatronen kamen. Sie glaubte, der Ernstfall sei da, und feuerte mit dem MG scharf zurück. Es gab Verwundete und sogar zwei Tote. Und dazu einen schrecklichen Krach mit bösen Untersuchungen. Das alles blitzt dem Brückenposten durch den Kopf, als er kurz nach Mitternacht vom 5. zum 6. Juni plötzlich drei Mann mit geschwärzten Gesichtern die Böschung heraufspringen sieht. »Dumme Hunde«, ruft er verächtlich. Aber da erschrickt er. Zu spät. Er kann nicht mehr rufen und nicht mehr schreien. Lautlos bricht er unter dem Stich des Fallschirmmessers zusammen. Von da ab ist die Sache für die Tommys leicht. 5 Minuten später jagen sie die Brücke in die Luft.

Ähnlich geht es bei Robehomme mit der Divesbrücke. Sogar die wichtige Brücke bei Troarn, wo die Hauptstraße von Caen nach Rouen und Le Havre über den Fluß führt, wird von Pioniereinheiten der Kampfgruppe Major Roseveare gesprengt.

Es war genau 1.11 Uhr, als in St. Lô, im Gefechtsstand des 84. Korps, der Feldfernsprecher auf dem Tisch des Kommandierenden Generals schrillte. Marcks und die Offiziere des Stabes saßen noch über den Karten. Der General nahm den Hörer ab. Lauschte. Richtete sich auf und bedeutete seinem Chef durch ein Kopfnicken, mitzuhören. Der Ia der 716. Division war in der Leitung. Hastig kam seine Stimme aus der Muschel: »Feindliche Fallschirmtruppen sind ostwärts der Ornemündung abgesprungen. Hauptraum Bréville—Ranville und Nordrand des Waldes von Bavent. Hauptaktion gilt anscheinend den Dives-Brücken und den Übergängen über die Orne. Gegenmaßnahmen laufen.« Wie ein Blitz schlug die Meldung ein. War das die Invasion? Oder waren es nur starke Verbindungstrupps zur französischen Widerstandsbewegung? Das war die Frage. Major Hayn schüttelte nach kurzem Zögern den Kopf: »Der Absprung ist zu nahe an der Hauptkampflinie, das wagen die Widerständler nie.« Er folgerte daraus: »Das ist die Invasion.« General Marcks nickte: »Warten wir ab.«

Sie besprachen noch das Für und Wider, da meldete sich der stellvertretende Kommandeur der 709. Division, Oberst Hamann, am Telefon: »Feindliche Fallschirmjäger südlich St. Germain-de-Varreville und bei Ste. Marie-du-Mont. Eine zweite Gruppe westlich der Hauptstraße Carentan—Valognes beiderseits des Flusses Merderet und an der Straße bei Ste. Mère Eglise. Stab III. Bataillon Grenadierregiment 919 hat Gefangene der 101. amerikanischen Luftlandedivision gemacht.«

Es war 1.45 Uhr. Fünf Minuten später, genau um 1.50 Uhr, schrillten auch in Paris, in einem großen Etagenhaus am Bois de Boulogne, die Telefone. Der Ia des Marinegruppenstabes West, Kapitän z. S. Wegener, ruft seine Offiziere ins Lagezimmer. »Ich glaube, die Invasion ist da«, sagt er ruhig.

Admiral Hoffmann, der Chef des Stabes, nimmt sich keine Zeit zum Anziehen. Er wirft sich einen Bademantel über und saust ins Lagezimmer. Die Meldungen der Funkmeßstationen, über die der Nachrichten-Oberleutnant von Willisen herrscht, sind eindeutig: »Sehr viele Zacken auf der Braunschen Röhre.«

Zuerst glauben die Techniker an Störungen wegen der Unzahl von Zacken. So viel Schiffe gibt's doch gar nicht. Aber dann gibt es keinen Zweifel mehr: Eine unübersehbare Flotte muß im Anmarsch sein.

»Das kann nur die Invasionsflotte sein«, folgert Hoffmann. Also los: »Meldung an den OB-West. Meldung an das Führerhauptquartier: Die Invasion ist da.«

Aber in Paris wie in Rastenburg ist man skeptisch. »Bei dem Wetter? Können sich Ihre Techniker nicht irren?« Der Stabschef beim OB-West fragt sogar spöttisch: »Haben Sie vielleicht Möwen geortet?« Man will es immer noch nicht glauben. Aber die Marine ist sicher. Sie alarmiert jetzt ihre Küstenstationen und die in den Häfen liegenden Seestreitkräfte: »Die Invasionsflotte kommt!«

Auch im Stab des 84. Korps zweifelte niemand mehr. »Geben Sie Alarm Küste«, befahl General Marcks dem Ia Viebig. Das Stichwort für die Invasion war damit ausgelöst. Und nun lief alles wie am Schnürchen, vielmals geprobt und vielmals bewährt. Die Alarmierung des Korps ging über die Diensttelefone. Das zivile Fernsprechnetz wurde stillgelegt. Die Stabsoffiziere der Divisionen jagten an die Kartentische.

»Alarm! Sie kommen!«

In den Regimentsstäben fuhren die verschlafenen Wachen auf. »Alarm!« Die Feldfernsprecher leiteten den Ruf weiter zu den Bataillonen und Artillerieabteilungen, von dort zu den Kompanien und Batterien, zu den Zügen, vorn, an der Küste, in den Stützpunkten und Widerstandsnestern.

Die »Kettenhunde« der Feldpolizei durchstreiften die Lokale in Caen: »Los ab, es geht los!«

Unteroffizier Heilig und sein Freund, der Gefreite Briten vom Panzerregiment 22, die eben noch vor dem Bombenangriff aus Caen rausgekommen waren, sausten mit ihren Fahrrädern über die Feldwege an den Hecken und Gärten vorbei nach Verson. Sie kamen gerade zurecht. Die 1. Kompanie trat vor der Kirche an.

Auch die 4. Kompanie holte in Epaney schon ihre Panzer aus den Tarnstellungen. Unteroffizier Weinz, den Hauptmann Hoffmann mit fünf Mann auf Nachtpatrouille geschickt hatte, kam gerade zurück, als sein Panzer auf die Straße am Stadtausgang vorgezogen wurde. Die Schnelligkeit des Alarms hatte eine interessante Ursache. Hauptmann von Gottberg, der Kommandeur der I. Abteilung des Panzerregiments 22, hatte sich gerade aufs Ohr gelegt, als das Telefon anschlug. Er wunderte sich, daß es nicht rasselte. Nahm trotzdem den Hörer ab. Und hörte das Gespräch des Regimentskommandeurs von Oppeln-Bronikowski mit dem Divisionskommandeur. General Feuchtinger unterrichtete Oppeln über den Alarm-Befehl des Korps.

Gottberg war sofort hoch. Und brachte seine Kompanien auf die Beine. So stand die I. Abteilung Panzerregiment 22 in kürzester Frist marschbereit und wartete.

Die II. Abteilung brauchte nicht aus dem Schlaf geholt zu werden. Major Vierzig war mit seinen Panzern auf dem Marsch in die Ausgangsstellung für eine Übung, die für den 6. morgens ostwärts Falaise angesetzt war. Ohne scharfe Munition natürlich. Durch Kradmelder bekam Vierzig die Alarmmeldung. Schickte die Kompanien zurück in die Quartiere, um scharfe Munition zu fassen. Und wartete auch.

Das ganze Panzerregiment 22 stand kampf- und marschbereit. Mit 120 Panzern. Dicht hinter dem britischen Luftlandegebiet, wo die Tommys Brücke um Brücke in die Luft jagten oder eroberten, Straßenknotenpunkte besetzten und taktisch wichtige Positionen einnahmen.

»Leutnant, zeigen Sie mal Ihre Hände«

Der Leutnant Arthur Jahnke im Widerstandsnest 5 an der Ostküste der Cotentin-Halbinsel, im Frontbereich der 709. Division, konnte keinen Schlaf finden. Das endlose Flugzeuggebrumm machte ihn nervös. Er trat aus dem Steinhaus des Stützpunktes und blickte in den verhangenen Himmel. Von fern hörte er Bombendetonationen und Flakfeuer. Und über den Wolken ein nicht abreißendes Brummen. Jahnke rief den Nachbarstützpunkt W 2 an. Leutnant Ritter war gleich am Telefon. Er konnte auch kein Auge zutun. »Ich habe das Gefühl, da ist was im Gange«, meinte er. »Aber nichts, was uns betrifft«, antwortete Jahnke. »Ihr Wort in Gottes Ohr«, sagte Ritter. »Ich komme morgen vorbei auf einen Schnaps, als Zeichen, daß ich recht hatte«, schließt Jahnke das Gespräch. Den trink' ich, dachte er lächelnd. Er ahnte nicht, daß seine vom Stacheldraht umgebene Düne mit einem Zug der 3. Kompanie Grenadierregiment 919 in wenigen Stunden eine historische Rolle bekommen sollte, nämlich der Punkt zu werden, wo die Amerikaner im Kampf um Europa zuerst ihren Fuß auf Frankreichs Erde setzen würden. Jahnke lauschte noch einmal zum Meer hin: »Ebbe«, sagte er. Und bei Ebbe würden sie nicht kommen. Dafür hatte er einen guten Tip. Von Rommel persönlich.

Als der Feldmarschall am 11. Mai zur Besichtigung im Stützpunkt W 5 erschienen war, hatte er kein sehr frohes Gesicht gezeigt. Der Divisionsbereich war ihm nicht befestigt genug. Es waren ihm nicht genug Anlaufböcke und Pfahlsperren am Vorstrand eingebuddelt. Nicht genug Tschechenigel gelegt.

Nicht genug Pfähle, die sogenannten Rommelspargel, gegen Luftlandungen in den Lichtungen und auf den Feldern in den Boden gejagt. Seine schlechte Laune traf den Divisionskommandeur von Schlieben, den Regimentskommandeur von 919, Oberstleutnant Keil, und sogar den Kompanieführer, Oberleutnant Matz. Von seinem Witz, seiner Überzeugungskunst, mit der er Männer und Offiziere für die Küstenverteidigung zu begeistern verstand, sie anfeuerte, ihre Phantasie anregte — von alledem war nichts zu spüren.

Er verteilte noch nicht einmal Zigaretten. Nur Jahnke, der sich in Rußland als Zugführer das Ritterkreuz geholt hatte, und den eine Verwundung über den Ersatztruppenteil schließlich an die Westfront brachte, ließ sich nicht ins Bockshorn jagen. Er berichtete von der Schanzarbeit, wies darauf hin, daß jede Springflut die eisernen Tschechenigel und die verminten Rollböcke wieder ans Ufer warf. Tiefe Drahthindernisse? »Soweit wir Draht kriegen, werden sie gelegt«, sagte Jahnke und zeigte auf die nach seinen russischen Erfahrungen angelegten Hindernisse. Aber dem Feldmarschall saß der Ärger zu tief in der Seele. »Zeigen Sie mir mal Ihre Hände, Leutnant«, sagte er plötzlich. Der Leutnant Jahnke, 23 Jahre alt, blickte erstaunt. Aber Befehl ist Befehl. Er zog die grauen Wildlederhandschuhe aus und hielt dem Marschall seine Hände hin. Sie waren blutig gerissen, voll Schwielen; denn der Leutnant hatte in Rußland gelernt, daß ein Offizier ebensogut den Draht mitzieht wie der Landser. Er hatte es hier im Westen gleichfalls und sehr demonstrativ getan; denn die lange Besatzungszeit in Frankreich hatte in den deutschen Verbänden nicht gerade die Lust zur Schanzarbeit geweckt.

Rommel war angesichts der Hände Jahnkes um die letzte Chance gebracht, seinen Ärger loszuwerden. Er nickte: »Recht so, Leutnant, das Blut vom Schanzen an den Händen der Offiziere ist ebensoviel wert wie das in der Schlacht vergossene.« Das Blut an den Händen der Offiziere... Der Leutnant mit dem Ritterkreuz, vor kurzem erst von der Ostfront gekommen, hatte pflichtgemäß sein »Jawohl« geantwortet, sich aber sein Teil gedacht: Wenn die Männer wenigstens richtige Anleitungen zum Schanzen bekämen! Aber viele alte Reserveoffiziere, deren soldatische Erfahrung aus dem ersten Weltkrieg stammte, verwirklichten noch immer den Stellungsbau von 1917. Jahnke hatte darüber manchen Ärger. Und nicht nur über das Schanzen.

Mit Staunen stellte er fest, daß französische Fischer die Genehmigung hatten, auf der Asphaltstraße durch seinen Stützpunkt zu wandern, um zum Fischen zu gehen. Jahnke verbot es. Der Ortskommandant hinten schüttelte den Kopf: Der Neue nimmt alles so ernst. Diese netten Leute, warum sollen sie nicht fischen! Als Jahnke dann gar seine Geschütze in einem nächtlichen Feuerschlag ausprobierte, stand der ganze Regimentsabschnitt kopf. »Dieser Iwan«, hieß es, »dieser Iwan ist offenbar total wahnsinnig geworden. Kann wohl nicht abwarten, bis es losgeht!«

Jahnke hatte nur gegrinst und weitergeübt und weitergeschanzt, getreu dem Motto seines Feldmarschalls, obwohl die zunehmenden Bombenangriffe ahnen ließen, was aus den schönen mühevoll gebauten Stellungen mit Gräben und Drahthindernissen werden würde, wenn so ein Bombenteppich über sie hinging. Bei der 1. Batterie Heeresküstenartillerie-Regiment 1261 von Oberleutnant Erben vor St. Martin-de-Varreville konnten sie es studieren. Kein Stein war auf dem anderen geblieben. Die Stellung war mitsamt ihren Geschützen atomisiert worden. »Das kann ja heiter werden, wenn die einen so erwischen«, hatte Feldwebel Hein zu Jahnke gesagt. Seitdem hatten sie einen rechten Bammel vor den immer stärker werdenden nächtlichen Bombereinflügen.

Die Landser freilich wollten nicht an einen schlechten Ausgang glauben. Wenn sie von den Dünenkämmen über ihren Stützpunkt blickten, sah ja alles auch ganz hoffnungsvoll aus: die imposante 8,8, die Bunker mit ihren flankierenden 5-cm-Kanonen, die 7,5-cm-Pak und die MG-Nester, die Flammenwerfer und die Goliaths, selbst die FK 16, die Feldkanone aus dem ersten Weltkrieg, strahlte Kampfkraft aus.

»Die laufen doch nicht ausgerechnet einer Festung vor die Rohre«, sagten die Landser. »Wohl kaum«, denkt auch Jahnke. Er geht zurück in seine Unterkunft im Steinhaus. Rollt sich aufs Feldbett. Steckt sich eine Zigarette an. Denkt an Rußland. Ist froh, daß er hier in Frankreich liegt. Sogar ein Duschbad hat er nebenan, allerdings nur aus einer Gießkanne, die listenreich an der Decke befestigt ist.

Telefon. Jahnke nimmt ab. Und ist hoch. Das Bataillon gibt den Alarmruf durch. Und ergänzt: »Absprung feindlicher Fallschirmjäger, wahrscheinlich auch hinter Ihrer Stellung.«

»Alarm!«

»Alles auf Gefechtsstation! Doppelposten an die Stützpunktgrenzen. Spähtrupp raus! Nachsehen, was los ist.«

»Wird eine Aktion für die französische Widerstandsbewegung sein«, meint Feldwebel Hein. Er ist zwar noch keinem bewaffneten »Widerständler« begegnet; aber geredet wird ja genug von ihrer geheimen Armee.

Auch Jahnke ist dieser Auffassung. Er hat ein gutes Argument dafür, daß heute nicht mit der großen Invasion zu rechnen ist: »Wenn sie kommen, dann bei Flut«, hatte ihm Rommel neulich bei der Besichtigung gesagt. Und das leuchtet ein. Denn bei Flut konnten die Landungsboote bis an den Dünenfuß heranfahren, direkt bis vor den Stacheldraht. Bei Ebbe hingegen hatte jeder Angreifer 800 Meter brettebenen Strand zu überlaufen. 800 Meter! Gegen MG. Und Pak. Und Granatwerfer.

Nein. Bei Flut würden sie kommen. Und die Flut war gerade im Ablaufen. Und da sollten die Fallschirmspringer die Invasion einleiten? Das paßte nicht. Also war es nicht die große Landung!

So denkt Jahnke und wartet.

Eine halbe Stunde später knallen hinten an den überschwemmten Wiesen die Karabiner und MGs los. Der Spähtrupp. Er ist auf zwei Dutzend amerikanische Fallschirmjäger gestoßen, die versuchen, sich durch die versumpften Wiesen zu arbeiten. Bis zum Bauch stehen die armen Kerle im Wasser. Als die MG-Garben um sie spritzen und die ersten von ihnen fallen, heben die anderen die Hände. Mit 19 Gefangenen zieht der Spähtruppführer in den Stützpunkt ein. »Hände übern Kopf. Gesicht zur Wand«, so läßt der Obergefreite die gefangenen Amerikaner an die Wand der Steinbaracke treten. Sie werden gefilzt, das heißt, alle Taschen werden durchsucht. Die zwei Verwundeten, die die Amerikaner mitgeschleppt haben, kommen in den Sanitätsraum im Bunker.

Jahnke ruft sofort den Bataillonsgefechtstand an. »19 Gefangene des amerikanischen II. Bataillons Fallschirmjägerregiment 506.« Er will hinzufügen: »101. Luftlandedivision«, da macht es »Krrch«. Aus.

Das unterirdische Kabel, das erst kürzlich von Franzosen unter Aufsicht deutscher Pioniere verlegt worden war, ist durchschnitten. W 5 hat von nun an nur noch mit den Nachbarstützpunkten rechts und links eine Verbindung.

Der Sanitätsunteroffizier Hoffmann verbindet indessen den schwerverwundeten Neger. Der arme Kerl muß schreckliche Schmerzen haben. Er hat einen Schuß durchs Kinn bekommen: Hoffmann nickt ihm tröstend zu. »Wird schon werden.« Der Neger hat Angst in den Augen. Der Sani dreht sich um zu seinem Medizinkasten und blickt ins Gesicht des leicht verwundeten Oberleutnants. Der grinst ihn an. In ziemlich gutem Deutsch sagt er: »Sie sind Sanitäter und tragen eine Pistole? Das ist verboten!« Hoffmann ist, wie Jahnke, alter Rußlandkämpfer; und an der russischen Front trug jeder Sanitäter seine Pistole. Sie war ein besserer Schutz als die Armbinde mit dem roten Kreuz.

Hoffmann begreift sofort, daß dieser amerikanische Offizier recht hat. Ärgerlich knurrt er: »Ist es vielleicht auch verboten, daß ich Sie trotz meiner Pistole verbinde?« In dem Augenblick kommt Jahnke in den Bunker. Er hat die letzten Worte gehört.

»Was'n los, Hoffmann?«

»Er beschwert sich, daß ich eine Pistole trage.« Jahnke blickt auf den Kollegen von der anderen Feldpostnummer. »Sie, haben recht«, sagt er.

Und zum Sanitätsunteroffizier: »Legen Sie die Kanone ab, Hoffmann!«

Der schnallt ab:

»Hoffentlich wissen auch die Bomben, daß ich Sani bin«, grinst er.

Sie wußten es nicht. Sanitätsunteroffizier Hoffmann ist bald darauf gefallen.

Jahnke läßt einen Mannschaftsbunker hinten in den Dünen räumen und legt die Gefangenen rein. Die Tür wird zugeschottet, ein Posten davorgestellt.

Gegen 2.45 Uhr kommt Sani Hoffmann zu Jahnke: »Die Verwundeten sind merkwürdig unruhig. Sie wollen ständig wissen, wie spät es ist. Und sie fragen, ob sie nicht abtransportiert werden.« Auch der Posten vor dem Bunker der Gefangenen meldet, daß vor allem die beiden Offiziere immer wieder fordern, sie wollten weggebracht werden.

»Warum haben sie es denn so eilig?« fragt Jahnke.

»Gefällt ihnen wohl bei uns nicht«, grinst der Posten, »oder es ist was im Busch, Herr Leutnant.«

Ein Regiment springt in den Sumpf

Ehe der Morgen graute, war es dem 84. Korps klar, daß die Luftlandungen kein zweitrangiges Unternehmen waren. Kein Kommando-Raid. Kein Bluff.

Die Meldungen zeigten: An beiden Flanken des Korpsbereichs waren ganze Divisionen gelandet. Rechts von der Orne und Dives, im Bereich der 716. und 711. Division, war die 6. britische Luftlandedivision festgestellt; links, im Bereich der 709. Division, die 82. und 101. amerikanische Airborn-Division mit vier Regimentern erkannt.

Die Kommandos versuchten, sich der wichtigsten Brücken und Straßen über das Überschwemmungsgebiet ins Hinterland zu bemächtigen, um die Küste von Nachschubmöglichkeiten und vom Einsatz taktischer Reserven abzuriegeln. An einigen Stellen war das geglückt. Das war kein Spaß mehr. Das war blutiger Ernst; es stellte offensichtlich eine kühne strategische Operation zur Flankensicherung einer bevorstehenden Seelandung zwischen Orne- und Viremündung dar.

Die Überlegungen im Stabe des 84. Korps waren richtig. Der Tag X war da. Die größte amphibische Operation der Geschichte wurde durch die abenteuerlichste, kühnste, aber auch verlustreichste Luftoperation eingeleitet.

9210 Flugzeuge — Bomber und Aufklärer nicht mitgerechnet — verließen England in der Nacht vom 5. auf den 6. Juni 1944. Zweieinhalb Stunden lang flog die unübersehbare Luftflotte ohne Unterbrechung über London hinweg.

Die Küstenfront brodelte von Bombenabwürfen. Über Caen ging die Hölle nieder. Die Brücken und Straßen, besonders die Flugplätze im französischen Hinterland, lagen unter pausenlosem Bombenhagel.

Die Lastensegler zogen in riesigen Flotten ihre Bahn. Alles war genau geübt, errechnet, ausgetüftelt. Vieles klappte. Aber nicht alle Rechnungen gingen auf.

Die Amerikaner setzten zwei Luftlandedivisionen, 17 000 Mann Elitetruppen mit Feldartillerie und panzerbrechenden Waffen, aus der Luft hinter der deutschen Küstenlinie der Cotentin-Halbinsel ab. Sie hatten den Auftrag, einen breiten Stützpunkt hinter der deutschen Küstenlinie der 709. Division zu bilden, die Übergänge über das künstliche Überschwemmungsgebiet offenzuhalten und die deutsche 91. Luftlandedivision von den amerikanischen Landeköpfen abzusperren. Außerdem sollten Nachrichtenverbindungen zerstört, Straßen und Brücken gesperrt und die deutsche Küstenfront auch hier von jedem Nachschub abgeriegelt werden. Aber dieser gigantische Luftlandeangriff stand unter einem Unstern.

Die starke und niedrige Bewölkung verdarb den Piloten der Vorausabteilungen den genauen Anflug. Auch die Pulks der Lastensegler wurden auseinandergerissen. Damit begann eine Tragödie. Absprungziele waren die Brücken und Dämme in den Überschwemmungsgebieten des Merderet-Baches längs der Straße Ste. Mère Eglise—Pont l'Abbé. Ein kleines Versehen — eine halbe Minute zu früh oder zu spät gesprungen —, und schon landeten sie im Sumpf oder im Wasser. So geschah es auch. Das 507. Regiment sprang ausnahmslos mitten im Überschwemmungsgebiet ab. Das Gras wuchs so dicht aus dem sumpfigen Gelände, daß man beim Blick aus dem Flugzeug glauben konnte, über einer saftigen Wiese zu sein. Wer aber dann am Fallschirm herunterkam, versank mit seiner 70 Pfund schweren Ausrüstung im Wasser. Nur wenige konnten sich aus dem Sumpf befreien. Das schwere Material des Regiments ging vollständig verloren. Verwundete mußten elend ertrinken. Lastensegler verschwanden mit Mann und Material.

Auch der 36jährige Divisionskommandeur der 82. Airborn, General James Gavin, sprang ins Nichts. Über dem Kanal hatte er die Maschine seiner Spitzengruppe noch gesehen, hinter sich seine 7000 Mann gewußt. Aber über den Kanalinseln hatten sie Flak-Feuer bekommen und dann schoben sich tief hängende Wolken wie eine Milchsuppe zwischen Flugzeuge und Erde.

Im letzten Moment bekam die Maschine Gavins freie Sicht. Der General sah unter sich eine glitzernde Wasserfläche. Er atmete auf: die Douve. Das grüne Lichtzeichen zum Sprung kam. Luft geholt. Und raus. Aber wie der General und sein Pilot, so hatte sich fast die ganze Armada geirrt. Das 507. Regiment war ins Wasser des Merderet-Überschwemmungsgebietes gesprungen.

Sie wateten im Sumpf. Lagen ertrunken in den tiefen Gräben. Irrten am Ufer des Flusses entlang und suchten die Brücke, die sie besetzen sollten.

Nur eins gelang: Das Städtchen Ste. Mère Eglise fiel Gavins Männern in die Hand. Ein deutscher Flaktroß, der in dem Marktflecken lag, war nach kurzem Gefecht mit ein paar versprengten Trupps des 505. Fallschirmregiments, die mitten in der Stadt herunterkamen, abgerückt und hatte den verkehrsmäßig bedeutsamen Ort an der Nationalstraße 13 — die Verbindung von Cherbourg über Carentan nach Paris — dem Gegner überlassen. Diese Sünde eines Oberleutnants der Flak sollte sich bitter rächen. Sie ermöglichte den ersten entscheidenden Erfolg der amerikanischen Luftlandeoperation.

Nicht viel besser als der 82. Airborn des Generals Ridgway ging es General Taylors 101. Luftlandedivision. Sie verlor bei der Landung 30 Prozent ihres Mannschaftsbestandes und 70 Prozent ihrer Ausrüstung. Die Rommelspargel, jene in den Boden gerammten Pfähle, wurden vielen Lastenseglern zum Verhängnis. Sie zersplitterten, rammten ihre Nasen in die Gärten und Wiesen. Krachten in die Hecken und Hohlwege. In kleinen Gruppen versuchten die Einheiten, ihre Kampfräume oder die Küste zu erreichen. Sie schlugen sich mit deutschen Patrouillen herum. Griffen Dörfer und Stabsquartiere an. Machten Gefangene. Oder wurden gefangen.

Die Frösche von Marcouf

Ein entscheidender Schwerpunkt der deutschen Verteidigung an der Ostküste der Cherbourg-Halbinsel war die schwere Marine-Batterie Marcouf. Sie war als Glanzstück des Atlantikwalls zur Seeverteidigung gedacht. Vier 21-cm-Langrohrgeschütze, sechs 7,5-cm-Fla-Kanonen und ein 15-cm-Geschütz standen auf der Liste. Leider war dieser mächtige Sperriegel hinter dem Strand von Madeleine am 6. Juni noch nicht fertig. Immerhin: Die 400 Marine-Artilleristen und ihre Kanonen stellten eine nicht zu unterschätzende Abwehrkraft gegen Angriffe von See dar.

Am 19. April war das erste im Bunker montierte Geschütz der Batterie eingeschossen worden. Weithin grollte der Explosionsdonner des Abschusses. Die Fundamente hielten. Die Männer nickten. Am nächsten Tag begann für die Batterie der Krieg. Jeden Abend kamen nun aus der untergehenden Sonne heraus die Bomber aus England und harkten über die Stellung. Legten ihre Eier in die immer neu aufgewühlten Nester der Bombentrichter. Aber die 400 Marcoufer, zusammengewürfelt aus vielen Einheiten, die meisten über 38, bekamen langsam trotzigen Korpsgeist. Sie bauten trotz der Luftangriffe ihre Stellung aus. Gruben Rommelspargel ein. Rollten Stacheldraht aus. Bauten Bunker. Legten Minenreihen in die Dünen und pflanzten Strandgras darüber. So werkten sie in der sonnenüberstrahlten Küstenlandschaft, über die der Seewind strich. Die querlaufenden Seen polterten vom Strand her ihr Lied.

»Los, los«, war die übliche Parole des Spieß. »Los, los!« Aber deshalb kam trotzdem nicht genug Beton. Kamen keine Kanonen. Nicht genug Munition und keine Stahlblenden für die Bunkeröffnungen, die »Sehschlitze« der Feuerleitstände. Keine drehbaren Panzerkuppeln und keine modernen Feuerleitgeräte. »Hoffentlich warten die so lange, bis wir fertig sind«, pflegte der baumlange Obergefreite Hermann Nissen fast jeden Abend zu sagen. Er wußte nicht, daß die drüben, auf der englischen Insel, nur noch auf eines warteten: auf den richtigen Mond und auf die passende Uhrzeit von Ebbe und Flut.

Und dann war es soweit.

Am Abend des 5. Juni 1944 geht die Sonne unter, ohne daß gleichzeitig der Ruf ertönt: »Fliegeralarm!« Das ist seit Wochen der erste Abend, an dem keine Bomber kommen.

Die Batteriebesatzung geht aufatmend in die Unterkünfte des Städtchens Marcouf und des Dorfes Crisbecq. Seit dem 19. April hat man es so gehalten, denn die Bunker in der Stellung bieten nur den Geschützbedienungen der beiden fertig montierten Kanonen und der Flakgeschütze Schutz und Platz.

Die Wache stellte sich schutzsuchend in einen toten Winkel des Bunkers. Von fern klingt ein leichtes Brummen herüber. Die rechte Hand Karl Sellows greift über den Pfeifenkopf. Dann macht er einen tiefen Zug.

Genießerisch bläst er den Rauch in die Nachtluft. 23 Uhr. Eine Stunde noch, dann kommt die Ablösung. Aber was ist das mit dem Brummen aus Westen? Sollten die Brüder diesmal aus anderer Richtung kommen? »Da wird doch de Kat to en Hexe!« Wo die Nacht so schön ruhig begann!

»Fliegeralarm!« Also doch! Das Brummen wird zum Orkan. Und es wird die schlimmste Nacht, die Marcouf erleben sollte. Über hundert Flugzeuge greifen an. Die alliierten Kriegstagebücher weisen aus, daß 600 Tonnen Bombenlast auf das Batteriegelände geworfen wurden. 600 Tonnen!

Fünfunddreißig Minuten dauert der Feuersturm. Alle 6 Flakgeschütze werden zerschlagen. Das Gelände umgepflügt.

Kurz nach Mitternacht kommt ein Melder aus dem Schlößchen von St. Marcouf in Ohmsens Gefechtsstand gestürzt. Aufgeregt. Schreckensbleich: »Herr Oberleutnant, Volltreffer ins Schloß. Die Unterkünfte sind vernichtet. Viele Leute verschüttet. Die Trümmer brennen. Wir haben Tote und Verwundete.«

Ohmsen erschrickt: Auch das noch! »Oberleutnant Grieg«, sagt er zum Batterieoffizier, »nehmen Sie sich alle verfügbaren Männer. Lassen Sie Schaufeln und Spaten fassen. Und beeilen Sie sich, wir können uns keine Verluste leisten.«

Oberleutnant Grieg teilt nicht lange ein. Hals über Kopf stürmen sie mit Schaufeln und Spaten hinaus in die Nacht. Aber sie kommen nicht weit. In der Batterie repariert man an zwei lädierten Flakgeschützen, um sie notdürftig wieder herzurichten. Da kommen Griegs Männer schon wieder zurück.

»Was ist denn los?«

Grieg stürmt zu Ohmsen: »Herr Oberleutnant, wir sind beschossen worden. Ich vermute, durch feindliche Fallschirmjäger.«

»Fallschirmjäger?" zweifelt Ohmsen. »Stoßtrupp klarmachen! Stoßtruppführer Oberleutnant Grieg. Dazu zwei Unteroffiziere und zwanzig Mann. Bewaffnung Maschinenpistolen und Handgranaten.«

Die erste Stunde des blutigen 6. Juni 1944, des historischen Dienstag, ist damit auch in Marcouf angebrochen. Vorsichtig tasten sich die Männer in die Nacht. Stille. Nur hier und da quakt ein Frosch im versumpften Gelände. Drüben antworten zwei. Dicht beim Gefreiten Albert Müller quakt laut und munter ein anderer. Merkwürdig, denkt Oberleutnant Grieg, noch nie sind hier so viele Frösche gewesen.

Der Stoßtrupp schwärmt aus. Im selben Augenblick wird es am rechten Flügel laut. »Bleib stehen«, hört man den Flügelmann rufen. Dann poltert es. Stöhnen. Grieg springt in die Nacht. »Was ist da los?« raunt er. »Ein Amerikaner«, ruft einer gedämpft zurück. Da liegt er. Herrmann und Müller haben ihn erwischt. Er hat mit einer Knarre wie ein Frosch gequakt, es scheint das Erkennungszeichen für seine Kameraden zu sein. Als er die deutschen Worte hörte, wollte er flüchten; Müller schmetterte ihm die Maschinenpistole auf den Stahlhelm. Er kniet jetzt neben ihm. Hat die Blechknarre in der Hand. Drückt drauf. »Quak«, macht es. Müller drückt wieder. »Quak!« Aus dem Sumpf kommt Antwort. Und da wird ihre List geboren. Sie drücken weiter

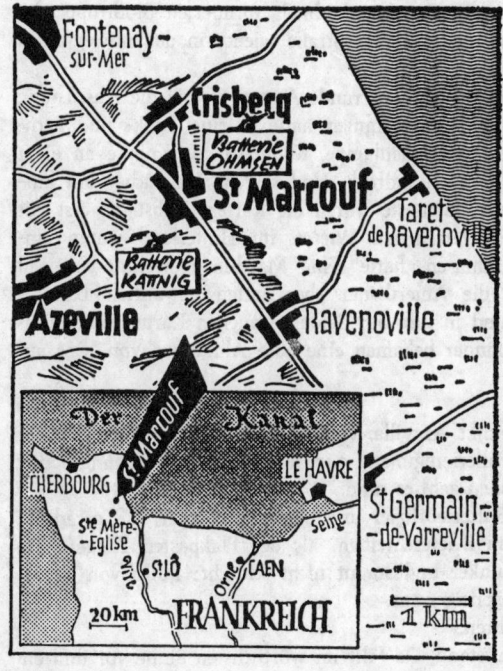

Azeville und Marcouf standen im Brennpunkt der ersten Kämpfe auf der Cotentin=Halbinsel.

auf die Knarre und pirschen sich an die antwortenden Frösche heran, picken einen Amerikaner nach dem anderen aus dem Sumpf. Bis kein Frosch mehr quakt.

Gegen 1.30 Uhr ist der Stoßtrupp ohne Verluste zurück. Jeder Mann hat sich einen Frosch mitgebracht: 20 Gefangene. Eine wahrhaft fette Beute. »Quak, quak«, lacht der Oberleutnant Grieg. Dann sperren sie die 20 Amerikaner in einen leeren Bunker.

Es waren Angehörige von fünf Transporteinheiten des 502. US-Fallschirmjägerregiments; und der Kompaniechef mitsamt dem Kompanietrupp war auch dabei. Die restlichen hundert Mann, die sich schon bis Marcouf durch den Sumpf gekämpft hatten oder mitten im Dorf gelandet waren, versuchten sich zum Angriff auf die Batteriestellung zu formieren.

Die Aussagen der Gefangenen ließen erkennen, daß die Kampfgruppe den Auftrag hatte, die Artilleriestellung 1./1261 des Oberleutnants Erben bei St. Martin-de-Varreville, sieben Kilometer westlich hinter dem Stützpunkt W 5, zu besetzen. Ob aus Irrtum oder Bequemlichkeit – sie zogen den Angriff auf Marcouf vor. Der Ordonnanzoffizier des II. Bataillons Infanterieregiment 919 drängte die Amerikaner mit einem schnell formierten Stoßtrupp von 8 Mann vom Ort Marcouf und von der Straße wieder in den unwegsamen Sumpf.

Ohmsen und seine Offiziere machten runde Augen, als sie die Ausrüstung sahen, die man den Gegnern abgenommen hatte: Kleine Funk- und Fernsprechgeräte im Format einer Taschenlampe. Kompasse als Knöpfe an einer Bluse. Das neue Testament in Dünndruck. Und seidene Halstücher mit aufgedruckten Karten. Das Interessanteste waren die Karten. Selbst die erst vor Tagen mit Rommelspargel versehenen Wiesen im Hinterland waren eingezeichnet. Noch toller: Ohmsen hatte seine Maschinengewehrnester nicht koordinatenmäßig erfaßt, die Amerikaner aber hatten sie mittels Luftaufnahme genau vermessen und in ihre auf Seide gezogenen Karten eingezeichnet. Ohmsen und seine Männer bekamen eine böse Ahnung davon, was auf sie wartete.

Auch im Nachbarstützpunkt Azeville, vier Kilometer landeinwärts, bei der 9. Batterie Heeresküstenartillerieregiment 945 mit ihren vier festungsmäßig eingebauten 12,2-cm-Kanonen geht es rund.

Oberleutnant Kattnig, Batterieoffizier und Stützpunktführer, saß gerade in seinem Bunker eifrig beim Briefeschreiben, als der Flakposten Fliegeralarm gibt. Er saust aus dem Bunker und staunt nicht schlecht: Pulks von Transportern spucken Fallschirmspringer aus.

»Feuer frei aus allen Rohren.«

Kattnig läuft zum Befehlsstand. Da fällt im wörtlichsten Sinne vor ihm ein

Mann vom Himmel. Pistole raus und auf die Fallschirmseile getreten. Der Mann ist ganz benommen und hebt die Hände: Ein amerikanischer Offizier.

Er gibt keine Auskunft. Ist stur und läßt sich in einen Mannschaftsbunker sperren. Da geht auch draußen vor dem Stacheldraht des Stützpunktes die Schießerei los.

Verbindung auf der direkten Leitung zur Division bekommt Kattnig nicht mehr. Er muß über die B-Stelle, die in der Batterie Marcouf liegt, seine Meldung machen.

Inzwischen kommt der Oberleutnant Hansjörg Habel von der Nachbarbatterie mit einer Handvoll Männer an. Die Batterie lag in Feldstellungen, und die Luftlandungen gingen direkt in ihr Zeltlager. Die Besatzung wurde von den Amis niedergemacht. Was Habel berichtete, stimmt die Männer in Azeville nicht gerade friedlich. »Hier kommen die nicht rein«, war die Parole, die Hauptwachtmeister Louis Schürger daraufhin klar und eindeutig verkündete.

Merville – ein kostspieliger Irrtum

Auch die Briten hatten ihr Marcouf. Es hieß Merville. Als der Oberstleutnant Terence Otway Anfang Dezember 1943 zu seinem Divisionskommandeur General Richard Gale gerufen wurde, hatte er den Ortsnamen Merville noch nie gehört. Aber dann war er bald so vertraut mit diesem Nest, als hätte er sein ganzes Leben darin verbracht.

In Merville, östlich der Orne, zweieinhalb Kilometer von der Küste, lag eine Batterie des Artillerieregiments 1716 mit einer Besatzung von 130 Mann. Die alliierte Aufklärung war auf Grund von Agentenmeldungen zu der Überzeugung gelangt, daß diese Batterie mit 15-cm-Geschützen bestückt sei und dadurch eine ernste Bedrohung für die geplante Seelandung der 3. britischen Division im Raum Ouistreham–Lion darstelle. »Die Batterie muß vor der Landung fallen«, hieß der Befehl. Ein beachtlicher Apparat wurde in Bewegung gesetzt, um Merville vor der Seelandung zum Schweigen zu bringen. Den Auftrag, das zu besorgen, bekam Oberstleutnant Otway mit dem 9. Fallschirmjäger-Bataillon der 6. britischen Luftlandedivision. Es war eine Schlacht für sich. Aufwendig, opferreich, im Grunde unnütz, aber viel genannt in der Kriegsgeschichte und bis auf den heutigen Tag selbst in den jüngsten englischen und amerikanischen Publikationen viel kaschiert. Deshalb ist es wert, sich damit zu beschäftigen.

Der allgemeine Plan war so: Otways verstärktes Bataillon, alles in allem 750 Mann, sollte kurz vor 1 Uhr zwischen Merville und Gonneville abspringen, festgelegte Sammelräume beziehen und dann nach der Uhr den Stützpunkt nehmen. Die Durchführung war liebevoll wie eine moderne Trapper-

und Indianerschlacht ausgeklügelt. Höhepunkt war die Landung eines Handstreich-Kommandos von 60 Mann je Lastensegler mitten im Batteriegelände in dem Augenblick, da von außen der Sturmangriff erfolgte.

Die Luftaufklärung hatte ergeben, daß der Stützpunkt von einem fünf Meter breiten und 1,5 Meter hohen Stacheldrahthindernis umgeben war. Davor ein zehn Meter breites Minenfeld. Dann noch einmal Stacheldrahthindernisse. Damit nicht genug, umfaßte die Sicherung noch ein hundert Meter breites, mit Draht eingezäuntes Minenfeld. Nach der Seeseite gab es keinen Panzerschutz.

Der Stützpunkt enthielt Einmannwehren und zusammenhängende Strandwehren. Von den vier Geschützbunkern war nur der östlichste, Nummer 4, für die Nahverteidigung eingerichtet. Automatische Waffen sicherten die Batterie. Eine automatische 20-mm-Kanone stand auf dem Dach eines Schutzraumes, mitten in der Batterie. Sie war für die Luft- wie für die Erdabwehr bestimmt.

Die Stellung sollte nach dem alliierten Plan unbedingt vor der Seelandung unschädlich gemacht werden. Oberstleutnant Otway erhielt deshalb den Befehl: Bis spätestens 5.15 Uhr ist die Batterie zu nehmen. Gelingt das nicht, wird die Flotte um 5.15 Uhr mit der Beschießung beginnen. So wichtig nahm man Merville.

Die Lage der Batterie an einer Wegkreuzung, auf offenem Feld, war keine gute Voraussetzung für wirksame Tarnung. Der mächtige Panzergraben markierte den Stützpunkt für die alliierte Luftaufklärung eindeutig. Man stellte durch mehrmalige Belichtung genau den Verlauf der Arbeiten fest. Als die Luftaufnahmen Ende März zeigten, daß zwei Geschützbunker fertig waren und die beiden anderen im Bau, begann ein planmäßiges und verschwenderisches Luftbombardement. Es ist nicht ohne Interesse, die exakten Ergebnisse zu sehen: Von ungefähr 1000 Einschlägen landeten nur 50 im Batteriegebiet. Und ganze zwei trafen die Ziele, die getroffen werden sollten, nämlich die Geschützstellungen.

Keiner bewirkte einen Durchschlag! Eine glänzende Instruktion für die Kostspieligkeit der Bombenteppiche auf feste Betonziele im Gelände.

Oberstleutnant Otway war 29 Jahre alt. Sein Bataillon mit 35 Offizieren und 600 Mann galt als Eliteeinheit. Es war verstärkt durch eine Kompanie ausgesuchter kanadischer Fallschirmjäger. Alles in allem 750 Mann.

Otways Männer übten im Schweiß ihres Angesichtes zwei Monate lang den Angriff. Sie bauten sich ein Modell, auf dem auch die Kühe nicht fehlten und jeder Feldweg mit einem Bulldozer maßgerecht gezogen war. Sie übten. Bei Tag und bei Nacht. Immer noch mal dasselbe. Und immer wieder den komplizierten Ablauf des Stückes. Jeder kannte seinen Handgriff und seinen Weg: der Aufklärungstrupp, die Schnitzelgruppe mit Minensuchgeräten, die den

Weg durch Minenfeld und Drahtverhau kennzeichnen sollten. Die Pionier-kompanie, welche die Gassen durch die Hindernisse zu legen hatte. Die Hand-streichgruppe, die in drei Gleitflugzeugen im Augenblick des Sturmangriffs im Stützpunkt landen sollte, um die Geschütze zu überrumpeln. Dazu kamen zwei Spähtrupps mit ihren zwei deutschsprechenden Unteroffizieren, die Ver-wirrung durch falsche Befehle stiften sollten.

Wie die Planung, so war die Ausrüstung verschwenderisch. Alle Errungen-schaften des technischen Krieges wurden eingesetzt: Flammenwerfer, Pak-geschütze, Funkjeeps, Sturmleitern, geballte Ladungen, Spezialsprengstöcke, ein Lazarettwagen, Mikrofone, Lautsprecher usw.

Um die deutsche Verteidigung zu zermürben und die Hindernisse schon vor dem Angriff weitgehend zu beschädigen, vor allem die Minenfelder un-wirksam zu machen, waren 109 schwere Lancaster-Bomber angesetzt, zwi-schen 0.30 Uhr und 0.40 Uhr die Batterie zu bomben. 382 Tonnen Bomben, darunter Kaliber von fast 2 Tonnen Gewicht, sollten die Befestigungen nieder-walzen. Im Schutze des Bombardements sollte außerdem die Luftlandung ge-macht werden. Während das Bataillon dann sammelte, hatte die sogenannte Schnitzelgruppe mit den Minenräumtrupps vorzugehen, drei Wege durch das Minenfeld freizulegen und zu markieren. Der Führer des Erkundungstrupps hatte den Auftrag, über Funk den Bataillonskommandeur auf dem Landeplatz über die Lage zu orientieren. Das Zeichen zum Sturmangriff war ein Trom-petensignal. Als Kennzeichen trugen die Sturmtrupps einen phosphoreszieren-den Totenkopf mit gekreuzten Knochen auf der Brust.

Die sorgfältigste Minuteneinteilung zeigte der Zeitplan für das Handstreich-kommando aus der Luft. Er sah so aus: 3.24 Uhr: In 2000 Meter Höhe über der deutschen Batteriestellung löst das Bugsierflugzeug den Lastensegler mit dem Handstreichkommando aus und gibt Lichtsignal.

3.25 bis 3.30 Uhr: Auf das Trompetensignal »Reveille« schießt ein Granat-werfer Leuchtgranaten gegen die Batteriestellung, um die Landung zu erleich-tern.

3.28 Uhr: Auf das Signal »Antreten« hört alles Feuer mit Ausnahme des Leuchtgranatenschießens und des Feuers der Diversionsgruppe auf.

3.30 Uhr: Mit dem Signal »Ruhe« hört das Leuchtgranatenschießen auf. Das erste Gleitflugzeug landet. Die Ladungen in den Hindernissen werden gesprengt. Sturm. So war es geplant.

Und so lief es ab: Kurz vor Mitternacht verließen Landungs- und Erkun-dungsgruppe England. Vor ihnen donnerten die Lancaster-Bomber. Aber gleich der erste Punkt klappte nicht. Der Bombenangriff auf die Batterie ging da-neben. Statt der Geschütze und der Minenfelder wurde das Dorf Gonneville in Trümmer gelegt. Die Erkundungsgruppe sprang in den Bombensegen und entging mit knapper Not der Vernichtung.

Oberstleutnant Otway und der Hauptverband ahnten noch nichts von dem Unheil. Sie alle hatten das sichere Gefühl, es könne nach all der Mühe und der Planung eigentlich nichts schiefgehen. Aber dann erfuhren sie plötzlich, daß sie etwas Entscheidendes vergessen hatten: daß die Deutschen auch schießen würden. Und das taten sie denn auch! Mit Flak 8,8. Viele Piloten machten daraufhin drastische Ausweichmanöver. Die schwer bepackten Fallschirmjäger flogen in den Maschinen übereinander. Es ging ziemlich munter zu in den Transportern. Nicht ohne Schwierigkeiten kamen die Männer aus den Maschinen. Andere flogen zu weit östlich. Mehrere Flugzeuge verfehlten die Landungszone. Der Gleiter mit dem schweren Spezialmaterial hatte sich schon über dem Kanal losgerissen und war abgestürzt. Weit verstreut kamen die Fallschirmjäger zur Erde. Die letzten 50 Kilometer vom Ziel entfernt! Nur die wenigsten am festgelegten Landeplatz.

Oberstleutnant Otway war zwar gut zu Boden gekommen, wartete aber vergeblich auf sein Bataillon. Nach anderthalb Stunden waren glücklich 150 Mann beieinander. 150 von 750! 600 fehlten. Trotzdem beschloß Otway anzugreifen. Ein Zeichen für die Zähigkeit, Tapferkeit und Disziplin dieses Mannes. Natürlich mußte der ganze Plan umgeworfen werden. Die Tatsachen diktierten den Verlauf. Aus der verfügbaren Mannschaft wurden zwei Gruppen von je 15 Mann gebildet, um die Bresche in die Hindernisse zu schlagen; vier Sturmtrupps von je 12 Mann sollten gegen die Bereitstellung stürmen.

In einem Graben am Rande eines Kornfeldes hatten sie sich vorsichtig gesammelt, 500 Meter vom Batteriestützpunkt entfernt.

Es war 3.30 Uhr. Im Gefechtsstand der Batterie war längst der Alarmbefehl des Artillerieführers der Division eingegangen. Batteriechef und Batterieoffizier hatten die Wachen verdoppelt. Die entdeckten auch bald die Bewegung im Gelände. Der Alarmruf ging durch die Stellung. Die MG's der Batterie fingen an zu bellen.

Im selben Augenblick flogen die Lastensegler mit dem Handstreichkommando ein. Die Schleppflugzeuge blinkten ihr Signal zum Zeichen, daß sie die Seile loswarfen. Die Segler kamen schweigend heruntergekurvt. Einer glitt in 30 Meter Höhe über die Batteriestellung. Die 2-cm-Flak des Batteriestützpunktes blaffte vom Dach eines Mannschaftsbunkers los. Die Leuchtspur fuhr dem Segler in den Bauch. Rauch quoll heraus. Der große Vogel machte eine Wende und krachte weit hinten ins Gelände. Auch der zweite kam in Sicht. Da Otway keine Granatwerfer zur Beleuchtung des Batteriegeländes hatte, hielt der Pilot das von dem Bombenangriff brennende Dorf Merville für den Landeplatz und ging sieben Kilometer weit vom Schuß mit seinem Kommando nieder. Vom dritten Segler keine Spur. Er war drüben in England auf der falschen Seite des Kanals notgelandet.

Mit dem Handstreich war es also nichts. Da gab Otway seinen Männern den Befehl zum Sturm. Die Sprengladungen flogen in die Hindernisse. Die Sturmtrupps gingen feuernd gegen den Stützpunkt vor.

Die lange Wartezeit, die ewigen Alarme hatten auch in Merville die Vorsicht der deutschen Besatzung abstumpfen lassen. Der Haupteingang zum Batteriegelände war nur dürftig verbarrikadiert. So gelang es einem kleinen Trupp Tommys, schnell in die Batterie einzudringen. Im selben Augenblick fuhr der Unteroffizier Windgassen mit einem Aufklärungstrupp der Heeresflakabteilung am Stützpunkteingang vor. Die 2-cm-Flak-Batterie war auf dem Marsch von Franceville nach Caen direkt in die britischen Luftlandungen geraten. Der Batterieführer entschloß sich, nach Merville zu fahren. Windgassen machte mit fünf Mann Aufklärung. Sie konnten völlig überrascht am Schlagbaum nur noch vor den Tommys die Hände heben. Sanitätsunteroffizier Kurt Richter bekam gleich zu tun.

Aus dem Bunker, in dem Windgassen und seine Männer zusammen mit verwundeten Tommys lagen, hörten sie den Kampflärm im Stützpunkt. Ihre deutschen Kameraden schlugen sich inzwischen mit dem britischen Handstreichkommando herum, das mit dem Lastensegler hinter dem Stützpunkt gelandet war.

An den Geschützwehren im Stützpunkt verteidigten sich die Artilleristen im blutigen Handgemenge. Von zwei Geschützbunkern waren die hinteren Stahltüren offen, so daß die Tommys nur ihre geballten Ladungen hineinzuwerfen brauchten.

Nach 30 Minuten war alles vorbei. Otways Männer waren Sieger. 22 Deutsche, alle verwundet, wurden als Gefangene aus der Stellung hinausgetrieben. Die übrige Besatzung, hundert Mann, fiel im Kampf. Von Otways 150 Mann lagen 66 tot auf dem Kampfplatz.

Ein teuer erkaufter Sieg.

Und mit dem Sieg kam dann die schreckliche Überraschung: Die Batterie Merville hatte gar keine 15-cm-Geschütze, sondern nur 7,5-cm-Feldkanonen. Sie hätte keinerlei ernsthafte Gefahr für die britische Seelandung bedeutet. Für eine Beschießung von Seezielen war sie gar nicht geeignet. Der geplante britische Landestrand war von der Batterie nicht einzusehen, mit ihrer Reichweite von sieben Kilometern hätte also nur der östliche Teil der Küste unter indirekten Beschuß genommen werden können. Ein Irrtum, ein grandioser Irrtum hatte den Planern der Operation gegen Merville die Feder geführt. Und so war das ganze opferreiche Unternehmen auch nur ein Irrtum — wie so oft im Kriege.

Zur Landseite hin konnten die Kanonen aus ihren Stellungen überhaupt nicht schießen, es sei denn, man zog sie aus den Bunkern heraus. Die ganze Anlage war nur für die Verteidigung gegen einen Panzerangriff von der Seeseite her eingerichtet.

Und noch ein anderer Fehler ließ die Rechnung der englischen Planung nicht aufgehen.

Nach der Einnahme der Batterie schoß Oberstleutnant Otway das verabredete Leuchtsignal, zum Zeichen, daß die Batterie gefallen war. Er erhielt jedoch keine Bestätigung, ob die Aufklärungsflieger sein Zeichen verstanden hatten. Deshalb zog er sich aus dem Stützpunkt zurück, um nicht selbst Opfer der eigenen Schiffsartillerie zu werden. In einem Gegenstoß nahm eine deutsche Kampfgruppe des Grenadierregiments 736 Merville wieder ein.

Es stellte sich heraus, daß die Tommys in der Aufregung das Zerstörungswerk an den Kanonen nicht sehr sorgfältig betrieben hatten. Die Batterieanlagen waren keineswegs ganz unverwendbar gemacht. Sie wurden notdürftig wieder instandgesetzt.

Die deutschen Grenadiere verteidigten die Batterie auch am nächsten Tag, am 7. Juni, gegen ein britisches Kommando, das den Auftrag hatte, die Gegend zu säubern. Sie hielten sich zäh, wurden aber überwältigt. Ein erneuter deutscher Gegenangriff mit Sturmartillerie brachte den Stützpunkt wieder in deutsche Hand. Er wechselte bis Anfang Juli noch ein paarmal den Besitzer. Heiß umkämpft. Mit Blut getränkt. Weil im Kriege ein blutiger Fehler zehn andere nach sich zieht.

W 5 gibt »Feuer frei«

Der Morgen graut. Die Hecken des Cotentin und die Obstgärten des Calvados tauchen aus der Nacht. Aber man kann keiner Hecke trauen, keinem Garten und keinem Kornfeld.

Versprengte Fallschirmjäger liegen in ihren Verstecken und machen »scheues Kaninchen«. Patrouillen der durcheinandergeratenen deutschen Reservebataillone in den Absprungräumen bei Ste. Mère Eglise oder im Raume Ranville östlich der Orne sichern in Kornfeldern und an Ortsausgängen.

»Fahren Sie schneller«, sagt der Generalmajor Falley zu seinem Fahrer. »Es wird schon Tag.«

»Haben es gleich geschafft, Herr General«, beruhigt Major Bartuzat. Sie brausen auf der Straße Coutances—Périers—Etienville zurück.

Vor sechs Stunden waren General Falley und sein Ib vom Gefechtsstand der 91. Luftlandedivision bei Picauville aufgebrochen, um rechtzeitig zum Kriegsspiel der 7. Armee nach Rennes zu kommen. Die ununterbrochenen Bombereinflüge hatten den General beunruhigt. Der erfahrene Kriegsschullehrer und Frontoffizier ahnte nichts Gutes, als die Einflüge gegen das Hinterland über ihn hinwegbrausten. Die Leucht-Markierungen der Pfadfinder-Flugzeuge machten ihn stutzig.

»Das ist doch kein Routine-Angriff, Bartuzat«, hatte er zu seinem Ib gesagt. Und auf das Brummen der Bomber gelauscht, das den Motor des Wagens übertönte.

Falley wußte nicht, daß die 8. Luftflotte von Leigh-Mallory mir drei Divisionen strategischer Bomber von insgesamt 1083 B 17 und B 24 unter dem Jagdschutz von 1347 Jägern mit 3000 Tonnen Bombenlast anrollte, um der Invasion den Weg freizuschlagen. Er wußte es nicht, und er konnte die Flugzeuge nicht zählen. Aber er ahnte, daß da etwas Außergewöhnliches anrollte. Und er wußte, daß dieser Walze nur rund 320 deutsche Flugzeuge entgegenstanden. Es schnürte ihm den Hals zu bei dem Gedanken an die paar Dutzend deutsche Jäger.

»Umkehren«, hatte er seinem Fahrer befohlen. »Zurück zum Gefechtsstand!«

Der Wagen prescht über die Straßen der Départements Ille-et-Vilaine und Manche dem Château Haut zu, nördlich Picauville. Sie hören vor sich Gefechtslärm und über sich Flugzeuggebrumme. Hinten im Raume Carentan—Bayeux—Caen und an der Küste müssen schwerste Luftbombardements im Gange sein. Der Horizont ist von Qualm und Explosionen verhangen.

Der Wagen biegt von der Hauptstraße ab. Drüben liegt das Schloß. Aber ist das nicht MG-Feuer? Prasseln nicht MPi's? Falley reißt die Pistole heraus. Springt aus dem Wagen. »Vorsicht!« ruft Major Bartuzat. Zu spät!

»Hands up«, schreit ein Mann mit einer MPi im Anschlag. Zwei Schüsse bringt der General aus seiner Walther-Pistole raus. Dann rattert die MPi los. Mäht Falley und Bartuzat nieder. Die Schlacht in Frankreich hat im Morgengrauen des 6. Juni ihren ersten gefallenen General.

Der Kommandeur der 91. Luftlandedivision ist tot, ehe er einen einzigen Befehl geben kann.

Auch der Leutnant Jahnke im Stützpunkt W 5 lauscht auf das Röhren der Bomber. Sein Gefechtsstand ist kein Bunker, sondern ein mit Brettern und Grassoden abgestütztes Sandloch hinter der Panzermauer. Das Meer schimmert dunstig grau herauf. Feldwebel Hein kommt den Graben entlang.

»Ich habe ein ungutes Gefühl, Herr Leutnant«, sagte er. »Wollen wir nicht alle Männer auf Gefechtsstation gehen lassen?«

»Warum?« fragt Jahnke. »Selbst wenn die Invasion kommt, werden die ja doch erst mal bombardieren und mit Artillerie angreifen. Also ist es besser, die Männer solange wie möglich in Sicherheit zu lassen.«

Hein nickt.

»Lassen Sie außerdem Sonderverpflegung ausgeben!« befiehlt Jahnke, »Essen ist immer gut; und es liegt genug im Depot, mindestens für eine Woche.«

In tadelloser Exerzierformation kommt eine neue Welle zweimotoriger Bomber von See her angebrummt. »Fliegen nördlich vom Stützpunkt ein«, murmelt Jahnke vor sich hin. Aber kaum hat er das ausgesprochen, überfällt ihn der Schreck. Die erste Welle dreht und fliegt nun genau den Strand entlang, auf Stützpunkt W 5 zu.

Und da sind sie schon. Jahnke drückt sich in sein Deckungsloch. Mit dem Glas folgt er den Riesenvögeln. Da!

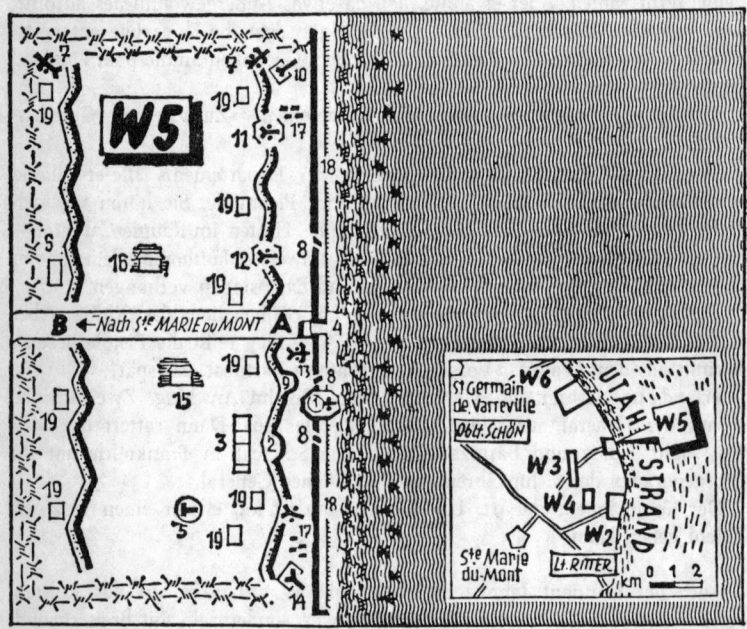

Das war Stützpunkt W 5: 400 m lang, 300 m tief. 800 m breit war der Strand bei Ebbe. Bei Flut erreichte das Wasser den Drahtverhau. Hindernisse im Wasser: Tschechenigel und Rammböcke. A) Stellung zur See. B) Stellung Land. 1. Beute=MG in Panzerkuppel. 2. Gefechtsstand mit Scherenfernrohr. 3. Steinbaracke unter Tarnnetzen mit Offiziersunterkunft, Telefonzentrale, Eßsaal und Duschraum. 4. Straßensperre aus Betonklötzen. 5. 8=cm=Werfer in betonierter Stellung. 6. Starker Bunker, Sanitätsbaracke. 7. Schweres MG. 8. Festungsflammenwerfer. 9. Flammenwerfer=Leitstand. 10. 5=cm=KWK (Kampfwagenkanone). 11. 7,5=cm=FK 16. 12. 7,5=cm=Pak. 13. 8,8=cm=Heeresflak. 14. 5=cm=KWK. 15. Küche. 16. Luftw.stand. 17. Goliaths. 18. Panzermauer. 19. Befestigte Unterkünfte. Flanken und Stellung Land durch Drahtverhau und Minen gesichert.

Die Bombenschächte gehen auf. Wie von Geisterhänden bewegt, klappen die Wände herunter. Und dann purzeln die Bomben in ihrem merkwürdig wackelnden Fall.

Pfeifen.

Glas weg und den Kopf in den Dreck.

Donnernde Hölle. Blitze. Qualm. Gestank. »Das war diesseits der Asphaltstraße«, registriert Jahnke. Und da röhrt die nächste Welle heran. Donnernde Explosionen.

»Das war jenseits der Straße.«

Und als die nächste Maschine ihre Bombenlast wieder diesseits wirft, pfeift es auf Jahnkes Erdloch zu. Immer lauter. Geht durch Mark und Bein. Und immer noch. Und dann passiert es. Eine Riesenfaust packt den Leutnant und schmettert ihn gegen die Wand seines Erdloches. Knallt ihn gegen die Grassoden und wirft eine Fuhre Sand auf ihn.

»Raus!« denkt er. Und wühlt sich frei. Die Schulter brennt wie Feuer. Der linke Arm ist taub. Und die nächste Bomberwelle fliegt an. Jahnke springt über die Sanddüne. Rollt in einen ganz flachen Trichter. Halb im Unterbewußtsein schließt er daraus: Die werfen die berüchtigten »anti-personnel-bombs«, das heißt Bomben mit Frühzündern und ganz breiter Sprengwirkung gegen die Truppe, die marschiert oder in Stellung liegt. »Raus aus dem flachen Trichter, der keinen Schutz bietet«, sagt sich Jahnke. Springt bis an den Betonklotz, der die Asphaltstraße sperrt und mit der Panzermauer einen schützenden Winkel bildet. Rollt sich in die Sandmulde, die der Wind am Fuße des Betonklotzes gewühlt hat. Wie von einem Dachvorsprung wird der Körper gedeckt. In die Explosionen der Bomben mischt sich jetzt ein prasselndes, knallendes Feuerwerk.

»Die Munitionsbunker«, geht es Jahnke durch den Kopf. Die Munitionsbunker gehen hoch!

Mit einemmal ist es still. Jahnke rappelt sich aus seiner Sandkuhle und läuft durch den Stützpunkt, der noch immer von Rauch und Staub eingehüllt ist.

Alles, was in Wochen mühselig geschanzt wurde, ist zerwühlt wie auf einem Kinderspielplatz. Die 7,5-cm-Pak ist Schrott. Die 8,8 angeschlagen. Zwei Munitionsbunker sind in die Luft geflogen. Die Schützennester verschüttet.

Die Mannschaftsverluste sind zum Glück gering, weil die Männer in ihren Bunkern gesessen hatten. Die hatten zwar Treffer erhalten, waren aber nicht durchschlagen worden.

Der Gehilfe des Verpflegungsunteroffiziers kommt angerannt. Ein älterer Mann aus dem Ruhrpott.

»Alles ist kaputt, Herr Leutnant. Das Lager brennt. Alles kaputt!« schreit er bleich. Und dann mit ernster Stimme: »Wir müssen kapitulieren, Herr Leutnant.«

Jahnke ist 23 Jahre alt. Aber er ist ein fronterfahrener, in Rußland stark gewordener Soldatenführer. Er spürt die aufdämmernde Panik. Und Panik ist der schlimmste Feind des Soldaten. Von der Panik wurden mehr Stützpunkte geknackt als von feindlichen Waffen. Er kennt das aus Rußland.

»Mann«, sagt Jahnke, »Mann, Sie sind wohl nicht bei Groschen. Wenn wir in Rußland bei solchen Lagen immer gleich kapituliert hätten, wären die Russen längst hier.« Und dann ruft er laut: »Alles raustreten zum Schanzen!«

»Es muß sein, Männer«, sagt er zu den unwirschen oder verstörten Landsern. Die meisten haben zum ersten Male den Todesgriff des Krieges erfahren. Die alten Reservisten, die man in die Küstendivisionen mit den hohen Hausnummern gesteckt hat, sind bleich und haben die flackernde Angst in den Augen. Aber sie schanzen.

Jahnke telefoniert mit dem Nachbarstützpunkt W 2. Leutnant Ritter meldet sich. »Mensch«, sagt er, »bei euch scheint es aber gebumst zu haben.«

»Und bei euch?« fragt Jahnke.

»Ach«, antwortete Ritter, »bei mir ist nicht viel passiert. Die hatten es offenbar auf euch abgesehen.«

Ja, sie hatten es auf W 5 abgesehen.

»Fliegeralarm!« tönt es mitten in das Gespräch der beiden.

»Deckung!«

Tief braust eine neue Welle von See heran.

»Die sind ja nur ein paar Meter über dem Wasser.«

An der Küste ziehen sie hoch. Kippen seitwärts ein. Und da pfeift es wie in einem Höllenkonzert heran: Raketen. Die Burschen schießen nur auf die beiden Eckbunker mit den 5-cm-Kampfwagenkanonen. Die Raketen prasseln auf die Bunker. Knallen in die Schießscharten. Der linke Bunker fliegt gleich in die Luft: offenbar Volltreffer durch die Schießscharte in den Munitionsvorrat. Der rechte ist von Rauch und Flammen eingehüllt. Als der Angriff vorbei ist — sind beide Bunker und Kanonen nur noch Trümmer und Schrott. Die Besatzungen tot oder schwer verwundet.

Das war um vier Uhr morgens.

Schreie nach dem Sanitäter gellen durch den Stützpunkt. Hoffmann läuft mit der Bahre durch die Dünen.

Das war der moderne Artillerieeinsatz aus der Luft. Das war die Materialschlacht des 2. Weltkrieges. Insgesamt flog die alliierte Luftwaffe am 6. Juni 10 743 Einsätze und warf 11 912 Tonnen Bomben — das heißt 11 912 Tonnen Tod und Verderben. Damit krachte in wenigen Stunden die gleiche Bombenlast auf die deutschen Verteidigungsanlagen in der Normandie, wie sie im ganzen Kriegsjahr 1943 auf Deutschlands meistbombardierte Stadt, Hamburg, niederging. Die Hamburger, welche die Todesnächte von Hammerbrook, Hamm oder Rothenburgsort mitmachten, die vor der Höllenkulisse der 40 000 Toten in den Luftschutzkellern zitterten, werden ahnen, was die deutschen Landser in den MG-Nestern, Schützengräben und Bunkern an der Küste der Normandie am Morgen des 6. Juni 1944 erlebten.

Die Bomben sollten dem alliierten Landungskorps den Weg freischlagen. Frühzünder bewirkten, daß die Sprengkraft in die Breite ging, alles wegfegte und keine tiefen Krater schlug. Das war wichtig, damit die Landungstruppen beim Vorrücken, mit ihren schweren Waffen, nicht durch tiefe Bombentrichter behindert wurden. In den Dörfern und Städten des Hinterlandes, wo das alliierte Oberkommando deutsche Reserven oder Stabszentralen vermutete, wandte man dieselbe Methode an. Das Ziel war hier, die Verluste zu erhöhen und gleichzeitig durch das Beiseitefegen der Häuser eine vollständige Blockierung der Durchfahrtsstraßen zu bewirken. Das gelang auch in St. Lô, in Périers; besonders aber in Caen, der altehrwürdigen Stadt in einem Meer von Getreidefeldern, war die Wirkung verheerend. Kein deutscher Troß konnte diese Stadt mehr durchfahren, um zur Küste zu gelangen. Major Hayn sah auf einer Erkundungsfahrt zur Front die sterbende Stadt. Die Vorstadt Vaucelles mit den Brücken über die Orne und ihren Seitenkanal war ein brennendes Chaos. Die deutschen Infanteristen konnten nur durch die Schneisen springen, die Flammen und krachendes Gebälk ihnen ließen. Aus dem Qualm ragten die ehrwürdigen Türme der Klosterkirche »Sankt Stefan« und »Sankt Dreifaltigkeit«, deren Klosterabteien Wilhelm der Eroberer im 11. Jahrhundert gestiftet hatte. In »Sankt Stefan« liegt er auch begraben. Eine schlichte Steinplatte erinnert an den Mann, der von der Normandie aus im Jahre 1066 mit seinen berühmten 619 normännischen Drachenbooten England eroberte. Es war die Invasion in umgekehrter Richtung. Wilhelm, damals noch Herzog der Normandie, der »Bastard«, transportierte auf seinen Seglern 60 000 Mann an die englische Küste: Normannen, Franzosen, Bretonen, Flamen und auch einige deutsche Truppenkontingente. Bei Hastings schlug er am 14. Oktober 1066 das englische Heer in jener denkwürdigen Schlacht, die vom Morgen bis tief in die Nacht ging und König Harold sowie seine Brüder das Leben kostete. Wilhelm wurde König von England und erhielt den Beinamen »der Eroberer«. 878 Jahre später kamen die Engländer und ihre amerikanischen Verwandten mit Blitz und Donner an sein Grab. Die Bomben fielen und rüttelten an Mauern und Türmen von »Sankt Stefan«. Wilhelms Stadt sank in Trümmer: Späte Vergeltung für die Schlacht von Hastings.

Der alliierte Bombenschlag als Wegbereiter für die in 5000 Transportern und Landungsschiffen anrückende Invasionsarmee drückte die ganze Materialüberlegenheit Amerikas aus. Möglichst gefahrlos sollten die anfahrenden

Landekommandos die ersten Schritte auf französischem Boden machen können, um die Auffang-Brückenköpfe zu bilden. Kein Stein der deutschen Verteidigung sollte aufeinanderbleiben, kein Bunker und kein Geschütz das Inferno heil überstehen. Die Drahtverhaue sollten atomisiert werden und kein Mann von Rommels Küstendivisionen lebend die Hölle überstehen. Nichts sollte den landenden alliierten Soldaten noch Widerstand entgegensetzen können.

»Safety first« — Sicherheit zuallererst, das heißt Sicherheit für den Tommy und den GI, lautete Eisenhowers Grundsatz. Es war die Taktik des Überflusses, die Taktik, die mit einem sagenhaften Aufwand an totem und tötendem Material gegen den Feind arbeitete, um das Leben der eigenen Soldaten zu schonen. »Safety first« — es stand als Wahlspruch der modernen Materialschlacht über dem ganzen Kampf um die Normandie.

Als sich der Rauch der Bomberoffensive etwas verzog und die Hölle eine Pause einlegte, da kamen sie.

Vor den fünf vorgesehenen Schwerpunkten der Küsten erschienen 6 Schlachtschiffe, 23 Kreuzer, 122 Zerstörer, 360 Torpedoboote und ein paar hundert Fregatten, Schaluppen und Patrouillenboote. Im Schutze dieser größten Armada der Seekriegsgeschichte fuhr die mächtigste Schiffsansammlung, die je ein menschliches Auge gesehen hatte, der Küste zu: 6480 Transportschiffe, Landungsboote und Spezialboote. Die Verteidiger in der Küstenlinie erblickten im Original, was ihnen im Unterricht auf Bildtafeln immer wieder vorgeführt worden war: die Sturmboote, Flakboote, Artillerieschiffe und die Infanterie-Landungsschiffe. Über die Landungsflotte hinweg begannen die Schiffsgeschütze zu feuern. Es war eine undurchdringliche Feuerglocke, die die Küstenfront gegen Nachschub und Verstärkung abriegelte.

War es möglich, daß es am Strand zwischen Vire und Orne überhaupt noch eine deutsche Hand gab, die ein MG durchziehen, ein Geschütz abfeuern, eine Handgranate werfen konnte? Und trotzdem — aus der Kraterlandschaft wurde noch geschossen.

4.15 Uhr.
»Feindliches Kriegsschiff fährt an.« Mit hoher Bugwelle braust ein amerikanischer Zerstörer auf die Küste zu.

Feldwebel Hein kommt angerannt: »Habe ich Feuererlaubnis für die FK 16, Herr Leutnant?« ruft er Jahnke zu. Der nickt.

»Feuer frei!« Rumms macht die Feldkanone.

Zu kurz.

Rumms!

Noch zu kurz.

Da dreht der Zerstörer bei. Zeigt die Breitseite. Und aus dieser Breitseite bellt es dreimal kurz auf. Das erstemal zu weit ins hintere Dünengelände.

48

Das zweitemal zu kurz ins Wasser. Aber die dritte Salve sitzt genau im Ziel, die FK 16 fliegt auseinander. Die Geschützbedienung ist tot.

Jetzt ist nur noch die angekratzte 8,8-Flak da. Die Flakkanoniere hantieren fieberhaft an ihr herum.

Als wollte er sich die Sache von ganz oben betrachten, zieht ein Artillerieflieger über den Stützpunkt. Fliegt zurück. Verschwindet.

Und da kommt seine Post: das Flottenbombardement der schweren Seestreitkräfte. Die Dauerhölle beginnt. Schlag auf Schlag donnern die Riesenkoffer in den Stützpunkt. Die Gräben werden eingeebnet. Der Stacheldraht wird zerfetzt. Die Minenfelder gehen hoch. Die Bunker ertrinken im losen Dünensand. Die Steinbaracke mit der Telefonzentrale kracht zusammen. Der Leitstand der Flammenwerfer erhält Volltreffer. Viele Männer brechen unter diesem Feuerorkan zusammen.

Halten sich die Ohren zu.

Schreien. Fluchen.

Oder liegen verzweifelt in einem Sandloch.

Die Posten werden nicht mehr abgelöst.

Und dann ruft es irgendeiner: »Die Schiffe!«

Es ist ein elektrisierender Ruf. Die Schiffe. Jahnke klemmt die Augen ans Scherenfernrohr. Und was er da sieht, scheint unfaßlich. Die Landungsflotte. Große und kleine Schiffe. Unzählige Schiffe mit Fesselballons am Heck. Also so ist das. Und nun ist kein Zweifel mehr. Sie kommen auch über See. Sie kommen trotz des schlechten Wetters. Und sie kommen bei Ebbe. Die eisernen Tschechenigel, die verdrahteten Rammböcke mit den Minen drauf, die Pfähle mit den scharf gemachten Granaten und alle anderen tückischen Unterwasserhindernisse, die man gebaut hat, stehen trocken. 800 Meter breit ist der ebene Strand.

»Rommels Rechnung stimmte nicht!« denkt Jahnke. Sie kommen bei Ebbe; müssen über das 800 Meter breite, ebene Schußfeld.

Aber was nutzt das Schußfeld, wenn man kaum noch eine Waffe zum Schießen hat! Der Leutnant Arthur Jahnke hätte heulen können vor Wut.

»Sperrfeuer muß her!« Ein Melder wird mit dem Fahrrad losgeschickt: Oberleutnant Schön, der mit der 13. Kompanie und einer 12,2-cm-Batterie des Artillerieregiments 1261 bei St. Martin de Varreville, drei Kilometer hinter W 5 liegt, soll bei Leuchtzeichen Doppelschuß grün aus allen Rohren Sperrfeuer auf den Strand legen.

Jetzt lösen sich drüben bei der Invasionsflotte die Landungsboote. Man kann sie im Glas genau sehen.

Jahnke jagt den Doppelschuß grün aus der Leuchtpistole. Sie warten. Aber es kommt kein Sperrfeuer.

Sie erfahren es nicht mehr, daß der Melder nie bei Schön ankam. Ein Jabo jagte ihn und war schneller als das Fahrrad. Wie einen Hasen hat er ihn gehetzt und schließlich von seinem Rad heruntergeschossen.

5.20 Uhr.

Die breiten Marinefähren, auf denen Raketengeschütze montiert sind, feuern ihre fauchenden Raketen auf den Stützpunkt. Artillerieboote fahren an und schießen Dauersalven.

Die ersten Landungsboote erreichen das Watt. Fahren sich fest. Die Männer springen heraus. Werfen ihre Schwimmwesten ab. Es sind offenbar Pioniere. Sie machen sich an die freistehenden Vorstrandhindernisse heran. Wollen den Teufelskram anscheinend wegsprengen. Den Weg freimachen für die bei Flut kommenden Schiffe.

Jahnke denkt: Entfernung 500 Meter. Nach alter Rußlandfrontmanier müßte man sie eigentlich noch näher kommen lassen. Bis auf 100 Meter. Dann hat kein Angreifer mehr eine Chance. Aber er sieht Welle auf Welle anfahren. Da kann man nicht warten.

»Feuer frei!« ruft er nach rechts und links. »Feuer frei«, tönt es durch Gräben und Nester.

Unter der Kuppel des eingegrabenen alten Renault-Beutepanzers sitzt der Obergefreite Friedrich mit seinem MG. Er hat Brillengläser so dick wie Vergrößerungslinsen. Aber jeder weiß: Wo Friedrich hinhält, da funkt's. Seine Feuerstöße sind kurz. Die springende Gruppe sieht noch den spritzenden Sand vor ihren Füßen, dann hat sie die Garbe erwischt. Auch das schwere MG am linken Flügel scheppert los. Zwingt die gelandeten Pioniere in den Sand. Faßt die erste Gruppe der zweiten Welle. Neben dem Boot werden sie niedergemäht.

Die Granatwerfer flappen ihre 8-cm-Granaten heraus.

Aber was ist denn das? Merkwürdige Ungeheuer kriechen durchs Wasser herüber. Schwimmende Panzer. Ein mächtiger Gummiluftsack macht sie zu gespenstischen Ungetümen. Sie fahren aufs Trockene. Rollen über den freien Strand auf den Panzergraben zu. Ist denn die 8,8 nicht mehr intakt zu kriegen? Doch! Das Rohr schwenkt ein: »Feuer!« Es ist für die Männer in W 5 wie Musik, als der unverkennbare Rumms der 8,8, der Königin unter allen Geschützen des letzten Krieges, über die Dünen grollt. Der anrollende Spitzenpanzer läuft direkt in den Schuß. Kriegt ihn zwar nicht als Volltreffer, wird aber beiseite gefegt und liegt still.

Mensch, weiter so! Nun los doch! Schießt! Feuer!

Aber keine Granate geht mehr aus dem Rohr. Der erste Schuß hat dem von Bomben angeschlagenen Geschütz den Rest gegeben.

Die zweite Panzerwelle geht an Land. Die Panzer schießen mit zusammengefaßtem Feuer auf die erkannten Stellungen. Zuerst bekommt das rechte MG Volltreffer. Auch der Granatwerfer fällt aus. Nur Friedrich in seiner Renault-

Panzerkuppel fetzt noch immer mit seinem MG auf den Strand und hält die landende Infanterie draußen an der Wasserlinie fest.

Dann erwischen sie auch ihn. Die Renault-Kuppel wird getroffen. Es klingt, als wenn eine Kirchenglocke zerspränge. Splitter zerfetzen dem Obergefreiten das MG, zerreißen sein Bein. Trotzdem wird er als einer der wenigen mit dem Leben davonkommen.

»Sind wir denn von Gott und der Welt verlassen«, sagt Jahnke zu dem Melder, der neben ihm steht. »Wo bleiben unsere Flieger? Wo bleibt die Artillerie? Schläft denn der Beobachter von Artillerie-Regiment 901 auf dem Kirchturm von Ste. Marie-du-Mont?«

Er schlief nicht. Aber die Jabos hatten ihn längst heruntergeschossen. Und die Batterie, deren Feuer er hatte lenken sollen, war von einem Bombenteppich zerschlagen.

»Bleibt nur das letzte Aufgebot«, sagt Jahnke zu Feldwebel Hein.

Das sind die Goliaths. »Westentaschen-Wunderwaffe«, sagten die Landser zu den ferngelenkten Miniaturpanzern. 600 Meter maß der Radius dieser kleinen gefährlichen Sprengstoffträger mit ihren 91 Kilogramm Dynamit im Bauch, das durch Fernzündung hochgejagt wurde. Eine tückische Waffe gegen Brücken, Truppenanlandungen, Hindernisse. In unebenem Gelände konnte man sie kaum erkennen, wenn sie wie Schildkröten angewackelt kamen. Für Artilleriebeschuß bildeten sie ein viel zu kleines Ziel. Leider war ihre Steuerung sehr empfindlich.

Jahnke gibt den Befehl zum Einsatz der Goliaths. Die Panzerzwerge hoppeln los. Die Männer an den Steuerungskästen versuchen, sie an die Panzer heranzudirigieren. Aber die Steuerung funktioniert nicht. Durch die Erschütterungen der Bombenwürfe und Artillerieeinschläge sind die empfindlichen Relais beschädigt. Kein einziger kann ins Ziel gebracht werden. Sie bleiben auf dem Vorstrand stehen. Dort wird sich einer aber doch noch eine schreckliche Beute holen.

Die Schiffsartillerie wummert. Das ist Trommelfeuer alter Weltkrieg-Eins-Schule. Meter um Meter wird umgepflügt. Die Landser liegen an die Erde gepreßt und warten auf das Ende. Das sind die Minuten, die auch der härteste Soldat nie vergißt. Er fühlt sich von Gott und der Welt im Stich gelassen, allein, ganz allein mit der Angst und wirklich vis-à-vis dem Krieg, der in solchen Augenblicken tausendfach verflucht wird. Aber das weiß nur, wer sein Gesicht in den Dreck gepreßt hat, wer die apokalyptischen Reiter über sich gehört und mit dem Tod gehadert hat, weil er nicht einmal Zeit läßt zu einem Gebet.

Wer auf solche Hölle von ferne blickt, aus dem historischen oder räumlichen Abstand, der sieht nur das Panorama, das sich zu Sieg oder Niederlage fügt.

Auch Oberstleutnant Friedrich von der Heydte, Kommandeur des Fallschirmjägerregiments 6, sah um neun Uhr dieses 6. Juni 1944 nur das Panorama. Er war in den frühen Morgenstunden von seinem Gefechtsstand nach St. Côme-du-Mont gefahren, einem Städtchen 15 Kilometer hinter dem Stützpunkt W 5. Von dort her war der Kampflärm bis Carentan geklungen. Von der Heydte stieg auf den Kirchturm. Setzte das Glas an die Augen und glaubte, eine Vision zu haben: Er sah die unübersehbare, von Hunderten von Fesselballons geschützte Invasionsflotte vor dem »Utah«-Strand. Sah die mächtigen Schlachtschiffe. Die Kreuzer und die Zerstörer. Sah die blitzenden Abschüsse. Er sah auch die zahllosen Boote, die sich zwischen den großen Einheiten und der Küste bewegten. »Wie auf dem Wannsee an einem schönen Sommertag«, ging es ihm durch den Kopf.

Nur ein kleines Stück Küste war völlig verhangen, wie von einem Vorhang verschlossen. Rauch und Qualmwolken deckten alles zu. Staubfontänen standen hoch in den Himmel. Nichts war zu erkennen. Gar nichts. Aber hinter diesem Schleier vollzog sich die amerikanische Invasion. Nur wenn der Oberstleutnant das Zauberglas von Sindbad dem Seefahrer gehabt hätte, dann hätte er den Leutnant Arthur Jahnke in seinem halbverschütteten Erdloch sehen können und den Gefreiten Friedrich in seiner Panzerkuppel und Feldwebel Hein neben dem Granatwerfer und alle die anderen Landser der 3. Kompanie des Infanterie-Regiments 919 in den Dünen von W 5, auf die sich die Gewalt einer ganzen Flotte und einer ganzen Armee konzentrierte, wo die Geschichte mit Tod und Verderben ans Tor klopfte und ein neues Kapitel eröffnete: die Niederlage Deutschlands, den Sieg Amerikas.

Das alles sah Oberstleutnant von der Heydte vom Kirchturm des Städtchens St. Côme-du-Mont natürlich nicht. Aber er wußte, dort wo der Rauchschleier hängt, dort ist die gefährliche Stelle, dort ist der Punkt, auf den es die mächtige Flotte da draußen abgesehen hat.

Er befahl seinen Regimentsgefechtsstand nach St. Côme-du-Mont und holte sein Regiment nach vorn.

Die 6. Fallschirmjäger lagen am Fußende, an der schmalsten Stelle der Halbinsel Cotentin, im Raum Lessay—Mont Castre—Carentan. Das Regiment bildete den Sicherheitsriegel an der Haustür der Halbinsel nach Süden. Das war ein 20 Kilometer breiter und 15 Kilometer tiefer Raum, ein beachtliches Stück für ein einziges Regiment.

Kurz nach Mitternacht hatte die am weitesten nordostwärts eingesetzte Kampfgruppe den Absprung feindlicher Fallschirmjäger, mindestens in Kompaniestärke, im Raum zwischen St. Côme-du-Mont, Baupte und Carentan erkannt. In Kampfgruppen und Stoßtrupps drang das vorgeschobene Bataillon in den Absprungraum. Hörte die unverschlüsselt durchgegebenen Funkrufe der amerikanischen Verbände, die schwere Waffen, Munition und Verstärkung anforderten. Das ließ die verzweifelte Lage der Amis erkennen. Noch vor Morgengrauen brachten die Fallschirmjäger die ersten Gefangenen ein. Von der Heydte fuhr nach Carentan, um sie selbst zu vernehmen. Es galt, die ersten wichtigen Informationen über die feindlichen Absichten zu erlangen.

Um 6 Uhr war er in Carentan angekommen. Hatte festgestellt, daß die Gefangenen dem 501. Regiment, also der 101. Division angehörten, und wußte sofort, daß der Einsatz dieser Elitedivisionen kein isoliertes Unternehmen war. Merkwürdige Burschen waren es. Sie hatten Kampfparolen auf ihre Kombinationen gemalt: »Auf Wiedersehen in Paris« — oder Pinup-Girls in Lebensgröße auf den Rücken gepinselt. Bei der Vernehmung traten die meisten selbstsicher auf. Ihre Taschen enthielten die verlockendsten und die absonderlichsten Dinge, welche die deutschen Landser mit Staunen betrachteten. Schokolade natürlich jede Menge, aber auch Fruchtbonbons, duftende Ami-Zigaretten, Stärkungsmittel, Wasser-Destilliertabletten, Kaffeepulver, Teetabletten, Candies, Trockenbouillon und Toilettenpapier. Und nicht selten verlockende Fotos von Paris.

Die Männer waren alle für den Fall der Gefangenschaft gedrillt. Sie machten nicht mehr Angaben, als sie nach dem Kriegsrecht machen mußten: Name, Alter, Dienstgrad, Einheit. Fertig. Natürlich redeten die meisten noch ein bißchen herum, waren ängstlich oder herausfordernd, spitz oder gemütlich-hemdsärmelig. Taktische Aufschlüsse brachten die Verhöre jedoch nicht. Immerhin, auch die wenigen Informationen gaben ein Bild.

Von der Heydte unterrichtete das 84. Korps. Mit der 709. Division bekam er keine Telephonverbindung.

»Das ist die Invasion«, sagte Heydte zum Ia des Korps, Major Viebig. »Das ist die Invasion«, telefonierte General Marcks an die 7. Armee.

Aber in den hohen Stäben wiegte man die Köpfe. Man glaubte es noch immer nicht recht. Man hatte sich in den Kopf gesetzt, die Invasion müsse an der engsten Stelle des Kanals kommen, im Pas de Calais.

Da die Kampfgruppen aus je einem Fallschirmjägerbataillon mit 7,5 Pak und je einer Batterie 8,8 Flak weit auseinandergezogen lagen und ständig durch feindliche Flugzeuge bekämpft wurden, trafen sie in Abständen von mehr als einer Stunde im Raum von St. Côme-du-Mont ein. Die Bataillonskommandeure wurden eingewiesen, und wie ihre Kampfgruppen kamen, so wurden sie zum Angriff eingesetzt. Das erste Bataillon in Richtung Ste. Marie-du-Mont—La Madeleine, den Raum des Stützpunktes W 5; das zweite

Bataillon in Richtung Turqueville, wo das 795. Georgier-Bataillon seinen Stützpunkt hatte. Das dritte Bataillon blieb zur Flankensicherung.

Die Angriffe der beiden Bataillone gingen zunächst gut voran. Dann bekamen sie aber aus Ste. Mère-Eglise und Ste. Marie-du-Mont starkes Feuer. Würden sie den Stützpunkt W 5 retten können?

Inzwischen waren auch das Grenadierregiment 1058 und das Sturmbataillon Messerschmitt von Norden her gegen den luftgelandeten Feind bei Ste. Mère-Eglise eingesetzt, das Grenadierregiment 1057 wurde von Westen her gegen die Luftlandungen am Merderet-Fluß geworfen.

Wer den Einsatzbefehl gab, ist schwer zu rekonstruieren, ob das 84. Korps oder die 91. Luftlandedivision, zu der die Regimenter gehörten, oder die 709. Division. Wie es auch gewesen sein mag, sie wurden sehr spät und sie wurden vor allem ohne Artilleriebegleitung und ohne Panzerjäger und Flakunterstützung eingesetzt. Ein verhängnisvoller Fehler. Er unterstreicht die Tatsache, daß die beiden im amerikanischen Luftlandegebiet betroffenen deutschen Divisionen in der entscheidenden Stunde ohne Führer waren: Falley war gefallen. Schlieben war auf der Rückfahrt von diesem verfluchten Kriegsspiel, das in Rennes stattfinden sollte.

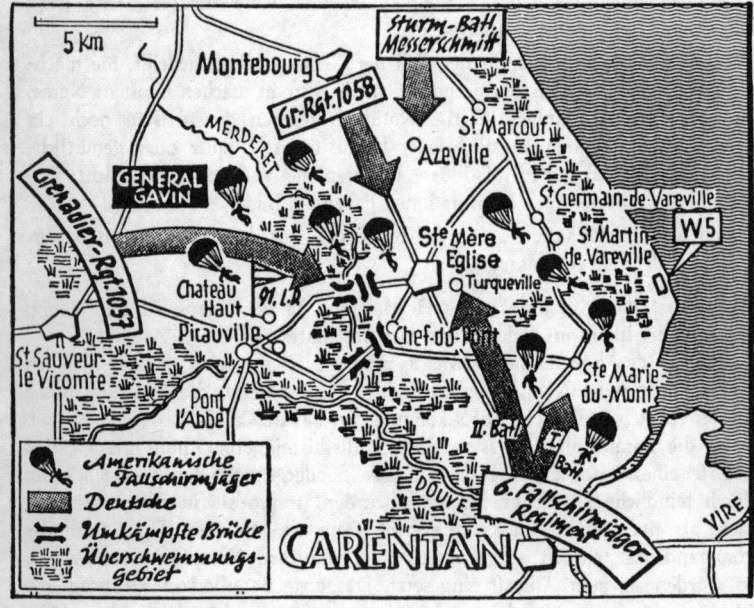

Die ersten deutschen Gegenaktionen im »Utah«-Landekopf laufen an

Die deutschen Verbände kamen gegen die Granatwerfer und mechanischen Waffen der amerikanischen Fallschirmjäger, die sich in den Hecken und Gärten eingenistet hatten, nicht an. Und lagen fest.

Als Schlieben gegen Mittag auf seinem Gefechtsstand erscheint und Bericht über die ersten Maßnahmen erhält, begreift er sofort die gefährliche Lage und versucht, die Fehler durch Zuführung von zwei schweren Artillerieabteilungen und Panzerjägern gutzumachen.

Würden sie den Stützpunkt W 5 noch retten können?

Der arme Jahnke wartete vergeblich. Aus den verschütteten Gräben und Schützenlöchern seiner Düne fallen am 6. Juni gegen Mittag nur noch einzelne Gewehrschüsse. Sinnlose Gewehrschüsse auf die Panzer, die jetzt schon vor der Panzermauer stehen. Wie auf dem Exerzierplatz schießen sie in den Stützpunkt. Die Infanterie der Amerikaner hat sich jetzt auch bis an die Panzermauer herangeschoben. Aber den Sprung über die Mauer riskieren sie nicht.

Ein Stoßtrupp von 15 bis 20 Mann liegt dicht bei einem der dort herumstehenden Goliaths. Sie witzeln über die Wunderwaffe. Einer reißt seine Eierhandgranate ab. Wirft. Daneben. Sie lachen schallend. Der nächste wirft. Wieder daneben. Da kriecht einer an den Liliput-Panzer. Macht die vordere Klappe auf. Steckt eine Handgranate rein. Zieht sie ab und springt zur Gruppe zurück. Aber sie hatten nichts von den zwei Zentnern Sprengstoff geahnt. Zerfetzt, mit zerrissenen Lungen, lag Sekunden später die ganze Gruppe weit über den Strand verstreut. Wütend belferten die Panzer in den Stützpunkt.

»So ist also das Ende«, zuckt es Leutnant Jahnke noch durchs Gehirn. Dann hat er das Gefühl, als ziehe jemand langsam einen schwarzen Vorhang über ihn. Er hat in seinem halbverschütteten Gefechtsloch den Abschuß nicht gehört. Hat nur das Blitzen des Aufschlags auf den Rand seines Erdloches wahrgenommen. Den Schlag ins Kreuz verspürt. Die über ihn einstürzende Sandfontäne wie einen Alpdruck empfunden. So also ist das Ende! Wie lange er unter dem Sand gelegen hat, weiß er nicht. Er kommt wieder zu sich, als ihn jemand am Bein zieht. Die Rettung. Er stemmt sich gegen den Sand. Versucht sich zu bewegen. Wird gezogen. Bekommt Luft. Sieht Licht. Hustet den Dreck aus. Und blickt auf den Stahlhelm eines Amerikaners. Der Leutnant Jahnke registriert wie ein technisches Meßinstrument. Und da sein Soldateninstinkt vom Rußlandkrieg geprägt ist, bestimmt ihn die Reaktion: Weg, nur nicht in Gefangenschaft!

Er sieht die Maschinenpistole liegen. Springt. Aber da tritt ihn jemand ins Kreuz. Und eine Stimme sagt ruhig: »Take it easy, German!« Da muß der Leutnant Jahnke, 23 Jahre alt, mit einer Drei im Englisch das Abitur gemacht, wirklich lachen. »Take it easy«, hat der Ami gesagt. Die haben es gut, leicht zu nehmen, denkt Jahnke und klopft sich den Dreck von der Uniform. Hält dann, wie befohlen, die Hände über den Kopf und läßt sich die Taschen ausleeren: »Go on!«

Am Strand trifft er den Rest seiner Stützpunktbesatzung. Ein armes kleines Häuflein Gefangener liegt auf der anderen Seite der Panzermauer. Er will zu seinen Männern gehen. Aber ein Sergeant von den »Ledernacken«, dem berühmten Marine-Landungskorps, vertritt ihm den Weg. Nimmt ihn am Arm und zieht ihn 50 Meter von der Gruppe seiner Männer weg, mit einem grimmigen Blick auf das Ritterkreuz. Es baumelt am Kragen, das Band ist zerrissen, nur noch von dem Schnürsenkel gehalten, an dem Jahnke es wie fast alle Offiziere unter dem Hemdkragen befestigt hat.

Wie ein Traum kommt ihm alles vor. Riesige Bulldozer fahren auf Spezialbooten an Land. Panzer kommen, die ein mächtiges Gestell vor sich hertragen, an dem Ketten mit Eisenkugeln wie riesige Dreschflügel hängen; die Panzer schlagen sich damit selbst ihre Minengassen. Er sieht andere Panzer mit großen Trommeln, auf denen grob geflochtene Sisalmatten aufgerollt sind. Sie werden bei Sandverwehungen ausgelegt, und der Panzer fährt über seinen eigenen Laufsteg. Wie bei Münchhausen, der sich am eigenen Zopf aus dem Sumpf zog.

Rasselnd fahren die Ungetüme den Strand hinauf, wohl um die nördlichen Stützpunkte aufzurollen; oder poltern über die Löcher der gesprengten Panzermauer auf die Asphaltstraße: Richtung Hinterland, dorthin, wo sie Oberleutnant Schön mit der 13. Kompanie aufhalten soll. Aber er wird sie wohl ebensowenig aufhalten können wie der Oberleutnant Matz mit der Reserve der 3. Kompanie, der beim Gegenstoß mit den meisten seiner Männer im Sperrfeuer der Schiffsartillerie gefallen ist.

Jahnke hat sich an die Panzermauer gesetzt. Jetzt eine Zigarette! Aber da schreckt er hoch. Ein Offizier ruft ihn an. »He, Leutnant, come here!« Er führt ihn hinter einen Panzer, zur Vernehmung. »Wieviel schwere Waffen hatten Sie?« — »Wieviel Mann Besatzung?«

Der Leutnant schüttelt den Kopf. Da holt ein Captain ein seidenes Tuch aus der Tasche und hält es gegen das Licht: »Da, sehen Sie, alles drauf, was W 5 hatte!« sagt er. Und tatsächlich: Von der 8,8 bis zur Renault-Panzerkuppel war alles eingezeichnet.

Und über der Zeichnung stand das Wort U T A H. »Utah, das ist doch ein Staat in USA«, sagt Jahnke zu dem Offizier. »Sind Sie von dort?«

»No«, lacht der Ami, »no.« Und Jahnke begreift: Utah ist das Deckwort für den Landekopf. Er ist der erste Deutsche, der es liest und erfährt. U T A H.

»Was wollen Sie denn da von mir noch wissen?« fragt Jahnke nach einem Blick auf die Karte.

»Wollen Sie nicht aussagen?« fragt der Vernehmer.

»Ich sage so wenig aus, wie Ihre Leute ausgesagt haben, die ich heute nacht gefangengenommen habe. Und ich hoffe, Sie respektieren das so gut, wie ich es respektiert habe.«

Jahnke hat längst die beiden Offiziere, seine ehemaligen Gefangenen, gesehen. Sie hatten ihm zugewinkt und lachend gegrüßt. Der Posten hatte sie aber nicht bis zu ihm gelassen. Er sah sie mit dem Sergeanten verhandeln; aber der hatte die Schultern gezuckt: Darf ich nicht! Und vor den gefürchteten Ledernacken hatten selbst die Fallschirmjägeroffiziere Respekt.

Immerhin: Jahnke weiß, daß er sich auf seine Einhaltung der Kriegsregeln berufen kann, angesichts der lebendigen Zeugen. Das stärkt ihm den Rücken.

»Sie wollen also nicht aussagen«, knurrt der Offizier noch einmal böse. »Nein«, trumpft Jahnke auf.

»Go to hell« — »Scher dich zur Hölle!« Der Sergeant nimmt ihn am Arm, bringt ihn wieder an die Panzermauer und setzt sich in ein Schützenloch. Im selben Augenblick kracht es. Und die Brocken fliegen: Deutsche Artillerie schießt auf den Strand. Es ist die 10. Batterie Heeresküstenartillerieregiment 1261. Eine Batterie, das ist nicht viel, wenn man bedenkt, was mit zusammengefaßter Artillerie hätte erreicht werden können. Aber auch hier ist eben die Decke zu kurz, und die unklaren Befehlsverhältnisse tun ein übriges. Der Seekommandant hatte die Artilleriefeuerleitung zur Bekämpfung von Schiffszielen; das Heer zum Kampf gegen Landziele. Hieraus ergab sich ein Rattenschwanz von Irrtümern.

In seinem Gefechtsstand auf der Ginsterhöhe hat Oberst Triepel, der Kommandeur von 1261, im Scherenfernrohr die Anlandungen vor W 5 beobachtet. Er gab seiner 10. Batterie mit ihren 17-cm-Geschützen den Befehl, die Landungsstelle unter Feuer zu nehmen. »Die Flugbahn der Geschosse ging über den Regiments-Gefechtsstand hinweg. Wir waren vom Ziel etwa 16 bis 18 Kilometer entfernt. Die bei jedem Einschlag entstehende Aufregung im Ziel wurde deutlich wahrgenommen«, berichtet Triepel. Die Aufregung ist ja auch nicht zu übersehen:

Die Amerikaner werfen sich unter die Panzer, rollen sich in die Sandlöcher. Schreien Befehle und scheinen äußerst verwundert, daß man so überraschend wieder auf sie feuert. Granate um Granate knallt in die Fahrzeugpulks. Mit Entsetzen sieht Jahnke, daß es auch seine gefangenen Männer trifft: Tote und Verwundete noch hier! Auch Jahnke erwischt es wieder. Ein Granatsplitter reißt ihm die Seite auf. Die Uniform färbt sich rot. Siedend heiß durchzuckt ihn der Schreck: Bauchschuß! Wenn der in sechs Stunden nicht operiert wird, dann hat es nichts genutzt, die amerikanischen Bomben und Schiffsgeschütze überstanden zu haben. Dann kommt der Tod — von einem lausigen deutschen Granatsplitter.

Jahnke tastet mit der Hand unter die Uniform. Er spürt warmes Blut. Vorsichtig holt er Luft. Noch tiefer. Es tut weh. Der Schmerz sticht. Aber die

Bauchdecke ist offenbar nicht durchschlagen. Es muß eine Fleischwunde sein. Erleichtert knöpft er die Jacke auf und legt sein Verbandspäckchen auf die Wunde. Der amerikanische Posten kommt aus seinem Sandloch gekrochen, legt sich neben den deutschen Leutnant und packt ihm auch seine Mullbinde unter die Jacke. Dann kriecht er zurück. Steckt eine Zigarette an und wirft sie hinüber zu Jahnke. Der angelt den Glimmstengel aus dem Sand, zieht den würzigen schweren Rauch der Chesterfield ein. Ah! Hätte er nicht gelegen, es hätte ihn umgehauen. Eine wohlige Schwere erfaßt ihn. Erst der Ruf des Postens: »Hey, German!« reißt ihn in die Wirklichkeit zurück.

Der Sergeant ist aus seinem Loch gesprungen und steht in Habacht. Auch Jahnke erhebt sich. Und nun sieht er den General. Es muß Brigadegeneral Theodore Roosevelt jr. gewesen sein.

Der General wird von einem Offizier auf den deutschen Leutnant aufmerksam gemacht. Er blickt herüber. Jahnke hebt die Hand grüßend an die Stirn. Mangels einer Kopfbedeckung legt er die Fingerspitzen an die Schläfe. Der General hebt seine Hand; aber er überlegt es sich wohl, läßt den Arm wieder sinken und grüßt nicht. Man sieht, daß er einen Befehl gibt. Ein Offizier flitzt hinüber zu der aufgebauten Nachrichtenzelle. Und eine halbe Stunde später weiß Jahnke, was der General befohlen hat: »Die Germans müssen hier weg!« Zwei Boote kommen, sie zu holen.

Ein Infanterist hat ungern nasse Füße. Getreu diesem Grundsatz zieht sich Arthur Jahnke Schuhe und Strümpfe aus, als ihm sein Wachtposten bedeutet, hinüber zu dem Panzerlandungsboot zu waten: »Abtransport. POW-Camp. War finished!« grinst der Sergeant. »Krieg aus«, sinniert Jahnke. Er sieht seine Männer zu einem zweiten Landungsboot waten. Man hält streng auf Protokoll, auch jetzt trennt man den Offizier von der Mannschaft.

Sie fahren weit auf See hinaus zu einem Zerstörer. Jahnke klettert das Fallreep hoch, Schuhe und Strümpfe noch immer in der Hand. Jetzt will er sie wieder anziehen, um nicht wie ein Schiffbrüchiger vor die Marineoffiziere zu treten. Aber die Matrosen haben für sein Formbewußtsein keinen Sinn. Einer tritt ihm ins Hinterteil. Er fällt vornüber. Sie lachen. Bis ein Offizier von der Brücke brüllt. Da helfen sie ihm auf die Beine. Er bückt sich noch mal schnell, hebt seine Schuhe vom Boden auf, und dann tritt er barfuß, aus der vom Fall wieder aufgesprungenen Wunde blutend, vor die wartenden Offiziere des US-Zerstörers. Sie grüßen ihn, und es ist kein Zweifel, daß sein Ritterkreuz ihr größtes Interesse erregt. Mit einer Handbewegung bittet ihn ein Oberleutnant in die Messe, und Arthur Jähnke bekommt nach den aufregendsten 24 Stunden, die seine Kriegslaufbahn beenden, den ersten heißen, duftenden Bohnenkaffee.

Sie dampfen nordwärts. Der Utah-Strand und das, was einst W 5 war, versinkt im Dunst.

Im Kopf von Jahnke aber geht die Frage um: Wie war das möglich? Wieso glaubten wir, bei dem Wetter könnte die Invasion nicht starten, und die Burschen kamen doch! Er findet keine Antwort. Er weiß nicht — und niemand auf deutscher Seite wußte es damals —, was für ein dramatisches Ringen um den Termin im alliierten Hauptquartier stattgefunden hatte. Wie alles auf Spitze und Knopf stand. Wie alles, vielleicht das Gelingen der ganzen Aktion, an einem seidenen Faden hing. Hier die Tatsachen:

Als Termin für die Landung hatten die Alliierten ursprünglich Anfang Mai 1944 vorgesehen. Aber als Eisenhower und Montgomery ihre Kommandos übernahmen, stellten beide fest, daß der vorgesehene Landeabschnitt viel zu schmal und die Truppenstärke zu gering angesetzt waren. Besonders Eisenhower forderte mehr Schiffsraum; dieser wurde aus der ganzen Welt zusammengezogen. Aber schließlich war er ihm immer noch zu gering. Er setzte durch, daß das Invasionsdatum um einen Monat verschoben wurde, um noch eine Monatsproduktion an Landungsbooten verfügbar zu haben. Die Verschiebung kam zustande, obwohl Churchill heftig opponierte. Der englische Premier fürchtete politische Schwierigkeiten mit Moskau, weil er Stalin die westliche Invasion für Anfang Mai fest versprochen hatte.

Der genaue Tag der Landung im Juni mußte auf Grund der Ebbe- und Flut-Verhältnisse festgelegt werden. Aber die Frage war: Sollte man bei Flut oder bei Ebbe landen?

Nun hatten die vielen Fotos der Luft-Aufklärung den alliierten Stäben gezeigt, daß seit Frühjahr 1944 an der französischen Küste an neuen Artilleriestellungen und verschiedensten Strandhindernissen gearbeitet wurde. Es war klar, was Rommel mit diesen Hindernissen beabsichtigte: Kam eine Landungsflotte bei auflaufendem Wasser oder bei Hochflut, wenn die Hindernisse unsichtbar unter Wasser waren, so würden viele Landungsboote, Transportfähren, Artillerie- und Raketenboote, die Amphibienpanzer und Prähme auf die tückischen Hindernissse laufen, an den Rammböcken stranden, sich an den T-Trägern den Kiel aufreißen oder von Minen und Druckladungen zerrissen werden. Die Gefahr einer Katastrophe für das ganze Landeunternehmen mußte befürchtet werden. Eisenhower und Montgomery entschieden sich daher für die Landung bei Ebbe. Die Überwindung des ungedeckten Strandes sollte der Infanterie mit Hilfe von Panzern ermöglicht werden. Außerdem ging der Plan dahin, unmittelbar vor der Landung die deutschen Verteidigungsstellungen durch mächtige Bombenwürfe und starke Schiffsartillerie niederzukämpfen. Nach der Landung sollten die Hindernisse sofort weggeräumt werden, so daß bei steigender Flut die Truppenlandungen fortgesetzt werden konnten.

Was die Uhrzeit der Landungsoperation betraf, so mußte sich die Flotte im Schutze der Nacht der Küste nähern, sie brauchte aber andererseits eine

Stunde Tageslicht für das vorbereitende Bombardement und die Landungs-
manöver. Die Luftlandetruppen hingegen, die als erste an den entscheidenden
Schlüsselpunkten im Hinterland abspringen sollten, um Brücken zu besetzen
und Straßen zu sperren, brauchten Mondlicht für ihre Aktionen. Auf Grund
all dieser notwendigen Voraussetzungen errechnete man als geeigneten Termin
den 5. Juni. Es war der Tag, an dem die gewünschten Ebbe-, Flut- und
Mondverhältnisse zusammenstimmten.

Die britischen und amerikanischen Geheimdienste bemühten sich mit tausend Tricks, die deutschen Funksachbearbeiter bei ihren Untersuchungen, wo
und wann die Invasion wohl anzunehmen war, in eine falsche Richtung
zu lenken.

Eine ganze Geisterarmee mit Tarnbaracken und Tarnschiffen wurde zusammengestellt, und nach der Landung erweckte sie in der Grafschaft Kent den
Anschein, als ob hier noch weitere riesige Verbände bereitstünden, um an
anderer Stelle zuzuschlagen. Diese Geisterarmee wurde auch tatsächlich von
der deutschen Luftaufklärung festgestellt. Und sie hat unheilvolle Wirkungen
auf die deutsche Beurteilung der Frage gehabt, ob nicht die Landung in der
Normandie nur ein Ablenkungsmanöver für eine Hauptlandung bei Calais sei.

So war alles raffiniert bedacht und bis aufs kleinste sorgfältig eingefädelt.
Die technische Maschinerie, die den Alliierten zur Verfügung stand, war un-
übertrefflich. Man schöpfte aus dem vollen der ungestört arbeitenden amerikanischen Wirtschaft. So klappte bis zum Anbruch des 5. Juni alles — nur
eines nicht: das Wetter.

Der Wettergott schien in deutschen Diensten zu stehen. Den ganzen Mai
hindurch war das Wetter schön gewesen. Der Chefmeteorologe des alliierten
Hauptquartiers, Captain Stagg, gab anfänglich auch für die erste Juniwoche
eine günstige Voraussage. Eisenhower funkte am Sonnabend, dem 3. Juni,
an den Chef des amerikanischen Generalstabes, General Marshall: »Wir
haben eine echte Chance für gute Bedingungen.« Aber dann kam der Um-
schlag. Die meteorologische Kommission sagte starke Winde, niedrige Wolkendecke, Regen und schlechte Sicht für den 5., 6. und 7. voraus. Das waren
aber die einzigen Tage, an denen die Ebbe zur erforderlichen Stunde eintrat.

Am 3. Juni, 21.30 Uhr, waren bereits die Schiffe der Landungsflotte, die
aus den entlegenen Abfahrthäfen kamen, unterwegs. Zehntausende von Soldaten saßen auf den Transportern in den großen Häfen Südenglands.

Sollte man losfahren? Oder sollte man das Unternehmen um 24 Stunden
verschieben? Das war die Frage, die das Wetter aufzwang. Eine entscheidende Frage, hinter der nicht nur militärische Erwägungen standen, sondern
auch die Rücksicht auf Stalin, der immer wieder die Invasion forderte und
die westlichen Alliierten wegen ihres bisherigen Zögerns verdächtigte, den
Krieg verlängern zu wollen, damit Rußland ausblute.

Am 4. Juni um 4.30 Uhr hatte sich Eisenhower noch immer keine Entscheidung abringen können, ob die Invasion angesichts des schlechten Wetters durchgeführt werden sollte oder nicht. Das Unternehmen »Overlord«, wie das Deckwort für die Landung hieß, hing im wörtlichsten Sinne in der Luft. Das Oberkommando trat zusammen. Die Wettervorhersage war um keinen Deut besser. General Montgomery war für Losschlagen. Der Flottenbefehlshaber, Admiral Ramsay, bezweifelte jedoch, daß seine kleineren Schiffseinheiten bei dem angekündigten Seegang heil über den Kanal kommen würden. Und Luftmarschall Leigh-Mallory erklärte, die Luftwaffe werde schwerlich ihrer entscheidenden Aufgabe voll gerecht werden können. Nur noch zwei Stunden waren Zeit, dann mußte das Gros der Streitkräfte in See gehen, oder der Termin war für den 5. Juni verpaßt.

Eisenhower gab schließlich den Befehl, die ganze Aktion um 24 Stunden zu verschieben. Die Schiffe, die schon unterwegs waren, wurden zurückbeordert. Die Geschwader, die mit Südkurs durch die irische See fuhren, machten kehrt und dampften wieder nach Norden. Eine Minensuchflottille war nur noch 35 sm von der Normandieküste entfernt, als sie der Befehl zur Umkehr erreichte. Ein Geleitzug mit Landebooten empfing die Order überhaupt nicht und fuhr unverdrossen einem gefährlichen Abenteuer entgegen. Zerstörer wurden hinterhergejagt. Fanden ihn nicht. Endlich konnte er durch Flugzeuge gestoppt werden, als er sich bereits dicht unter der Normandieküste befand.

Was nun? Das Problem war durch das Anhalten der Invasion nicht gelöst, es war nur schwerer geworden. Am Sonntag, dem 4. Juni, um 20.30 Uhr (deutscher Zeit) fiel die Entscheidung. Eisenhower traf sie nicht, wie die Legende berichtet, aus der Tiefe seiner Seele, aus heroischem persönlichem Entschluß. Sie fiel auf Grund des Urteils der Meteorologen: Sie hatten dank ihrer großräumigen Wetterbeobachtung über dem Atlantik erkannt, daß zwischen den Tiefs, die von Westen kamen, ein kleines Zwischenhoch steckte, welches für Montag und Dienstag, also für den 5. und 6., Wetterbesserung bringen mußte. Eisenhower befahl daraufhin: »Stunde H ist Dienstag früh um 6 Uhr (britischer Zeit)«. Das ist die Erklärung, weshalb die Invasion kam, während alle deutschen Kommandostellen ihren Beginn wegen des herrschenden Wetters am Montag für unmöglich hielten.

Während der US-Zerstörer mit dem Leutnant Jahnke an Bord durch die Wogen des Atlantiks pflügt, der Küste Englands zu, tritt drüben, auf dem entschwindenden Kampfplatz der Normandie, ein Kradmelder vor den Regimentskommandeur des Fallschirmjägerregiments 6, Oberstleutnant von der Heydte: »Das I. Bataillon hat Ste. Marie-du-Mont erreicht.« Das bedeutet nur noch 6 Kilometer auf der Asphaltstraße bis zum Stützpunkt W 5. Noch

6 Kilometer bis zur Küste. Jetzt brauchte nur das II. Bataillon von der Heydtes bei Turqueville einzudrehen und über den Damm durchs Überschwemmungsgebiet vorzustoßen — dann wäre die Landestelle der Amerikaner, der »Utah«-Beach, abgeriegelt. So nahe war der Erfolg.

Aber das II. Bataillon konnte nicht eindrehen. Es bekam starkes Feuer in die linke Flanke aus Ste. Mère-Eglise. Hier hatten sich die amerikanischen Fallschirmjäger des 507. Regiments gesammelt und festgesetzt. Das von einem deutschen Flaktroß viel zu schnell aufgegebene Städtchen wurde immer stärker zu einem Drehpunkt der ersten Schlacht.

Hauptmann Mager mußte versuchen, die Flankenbedrohung zu beseitigen. Er schwenkte deshalb nicht zur Küste ein, sondern gegen Ste. Mère-Eglise, um es zu nehmen. Aber es gelang dem Bataillon nicht, über die ungeschützte Ebene südlich der Stadt zu kommen und in das Nest einzudringen. Die Dunkelheit kam. Magers Bataillon mußte sich eingraben. Das I. Bataillon aber konnte ohne gesicherte Flanke nicht über Ste. Marie-du-Mont vorstoßen.

Das verdammte Ste. Mère-Eglise! Das Fallschirmjägerregiment 6 kam seinetwegen nicht zum letzten erfolgreichen Sprung gegen die Landestelle. Und auch die Stoßbataillone der 91. Luftlandedivision und der 709. Division scheiterten an diesem unglückseligen Schlüsselpunkt.

»Morgen früh werden wir es nehmen«, sagten Heydtes Fallschirmjäger. »Morgen früh werden wir es schaffen«, sagte auch Oberst Beigang vom Grenadierregiment 1058 zu General von Schlieben, als der ihm die beiden schweren motorisierten Artillerieabteilungen 456 und 457 des Oberstleutnants Seidel unterstellte.

»Morgen früh packen wir es«, sagte Major Messerschmitt, der Kommandeur des Sturmbataillons AOK 7, als er vor Azeville hörte, daß Hauptmann Hümmerich mit seinen Panzerjägern zu ihm unterwegs sei.

Morgen früh!

II

HITLER GLAUBT AN SCHEINANGRIFF

Torpedoboote laufen aus

25 Kilometer östlich vom amerikanischen Landekopf »Utah«, in dem das VII. US-Korps um jeden Fußbreit Boden kämpfen mußte, hatte das V. US-Korps seinen Landeabschnitt. Er lag zwischen den beiden Küstenstädten Vier-

ville und Colleville. Sein Deckname war »Omaha«, nach einer Stadt im amerikanischen Bundesstaat Nebraska.

Kurz vor 2 Uhr hatte das Flaggschiff des Admirals Hall, die »Ancon«, mit dem Hauptquartier der Landungsstreitkräfte den Ankerplatz erreicht. Die Transporter rollten auf ihre Plätze. »Alle Maschinen stop!« Die Anker fielen. Die Zerstörer umkreisten die Flotte wie die Hunde die Herde. Sperrballons gingen hoch. Eine unübersehbare Armada schaukelte auf den Wellen des Kanals.

»Fertigmachen zum Einbooten«, kam der Befehl an die Infanterie, die Pioniere und die Spezialkommandos. Die Männer stolperten über die Decks. Blickten in den Himmel. Voller Sorge: »Kommen die deutschen Flieger?« Da schaukelte ja schließlich ein einmaliges Ziel auf den Wellen. Die deutschen Piloten brauchten die Bomben nur fallenzulassen. Sie mußten treffen!

Aber die deutsche Luftwaffe kam nicht. Sie konnte nicht kommen: denn es gab im Westen keine deutsche Luftwaffe von Belang. Eisenhowers Luftwaffe besaß am Invasionstag nicht nur die Luftherrschaft, sie besaß das Luftmonopol. Die britischen und amerikanischen Luftflotten verfügten am D-Tag in England über 3467 schwere Bomber, 1645 mittlere, leichte und Torpedobomber, 5409 Jäger und 2316 Transportflugzeuge. Diese Verbände flogen am 6. Juni 14 674 Einsätze. 14 674! Die Verluste betrugen 113. Sie gingen zumeist auf das Konto der deutschen Flak.

Und was stand auf deutscher Seite dagegen? Eine armselige Zahl deutscher Flugzeuge! Alle Mahnungen des Kommandierenden Generals des 2. Jagdkorps, Junck, in den Wochen vor der Invasion, ihm wenigstens zwei Jagdgeschwader zuzuführen, um die Zerschlagung der Verkehrs- und Nachschubzentren zu verhindern, waren vergeblich gewesen. Die deutsche Luftwaffenführung konnte nichts geben. Sie hatte nichts. Sie brauchte jede Jagdmaschine, um die bereits Mitte Mai begonnenen alliierten Angriffe auf die deutschen Hydrierwerke, wie Pölitz bei Stettin und Leuna bei Halle, abzuwehren, damit ein weiteres Absinken der Benzinproduktion verhindert wurde.

Deshalb konnte Eisenhowers Landungsflotte ruhig vor der Normandie auf den Wellen schaukeln. Konnten sich die Amphibienpanzer auf die Schwimmtour zur Küste machen. Konnten sich die im Seegang tanzenden Landungsboote mit Infanteristen füllen.

Keine Bombe, keine Bordkanone, kein MG störte die wimmelnde Regatta auf See.

Ganze 319 Flugzeuge hatte Generalfeldmarschall Sperrle am 6. Juni zum Einsatz bereit. 319, darunter 100 Jäger. 12, man höre: zwölf deutsche Jabo-Vorstöße wurden in das Gebiet der alliierten Landeköpfe unternommen. Davon wurden 10 Maschinen sofort in Luftkämpfe verwickelt und mußten vorzeitig ihre Bomben abwerfen.

Es war eine jener entscheidenden Tatsachen, die sich bereits im Morgengrauen des 6. Juni zeigte und für den weiteren Verlauf aller Kämpfe ausschlaggebend wurde: Die schwachen deutschen Luftstreitkräfte waren nicht in der Lage, in den mächtigen alliierten Luftschirm, der Eisenhowers Landungsoperation deckte, einzudringen. 1:50 war das Verhältnis. Die deutsche Luftwaffe war ausmanövriert. Das wichtigste Kampfmittel des zweiten Weltkriegs war der deutschen Führung aus der Hand geschlagen. Die Luftwaffe war an der Überforderung zerbrochen. Sie war im Osten und im Süden in die schweren Abwehrkämpfe des Heeres verstrickt, sie war gezwungen, über dem Reich Schwerpunkte zu bilden und die verlustreichsten Luftschlachten zu schlagen, nachts gegen die Bomberstürme der RAF, am Tage gegen die Bomber und Jäger der 8. und 15. US-Luftflotte, die aus Italien und aus England einflogen. Die Alliierten hatten die Luft erobert. Und in der Luft, aus der Luft wurde auch die Invasion entschieden.

Daß es den wenigen, täglich mehrmals aufsteigenden deutschen Jägern gelang, zahlreiche Feindflugzeuge abzuschießen, spricht für den Mut und das fliegerische Können der einzelnen Jagdflieger, ändert aber nichts daran, daß der deutschen Verteidigung in der Normandie zwei entscheidende Wehrmachtsteile einfach fehlten: Luftwaffe und Marine.

Eine deutsche Flottenoperation, eine kleine, ganz kleine Aktion, bewies, was geschehen konnte, wieviel Gefahren, trotz aller Übermacht, Eisenhowers Unternehmen drohten.

Der Alarm für die Marinestreitkräfte in den französischen Küstenstationen wurde von der Marinegruppe West aus ihrem Pariser Stabsquartier gegen 1.50 Uhr hinausgejagt. Er erreichte auch Korvettenkapitän Heinrich Hoffmann, den Chef der 5. Torpedobootflotille in Le Havre. Nach den ersten Meldungen über die Anfahrt feindlicher Seestreitkräfte kam der Befehl: »Auslaufen zur Aufklärung!« Mit drei Booten, T 28, »Jaguar« und »Möwe«, fuhr Hoffmann um 3.30 Uhr aus. Wie die Haie schossen die Husaren zur See durch die rollenden Wogen. Brausten durch den Kanal, stießen um 4.30 Uhr auf eine künstliche Nebelwand. Hindurch — und — vor ihnen lag die Invasionsarmada Eisenhowers. Sie hatte sich zum Schutz gegen die deutsche Küstenartillerie eingenebelt.

Hoffmann und die anderen beiden Kommandanten erschraken nicht schlecht. So weit ihr Auge reichte — eine unübersehbare Flotte.

»Mensch, so viel Schiffe gibt's ja gar nicht«, sagte der Pumpenmeistergast auf »Jaguar«, Heinrich Frömke. Die riesige Schiffsherde wurde von 6 Schlachtschiffen bewacht, und um die herum kreisten zwei Dutzend Zerstörer. Auf T 28 beobachtete Korvettenkapitän Hoffmann wie gebannt das Schauspiel. Dennoch fuhr er wie bei einer Übung den Angriff.

Die englischen Schlachtschiffe »Warspite« und »Ramillies« entdeckten die deutschen Torpedoboote und eröffneten das Feuer.

Die deutsche Flottille fegte im Zickzackkurs weiter. Im Abdrehen wurden die Torpedos gelöst, 18 tödliche Aale fuhren aus den Rohren der Boote. Die Wachoffiziere drüben auf den englischen Kriegsschiffen sahen das Unheil kommen. In glänzenden Manövern wichen sie aus. Aber ein norwegischer Zerstörer schaffte es nicht, aus der Laufbahn der Torpedos wegzudrehen. Er wurde mittschiffs getroffen und flog in die Luft. Und schon war Hoffmann mit seinen Torpedobooten wieder in der Nebelwand verschwunden.

Auch die Boote der 5. und 9. Schnellbootflottille, die im Hafenbunker von Cherbourg lagen, fuhren aus. Aber auch diese kühnen, schnellen Jäger, die mit ihren drei Daimler-Benz-Dieselmotoren von je 200 PS eine Geschwindigkeit von 80 Kilometer erreichten, zwei Torpedorohre hatten und mit Flak und MG's bestückt waren, konnten nichts gegen die schwimmenden Festungen ausrichten, die rings um die Landungsflotte sicherten. Beide Flottillen brachen zwar später nach Le Havre durch, wurden aber in Spezialeinsätzen alliierter Bomberkommandos zerschlagen. Kapitänleutnant Johannsen, der Chef der 5. Flottille, fiel im Bombenhagel. Eine Stunde vorher hatte er das Ritterkreuz erhalten.

Der Gefreite Hein Severloh, Bauer aus Metzingen bei Celle, stand im Splittergraben des Widerstandsnestes Nr. 62 und suchte mit dem Glas seines Batterieführers die dunkle diesige See vor den Dünen von Colleville ab.

Wachtmeister Krone saß neben dem Eingang zum Bunker, in dem die Beobachtungsstelle der 1. Batterie Artillerieregiment 352 untergebracht war.

»Was siehst du, Hein?« fragt Krone.

»Es passiert nichts. Gar nichts. Der große Pott liegt ganz ruhig draußen auf See. Aber es kommen noch mehr Schiffe auf. Jetzt schießen unsere Marineartilleristen drüben von Port en Bessin Leuchtzeichen, zwei Rot, zwei Grün. Sie wollen es offenbar ganz genau wissen. Aber die Schiffe antworten nicht. Damit dürften die ja in Port en Bessin nun auch wissen, daß die Brüder von der anderen Feldpostnummer sind.«

Krone ruft alles, was Hein Severloh berichtet, durch die offene Bunkertür dem Oberleutnant Frerking zu. Dieser sitzt im Bunker am Telefon und wartet auf seinen Augenblick. Auf den Augenblick, da er den vier 10,5-cm-Haubitzen seiner 1. Batterie Zielangabe und Feuerbefehl in die Stellungen hinten bei Houtteville telefonieren kann.

»Die nehmen sich Zeit«, meint Leutnant Graß, der B-Offizier.

»Vielleicht haben sie uns nicht auf ihrem Kalender«, lacht der Batteriechef. Seit 1.30 Uhr war er mit seinen Männern auf der B-Stelle. Im Karacho waren sie nach der Alarmierung durch den Abteilungskommandeur Major Pluskat aus ihrem gemütlichen Quartier im Bauernhaus des Monsieur Fernand le Grand in Houtteville heraufgeprescht. Der Stützpunkt unter Feldwebel Pieh mit rund 19 Mann vom Grenadierregiment 726 war schon in Alarmbereitschaft.

»Bomberflug über den Wolken«, ruft Wachtmeister Krone. Sie lauschen. Ja, über ihnen zittert die Luft. Und da geht auch schon der Höllentanz der Explosionen los. Sie ziehen die Köpfe ein. Aber nur zwei Bomben fallen in die Stellung des Widerstandsnestes. Alles andere geht hinten ins Gelände. Sie schauen sich an. Atmen auf.

Frerking ruft die Feuerstellung an. Drüben spricht Hauptwachtmeister Meyer, Ernst Ludwig Meyer, wie er sich zum Unterschied von allen anderen Meyers meldet: »Was passiert bei euch?«

»Nicht ein Treffer im ganzen Batteriebereich«, berichtet Meyer.

Frerking blickt zu Graß: »Keinen Kratzer an den Geschützen; der ganze Segen ist danebengegangen, wie hier bei uns.« Graß strahlt. »Vielleicht wollen die wirklich nichts von uns.«

Hätte er gewußt, was eben beim Feind passiert war, dann wäre er weniger optimistisch gewesen. Nicht planende Vernunft hatte sie verschont, sondern das berühmte Schlachtenglück. Der Zufall hatte zu ihren Gunsten entschieden.

329 B-24-Bomber hatten den Auftrag, die Widerstandsnester am sechs Kilometer langen Omaha-Strand zu zerschmettern und die Batterien in den Feuerstellungen mit 13 000 schwersten Bomben auszuschalten. Wegen der tiefhängenden Wolken mußten sie »blind« nach den Instrumenten werfen. Flugdauer und Abwurfsekunde waren genau errechnet. In letzter Minute aber verlor der Stab der 8. Luftflotte die Nerven, bekam Angst, daß die Bomben in die eigenen Linien der Landungskräfte fallen könnten, und befahl eine Verschiebung der Abwurfzeit um ein paar Sekunden. Ein paar Sekunden — und 13 000 Bomben gingen daneben. Es sollten teure Sekunden werden. General Eisenhower mußte sie mit dem Leben vieler amerikanischer Soldaten bezahlen.

Severloh und Wachtmeister Krone hatten sich Zigaretten angesteckt.

»Gibt's kein Frühstück?« rief Frerking aus der offenen Bunkertür. Severloh holte ein Kommißbrot aus seinem Freßkorb. Schnitt dünne Scheiben und schmierte dick Butter drauf. Eine merkwürdige Stille herrschte. Der Dunstvorhang über dem Meer riß auf. Frerking kam heraus. Zum Frühstück. Nahm erst mal das Glas an die Augen. Lehnte sich an die Bunkerwand. »Mensch«, sagte er nur, »Mensch, da sind sie.« Was er sah, sahen in dieser Minute alle Offiziere und Soldaten in den Stützpunkten und Widerstandsnestern des Omaha-Strandes. Und alle brachen auch hier in denselben Ruf des Staunens und des Schreckens aus: »Die Flotte!«

Oberleutnant Frerking stand wie gebannt. »Das gibt es doch nicht, das gibt es doch nicht«, murmelte er. Dann drückte er Severloh das Glas in die Hand und stürmte in den Bunker. Und nun sah auch der Gefreite, was seinen Batteriechef so aus der Fassung gebracht hatte: die Flotte. Schiffe. Große und kleine, mit Türmen, Aufbauten, Schornsteinen, Antennen und den grotesken Sperrballons. Wie eine geheimnisvolle Stadt im Morgengrauen, vom aufkommenden Licht übergossen, eine unwirkliche, eine goldene, gleißende Stadt. Und dann rief der Gefreite Severloh: »Der große Pott in Fahrt auf Küste. Landungsboote links von uns Höhe Vierville in Fahrt auf den Strand!«

Im selben Augenblick begann die Luft unter einem neuen Ton zu schwingen. Rollend und orgelnd schwang es heran: die schweren Schiffsgeschütze legten ihre schützende Feuerglocke vor die Landungskräfte.

Die ersten Treffer lagen dicht hinter der Stellung von Widerstandsnest 62. Eine frisch ausgehobene Baustelle für einen Bunker war offenbar das Ziel. »Immer hinein, immer hinein«, knurrte Severloh.

Feldwebel Pieh, der Zugführer der Stützpunktbesatzung, kam angesprungen. Er blutete am Hals. »Kleiner Splitter, nichts Ernstes«, winkte er ab. »Bei euch alles klar?« Severloh grinste: »Bis jetzt, ja.« Pieh blickte hinüber zu dem großen Transporter, der vor ihrem Stützpunkt lag.

»Jetzt gehen sie ins Wasser«, rief er. Und sprang rüber in seinen Gefechtsstand.

Severloh meldete ruhig zum B-Bunker: »Landungstruppen gehen von Bord des großen Transporters.«

Wachtmeister Krone kam. Schaute hinüber. »Sind die verrückt? Wollen die herüberschwimmen? Uns genau vor die Flinte?« Tatsächlich: Sie schwammen 200 Meter durch die unruhige See. Faßten sich dann am Koppel. Wateten im brusthohen Wasser. Kein Schuß fiel aus WN 62. Oberst Goth und Oberst Korfes, die Kommandeure der beiden Grenadierregimenter 916 und 726, die im Küstenabschnitt der 352. Division zwischen Viremündung und Port en Bessin lagen, hatten gleich nach dem Ende des Bombardements aus der Luft und von See alle Stützpunkte über die völlig intakt gebliebenen Telefonleitungen angerufen und jedem Kommandanten eingeschärft: »Erst schießen, wenn Feind unmittelbar vor dem Strand.« Die Männer an den Kanonen und MG's hielten sich an den Befehl. Die 352. Infanteriedivision am Omaha-Strand wartete.

Auch Severloh wartet an seinem MG 42 auf der B-Stelle WN 62. Im Bunker sitzt Frerking am Telefon: »Zielpunkt Dora, Zwote Ladung, Aufschlagzünder, ganze Batterie von Grundrichtung 20 mehr, Achtundvierzighundert und Fünfzig«, gibt er dem Batterieoffizier in die Feuerstellung bei Houtteville durch. Ruhig fügt er hinzu: »Feuerbefehl abwarten!« Severloh hängt hinter dem MG. Links am Hang sieht man den Splittergraben mit den drei MG's der Stützpunktbesatzung, davor einen Granatwerferstand. Vor der Düne sitzen die Infanteristen. Hinter der B-Stelle, dicht beim Funkerbunker, stehen noch zwei von diesen wirksamen Waffen der Infanterie. Und dann ist es soweit. Die Amis von dem Transporter haben knietiefes Wasser erreicht. Entfernung 400 Meter: »Zielpunkt Dora, Feuer!«, ruft Frerking ins Telefon.

Hein Severloh, 21 Jahre alt, ist kein Soldat aus Leidenschaft. Er ist Bauer. Er hat sich noch nie um Heldentaten gerissen. Er ist Bursche beim Batteriechef, und er hat seine Fähigkeiten im Organisieren von Butter, Eiern, Apfelwein und Calvados bewiesen. Jetzt aber muß er schießen. Der Krieg weist ihm seine Rolle zu. Und er schießt. Er macht den Finger krumm. Die »Spritze« rasselt los. Die Einschläge liegen im Wasser. Fassen dann die erste Reihe der heranwatenden Amis. Fassen sie und lassen sie nicht mehr los. Links bellen die MG's des Stützpunktes. Das Blaffen der Granatwerfer geht los. Pfeifend kommen die Granaten der 1. Batterie von Houtteville herüber und legen Sperrfeuer auf den Strand.

Bloody Omaha

»Fox green« hieß im amerikanischen Landeplan das Strandstück vor Widerstandsnest 62. Zwei Sturmkompanien des 16. US-Infanterieregiments sollten hier im Handstreich Fuß fassen. Sie waren in dem festen Glauben von ihrem Landeschiff ins Wasser gesprungen, daß am Strand kein deutsches Geschütz mehr heil sei, daß kein MG mehr schießen würde, daß kein Grena-

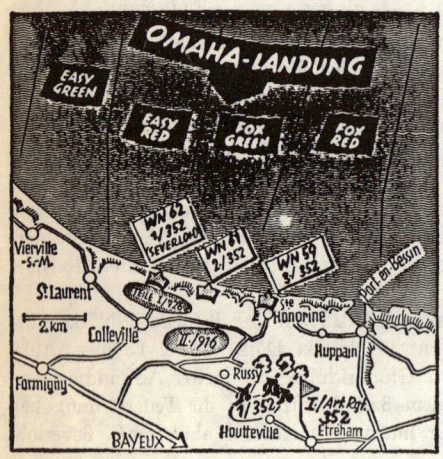

Die Landeräume »Easy red« und »Fox green« sind als »bloody Omaha« in die amerikanische Kriegsgeschichte eingegangen.

68

dier mehr hinter einem Karabiner läge. Als Hein Severlohs MG 42 die erste Gruppe ins Wasser mähte, verblutete die Hoffnung, an dieser Stelle zu einem schnellen Erfolg zu kommen.

Die Ebbe steht. Das Wasser läuft nicht mehr ab. Aber die Flut kommt auch noch nicht. Deshalb bleiben die Toten im flachen Wasser liegen, die Verwundeten kriechen hinter sie und suchen Schutz vor den MG-Garben. Wer trotz des fürchterlichen Abwehrfeuers bis auf den trockenen Strand kommt, drückt sich schnell in eine Sandkuhle, um Schutz zu finden, oder verkriecht sich hinter den Loren einer Feldeisenbahn. Und dahin lenkt nun Oberleutnant Frerking von seiner B-Stelle oben im Bunker das Sperrfeuer seiner 10,5-cm-Haubitzen aus Houtteville. Um 8 Uhr hat noch kein amerikanischer Infanterist den Dünenfuß vor WN 62 erreicht. Und wie hier, im Abschnitt »Fox green«, so war es auch westlich von Colleville, im Raum Vierville, auf dem Streifen, der in den Karten der Amis als »Dog green« verzeichnet steht. Sturmbataillone des 116. Infanterieregiments, unterstützt von Amphibienpanzern, sollten dort den Strand nehmen. Aber die Amphibienpanzer waren der rauhen See nicht gewachsen. Die Mutterschiffe setzten sie zu weit draußen ab. Einer nach dem anderen versank. Nur zwei erreichten den Strand, aber nur, um von der Artillerie zusammengeschossen zu werden.

Damit war der Plan gescheitert, der Infanterie mit Panzern den Weg an den steinigen Strand und über die steilen Dünenhänge zu bahnen. Aber Plan hin, Plan her — die Infanteristen waren auf dem Wege. Steifgefroren, zusammengepfercht fuhren sie auf den engen Landungsbooten dem Strand zu. Über sie weg orgelten die Schiffsgeschütze. Es war wie verhext: Ihr Feuer lag zu weit hinter den vordersten deutschen Stellungen. Verhängnisvoller noch irrten sich die Artillerieboote mit den aufmontierten Raketengeschützen. Das Feuer der deutschen Küstenartillerie ließ die breiten Marineprähme nicht nah genug an die Küste. Deshalb lösten sie aus zu großer Entfernung ihre Raketensalven. Und statt in den deutschen Stellungen krepierten die Granaten mit der breiten Splitterwirkung vor der Strandlinie im Wasser, legten damit vor die eigene Infanterie ein tödliches Sperrfeuer.

Mit wehender Gischtfahne am Bug brausten die großen Landungsboote der ersten Welle heran. Sechs Stück. Zwei wurden von der deutschen Artillerie erfaßt und versenkt. Vier kamen an die erste Sandbank, liefen auf, ließen die Rampen herunter. Die GI's sprangen ins brusthohe Wasser. Und wateten los. Wateten auch hier ins Feuer der deutschen MG's.

Wer könnte das, was geschah, besser schildern als die amerikanischen Infanteristen, die diese Hölle erlebten und überstanden. In der Chronik des I. Bataillons Infanterieregiment 116 heißt es: »Der Feind hatte auf den richtigen Zeitpunkt gewartet. Alle unsere Boote gerieten ins Kreuzfeuer der Maschinengewehre. Die Männer, die aus den Booten ins Wasser sprangen, sackten zusammen und versanken. Es war unmöglich, Ordnung zu halten. Jeder hatte nur den einen Wunsch, ans Ufer zu kommen, und alle glaubten, das sei nur möglich, wenn sie sich ins Wasser stürzten, um aus dem Bereich der im Feuerhagel liegenden Boote wegzuschwimmen. Aber die Ausrüstung war zu schwer. Die meisten hatten darum zu kämpfen, über Wasser zu bleiben. Sie wurden verwundet. Ertranken. Nur wenige kamen unversehrt an den Strand. Als sie merkten, daß es dort kein Halten gab, gingen sie ins Wasser zurück, legten sich flach hin und ließen nur die Köpfe herausschauen. Mit der steigenden Flut krochen sie dann nach vorn. Nahmen hinter den Vorstrandhindernissen Deckung und schlängelten sich so langsam auf den trockenen Sand.

Die Kompanie A war innerhalb von 10 Minuten erschöpft. Alle ihre Offiziere und Unteroffiziere waren gefallen oder verwundet. Nach 20 Minuten war aus der Sturmkompanie A eine kleine verlassene Bergungsgruppe geworden, nur darauf bedacht, zu überleben und das Leben zu retten.«

Genauso war es hier, im Abschnitt Vierville–St. Laurent, am Streifen »Dog green«, genauso drüben im Abschnitt »Fox green« und »Easy red«. Alle Kompanien, die den Sturmkompanien folgten, erlitten das gleiche Schicksal. Ihre Landungsboote flogen in die Luft. Die Amphibienpanzer explodierten unter dem massierten Pakfeuer. Wer an den Strand kam, hockte sich in eine schnell gescharrte Sandkuhle, suchte hinter den toten Leibern der gefallenen Kameraden Schutz, verstört, halb wahnsinnig vor Angst. »Sanitäter, Sanitäter«, schrie es durch den Qualm und das Rattern der MG-Garben. Aber die Sanitäter lagen selbst verwundet oder tot am Strand und im Wasser.

Selbst wenn ein Panzer durch die Vorstrandhindernisse kam, so blieb er auf dem schmalen Sandstreifen zwischen Wasser und verminter Kieselbank liegen, weil die Pioniere im Abwehrfeuer der deutschen Verteidigung keine Minengassen räumen konnten.

So klammerten sich die Sturmregimenter der 1. US-Divion und die Einheiten der Pionierbrigaden an den Strandsaum von knapp 30 Meter Tiefe. Keinen Schritt kamen sie weiter. Die 352. Division unter General Kraiß verwehrte ihnen den entscheidenden Sprung.

Jedoch der Plan lief. Und der Plan verlangte, daß Landungswelle auf Landungswelle gegen den »Omaha«-Strand jagte, wie sehr der Tod auch Ernte hielt.

Eine Kampfgruppe der berühmten »Rangers« versuchte, die tödlichen Feuerstellungen auf den steilen Hängen am westlichen Teil von »Omaha« zu nehmen. Sie schossen mittels Spezialwerfern Taue mit Enterhaken und Strickleitern auf die Klippen und die Dünenhänge. Sie hatten sich von der Londoner Feuerwehr ausfahrbare Leitern mitgebracht, um den gefährlichen Steilhang zu bezwingen. Es war wie bei den mittelalterlichen Burgkämpfen. Die deutschen

Verteidiger schnitten die Stricke durch, warfen die Sturmleitern um, rollten Felsbrocken auf die Herankletternden und feuerten mit MG und Handgranaten den Hang hinunter. Es war fürchterlich.

Sechs Kilometer war der »Omaha«-Abschnitt lang. 6000 Meter. Und vier Stunden nach dem ersten Sturm lagen 3000 Tote und Schwerverwundete auf diesem Streifen aus Sand und Kieselsteinen. Alle zwei Meter ein Toter oder Schwerverwundeter, sechs Kilometer weit, eine furchtbare Kette geopferten Lebens. Um 8.30 Uhr (deutsche Zeit) gab der Gefechtsbericht des V. US-Korps einen deprimierenden Überblick über die Lage: »Sturmeinheiten in Auflösung. Schwerste Verluste. Feindfeuer verhindert Sprung über die Strandlinie. Zusammenballung der gelandeten Verbände auf engstem Raum. Pioniere können keine Minengassen räumen und die Vorstrandhindernisse nicht sprengen. Panzer und Fahrzeuge stehen unbeweglich auf dem schmalen Strand. Neben Einheiten der 716. Infanteriedivision auch solche der 352. festgestellt.« Das Fazit des Berichtes war: Der Atlantikwall hält.

General Omar Bradley, der Befehlshaber der 1. amerikanischen Landungsarmee, schaute verzweifelt auf den Bericht. Wie war das möglich? Wie hatte man sich in der Widerstandsstärke der deutschen Verteidigungslinie so täuschen können? Wie kam es, daß eine Kampfgruppe des 116. Regiments am Strand ein Widerstandsnest geknackt hatte, in dem Männer der 352. Infanteriedivision gefunden wurden? Und dabei hatte man doch geglaubt, der ganze Abschnitt zwischen Orne- und Viremündung wäre nur von einer einzigen Division, nämlich der 716., besetzt? Wie konnte der alliierte Nachrichtendienst sich so irren? Ja, wie konnte er? Da er doch sonst so akkurat über die deutsche Verteidigungsfront unterrichtet war? Eine abgeschossene Brieftaube war die Ursache für diesen schwerwiegenden Irrtum.

Im Mai hatte Feldmarschall Rommel durchgesetzt, daß die motorisierte 352. Division aus dem Raum St. Lô, weit hinter der Küste, nach vorne in den linken Abschnitt der 716. I. D. von General Richter geschoben wurde, die bis dahin die lange Front zwischen Orne und Vire allein besetzt hielt. General Richter mußte aber das I. und III. Bataillon seines Grenadierregiments 726 in den alten Verteidigungsstellungen lassen. Sie wurden unter dem Regimentskommandeur, Oberst Korfes, der 352. Division unterstellt. Dahinter legte Rommel Bataillone des Grenadierregiments 916. Und verstärkte den linken Flügel mit den Verbänden des Grenadierregiments 914 unter Oberstleutnant Heyna. Der Hauptagent der Alliierten für den Küstensektor Colleville—Vierville wurde auf diese Weise über die Verstärkung des Küstenabschnittes getäuscht. Endlich, Ende Mai, bemerkte er seinen Irrtum, als er feststellte, daß Teile eines neuen Verbandes östlich der Viremündung lagen, mit einem Stab bei Littry. Dem Agenten fielen alle Sünden ein. Eilends brachte er die wichtige Botschaft mit einer Brieftaube auf den Weg. Schickte eine zweite hinterher.

Aber — diesmal focht General Zufall auf deutscher Seite. Er lenkte die Schrot-flinte eines unbekannt gebliebenen deutschen Landsers der 716. I. D. Der schoß beide Tauben ab. Beinahe hätte er damit eine Schlacht gewonnen.

Das alles wußte der General Omar Bradley am 6. Juni, 9 Uhr vormittags, auf dem Flaggschiff »Augusta« natürlich nicht. Er wußte nur, daß seine Sache am Strand sehr schlecht stand. Aber als er schon mit dem Gedanken spielte, den blutigen Angriff aufzustecken, entschieden ein halbes Dutzend weiterer Irrtümer die Schlacht am blutigen Strand von »Omaha«.

Irrtum und Zufall sind in allen Kriegen die mächtigsten Generale. Das war schon bei den Persern so, bei den Griechen, Römern, bei Wallenstein und bei Gustav Adolf. In Tolstois »Krieg und Frieden« wird diese Wahrheit als eine der wichtigsten Faktoren bei militärischen Machtproben in die Geschichte ein-geführt. Auch bei der Invasion führte General Zufall ein entscheidendes Wort.

Im deutschen Führerhauptquartier herrschte am Morgen des 6. Juni noch immer die Meinung vor, die Kämpfe an der Normandieküste seien nur ein feindlicher Ablenkungsversuch, die wirkliche Invasion stehe erst noch im Raume Calais bevor, und deshalb dürften die Reserven nicht gegen einen »Scheinangriff« verplempert werden. Auch der Oberbefehlshaber West, Ge-neralfeldmarschall von Rundstedt, neigte dieser Auffassung zu, obwohl er-fahrene Frontbefehlshaber und Kommandeure sowie der Ic-Dienst der Divi-sionen und des 84. Korps klipp und klar folgerten: Die Landung an der Normandieküste ist die Invasion.

Aber die Kommandeure der Divisionen riefen vergeblich um Hilfe. Be-schworen, bettelten, fluchten — umsonst. »Es ist eine Schande«, erregte sich der sonst so beherrschte General Marcks, als er die 21. Panzerdivision nicht frei bekam. Der Mann aber, der mit seinem sprichwörtlichen Instinkt, mit der Witterung des Wüstenfuchses wohl die Lage durchschaut und die Möglichkeit hatte, seiner Beurteilung Geltung zu verschaffen, befand sich nicht an der Front. Auch einer jener unergründlichen Zufälle. Ein Irrtum in der Beurteilung der Wetterlage hatte den Mann, der Wagemut, Autorität und Befehlsgewalt genug gehabt hätte, um sich über Anordnungen des Führerhauptquartiers hin-wegzusetzen, vom großen Drama ferngehalten. Er saß nach langen Front-monaten am 6. Juni für ein paar Stunden im württembergischen Herrlingen am Geburtstagstisch seiner Frau und wollte anschließend zu Hitler zum Vor-trag fahren. Zwölf Stunden zu spät für eine entscheidende Rolle in der ent-scheidenden Phase der Invasion kam er an die Front zurück.

General Irrtum hatte den Feldmarschall Rommel für die ersten Stunden mattgesetzt. Er öffnete launisch und unberechenbar General Bradley die Tür zum Erfolg: Während am Omaha-Strand die Krise der Angreifer ihrem Höhepunkt zustrebte, erreichten Bradley ein paar ungenaue, aber schönfärberische Berichte von Marinebeobachtern. Dazu kam ein Funkspruch an den Kommandeur der 1. US-Division, General Huebner, der dem verzweifelten Armeestab Auftrieb gab. Oberst Talley, stellvertretender Stabschef beim V. Korps, funkte:

»Die Landungsboote wimmeln wie eine in Panik geratene Rinderherde vor der Küste und wagen sich nicht an Land. Was aber an Fahrzeugen und Panzern an die Küste gelangt, kommt nicht vorwärts, solange die deutsche Artillerie intakt ist. Sie muß niedergekämpft werden. Um jeden Preis. Sonst verlieren wir das Rennen.«

Bradley zog die richtige Konsequenz. Er befahl der Flotte, Artilleriefeuer auf die Küste zu legen, ohne Rücksicht auf die eigenen Truppen am Strand. Es war der Entschluß der Stunde. Jetzt wurden die Widerstandsnester und Artilleriestellungen zu Punktzielen eines rücksichtslosen Beschusses mit 38- und 40,6-cm-Schiffsgranaten.

Im Gefechtsbunker des Infanterieregiments 916 saß Oberst Goth schweigend zwischen den Offizieren seines Stabes. Wie bei einem Urweltgewitter krachten die Granaten um den Betonklotz. Der Oberst blickte auf das Leuchtzifferblatt seiner Armbanduhr: 9.20 Uhr. Keiner sagte ein Wort. Blitzschnell fuhr in kurzen Abständen der Explosionsschein durch die Schießscharten. Tauchte alles in gespenstisches Licht. Dann war wieder diffuses Dämmerlicht. Man konnte nicht sehen, ob die Sonne schien oder ob Wolken am Himmel standen. Himmel und Horizont waren eingehüllt in Qualm, zuckende Feuerblitze und stinkenden Rauch.

»Jetzt machen sie uns fertig«, sagte Goth. »Funktioniert das Telefon zum Divisionsgefechtsstand noch?« Der Nachrichtenunteroffizier legte den Hebel am Klappenschrank um: »Verbindung ist da, Herr Oberst.« Goth sprach mit General Kraiß: »Die Schiffsartillerie zerschlägt unsere Stützpunkte. Die Munition wird knapp. Wir brauchen dringend Nachschub, Herr General.« Statt einer Antwort machte es »Krrrck«. Die Leitung war gestört.

In der Feuerstellung der 1. Batterie Artillerieregiment 352 stand Unteroffizier Peesel am 1. Geschütz und gab bierruhig seine Befehle. Die 10,5-cm donnerte ganz schön. Aber wie lange noch.

»Munition sparen«, kam der Befehl von der Abteilung. »Als wenn wir das nicht selber wüßten«, knurrte Peesel. »Verdammte Idioten, warum habt ihr uns denn die Granaten weggeholt?« schimpfte er vor sich hin. 14 Tage vor der Invasion war die Hälfte des Munitionsbestandes bei allen Batterien abgeholt und nach hinten gebracht worden: in sichere Munitionsarsenale!

Jetzt schmolzen die Vorräte dahin. Oberst Ocker, der Regimentskommandeur von AR 352, kündigte der 1. Batterie einen Lastwagen mit Nachschub an: »Er rollt schon!« Ja, er rollte. Rollte bis dicht vor die Stellung. Aber dann fuhr er in den Einschlag einer 40-cm-Schiffsgeschütz-Granate, flammte auf, war mitsamt Ladung dahin.

Als Oberleutnant Frerking aus WN 62 Salvenfeuer gegen die anrollenden Landungsboote anfordert, muß ihm der Batterieoffizier mitteilen: »Befehl vom Abteilungskommandeur: Wegen Munitionsmangel nur noch Einzelfeuer, Herr Oberleutnant.« Wie soll man mit Einzelfeuer landende Infanterie bekämpfen? Ein weiterer, entscheidender Fehler der deutschen Invasionsabwehr wird sichtbar: Mangelnder massiver Einsatz der Artillerie!

12 000 Schuß hat Hein Severloh bis Mittag aus seinem MG gefeuert. Unten am Strand liegen die Toten. Die weiße 1 an ihren Helmen, Zeichen der 1. Division, schimmert bis herauf. Aber auch im Stützpunkt sieht es böse aus. Die Schiffsartillerie hat die Granatwerfer zerschlagen, die Gräben eingeebnet, die Infanteristen dezimiert. Jetzt kommen die Amis mit großen Prähmen, auf denen MG-Lafetten und Panzer stehen. Der erste Jeep mit einem aufmontierten MG rollt an Land. Leutnant Graß schreit nach links, wo Feldwebel Pieh liegt: »Gewehrgranate her!« Pieh bringt dem Leutnant den Schießbecher, der auf den Karabiner gesteckt wird und aus dem man die Gewehrgranate schießen kann: Der Werfer des Infanteristen. Graß versteht sich darauf. Er war zu Beginn des Krieges noch Unteroffizier und kennt das Gewehr.

Schuß. Die Granate fegt in den Jeep.

Schuß. Der Panzer bleibt stehen. Nun auf ihn mit den MG's! Aber da rollt der nächste an Land. Schwenkt seine Kanone herüber. Und krachend fährt gleich die erste Granate in die Scharte des Beobachtungsbunkers. Der Landkampf am Widerstandsnest Nr. 62 hat begonnen. Und dieser Kampf gegen Panzer kann nicht lange dauern. Das MG 42 bekommt einen Treffer. Severloh fliegen die Splitter ins Gesicht. Die Zieleinrichtung des MG ist zum Teufel. Aber das macht nichts. Er hat sowieso nur noch die Munitionsgurte übrig, die für Nachteinsatz bestimmt sind, und bei denen ist jeder fünfte Schuß Leuchtspur. Das ersetzt die Zieleinrichtung. Aber es markiert für den Zerstörer, draußen auf See, auch die Stellung. Der setzt denn auch Schuß auf Schuß gezieltes Feuer vor Hein Severlohs Graben.

Am Strand fahren die Panzer nach links und nach rechts. Die westlichen Nachbarstützpunkte WN 61 und 59 mit den B-Stellen der 2. und 3. Batterie feuern nicht mehr. Nach links hat WN 62 keine Sicht. Aber auch dort scheint Ruhe zu herrschen. Was man im WN 62 nicht weiß, ist die Tatsache, daß die Amerikaner zu beiden Seiten bereits in den Dünen liegen. Und während der Oberleutnant Frerking einen letzten Funkspruch an seine Batterie absetzt »Schießt Sperrfeuer auf Strand. Jeder Schuß ist Treffer. Wir bauen ab«, gibt es hinten in der Feuerstellung keine Munition mehr. Nur die Unteroffiziere Peesel und Alpen haben für das 1. und 2. Geschütz noch ein paar Granaten. Mit der letzten schießt Peesel am nächsten Tag einen amerikanischen Beobachter aus einer Tanne, ehe sie ihre Kanonen sprengen und sich mit den bespannten Protzen davonmachen.

Vorne am Strand gibt Frerking den Befehl zu sprungweisem Absetzen. Im Feuerhagel der feindlichen Panzer und der Schiffsartillerie wurde es für die meisten der Sprung in den Tod. Auch für Frerking, für Graß und Pieh.

Hein Severloh und ein Funker schafften es. Sie schlugen sich durchs Gelände. Marschierten in tiefliegenden Feldwegen. Krochen durch Knicks. Sie landeten schließlich im Bataillonsgefechtsstand I./726 zwischen Colleville und Küste. Wurden verbunden. Berichteten. Und hörten den Bataillonskommandeur sagen: »Wir warten auf Panzer. Dann schmeißen wir die Amis im Gegenstoß wieder raus.«

Panzer aus dem Meer

Als Erwin Rommel und seine Panzerarmee Afrika im Sommer 1942 vor den letzten Höhenzügen von El Alamein standen und zum Nil stießen, gab kein Mensch mehr einen Pfifferling für Englands Macht in Kairo. Die britischen Stäbe verbrannten ihre Akten. Die Flüchtlingszüge nach Palästina und Jordanien waren überfüllt. Der britische Oberbefehlshaber Auchinleck plante den Rückzug seiner Armee hinter den Nil und in den Süden. Rommel war siegessicher. So siegessicher, daß er während eines kurzen Aufenthalts in Berlin auf eine Veranstaltung mit ausländischen Journalisten ging, an der Tür des Empfangsraumes stehenblieb, die Klinke in der Hand behielt und lachend rief: »So habe ich die Hand am Türgriff nach Alexandrien.« Aber am Nil war inzwischen etwas sehr Entscheidendes geschehen: Das Schicksal hatte Bernard Montgomery auf die Bühne der Kriegsgeschichte gestellt. Churchill wollte ihn zwar eigentlich nicht, er wurde ihm wahrlich durch Schicksalsschläge — wie den plötzlichen Tod des schon bestimmten Nachfolgers von Auchinleck, General Gott — aufgenötigt. Und dieser wider die Regel an die Spitze der britischen Afrika-Armee gelangte Montgomery war entschlossen, dem von der Kriegsgöttin verwöhnten Truppenführer Rommel und seiner kühnen Armee mit einem Rezept zu begegnen, gegen das kein noch so todesverachtender Mut, keine wendige Improvisationskunst und keine List etwas nutzten: die Materialschlachten mit ein paar tausend Geschützen, ein paar tausend Flugzeugen und Hunderttausenden von Granaten. Diese stählerne Wand aus Pakgeschützen, Kanonen, Bombern und Panzern stoppte den deutschen Sturm bei Alam Halfa und zerschlug das Afrikakorps vor Alamein. Der britische Sieg in Afrika war ein Sieg der materiellen Überlegenheit.

Seit der Feldmarschall Bernard Montgomery wußte, daß Erwin Rommel die Invasionsfront befehligte, war es ihm klar, daß dieser Gegner nur mit dem Rezept von El Alamein zu schlagen war: mit der zermürbenden Strategie der

Materialschlacht. »An die Spitze der ersten Invasionstruppen gehören Panzer und gehört schwere Artillerie«, war deshalb seine These.

Und weil die Transportschiffe mit der Atillerie und mit den Spezialpanzern gegen Minen, gegen den Sand der Dünen und die verdrahteten Stützpunkte durch Rommels Unterwasserhindernisse gefährdet waren, warf Montgomery den ursprünglichen Plan Eisenhowers um, bei Flut zu landen. Er durchkreuzte damit Rommels Plan, wie er ihn vor Alamein durchkreuzt hatte.

Die deutschen Verteidigungsanlagen waren ganz auf Flutlandung gestellt. Kein Mensch glaubte, daß ein Gegner bei Ebbe landen würde, um bis zu 800 Meter über völlig freies Schußfeld laufen und fahren zu müssen. Deshalb waren alle Abwehrwaffen der Küstenlinie so angelegt, daß sie den Vorstrand beherrschten. Montgomery nahm bewußt die Gefahr schwerer Verluste auf dem ungedeckten breiten Ebbestrand in Kauf, um der Konsequenz seiner Materialschlacht willen. Es sollte sich zeigen, daß er recht hatte. Ohne die Panzerunterstützung seiner ersten Welle hätte sich wahrscheinlich die Tragödie von »Omaha« und »Utah« wiederholt. Trotzdem ging auch Montgomerys Rechnung nicht überall auf.

Die 2. britische Armee unter General Dempsey sollte am westlichen Teil der Calvadosküste zwischen Arromanches und Ouistreham nördlich Caen auf einem Küstenstreifen von 30 Kilometer Länge landen, mit Panzerkolonnen die deutsche Verteidigungslinie durchstoßen, die Verbindung zu den luftgelandeten Verbänden östlich der Orne aufnehmen, die verkehrswichtigen Städte Caen und Bayeux besetzen und am Abend des ersten Tages 36 Kilometer tief im Küstengebiet stehen. Als südlichster Schlüsselpunkt stand der Name einer kleinen Stadt auf dem Plan: Villers Bocage. Wir werden ihm noch oft begegnen.

Als der Morgen aufdämmerte und sich der Qualm der nächtlichen Bombardements auf die Städte hinter der Küstenlinie verzog, rollte auch an den Abschnitten mit den Deckworten »Gold«, »Juno« und »Sword« die Landung der 2. britischen Armee an.

Bereits 40 Minuten vor Sonnenaufgang begann die Schiffsartillerie ihr Lied. Im Dämmerlicht kamen die Schlachtflieger. Dann die Jagdbomber. Die Torpedoflieger. Und dazu das Konzert der Schlachtschiffe. Dann kamen die Tommys von den Schiffen an Land. Zuerst im »Gold«-Abschnitt. Aber nicht schwimmende, watende Infanteristen und Pioniere. Nein, voran die 8. britische Panzerbrigade. Sie trafen auf die 716. Infanteriedivision des Generals Richter, die einen Küstenabschnitt von 34 Kilometer zu verteidigen hatte.

»Feuer!« knirschte der Obergefreite Behrendsen dem Schützen am schweren MG zu. »Feuer!« Der MG-Stand war zwar halb zugeschüttet. Behrendsen selbst verwundet. Das Telefon lag vergraben unterm Sand. Alle Drähte waren von den Bomben zerfetzt. Es gab keine Verbindung mehr zwischen den Kompanien, Bataillonen und Regimentern der 716. Division.

»Feuer!« Und das MG rasselte. Fegte den Sand. »Etwas höher.« Da lag es in der Gruppe der Tommys, die neben den Panzern herliefen. Und sie stürzten wie die Bäume. Schrien. Warfen sich in den Dreck. Jetzt schoß auch ein deutsches 7,5-cm-Feldgeschütz auf den Strand. Die Granate schlug ins Wasser. Ein Landungsboot fuhr direkt in den zweiten Schuß hinein. Explosion. Flammen. Rauch. Das Boot drehte sich. Schlug quer auf den Strand. Stürzte um. Brennende Leiber rollten sich auf den Sand.

Aber diese verfluchten Panzer, die von weit draußen aus dem tiefen Wasser kamen, waren nicht aufzuhalten. Sie krochen wie Schildkröten heran. Andere hatten mächtige Rollen vorne aufmontiert mit Ketten und Eisenkugeln. »Verdammter Mist«, knurrte Behrendsen. Es war 6.30 Uhr. Der erste Panzer rollte auf den festen Strand.

So war es rechts am »Sword«-Strand. Und so war es auch in der Mitte, am »Juno«-Beach und ganz links am Landeabschnitt »Gold«. Überall wurde aus der Kraterlandschaft auf die anlandenden Männer Montgomerys geschossen.

Die intakt gebliebenen deutschen Stützpunkte verteidigten sich noch, aber als kämpfende Einheit war die 716. Division vom Feuersturm der Bomben und Schiffsgeschütze zerschlagen. Vor allem das Grenadierregiment 736 und das II. Bataillon 726 waren schwer getroffen.

Die Minenfelder waren durch die Bombardierung hochgegangen, die tödlichen Sperren dadurch unwirksam geworden. Die Schiffsgranaten mit ihren mächtigen Kalibern von 38 und 40,6 cm hatten selbst gut betonierte Unterstände einfach zermalmt.

An zwei Stellen war die Küstenlinie aufgerissen. Die Widerstandsnester des Ostbataillons 441 brachen zusammen, weil die russischen Hilfskrieger davonliefen und nur die deutschen Offiziere und Unteroffiziere mit wenigen Balten die Stellungen verteidigten. Es bewahrheitete sich das Wort des Generals von Schlieben, das er in einem Bericht geprägt hatte: »Es ist zuviel verlangt, daß Russen in Frankreich für Deutschland gegen die Amerikaner kämpfen sollen.«

Durch diese Lücken, wo sich keine Hand zur Verteidigung mehr regte, schoben sich die Panzer der 8. und 27. Panzerbrigade und die Männer der 3. kanadischen und der 3. britischen Division über den Strand, die Dünen hinauf. Weg vom Meer. Durch die deutsche Hauptkampflinie hindurch. Sie ließen die noch feuernden deutschen Widerstandsnester einfach rechts und links liegen. »Nur vorwärts« hieß die Parole. Vorwärts, an die großen Verbindungsstraßen: nach Bayeux und nach Caen. Das Tagesziel schien greifbar nahe zu sein.

Aber Montgomery hatte die Rechnung ohne den Wirt gemacht. Zwar rollte seine Walze. Aber an vielen Stellen gelangen den Verteidigern kühne und schnell ausgeführte Gegenstöße in die Flanke. Vernichteten die britischen Panzer. Verriegelten der Infanterie den Weg.

Major Lehmann stand mit dem II. Bataillon Grenadierregiment 726 wie ein Pfahl vor der entscheidenden Höhe von St. Croix. Ein kanadischer Panzerstoß überrollte den Gefechtsstand. Der Major fiel. Der Adjutant verteidigte den Bunker mit einer Handvoll Männer bis in die Nacht. Dann schlugen sie sich durch.

Das II. Bataillon Grenadierregiment 736 verteidigte Tailleville und versuchte, die durchgebrochene 3. britische Division aufzuhalten. Der Bataillonsstab wurde eingeschlossen. Kämpfte sich aber wieder frei. Um 15.48 Uhr kam seine letzte Meldung bei der Division an. Ein Drama in drei Worten: »Nahkampf im Gefechtsstand.« Dann kam nichts mehr.

Bei Riva Bella, dem Eckpunkt der britischen Landung, machte das III. Bataillon Grenadierregiment 736, unterstützt von den 15-cm-Geschützen der 10. Batterie des Artillerieregiments 1716, einen Gegenangriff zur Küste. Kam bis Lion. Kämpfte um die Dorfkirche. Wurde aber abgeschnitten. Mußte sich zurückfechten. Blieb ausgeblutet liegen.

Der Divisionskommandeur, General Richter, saß in seinem Gefechtsstand und wußte nicht, welche Stützpunkte noch fochten. Es kam keine Nachricht. Es kam kein Melder.

Da klingelte plötzlich das Telefon. Er riß den Hörer von der Gabel. Meldete sich. Und dann hörten alle, die im Gefechtsstand waren, die hastig aus der Muschel kommenden Worte, die vorne, an der Küste, aus einem Bunker gesprochen wurden. Es war Oberst Krug, Regimentskommandeur des Grenadierregiments 736: »Herr General«, sagte er, »Herr General, der Feind steht auf meinem Bunker. Er fordert mich zur Übergabe auf. Ich habe keine Mittel, ihn zu bekämpfen, keine Verbindung zur eigenen Truppe. Was soll ich tun?«

Wilhelm Richter, der General, schluckte. Der anwesende Kommandeur der 21. Panzerdivision, Feuchtinger, der Kommandeur des SS-Panzergrenadierregiments 25, Kurt Meyer, die Ordonnanzoffiziere, sie alle blickten auf den Kommandeur. Und der sagte betont ruhig, fast ein wenig feierlich: »Herr Oberst, ich kann Ihnen keinen Befehl mehr geben, handeln Sie nach eigenem Entschluß.«

Und dann fügte er leise hinzu: »Auf Wiedersehen.« Und legte auf.

Der Damm bricht

Um 13 Uhr hatte Major Hayn im Korpsgefechtsstand St. Lô seinem General Marcks die Berichte vorgelegt, die von den drei Landeabschnitten eingelaufen waren. Der Kommandierende machte seine Meldung für die Heeresgruppe. Er ließ keinen Zweifel über den Ernst der Lage an der amerikanischen Landestelle vor Ste. Mère-Eglise. Auch die britischen Landungen vor Bayeux nannte er sehr gefährlich. Aber für den mittleren Abschnitt, für »Omaha«, ließ er den Satz schreiben: »Landung bei Vierville so gut wie abgeschlagen.«

So optimistisch sahen die Meldungen vom »Omaha« aus.

Zwei Stunden später tauchten kleine Trupps amerikanischer Infanteristen hinter der deutschen Hauptkampflinie auf. Sie waren sehr abgekämpft. Ein Teil wurde gefangen; aber andere stießen drei bis vier Kilometer ins Land und erreichten wichtige Straßen, an denen sie sich eingruben.

Was war passiert? Die 352. Division hielt doch! Wieso kamen diese Amerikaner ins Hinterland? Was hatte die bereits zur Niederlage am »bloody Omaha« neigende Waage nach der anderen Seite schlagen lassen?

Es waren ein paar entscheidende Tatsachen, welche dem Geschehen eine Wendung gaben, und diese Tatsachen zeigen auch die eigentliche Ursache der deutschen Niederlage, die keine noch so große Tapferkeit des deutschen Soldaten aus der Welt schaffen konnte.

Da war einmal das unerschöpfliche Feuer der schweren amerikanischen Waffen. Wieviel Panzer und Pakgeschütze die Männer der Grenadierregimenter 914, 916 und die beiden Bataillone vom Grenadierregiment 726, die im Bereich der 352. Division fochten, dem Gegner am Strand auch in Brand schossen — es kamen neue. Da war zum anderen der unerschöpfliche Strom von Angriffskräften. Hinter den ersten Kompanien, die zusammengeschossen wurden, kamen weitere. Zwar war die amerikanische Führung alles andere als bedenkenlos, wenn es um Menscheneinsatz ging. Im Gegenteil! Aber General Bradley wollte es zwingen und ließ Welle um Welle ins Feuer werfen. Konsequent verfolgte er die Methode des frontalen Angriffs gegen die deutschen Befestigungen. Und er hatte ja keine Mannschaftssorgen. Zehntausende warteten auf den Schiffen. Warteten auf den Einsatz gegen ein einziges deutsches Regiment. Die deutsche Verteidigung am »Omaha«-Strand stand unter der Dauerwirkung dieser beiden Tatsachen. Ein einziges Regiment lag im Feuer, und wo diesem Regiment ein Bunker zerschossen wurde, wuchs kein neuer. Wo ein MG ausfiel, kam kein Ersatz.

Die Zeit und die unerschöpfliche materielle Kraft der Amerikaner mußten die deutsche Verteidigung auf die Dauer zermürben, wenn nicht endlich der deutsche Gegenstoß mit frischen Kräften kam, der die abgekämpften Amerikaner am Strand ins Meer warf. Eine Zeitlang wäre das am »Omaha«-Strand gut möglich gewesen. Die gelandeten Gegner sahen den Tod vor Augen, lagen stundenlang im prasselnden Feuer, konnten nicht vorwärts und nicht zurück, verzweifelten zuerst, resignierten dann. Das war der Tiefpunkt. Das war der berühmte Schwächemoment, der richtige taktische Augenblick für den Gegenstoß. Aber er wurde verpaßt. Und bei den Amerikanern wurde

er überwunden: Plötzlich stand am Streifen »Easy red« ein amerikanischer
Leutnant einfach auf und sagte zu seinen Leuten: »Wollt ihr hier liegen-
bleiben und euch abschießen lassen? Soll ich allein angreifen?« Und dann
sprang er mit einer Sprengladung zum Drahtverhau. Die Ladung riß eine
Lücke. »Los, vorwärts!« Und sie liefen. Kamen auf die Dünenhöhe. Sprangen von Granattrichter zu Granattrichter. Griffen die deutschen Widerstandsnester von hinten an. Sickerten an einem feuernden deutschen Bunker vorbei.
Warfen sich in die Dünen. Auf dem Bauche liegend, räumten sie Minengassen, gingen im Gänsemarsch durch die Minenfelder hinter der viel zu
dünn besetzten Hauptkampflinie. Wer fiel, blieb liegen. Und es fielen allein
von der Spitzenkompanie 47 Mann. Auch die Verwundeten blieben liegen.
Man stieg über sie hinweg. Nur nicht vom geräumten Weg abkommen! So
gingen, krochen, taumelten diese Männer der 1. US-Division aus der Todesfalle von »Omaha« heraus. 300 Mann waren es schließlich, 300 Mann brachten den amerikanischen Vormarsch langsam ins Rollen.

Am Nachmittag standen Gruppen der durchgesickerten Verbände schon tief
im Hinterland. Aber sie wurden meist abgeschlagen und gefangen, sie hatten
keine Panzer und keine schweren Waffen, weil die deutschen Infanteristen der
352. Division noch immer vorne in den Dünentälern der Küste saßen und die
wenigen panzertragenden Wege sperrten. Die durchgesickerten Kräfte waren
keine ernst zu nehmende Streitmacht. Noch nicht! Ein deutscher Gegenstoß,
der nun wohl kommen mußte, würde sie einfach wegfegen.

Im englischen Landeabschnitt sah es allerdings ernster aus. Auch am
»Utah«-Strand waren bereits Panzer durchgebrochen. Aber trotzdem: Es
waren noch alle lose im Topf.

Eine klassische Lehre der Kriegskunst lautet: Wenn der Angreifer das jen-
seitige Flußufer gewonnen hat, so befindet er sich in einem Zustand der
Schwäche; er ist noch nicht zur Abwehr gegliedert, und seine Verteidigung
hat noch keine Tiefe. Dieser Schwächemoment ist der ideale Zeitpunkt zum
Gegenstoß.

Was der Flußlauf in den alten Landkriegen war, das stellt der Strand des
Landekopfes in der modernen amphibischen Operation dar.

Am »Omaha«-Strand zeigte sich diese Tatsache in der klarsten Weise.
Aber auch an den anderen Landepunkten gerieten die von der Seekrankheit
schwer mitgenommenen Kompanien durch den Schock der ersten Toten, durch
die Überanstrengung der ersten Angriffe in jenes seelische und körperliche
Tief, das die Widerstandskräfte lähmt. Wo aber blieb der deutsche Gegenstoß?

Seit den frühen Morgenstunden telefonierte General Marcks vom Gefechtsstand des 84. Korps unentwegt mit der 7. Armee, der Heeresgruppe und auch
mit General Jodl im Führerhauptquartier. »Ich brauche alle verfügbaren Pan-

zereinheiten zum Gegenstoß«, waren seine beschwörenden Worte. Er dachte vor allem an die 21. Panzerdivision, an Rommels wieder aufgestellten altbewährten afrikanischen Kampfverband. Als Eingreifreserve des OKW lag sie der Invasionsfront am nächsten. Unmittelbar dahinter stand die 12. SS-Panzerdivision »Hitlerjugend« unter Gruppenführer Witt, weiter zurück die sehr gut ausgerüstete Panzer-Lehr-Division Bayerleins. Also drei Panzerdivisionen. Zusammengefaßt und im Sinne von Guderians Motto eingesetzt: »Nicht kleckern — klotzen!«, war das die Streitmacht, die den gelandeten Feind werfen konnte.

Aber das OKW zögerte, die Eingreifreserven freizugeben. Man war in Berchtesgaden — wie übrigens auch bei Generalfeldmarschall von Rundstedt in Paris — nicht überzeugt, daß die Landung an der Normandieküste wirklich schon die große Invasion sei. Man glaubte an einen Scheinangriff, und man glaubte unheilvollerweise noch lange daran.

Dabei gab das Feindbild genug Informationen. Als im 84. Korps die Abendmeldung für den 6. Juni besprochen wurde, legte Major Hayn dar: »Drei Luftlandedivisionen sind einwandfrei da. Das sind drei Viertel aller in England festgestellten Fallschirmverbände. Dazu kommen die US-Eliteformationen der 4. und 1. Division. Es ist ausgeschlossen, daß die drüben ihre besten Angriffstruppen einem bloßen Scheinmanöver zuliebe opfern. Und hier«, sagte er zu Oberleutnant Kretschmer, dem O 3, »lesen Sie mal Major Wiegmanns Meldung aus dem Raume Caen. Danach ergibt sich: Die 3. britische und die 3. kanadische Division waren bereits gegen Mittag festgestellt, jetzt wissen wir, daß auch die 50. Londoner und die 7. Panzerdivision da sind. Es fehlen nur noch die 51. Hochländer und die 1. Panzerdivision, dann haben wir die ganze alte 8. Armee Montgomerys aus Nordafrika auf dem Halse! Wenn das nicht die Invasion ist, womit soll sie denn dann kommen?« Die Frage hatte Sinn und überzeugte die Stabsoffiziere. Der Ic der 7. Armee, Oberstleutnant Vorwerk, stimmte zu. »Ich bin ganz Ihrer Meinung«, pflichtete sogar der Ic beim OB West von Rundstedt, Oberstleutnant Meyer-Detring, bei. Aber damit hatte es sich. Rundstedt selbst, vor allem das OKW und Hitler blieben skeptisch.

Aber warum griff die 21. Panzerdivision nicht wenigstens an? Sie lag im Kampfraum, und wenn sie auch dem OKW unterstand, so galt doch für sie genauso gut das militärische Gesetz, daß der Feind, der in den Kampfraum eindringt, angegriffen werden muß. Dazu bedarf es nie einer Rückfrage.

Wann die 21. Panzerdivision, die von ihrem Kommandeur, General Feuchtinger, bereits eine Stunde nach Mitternacht alarmiert worden war, den Einsatzbefehl bekam, galt bisher als umstritten. Das ist kein Wunder, denn das OKW regierte ja vom grünen Tisch des Führerhauptquartiers bis in die Frontverbände hinein. Dazu kam, daß die Befehlsverhältnisse unübersichtlich —

man kann schon sagen katastrophal waren. Von straffer, eindeutiger Befehlsgewalt war keine Rede. Unklare Befehle von oben waren die Folge. Zwischen diese Befehle vom Oberkommando der Wehrmacht an die Eingreifreserven waren noch zahlreiche Befehlsstellen geschaltet: Oberbefehlshaber West, Heeresgruppe B, Panzergruppe West.

Hätte es im frontnahen Raum Caen einen Panzerführer gegeben mit klarer und uneingeschränkter Befehlsgewalt über alle Panzerkräfte, dann wäre ohne Zweifel eine echte Chance dagewesen, wenigstens den amerikanischen Landekopf »Omaha« einzudrücken. Dieser Panzerführer hätte allerdings mit seinem Gefechtsstand nahe an die Front gehört, und er hätte operieren müssen, wie Rommel in Afrika in zahlreichen Fällen in scheinbar aussichtsloser Lage operierte: an der Spitze zusammengefaßter Panzermacht in den Feind stoßen, fahren, fahren und den Gegner schlagen, wo er sich stellt. Dieses alte Rommel-Rezept fand jedoch in der Normandie keine rechtzeitige Anwendung. Die Panzerdivisionen wurden kleckerweise eingesetzt, von weit entfernt liegenden Befehlszentralen gegängelt und mußten nach Theorien, die am grünen Tisch erdacht waren, kämpfen. Der Mann, der es besser wußte, Rommel, war an die Spitze einer Heeresgruppe gestellt, eines bürokratischen Führungsapparats, der die eigentliche Begabung dieses Truppenführers nicht zum Zuge kommen ließ. Seine Stärke war es, Panzerverbände zu führen, von der Spitze her: kühn, blitzschnell, ohne Rücksicht auf konservative strategische Grundregeln. Diese Kühnheit und Schnelligkeit der Rommelschen Panzertaktik wären jetzt am Platze gewesen. Das Rezept bot sich zwingend an, den Gegner mitten in einer Operation an einer schwachen Stelle zu packen und aus dem Gleichgewicht zu werfen. Wo war der große Meister?

Die 21. Panzerdivision war, obwohl OKW-Reserve, für den Angriffsfall der 716. Infanteriedivision unterstellt, auf deren Schultern die Küstenverteidigung im Abschnitt des britischen Landeabschnitts lag. General Feuchtinger befand sich also in der wirklich nicht beneidenswerten Lage, zwei Herren dienen zu müssen. Und was dabei herauskam, war entsprechend.

Bereits um 1.20 Uhr, in der Nacht zum 6. Juni, gab Richter — wie aus seinen Aufzeichnungen hervorgeht — dem Kommandeur der 21. Panzerdivision telefonisch den Befehl, die luftgelandeten Feindkräfte mit den am nächsten liegenden Teilen der Panzerdivision anzugreifen und zu zerschlagen.

Um 2 Uhr ergänzte Richter seinen Befehl an Feuchtinger: Mit der ganzen Panzerdivision den luftgelandeten Feind ostwärts der Orne angreifen und den Raum freikämpfen.

Aber Feuchtinger fühlte sich als OKW-Reserve an den Befehl gebunden: keine Aktion ohne Genehmigung des OKW. Und die Genehmigung kam nicht. Kostbare Stunden gingen verloren. Stunden, in denen die Bataillone der 716. Division an der Küste verbluteten. Was von den rheinisch-westfälischen

Infanteristen des Grenadierregiments 736 den Bombenhagel überstanden hatte, wurde von britisch-kanadischen Sturmgeschützen, Flammenwerfern und Nahkampfspezialisten vernichtet. Das Artillerieregiment der Division wurde von den Schiffsgeschützen zusammengeschossen, das Pionierbataillon aufgerieben. Aber die marschbereite 21. Panzerdivision stand festgenagelt in ihren Ausgangsstellungen. Endlich, gegen 6.30 Uhr morgens, nach dauerndem Drängen und erregter Aussprache, entschloß sich General Feuchtinger, auf eigene Verantwortung loszugehen. Der Kommandeur des Panzerregiments 22, Oberst von Oppeln-Bronikowski, konnte seine Panzer IV in Marsch setzen. Die Melder flitzten in die Dörfer um Falaise und Caen, wo die Kompanien seit Stunden auf den Marktplätzen und Dorfstraßen standen, gut getarnt, mit warmgelaufenen Panzermotoren: Marschbefehl!

Die Männer sprangen in die Panzer. Die Kommandanten lehnten im Turm. »30 Meter Abstand. Panzer marsch!«

Panzerregiment 22 marschiert

Liest man heute die ersten Befehle des Kommandeurs der 716. Infanteriedivision, so begreift man, wie sehr dieser bis in die Morgenstunden des 6. Juni die eigentliche Gefahr in den luftgelandeten englischen Truppen östlich der Orne sah. General Richter betrachtete es als seine Hauptaufgabe, mit seinen Kräften und mit den ihm unterstellten Verbänden diese Gefahr zu beseitigen. Daß so die deutschen Reserven von der Küste abgelenkt wurden, war vielleicht der wichtigste Beitrag der 6. britischen Luftlandedivision in den ersten Stunden des Invasionstages. Kurz nach 2 Uhr nachts setzte General Richter das II. Bataillon des Panzergrenadierregiments 192 auf die Brücke von Bénouville an. Die Grenadiere sollten zusammen mit der 1. Panzerjägerkompanie 716 und einer Batterie der schweren Artillerieabteilung 989 den britischen Fallschirmjägern die Brücke wieder entreißen und über die Orne in den Raum des luftgelandeten Feindes stoßen.

Der Einsatz kam schnell in Gang. Oberstleutnant Rauch hatte seine 192er auf Draht. Das II. Bataillon unter Major Zippe wurde schon wenige Minuten nach 2 Uhr in Marsch gesetzt. Die 8. schwere Kompanie unter Oberleutnant Braats preschte mit ihren drei 7,5-cm-Geschützen auf Selbstfahrlafetten, dem 2-cm-Fla-Zug auf gepanzerten Fahrzeugen und dem Granatwerferzug mit französischen Beutewerfern aus Cairon in Richtung Bénouville. Melder Atteneder hatte bei der Alarmierung des schweren Pakzuges der 8. Kompanie den Rekord gebrochen. »Eine halbe Minute weniger als das letztemal«, berichtete er dem Zugführer, Leutnant Höller. Trotzdem kamen sie zu spät.

Gegen 3.30 Uhr stießen sie auf die ersten Tommys, die bereits über die Brücke von Bénouville nach Westen vorgedrungen waren. Sie wurden in den

Ort Bénouville zurückgedrängt, der westliche Brückenzugang abgeriegelt. Aber zum Gegenstoß über die Brücke fehlten die Panzer. Statt angreifen zu können, standen Panzerjäger, Grenadiere und Pioniere im Gebüsch eines Jungwaldes und im Park am Ortseingang in der Verteidigung gegen die zäh kämpfenden Tommys, die sich auf keinen Fall die Brücke entreißen lassen wollten. Die Engländer bekamen laufend Nachschub, hatten auch schwere Pak und Infanteriegeschütze. Selbst Panzer kamen über die Brücke. Feldwebel Guse schoß mit seiner 7,5 einen Tommypanzer in Brand. Der zweite brach in den Ort ein und sicherte die britische Infanterie gegen die deutschen Grenadiere. Am Vormittag standen die deutschen Kräfte in der Mitte von Bénouville.

»Mit 20 Panzern könnten wir die Tommys werfen«, fluchte der Oberfeldwebel Tanner an einem Granatwerferzug hinter dem Park. Feldwebel Guse nickte: Wo bleiben die Panzer?

Als sich General Feuchtinger nach langen Auseinandersetzungen mit dem Kommandeur der 716. Division und dem 84. Korps auf deren Drängen entschloß, sein Panzerregiment, das Rückgrat jeder Offensive, marschieren zu lassen, war es bereits Tag. Und ehe die weit auseinandergezogenen Kompanien ihre Marschbefehle hatten, vergingen noch Stunden. Dann war Funkstille befohlen. Alle Befehle mußten durch Melder übermittelt werden. Eine theoretisch richtige, praktisch ganz falsche Maßnahme.

Gegen 8 Uhr rollt die I. Abteilung unter Hauptmann von Gottberg mit ihren 80 Panzern über die Straßen nach Nordosten. Das von Qualm und Brand verdeckte Caen bleibt links liegen. Die 4. Kompanie des Hauptmanns Hoffmann stößt auf die ersten Tommys. Unteroffizier Kortenhaus empfängt den Befehl: »Kompanie ist der Kampfgruppe Oberstleutnant von Luck unterstellt, die mit Teilen Panzergrenadierregiment 125 und dem Pionierbataillon 716 luftgelandeten Feind von Süden angreift und vernichtet.« Ein klarer Befehl.

Auch die II. Abteilung Panzerregiment 22 unter Major Vierzig rollt mit 40 Panzern IV nach Nordosten. Während an der Küste bereits Welle auf Welle von Montgomerys Sturmtruppen an Land gehen, operiert die schlagkräftigste deutsche Eingreifreserve gegen den falschen Feind. Vierzigs Abteilung war in der Nacht zum 6. Juni zu einer Divisionsübung ausgerückt. »Ich war gegen 1 Uhr mit meiner Abteilung in dem vorgesehenen Übungsraum 10 Kilometer ostwärts Falaise«, berichtet der Abteilungskommandeur, heute Dr. med. dent. in einer westdeutschen Großstadt. »Über Caen und der Küste lag Feuerschein. Wir hörten den rollenden Einsatz alliierter Bombergeschwader. Das wunderte uns aber nicht. Diese Angriffe waren üblich. Besonderer Alarm war am Abend des 5. Juni nicht gegeben worden, während es sonst fast täglich Alarmstufen zwischen 1 bis 3 gab. Gegen 2.20 Uhr kam von meinem Stabsquartier ein Kradmelder. Befehl des Regiments: Die Abteilung rückt sofort in ihre Unterkünfte ein und hält sich kampfmäßig zum Einsatz zur Verfügung.

Ab 4 Uhr morgens steht die Abteilung marsch- und kampfbereit. Aber es geschieht nichts. Das Telefon ist bereits abgebaut. Wir warten. Gegen 6 Uhr kommt ein zum Regiment geschickter Ordonnanzoffizier mit der Mitteilung zurück, daß die alliierte Landung rollt. Endlich gegen 9 Uhr erhält die Abteilung den schriftlichen Befehl, sich sofort in Marsch zu setzen. Richtung Nordosten. ›Luftgelandeter Feind ostwärts der Orne ist zu vernichten.‹ Die Kompanien werden durch Melder benachrichtigt. Dann setzt sich die lange Marschkolonne in Bewegung.

Wir fuhren wegen der Fliegergefahr mit hundert Meter Abstand von Fahrzeug zu Fahrzeug. Auf dem Marsch wenigstens hatten wir Glück. Jabos griffen zunächst nicht an. Es ging ohne Verluste dem Luftlandegebiet der Tommys zu.«

Die 7,5-cm-Kanonen der Panzer IV vom Panzerregiment 22 hatten noch keinen Schuß gegen die britischen Fallschirmjäger östlich der Orne abgefeuert, als Befehl eintraf: »Umkehren!«

Das 84. Korps hatte inzwischen vom OKW die Verfügungsgewalt über die 21. Panzerdivision erhalten. Und General Marcks hielt nichts von einem Einsatz der Panzer gegen die britischen Luftlandungen, sondern befahl den Angriff zur Küste, gegen den Schwerpunkt, den Landungsraum Montgomerys. Nur die 4. Panzerkompanie blieb im Einsatz östlich der Orne.

Alles andere kehrt. Richtung Caen. Funkstille bis zur Feindberührung.

Was bis jetzt Spitze fuhr, wird Nachhut, was Nachhut war, bildet die Spitze. So marschierte der Abteilungskommandeur am Schluß der riesigen Schlange. Vorne fuhr die 5. Kompanie mit Hauptmann Herr.

Wie der Teufel rollte die II. Abteilung an den Knicks vorbei, durch Gärten und Hohlwege.

Der Regimentskommandeur Oberst von Oppeln fuhr mit seinem Stab bei der I. Abteilung und drängte auch hier immer wieder: »Schneller!« Sie quälten sich durch die zerbombte Stadt. Fuhren weit auseinandergezogen, als Deckung gegen die Jabos. Verloren die Verbindung zur II. Abteilung. Endlich war die Ausgangsstellung nördlich Caen erreicht. Es war Nachmittag geworden. Nachmittag des 6. Juni, und endlich sollte der erste Panzergegenstoß auf den britischen Landekopf rollen. Acht Stunden nach der Landung, mindestens sechs Stunden zu spät!

In der Höhe des Städtchens Lebisey sieht Major Vierzig die I. Abteilung mit drei Kompanien zum Angriff aufgefahren. Ohne zu zögern setzt er sich mit seinen Panzern links daneben. Noch ist kein Schuß gefallen. Also darf laut Befehl auch nicht gefunkt werden. Vierzig macht sich zu Fuß auf den

Weg und sucht den Gefechtsstand Gottbergs. Findet ihn. Und gemeinsam gehen die beiden Kommandeure auf einen nahen Hügel, wo der Stab des Regimentskommandeurs aufgefahren ist.

»Der reinste Feldherrnhügel«, staunt Vierzig, als sie auch den Kommandierenden des 84. Korps, General Marcks, mit seinem Ordonnanzoffizier entdecken.

Voll Sorge über die Entwicklung der Lage war der Befehlshaber selbst aus St. Lô nach vorn gefahren. Als er gegen 14.30 Uhr die beiden Abteilungen des Panzerregiments 22 angriffsbereit fand, trat er an den Regimentskommandeur Oberst von Oppeln-Bronikowski heran: »Oppeln, wenn es Ihnen nicht gelingt, die Engländer ins Meer zu werfen, haben wir den Krieg verloren.«

Den Oberst überfiel eine böse Ahnung: Auf 98 Panzern also ruhten Sieg oder Niederlage. Auf 98 Panzern! »Ich greife an!« salutierte er.

General Marcks aber fuhr zum I. Bataillon Panzergrenadierregiment 192 und setzte sich an die Spitze der Panzerspähwagen: Stoß zur Küste, war die Parole. General Marcks trat in die Fußstapfen von Erwin Rommel. Und das Glück, die berühmte Fortuna, schien sich einem überragenden Führer an die Fersen zu heften.

Der Stoß ging genau in die Lücke zwischen den beiden englischen Landeköpfen »Juno« und »Sword«, die sich noch nicht vereinigt hatten. Genau zwischen der 3. britischen und der 3. kanadischen Division, an der Nahtstelle der beiden Verbände, konnte Marcks den Landekopf aufbrechen. Bis zur Küste stießen Teile des I. Bataillons. Lion und Luc hießen die beiden Dörfer, wo die Grenadiere um 20 Uhr des 6. Juni am Meer standen: »Geschafft!« riefen sie von ihren Fahrzeugen. »Geschafft!« Sie fanden die letzten Stützpunkte der 716. Division, die sich noch hielten. Sie sprangen in die verschütteten Gräben und die halbverschütteten Bunker: »Wenn jetzt noch unsere Panzer kommen, kriegt uns hier keiner weg«, sagten sie. Ja, wenn!

Aber die Panzer hatten weniger Glück. Gottbergs und Vierzigs Kompanien stießen genau auf die vorgetriebene Abwehrfront des »Sword«-Landekopfes. Der Führungspanzer des Regiments-Stabszuges bekam den ersten Volltreffer und flog auseinander. Die Pak der Kanadier schoß wie der Teufel.

Ein schlimmes Handikap der Panzer IV mit der 7,5-cm-Langrohrkanone wurde erkennbar: So ausgezeichnet und voll durchschlagend die Kanone war, die eingebaute Optik reichte nur bis 2,5 Kilometer. Das war gegen die gute britische Pak, die zwischen Périers und Biéville in günstigen Stellungen lag, zu wenig. Oppelns Panzer mußten über ansteigendes Gelände fahren, das nur durch Knicks etwas Schutz bot. Oben saß feindliche Pak und Artillerie und feuerten herunter. Panzer um Panzer fiel aus. Vor Biéville gingen in wenigen Minuten fünf Panzer in die Luft. Es wurde klar, daß der Durchbruch nicht zu erzwingen war.

Ein Blick auf die Übersichtskarte zu dieser ersten Panzerschlacht zeigt die Dramatik und die Tragik der Stunde: Der Weg zur Küste ist noch offen, das I. Bataillon des Panzergrenadierregiments 192 hat sich bis zum Strand durchgefochten. Und wartet. Wartet auf die Panzer.

Auch bei Bénouville an der Orne hält am Nachmittag noch immer die

Die dramatische Lage am 6. Juni abends im britischen Landeabschnitt: Die Briten und Kanadier haben im Landekopf ›Sword‹ und ›Juno‹ zwar die deutsche Küstenverteidigung überwunden, aber die geplante Vereinigung ist nicht gelungen, das Tagesziel Caen nicht erreicht. Die 21. Panzerdivision tritt an. Das I. Bataillon Panzergrenadierregiment 192 stößt bis zur Küste. Ein Korridor wird geschlagen. Aber die Panzer folgen nicht. Beide Abteilungen des Panzerregiments 22 haben sich in Unkenntnis der Lage mit Frontstellung nach Nordosten bei Biéville und Périers an vorgeschobenen britischen und kanadischen Pakstellungen festgefahren.

8. Kompanie des II. Bataillons Panzergrenadierregiment 192. Die übrigen Kompanien und Bataillone sind zwar herübergezogen in den Raum Périers, um den Panzerangriff zu unterstützen; aber die 8. Kompanie hat sich mit ihren schweren Waffen fest verkrallt und weicht nicht. Und wartet auch auf die Panzer.

Im Luftwaffenstützpunkt Douvres, zweieinhalb Kilometer von der Küste entfernt, der den britischen Landekopf »Juno« flankiert, halten sich 230 Luftwaffensoldaten mit aufgenommenen Infanteristen, drei Pakgeschützen, drei 5-cm-Kanonen, einem Dutzend Flammenwerfern und 20 Maschinengewehren unter ihrem kaltblütigen Kommandanten Oberleutnant Igle. Sie schlagen alle Angriffe ab. Douvres steht wie ein Pfahl im Fleisch. Zehn Tage lang hält Igle mit seinen Männern die Stellung. Zehn Tage warten sie auf den deutschen Gegenstoß.

Aber das Panzerregiment 22 schafft den Durchbruch durch die starke Panzer- und Sturmgeschützfront der Engländer und Kanadier vor Périers und Biéville nicht. Beißt sich fest. Kann wegen Mangel an Infanterieverbänden auch nicht aus der Front gezogen werden, um den Angriffsstoß an anderer Stelle zu versuchen. Das Regiment wird in die Verteidigung gedrängt. Oberst von Oppeln gibt Befehl: »Panzer eingraben, Stellung halten.« Nur so können die stürmischen Angriffe der 27. britischen Brigade abgeschlagen werden.

Montgomery erkannte die Gefahr. Er begriff: Wenn dieser deutsche Keil, der den Brückenkopf spaltete, nicht beseitigt wurde, sah es schlimm aus. Wenn der Schlauch, den das I. Bataillon Grenadierregiment 192 von Caen bis an die Küste bildete, zur Pipeline des deutschen Nachschubs wurde, sie rasch mit deutschen Panzer- und Artilleriekräften füllte, konnte dies das Ende des britischen Landekopfes sein.

Montgomery zögerte angesichts dieser Gefahr keinen Augenblick. Er setzte seine Lastensegler-Flotte ein und warf Regiment um Regiment britischer Luftlandetruppen in den deutschen Angriffsstreifen.

Jetzt zeigte sich, wie folgenschwer die völlige Abwesenheit der deutschen Luftwaffe war. Es fehlte die Aufklärung und es fehlte die Abschirmung der Marschkolonnen. So kam, was kommen mußte!

Die Panzerkräfte der einzigen angetretenen Panzerdivision waren zu gering, um die Erfolge des Panzergrenadierregiments 192 an der Küste und vor Bénouville zum entscheidenden Sieg im britischen Landekopf auszuweiten. Ohne Nachschub, bald ohne Munition, mußten die Grenadiere sich unter der fürchterlichen Feuerglocke der britischen Bomber und Schiffsartillerie wieder zurückkämpfen.

Wütend kurbelte auch der Richtschütze, Gefreiter Wlcek, vor Bénouville seine 7,5-cm noch einmal ins Ziel. Rumms! Und der Tommypanzer flog auseinander. Dann kam der Befehl zum Abbau. Die Stellung war auch hier nicht mehr zu halten. Die 8. Kompanie wurde auf die Verteidigungslinie des Panzerregiments 22 zurückgenommen.

Würde die deutsche Führung jetzt begreifen, daß es einer mächtigen Anstrengung bedurfte, der Zusammenfassung aller greifbaren Panzerreserven, um die gefährliche Lage zu meistern? Oder wollte man weiterhin in dem Sturm zwischen Orne und Vire nur einen Scheinangriff sehen und auf die »echte Invasion« bei Calais warten?

III

Verpasste Chancen

Schreckensmarsch der Panzer-Lehr

Auch die Panzer-Lehrdivision des Generals Bayerlein, die 120 km südwestlich von Paris lag, war OKW-Reserve. Ihre Rolle während der ersten entscheidenden 24 Stunden ist bezeichnend.

Bereits um 2.30 Uhr in der Nacht zum 6. Juni rasselte das Telefon im Gefechtsstand des Divisionskommandeurs in Nogent-le-Rotrou. General Warlimont aus Jodls Führungsstab gab Bayerlein den Befehl durch: »Die Panzer-Lehrdivision ist zum Vormarsch in Richtung Caen in Alarmzustand zu versetzen. Weitere Befehle erhalten Sie von Heeresgruppe B.«

Wie ahnungslos die oberste deutsche Führung den alliierten Absichten im Westen gegenüber war, zeigt die Tatsache, daß wenige Stunden vor diesem Befehl das OKW der Panzer-Lehrdivision seine beste Panzerabteilung mit nagelneuen »Panthern« und die »Königstiger«-Kompanie weggenommen und ihre Verladung Richtung Ostfront befohlen hatte. Bayerlein hielt nun auf eigene Faust die Transporte sofort an. Die noch nicht verladenen Teile wurden in die Unterkünfte zurückgeholt. Was schon in den Waggons rollte, wurde zurückbefohlen. Fünf Tage dauerte es trotzdem, ehe die Abteilung an der Front erschien. Fünf kostbare Tage.

Während die Verbände der Panzer-Lehrdivision sich sammeln, fährt Bayerlein zur 7. Armee nach Le Mans. Dort wartet eine Überraschung auf ihn. Die ganze Nacht hat das OKW die Division auf der Stelle stehen lassen; jetzt verlangt Generaloberst Dollmann, daß die Division um 17 Uhr, also bei Tageslicht, zum Vormarsch antritt. Bayerlein wehrt sich. Der erfahrene Kommandeur und Stabschef Rommels aus den afrikanischen Feldzügen hat auf seiner Fahrt ins Armeehauptquartier schon gemerkt, wo die Gefahr lauert: in der Luft, im Sommerhimmel, der voll ist von Jagdbombern, von gefürchteten Jabos. Bayerlein schlägt vor, mit dem Antreten bis zur Dämmerung zu warten. Dollmann lehnt ab. Er rechnet Bayerlein vor, daß die Division am Morgen des 7. Juni im Raum südlich Caen eintreffen muß. Vergeblich versucht Bayerlein, dem Armeeführer die illusorische Zeitrechnung auszureden. Ja, wenn er gleich nach der Alarmierung um 2 Uhr nachts hätte losmarschieren dürfen. Aber nun — bei Tage!

Die Marschgeschwindigkeit kann bei der Luftgefahr und den zerbombten Straßen höchstens 8 Stundenkilometer im Schnitt betragen, argumentiert er. Die Panzer liegen etwa 150 km südlich Caen. Wie lange wird es also dauern, bis sie im Einsatzraum eintreffen? Nicht vor dem 8. Juni. Aber Dollmann bleibt bei seinem Befehl, und er schlägt auch noch eine Änderung der Vormarschstraßen vor. Darauf läßt sich Bayerlein jedoch nicht ein: Ein Umdirigieren der Division würde zu einem Chaos führen. Bayerlein fährt zurück und befiehlt den Abmarsch.

»Sehen Sie zu, daß Sie auf oder auch neben den Straßen möglichst schnell und möglichst ungerupft nach vorn kommen«, schärft er den Kommandeuren ein. Also dann: »Panzer marsch!« Damit rollt die Elite-Panzerdivision der Westfront der 21. Panzerdivision zu Hilfe.

Noch heute wird der sonst so weltmännische Franke aus Würzburg hart und böse, wenn er von dem Opfermarsch seiner Division berichtet. Von jenem Marsch, der schon vor dem Einsatz schwerste Verluste forderte.

Bayerlein erzählt: »Ich fahre mit den zwei Pkw und zwei Funkstellen meines Gefechtsstabes vor der mittleren Kolonne auf der Straße Alençon—Argentan—Falaise. Schon bei Beaumont-sur-Sarthe zwingt uns der erste Jabo-Angriff in Deckung. Es geht noch mal gut. Aber die Kolonnen werden immer weiter auseinandergerissen. Da die Armee Funkstille befohlen hat, besteht nur Melder-Verbindung. Als ob die Funkstille verhindern könnte, daß uns die Jabos und Aufklärer, die am Himmel hängen, erkennen. Dafür aber wird die Divisionsführung daran gehindert, sich ein Bild vom Stand des Vormarsches zu machen, ob er rollt, ob es Stauungen gibt oder Verluste, wo die Spitzen stehen. Dauernd muß ich Offiziere losschicken und selbst zu den Verbänden fahren.

Alle fünf Marschstraßen sind von den Einheiten belegt. Natürlich ist der Vormarsch durch die feindliche Luftaufklärung erkannt worden. Und bald hängen Bomber über den Straßen, zerschlagen Kreuzungen, Dörfer und Städte, die im Vormarschbereich liegen, und stürzen sich auf die Fahrzeugschlangen. Um 23 Uhr durchfahren wir den Ort Sées. Er liegt unter »Christbaumbeleuchtung«, und schwere Bomben krachen in das bereits brennende Städtchen. Durch.

Gegen 2 Uhr nähern wir uns der Stadt Argentan. Es ist taghell — von

Bränden und Explosionen. Das Städtchen bebt unter dem Bombenhagel der rollenden Angriffe. Wir gelangen bis in den südlichen Vorort, dann ist es unmöglich, vorwärtszukommen. Ganz Argentan brennt. Wir befinden uns in einem Hexenkessel. Auch hinter uns ist die Straße blockiert. Wir sind in einer brennenden Stadt eingeschlossen. Staub und Rauch nehmen die Sicht. Funken sprühen über die Fahrzeuge. Glimmende Balken und eingestürzte Häuser versperren die Wege. Noch immer hängen die Flugzeuge am Himmel. Ihre Leuchtbomben hüllen die brennenden Häuser in strahlendes Licht. Beißender Qualm verschlägt uns den Atem. Wir müssen zu Fuß einen Ausweg erkunden. Pioniertrupps arbeiten an der schwer beschädigten Orne-Brücke. Um 3 Uhr gelingt es uns, aus dem brennenden Gefängnis über die Felder in Richtung Flers auszubrechen. Die Bombardierungen lassen gegen Morgen nach. Die Straße über Ecouché–Briouze–Flers ist gut zu befahren. Wir sind um 4 Uhr in Flers, das auch schwer gelitten hat. Um 5 Uhr erreichen wir Condé-sur-Noireau. Von den Marschkolonnen der Division ist weit und breit nichts zu sehen. Sie quälen sich mühselig über die zerbombten Wege. Wie Argentan waren alle Knotenpunkte hinter der Invasionsfront zusammengebombt, offensichtlich mit dem Ziel, den Vormarsch der Reserven zum Einsatz bei Caen zu verhindern.«

Mit Bayerlein fuhr sein unermüdlicher Ordonnanzoffizier Alexander Hartdegen, auch ein alter Afrikaner, der die schweren Kämpfe bei Tel el Mampsra an der Seite von General Thoma mitgemacht hatte. Die Wüstenfüchse Rommels, die den Orlog überstanden, kennen den cleveren Hauptmann und schätzen ihn. Er hat uns den zweiten Tag der Todesfahrt des Divisionsstabes geschildert: »Nach der ruhelos durchfahrenen Nacht«, berichtet Hauptmann Hartdegen, »erwarteten General Bayerlein, Fahrer-Unteroffizier Kartheus und ich bei Condé-sur-Noireau, 50 Kilometer südlich Caen, die Spitze des Panzergrenadierregiments 901. Weit und breit war aber nichts zu sehen. Ich fuhr die Straße zurück. Das Städtchen Condé war nur noch ein rauchender Trümmerhaufen. Auch die Straßenbrücke war durch Bombenwürfe zerstört. Und seit 5 Uhr morgens zogen die Jabos wieder ihre Bahn am strahlend blauen Morgenhimmel. Die Panzer-Lehr war dem I. SS-Panzerkorps unterstellt. Den Gefechtsstand von Sepp Dietrich, dem Korpskommandeur, hatten wir die ganze Nacht gesucht, um uns über seine Absichten zu erkundigen und Befehle zu holen. Aber wir hatten den Korpsgefechtsstand nicht gefunden; erst am späten Nachmittag des 7. Juni entdeckten wir ihn in einem Wäldchen nördlich Thury-Harcourt. Dietrich gab Bayerlein den Befehl, mit je einer Kampfgruppe den Raum von Norrey und Brouay, an der Bahnlinie Caen-Bayeux, bis zum Morgen des 8. Juni zu erreichen. Von dort sollten wir dann zusammen mit der gleichfalls inzwischen herangeholten 12. SS-Panzerdivision »Hitlerjugend« auf breiter Front zum Angriff antreten.

Gegen Abend endlich fanden wir die Spitzen unserer Division bei Thury-Harcourt. Es waren die Grenadiere, die als erste kamen; die Panzer lagen noch weit zurück.

General Bayerlein besprach mit den Regimentskommandeuren die Lage, und gegen 22 Uhr fuhren wir unserem Gefechtsstand Proussy zu. Die Fahrt demonstrierte eindringlich die Schreckensmärsche der Regimenter. Dutzende von Fahrzeug-Wracks lagen brennend und glimmend als Stahlgerippe am Straßenrand. Der Abschnitt Caumont-Villers Bocage war die Straße des Todes. Ausgebrannte Lastwagen, zerbombte Feldküchen und Zugmaschinen, zum Teil noch glimmend, die Toten daneben. Das war die schreckliche Kulisse unserer Fahrt. Unteroffizier Kartheus trat aufs Gaspedal: ›Nur weg aus dieser Hölle‹!

Achtung — Tiefflieger

Die Sommernächte der Normandie sind kurz. Wir hatten gerade die Höhe 238 erreicht und brausten die Straße entlang, als wir drei Jabos am bereits dämmernden Himmel entdeckten. Sie hatten uns offenbar erspäht, denn sie strichen die gerade Straße in niedriger Höhe entlang, direkt auf uns zu. Die Bremsen quietschten. Wie schon ein dutzendmal an diesem Tag ließ sich General Bayerlein aus dem noch rollenden Wagen in den Straßengraben fallen. Ich entdeckte ein Zementabflußrohr. War mit ein paar Sprüngen da und schoß mit dem Kopf voraus in die dunkle Röhre: ein von Gott gegebener Unterstand. Auch Kartheus kam noch aus dem Wagen heraus, da prasselten bereits die Bordkanonen des ersten Angriffs. Sofort stand der BMW in Flammen. Der nächste Jabo flog genau über dem Straßengraben und gab seine Feuergarben im Sturzflug auf uns ab. Vor meiner Betonröhre detonierten die 2-cm-Granaten. Der Unteroffizier hatte eben Bayerlein noch zugerufen: ›Weiter weg vom Wagen robben, Herr General, weiter weg.‹ Dann war er still.

Wer diese Jabo-Angriffe nicht erlebt hat, kennt die Invasionskämpfe nicht. Man liegt hilflos in einem Straßengraben, einer Ackerfurche oder neben einer Hecke, an den Boden gepreßt, das Gesicht im Dreck, und dann braust einer heran. Jetzt kommt er. Stürzt. Jetzt pfeifen die Kugeln. Jetzt wirst du getroffen werden.

Man möchte in die Erde kriechen. Dann ist der Vogel weg. Aber er kommt wieder. Zweimal. Dreimal. Erst wenn die Burschen glauben, daß sie alles hingemacht haben, ziehen sie ab. Und so lange muß man da liegen. Zur Exekution befohlen. Und wenn es vorübergeht — ist es doch nur eine Gnadenfrist. Zehn solche Angriffe, das ist wirklich der Vorgeschmack der Hölle!

Unser BMW steht als glühendes Wrack auf der Straße, er schmort und raucht. Unteroffizier Kartheus liegt tot im Graben. General Bayerlein ist mit ein paar Schnittwunden und Splittersprizern wie durch ein Wunder davongekommen. Mich hat die Kanalröhre gerettet.«

Hauptmann Hartdegen kniete neben Unteroffizier Kartheus. »Da ist nichts zu helfen, Herr General«, sagte er zu Bayerlein. Der nickte und wischte sich das Blut einer Schnittwunde von der Stirn. »Wir müssen ihn zudecken«, sagte Bayerlein. »Ja«, sagte Hartdegen mit einem Blick auf das Gesicht des Unteroffiziers. Aber womit? Er überlegte, zog dann seinen Baumwollpullover aus und deckte ihn über Kopf und Brust des Toten. Der BMW schmorte und rauchte.

»Gehen wir von den Rauchzeichen weg«, meinte Hartdegen. 50 Meter entfernt vom toten Kartheus warfen sie sich in den Graben. Die Hände zitterten noch. Die Knie waren weich. »Wie kommen wir jetzt von hier weg?« fragte Bayerlein. Hartdegen wollte sich auf den Weg hinüber nach Coulvain machen, wo sie den Stab vom Panzergrenadierregiment 902 verlassen haben. Aber da preschte auch schon ein Kübelwagen heran. Der Regimentskommandeur Gutmann hatte den Überfall auf der brettebenen Straße beobachtet und voll Sorge nach dem Abflug der Jabos den Wagen losgeschickt. So war der Divisionskommandeur wieder motorisiert — wenn auch nur mit einem Kübelwagen.

Die Nacht legte sich über die Straße. Wohltuende Nacht. Schutz vor den Jabos. Ab ging's nach Proussy, wo der Ia, Major Kaufmann, schon seit 24 Stunden sorgenvoll wartete.

Inzwischen quälten sich die Bataillone und Abteilungen der Panzer-Lehrdivision über die Straßen in den Kampfraum. Der Leutnant Hans Eberhard Bohmbach mußte an die Doppel-Geburtstagfeier mit seinem Freund Rollinger denken, als er mit seinem I. Bataillon, Panzergrenadierregiment 902, durch den Nieselregen marschierte, der Front zu, der Invasionsfront.

Gegen 17 Uhr waren sie am 6. aus Vibraye abgerückt. In den Abend. Durch wolkenverhangene Nacht. In einen aufgeklarten Sommertag. Und mit der Sonne kamen die Jabos.

Das Bataillon hatte seine ersten großen Verluste, ohne selbst einen Schuß abgegeben zu haben. Die Männer wurden aus den offenen Schützenpanzerwagen richtiggehend herausgeschossen. Sollte das Bataillon nicht vernichtet werden, ehe es überhaupt in die Nähe der Front kam, dann blieb gar nichts anderes übrig, als in einem Waldstück unterzukriechen und die Nacht abzuwarten. Die Nacht zum 8. Juni — genau, wie es Bayerlein vorausberechnet hatte.

Gegen Mitternacht kam ein Kradmelder beim Bataillon an. Endlich erhielt man ein paar Nachrichten. Der Regimentsgefechtsstand von 902 mit Oberst Gutmann, sagte der Melder, befinde sich nördlich Villers Bocage am östlichen Ortsausgang von Tilly.

Tilly! Leutnant Bohmbach suchte das Nest auf der Karte. Er konnte nicht ahnen, daß der Name in die Kriegsgeschichte eingehen sollte. »Aha, hier, zwischen Caen und Bayeux.«

Bohmbach machte sich auf den Weg, um den Einsatzbefehl fürs Bataillon zu holen. Er fuhr an ausgebrannten Lastwagen, Feldküchen und Pkw vorbei. Er achtete nicht auf das Gerippe des BMW, an dem noch das verbogene Gestänge einer Stabsflagge zu sehen war: Bayerleins Wagen. Der Mond war durch den bewölkten Himmel gebrochen, als Bohmbach das zerbombte Villers Bocage erreichte. Zurückmarschierende abgekämpfte Gruppen der 716. I.D. begegneten ihm. »Die Tommy-Panzer sind hinter uns«, riefen sie Bohmbach zu: Alarmnachrichten, wie sie zurückgehende Verbände immer verbreiten. Bohmbach kümmerte sich nicht darum. Weiter. In Richtung Tilly. Der Morgen graute. Bohmbach blickte auf die Karte: Juvigny.

»Jabos!« brüllte der Fahrer. Warf den Gang rein, und fuhr in den Knick neben der Straße. Und da brausten die verdammten Vögel auch schon tief über der Straße heran. Und vorbei. Der Knick hatte Bohmbach und seinen Fahrer gerettet. Sie hörten die Bomben über der Straßenkreuzung detonieren, die sie eben überfahren hatten. Sie hörten die Burschen kurven, abdrehen, wieder herunterstoßen. Wer waren diesmal die Opfer, die hilflosen Opfer? Denn es gab für die Grenadiere keine Medizin gegen die Jabos. Als der alte Obergefreite und Kommandant des ersten Schützenpanzerwagens der Divisionsbegleitkompanie beim ersten Jabo-Alarm aus der Kolonne ausgeschert und aufs freie Feld gefahren war, um der Spitfire aus seinen zwei Maschinengewehren einen Feuerstoß zwischen die Hörner zu setzen, da hatte er staunend gesehen, daß — nichts passierte. Wieder ballerte er los. »Ja, Himmelherrgottsakra« — die Maschine flog doch mitten durch die Garbe, das sah man an der Leuchtspur, trotzdem war der Erfolg null. Kein Wunder. Motor und Führerkanzel waren gegen Infanteriebeschuß gepanzert!

So wurden die Jabos zu einer fürchterlichen Waffe gegen die Infanterie. Der Alarmruf »Tiefflieger!« war der Schrecken aller marschierenden Einheiten. Überall waren diese gefährlichen Vögel. Nie war man vor ihnen sicher. Höchstens bei Regen und bei Nacht.

Als der Leutnant Bohmbach in der Nähe von Brouay schließlich in den Gefechtsstand seines Regimentskommandeurs sprang — ein anderthalb Meter tiefes Deckungsloch —, da war wieder das letzte, was er am Himmel sah, ein Flugzeug. Diesmal ein Artillerie-Beobachter. Seine Tätigkeit zeigte sich bereits nach einer Minute: Schwere Schiffsartillerie legte ihr Feuer auf den Raum Brouay, wo der Regimentsstab lag und die Spitzen des Panzergrenadierregiments 902 zum Angriff bereitstanden. Eine Stunde lang gingen Tod und Verderben auf das Regiment nieder, noch ehe es einen Schuß abgegeben hatte.

Auf dem behelfsmäßigen Divisionsgefechtsstand in Proussy, einem kleinen

Schloß, umgeben von ein paar Bauernhäusern, nördlich Condé sur Noireau, orientierte Bayerlein seinen Ia, Major Kaufmann, über die Lage der Division und den Stand der einzelnen Verbände. Er erläuterte die Befehle, die er für den geplanten Vorstoß am kommenden Morgen, dem 8. Juni, gegeben hatte: Oberst Scholze soll mit seinem verstärkten Panzergrenadierregiment 901 den Raum um Norrey und Oberst Gutmann mit dem verstärkten Panzergrenadierregiment 902 den Raum um Brouay gewinnen, um sich dann dem Angriff der 12. SS-Panzerdivision »Hitlerjugend« und rechts daneben der 21. Panzerdivision zum Großangriff auf die Küste anzuschließen.

Großangriff! Diesmal mußte es klappen, besser als es mit der 21. Panzerdivision gegangen war: Panzer-Lehrdivision und Hitlerjugend-Division sollten den verfahrenen Karren der Invasionsabwehr aus dem Dreck ziehen.

Verworrene Befehle

Witts 12. SS-Panzerdivision »Hitlerjugend« war ein gut ausgerüsteter Verband. Die Grenadiere waren blutjung, zwischen 18 und 19. Sie glaubten an ihre Sache und an ihre Waffen. Sie ahnten nichts von dem Tauziehen in der obersten Führung, und hätte man es ihnen gesagt, wären sie fuchsteufelswild geworden. Dabei waren sie auf dem Wege, bitter zu zahlen.

Sowohl der Bereitstellungsraum wie die ersten Einsatzbefehle, welche die 12. SS-Panzerdivision erhielt, sprechen Bände über unterschiedliche Auffassungen in den hohen deutschen Führungsstäben.

Im April war die Division aus Belgien in die Normandie verlegt worden. Sie sollte Unterkünfte im Raum um Lisieux, 30 Kilometer hinter der Küste, beziehen. Das wäre ein ausgezeichneter Bereitstellungsraum gewesen. Hätte die Division am 6. Juni nur dort gelegen! Aber General von Geyr, Befehlshaber der Panzergruppe West, setzte durch, daß die Division 50 Kilometer weiter südlich gelegt wurde. Wieder zeigt sich an dieser Entscheidung der alte Streit zwischen Rommel und Geyr: Der eine will die Reserven ganz nahe an der Küste haben, der andere wesentlich weiter weg, um großräumig manövrieren zu können. Die überwältigende Luftüberlegenheit der Alliierten hatte Geyr nicht in Rechnung gestellt; sie überraschte allerdings alle Kämpfer in der Normandie.

So lag Witts Division genau die 20 Kilometer zu weit vom Kampfraum weg, die zuviel waren, um die Masse der Division am 6. Juni rechtzeitig einzusetzen.

Bereits um 3 Uhr morgens war von der 711. Division, die unter Generalleutnant Reichardt rechts neben der 716. I.D., zwischen Orne und Seine, lag, bei General Witt die Meldung eingegangen: »Feindliche Luftlandungen hinter unserem linken Flügel.« Dann war der merkwürdige Zusatz gekommen:

»Gegner wirft uniformierte Strohpuppen ab.« Das war eines der Täuschungs-
manöver Montgomerys, der ja in solchen Tricks Meister war. Witts Division
erhielt zwar keinen Einsatzbefehl, aber der Kommandeur alarmierte sofort
seine Verbände. Punkt vier Uhr hatte er sie marschbereit. Die Panzer warteten. Die Grenadiere warteten. Aber nichts geschah! Das Panzergrenadierregiment 25 klärte gegen Caen auf.

Um 7 Uhr kam der Befehl von Obergruppenführer Dietrich, dem Kommandierenden des I. SS-Panzerkorps, die Division stehe zur Verfügung des
81. Korps in Rouen und solle sich im Raum um Lisieux versammeln. Die
Kommandeure schüttelten die Köpfe. Warum nach Lisieux? Die Aufklärung
hatte doch gezeigt, daß der Gegner beiderseits der Orne gelandet war und
auf Caen drängte! Außerdem mußte doch ein Einsatz ohne vorbereitete
Marschpläne große Zeitverluste mit sich bringen. Aber Befehl ist Befehl —
und eine fernmündliche Verbindung zur Heeresgruppe B bestand nicht. So
konnte man dort die Bedenken nicht vortragen.

Neue Marschbefehle wurden ausgearbeitet und durch Ordonnanzoffiziere
zu den Einheiten gebracht. Zwischen 10 und 11 Uhr vormittags traten die
Verbände an. Bereits am 6. Juni, wohlgemerkt, und damit zu einem schnellen
Gegenstoß an die Küste früh genug.

Es war genau die Zeit, da das Panzerregiment 22 der 21. Panzerdivision
auf das Westufer der Orne geworfen wurde.

Etwa um 15 Uhr kam von der Heeresgruppe B der Befehl an den Divisionskommandeur, sich nicht um Lisieux, sondern doch im Raum westlich Caen
zu versammeln. Zweck: Unterstützung eines Gegenangriffs des 84. Korps.
»Himmeldonnerwetter«, schimpfte Witt. Die Regimenter rollten bereits. Wo
sollte man sie da erwischen? Der neue Befehl erreichte das verstärkte Panzergrenadierregiment 25 im Raum westlich Lisieux gegen 16 Uhr. Die übrigen
Verbände erhielten die Order zu den verschiedensten Zeiten irgendwo auf
dem Marsch.

Das Panzergrenadierregiment 25 hatte nun nochmals rund 70 Kilometer
zurückzulegen, um in seinen Bereitstellungsraum zu kommen, zu dem es
aus der Ausgangsstellung am Vormittag halb so weit gewesen wäre. Auf
diese Weise kam das Regiment am 6. Juni nicht mehr zum Einsatz. Der Tag
war vermarschiert.

Um den Hohn vollzumachen, wurde die Division nun wieder dem I. SS-
Panzerkorps unterstellt und erhielt von diesem den Befehl, am 7. Juni, 12 Uhr,
links neben der 21. Panzerdivision, zum Angriff nach Norden anzutreten und
den gelandeten Gegner ins Meer zu werfen.

Genau 24 Stunden zu spät kam dieser Befehl, um dem Angriff der 21. Pz.-
Division bei Périers zum durchschlagenden Erfolg zu verhelfen. So lange
brauchte es zu diesem auf der Hand liegenden Einsatz einer paraten und

starken Panzerdivision. 24 vertrödelte Stunden! In diesen Stunden wurde die Chance einer erfolgreichen Abwehr der Luft- und See-Landung verpaßt. Die Befehlsgewalt vom grünen Tisch hatte verhindert, was ein bevollmächtigter Befehlshaber der Panzertruppen im Kampfraum getan hätte: die 21. Panzerdivision sofort nach erfolgter Seelandung am frühen Morgen des 6. Juni mit zusammengefaßten Kräften zur Küste durchstoßen und nach Westen einschwenken lassen, ohne Rücksicht auf weitere Luftlandungen in ihrem Rücken. Eine Unterstellung der 21. Panzerdivision unter das I. SS-Panzerkorps hätte die notwendige Verstärkung sichergestellt.

Auch die 12. SS-Panzerdivision und die Panzer-Lehrdivision hätten spätestens um 10 Uhr — am 6. Juni — unter dem Kommando des I. SS-Panzerkorps nach den längst vorbereiteten Aufmarschplänen antreten können. Witt hatte seine Division ab 4 Uhr früh marschbereit. Von Bayerlein wissen wir, daß er schon um 2.30 Uhr von General Warlimont selbst aus dem Führerhauptquartier alarmiert worden war. Zumindest das durch eine Panzerabteilung, eine Artillerieabteilung und eine schwere Flakbatterie verstärkte SS-Panzergrenadierregiment 25 und eine ebenso starke gepanzerte Kampfgruppe der Panzer-Lehrdivision hätten noch am Abend des 6. Juni bei Caen zum Gegenangriff bereit sein können. Die Jabo-Gefahr hätte diesen Einsatz nicht unmöglich gemacht, denn der Vormittag des 6. Juni war diesig und regnerisch und hätte — im Gegensatz zum aufgeklarten Abend — einen schnellen und ziemlich ungestörten Marsch zur Front ermöglicht.

Davon abgesehen drängt sich die Frage auf: Wo war denn die Flak, wenn schon keine Jagdwaffe zur Verfügung stand? Auch diese Frage umschließt jene bezeichnende mangelnde Koordination in der Nachrichtenübermittlung zwischen den hohen Stäben.

Das III. Flakkorps des Generals Pickert hatte die Aufgabe, im Falle einer Landung an der Normandieküste sofort mit seinen Flakkräften in den Landekopf zu gehen. Die Batterien des Korps standen an der Somme. Der Gefechtsstand lag südlich Amiens. Drei Regimenter, etwa sechs Abteilungen, standen zur Verfügung. Das war eine starke Feuerkraft für Angriff und Verteidigung.

Am 6. Juni vormittags hatte General Pickert noch keine Nachricht von den Landungen. Er ging auf Inspektionsfahrt. Erst nachmittags, als er zurückkehrte, fand er die ersten Meldungen vor, mit der Einschränkung, es sei noch nicht klar, ob es sich um die große Invasion handele. Es sei noch nicht klar!

Pickert fuhr nach Paris. Brachte schließlich am Nachmittag des 6. seine Abteilungen auf den Marsch in den Raum beiderseits Caen. Am 8. und 9. Juni trafen die Batterien an der Front ein, arg zerfleddert. Mit über 200 Toten und Verwundeten. Ehe auch nur ein Schuß aus den Rohren ging! Was wäre geschehen, wenn das Gros des Korps am 6. abends an der Front gewesen wäre!

Natürlich läßt sich mit »hätte« und »wäre« leicht operieren, und man sieht 1960 auch alles klarer als am 6. Juni 1944. Aber es ist eine von vielen erfahrenen Kritikern geteilte strategische Auffassung, daß bei einem schnell befohlenen Gegenangriff mit den genannten Verbänden am 6. Juni der britische Landekopf so stark hätte eingeengt werden können, daß die weiteren Operationen wenigstens eine Chance des Sieges gehabt hätten. Nicht zuletzt deshalb, weil die alliierte Luftüberlegenheit zwar die deutschen Marschkolonnen und Bereitstellungen empfindlich treffen konnte, aber im engen Clinch des Kampfes, wenn Freund und Feind dicht ineinander verzahnt liegen, nicht voll zum Zuge kam.

Nun, es war anders gelaufen; und die Frage lautete, ob am 7. oder am 8. Juni noch zu retten war, was man am 6. verpaßt hatte.

Kloster Ardenne

Gruppenführer und Generalleutnant Witt glaubte, es sei mit einem Stoß seiner glänzend ausgerüsteten 12. SS-Panzerdivision zu schaffen. Sein Befehl für den Angriff am 7. Juni ließ an Klarheit und an Optimismus nichts zu wünschen übrig. Nach Darlegung der eigenen und der Feindlage hieß es unter Punkt 3: »Die Division greift den gelandeten Feind zusammen mit der 21. Panzerdivision an und wirft ihn ins Meer zurück. Die Bereitstellungsorder waren präzise, genau überlegt. Sie betrafen die beiden Grenadierregimenter 25 und 26, die beiden Panzerabteilungen des Panzerregiments 12, die Abteilungen des Artillerieregiments 12 und der Aufklärungsabteilung sowie das Pionierbataillon und die Flakabteilung. Als Angriffstermin wurde der 7. Juni, 12 Uhr mittags, festgesetzt.

Witt und Feuchtinger hatten vor dem Angriff noch eine Besprechung, um ihre Aktionen gegenseitig abzustimmen. Feuchtinger hatte den Kommandeur seines Panzerregiments 22 mitgebracht, und Oberst von Oppeln berichtete über seine Erfahrungen. Es wurde festgesetzt, daß das Panzerregiment 22 sich dem Angriff Witts nach Norden in dem Augenblick anschließen sollte, da eine gemeinsame Fronthöhe erreicht war. Gemeinsam sollte dann der Stoß nach Norden bis zum Meer geführt werden.

Was wurde nun aus diesem so hoffnungsvoll angesetzten Unternehmen?

Die ersten Teile des verstärkten Panzergrenadierregiments 25 erreichten den Westrand von Caen in den frühen Morgenstunden. Noch immer brannte die Stadt. Die Straßen waren durch Trümmer versperrt. Mit der Morgensonne begannen die pausenlosen Jabo-Angriffe auf die Anmarschstraßen. Die Piloten suchten sich ihre Ziele sehr genau aus. Sie hatten es vor allen Dingen auf Spritfahrzeuge abgesehen; denn wenn sie die Tankwagen vernichteten, waren auch die deutschen Panzer außer Gefecht gesetzt — ohne Sprit waren sie hilflos. Seit Tagesanbruch ließ der Regimentskommandeur von 25, Kurt Meyer, bekannt geworden unter dem Namen »Panzer-Meyer«, deshalb seine Verbände nur noch durch Volkswagen mit Sprit versorgen. Diese kleinen, wendigen Fahrzeuge konnten sich von Deckung zu Deckung vorwärtsbewegen.

Das Regiment richtet sich einen Gefechtsstand am Westrand von Caen ein. Meyer begibt sich auf einen vorgeschobenen Gefechtsstand im Kloster Ardenne.

Er klettert auf einen der Türme, um einen Rundblick zu tun. Als er das Glas an die Augen setzt, bietet sich ihm ein tolles Bild. Bis zur Küste liegt die von Hecken und Obstgärten durchzogene Landschaft, wie aus einem Baukasten geholt, vor ihm. An der Küste emsiger Ausladebetrieb. Die mächtigen Schiffe liegen friedensmäßig auf Reede. Unzählige Sperrballons schaukeln am Himmel und tragen die Drahtseile zum Schutz gegen Luftangriffe auf die Flotte und den Strand, — eine überflüssige Vorsicht!

Und noch etwas sieht Meyer: Panzereinheiten des Gegners formieren sich vor seinem Kampfabschnitt. »Das kann heiter werden«, denkt er und wirft einen Blick nach hinten ins Land, dorthin, wo die eigene Division aufmarschieren soll. Er sieht die schnurgerade Straße Caen—Falaise. Aber es rollen keine Kampfverbände darauf. Die Panzer und Schützenpanzerwagen liegen irgendwo in Deckung, um ungestört von den Jabos den Sprung an die Front abzuwarten.

Meyer wendet das Glas wieder der Front zu. Er stutzt: Da schiebt sich doch ein feindlicher Panzer durch die Obstgärten heran. Jetzt steht er. Er ist höchstens 200 Meter von den Grenadieren des II. Bataillons entfernt, die mit ihren Pak-Geschützen gut getarnt hinter einer Hecke sitzen. Kein Schuß fällt. Das Bataillon hält Feuerdisziplin. Und das soll sich gleich bewähren. Denn der Einzelgänger ist offenbar Flankensicherung für einen Panzerverband, der jetzt aus dem Dörfchen Buron auf die Straße Caen—Bayeux zurollt. Ziel ist offensichtlich der Flugplatz Carpiquet, den eine deutsche Luftwaffeneinheit kampflos geräumt hat. Die britischen Panzer fahren genau vor der Front von Meyers II. Bataillon entlang. Sie bieten die ungeschützte lange Flanke dar. Das ist der Traum aller Panzergrenadiere. Der Idealfall für die Pak!

Meyer gibt Befehl an alle Bataillone, an die Artillerie und auch an die bereitstehende II. Abteilung des Panzerregiments: »Feuereröffnung nur auf meinen ausdrücklichen Befehl.«

Unten im Klostergarten steht Standartenführer Max Wünsche, der Kommandeur des Panzerregiments 12, in seinem Befehlswagen. Was ihm Meyer vom Klosterturm durch das Feldtelefon berichtet, gibt er über sein Bordmikrofon an alle seine Panzer. Eine Kompanie steht im Klostergelände, eine weitere, gut getarnt, an einem Hinterhang dicht bei der Straße, auf der der feindliche Panzerverband ahnungslos anmarschiert.

Die Briten sind völlig unbesorgt. Sie haben nur ihr Ziel, den Flugplatz, vor Augen. Meyer hängt am Glas und gibt jede Bewegung der feindlichen Einheiten weiter. Die Spannung ist so groß, so drückend, daß Wünsche die Mitteilungen an seine Panzerkommandanten mit ganz leiser Stimme spricht, als bestünde Gefahr, daß die ratternden Ungeheuer drüben ihn hören könnten.

Meyer hat schnell seinen Plan gemacht. Er will die Chance nutzen. Sie heißt: den Feind, der mit Kräften eines Panzerregiments und einer Infanteriebrigade angreift, aus der günstigen Bereitstellung heraus zu vernichten und dann gleich zum Gegenangriff anzutreten. Zwar verstößt das gegen den Fahrplan der Division; aber hier heißt es handeln.

Ein Melder informiert die 21. Panzerdivision von seinem Entschluß.

Die feindliche Panzerspitze schiebt sich an die Straße Caen—Bayeux heran. Meyer ruft heiser ins Feldtelefon: »Angreifen!« Wünsches Stimme knallt ins Mikrofon: »Achtung, Panzer marsch!« Das ist der Befehl zum Höllentanz. Die Pak feuert los.

Die Panzer rasseln. Halten. Schießen. Der feindliche Spitzenpanzer fliegt in die Luft. Der zweite brennt. Die Besatzung bootet aus, robbt in den Straßengraben. Die Tommypanzer, Kanadier vom 27. Panzerregiment der 2. kanadischen Panzerbrigade, sind völlig durcheinander. Panzer um Panzer von ihnen wird geknackt. Die Begleitinfanterie — Highlanders der 9. kanadischen Brigade — versucht zurückflutend die Ortschaft Authie zu erreichen und sich dort festzusetzen. Aber die Grenadiere von Meyers III. Bataillon kommen ihnen zuvor. Der deutsche Angriff rollt. Die ersten kanadischen Gefangenen kommen schon mit erhobenen Händen in Richtung Klostergarten. Sollte das Glück diesmal den Deutschen hold sein?

Die Verluste der Kanadier sind schwer. Nach ihren eigenen späteren Angaben wurde die vordere Kompanie der North Nova Scotia Highlanders vollkommen zusammengeschossen. Auch die übrigen Kompanien hatten schwerste Verluste. Das Panzerregiment verlor 30 Prozent seines Bestandes und 28 Sherman-Panzer.

Aber auch Meyers Grenadierkompanien geraten jetzt in das feindliche Artilleriefeuer. Mit Schrecken stellt er auf einer Erkundungsfahrt mit dem Krad fest, daß die rechte Flanke seines vorgestoßenen I. Bataillons nicht mehr gedeckt ist. Die Panzer der 21. Panzerdivision liegen bei Epron fest. Zu allem Unglück stoßen feindliche Panzerkräfte in diese offene Flanke und bewirken beim 1. Bataillon eine gefährliche Krise. Zwar kann die Pak sie meistern; aber an einen weiteren Vorstoß ist hier nicht mehr zu denken.

Auch an der linken Flanke marschieren jetzt feindliche Panzerverbände auf. Es sind Teile der 7. kanadischen Brigade, die westlich des Flüßchens Mue die Straße Caen—Bayeux angreifen und in den Aufstellungsraum des Grenadierregiments 26 einzubrechen drohen. Die 26er sind erst mit ihrer

Aufklärungskompanie eingetroffen, weil die Bataillone durch schwere Luftangriffe aufgehalten wurden. Nur geringe versprengte Infanterieverbände der zerschlagenen 716. Division sichern den Raum, und es ist klar, daß sie keinen wirksamen Schutz gegen die anrollenden Panzer darstellen. Unter diesen Umständen gibt es für Meyer nur eines: Angriff einstellen.

Damit konnte auch diese Chance nicht genutzt werden. Im Generalstabswerk der kanadischen Armee heißt es nach anerkennenden Worten für den Kampfgeist von Meyers Regiment: »Der mächtige deutsche Angriff warf uns aus dem Gleichgewicht und verursachte uns schwerste Verluste. Die Deutschen konnten jedoch den Erfolg nicht ausnutzen, und die Gefahr für unseren Brückenkopf wurde gebannt.«

So neigte sich der 7. Juni im Raume Caen seinem Ende zu. Alle Hoffnungen der deutschen Führung richteten sich nun auf den 8. Juni, den dritten Tag der alliierten Invasion, den Tag, an dem nun endlich die drei Panzerdivisionen — die 21., die Panzer-Lehr- und die 12. SS-Panzerdivision — zum geschlossenen Großangriff auf den bereits über 10 Kilometer tiefen britischen Brückenkopf antreten sollten.

Duell mit der Flotte

In den Plänen der amerikanischen Landungsstäbe für den »Utah«-Strand nahmen die schwere 21-cm-Batterie von Marcouf und die nahe dabei liegende Heeresküstenbatterie von Azeville mit vier 12,2-cm-Geschützen einen ganzen Abschnitt ein. Beide Stellungen sollten von amerikanischen Stoßtruppen am ersten Invasionstag schon vormittags genommen werden. Aber als der 6. Juni zur Neige ging, schoß Marcouf noch immer. Schoß auf den Landestrand, schoß auf die vorgelagerte Marcouf-Insel in den dort gestapelten Nachschub der 4. US-Division. Die GI's fluchten, und die amerikanischen Stabsoffiziere waren besorgt. »Diese verdammte Batterie muß weg«, sagten sie.

Die »verdammte Batterie« brachte den ganzen amerikanischen Fahrplan durcheinander.

Übernächtigt, vom Pulverdampf geschwärzt, sitzen die Marineartilleristen in den Bunkern. Wie im Traum sind die letzten 24 Stunden vergangen. Zuerst der Überfall der Fallschirmjäger. Dann die Flotte. War es erst gestern früh, daß sie diese Armada zum ersten Male gesehen hatten? War es nicht schon vor einer Ewigkeit?

Der Leitstandoffizier der Batterie Marcouf, Oberfeldwebel Baumgarten, wird es nie vergessen: Wie Oberleutnant Ohmsen gegen 5 Uhr zum Telefon griff und dem Seekommandanten in Cherbourg, Admiral Hennecke, sachlich meldete: »In der Seine-Bucht mehrere hundert Schiffe! Frage: Eigene Fahrzeuge in See?« Nach einer kurzen Pause war die Antwort gekommen: »Nein, keine eigenen Fahrzeuge in See. Wenn Fahrzeuge ausgemacht, dann Gegner. Schießerlaubnis! Munition sparen! Ende. Verbindung geht ein.«

Und dann hatten sie ihre Kanonen sprechen lassen.

Punkt 5 Uhr war die Sicht so gut gewesen, daß ein genaues Zielen möglich war. Die Sicht war wichtig, denn die Batterie hatte weder Funkmeß-, noch ein modernes Feuerleitgerät. Man mußte — wie in alten Zeiten der Artillerie — mit der Grabenschere schießen, das heißt, mit einem auseinanderklappbaren Fernrohr mit Gradeinteilung. Eine selbstgebastelte EA-Meßuhr, eine Entfernungsuhr mit Aufschlagmessung, war der große Luxus der Batterie. So ausgerüstet stand Marcouf der größten Invasionsflotte der Geschichte gegenüber.

Ohmsen gab den Befehl an alle drei Geschütze: »Feuer frei!«

Als hätte man den Schlachtschiffen und Kreuzern drüben Feuerbefehl gegeben, so donnerten im gleichen Augenblick die Salven des Gegners herüber. Und lagen sofort deckend im Batteriegelände.

Die amerikanische Flotte hatte mit aufgefaßtem Ziel gewartet. Ihre Werte waren genau errechnet. Die Flotteneinheiten hatten den Feuerbefehl nur so lange zurückgehalten, bis es klar war, daß man sie entdeckt hatte. Und kaum war das Mündungsfeuer der Batterie Marcouf aufgeblitzt, da war auf dem Schlachtschiff »Nevada« und auf einem Dutzend Kreuzern und Zerstörern der Befehl an alle Geschütze ergangen: »Feuer frei!«

Aber Marcouf hatte sich schon eingeschossen.

Die nächste Salve lag deckend im Ziel. Volltreffer zwischen Schornstein und Brücke eines Kreuzers. Das Schiff begann zu qualmen. Es stoppte. Blieb liegen. Dann hoben sich Heck und Bug empor. Es brach mitten auseinander. Die zur Rettung angesetzten Zerstörer preschten heran. Sie liefen genau in das Feuer der Marcouf-Geschütze. »Gut so«, hatte Ohmsen gerufen, »gut so«.

Es war kein Kreuzer, sondern ein Zerstörer, den Ohmsens 21er Geschütze getroffen hatten; der Irrtum war jedoch auf die große Entfernung begreiflich.

Aber die drüben können auch zielen. Kurz nach 8 Uhr fiel das erste Geschütz der Batterie durch einen schweren Treffer vor den Bunker aus. Ohmsens Männer trösteten sich:

»Die Amerikaner haben ein Kriegsschiff verloren, uns ist nur ein Geschütz ausgefallen. Das ist keine schlechte Rechnung.« Mit zwei Geschützen feuerten sie weiter, Ziel: Zerstörer achtern!

»Treffer!« hallte es wieder jubelnd vom Leitstand herüber. Ein weiterer Zerstörer lief heran. Wollte dem Kameraden helfen. Ihn abschleppen. Auch er sank im gut sitzenden Feuer der benachbarten 4. Batterie Heeresküstenartillerieregiment 1261, die Oberleutnant Schulz bei Quinéville stehen hatte. Der Regimentskommandeur, Oberst Triepel, verfolgte von seinem Gefechtsstand Ginsterhöhe die Tragödie und berichtet darüber: »Der Zerstörer versuchte, durch Zickzack-Manöver der Kanonade zu entgehen. Aber er mußte Treffer um Treffer hinnehmen. Einer ging anscheinend in die Ruderanlage. Das Schiff drehte sich im Kreise. Blieb schließlich liegen. Hing nach Backbord über. Das Achterdeck geriet immer mehr unter Wasser.«

Drei Zerstörer verloren die Amerikaner im Seegebiet des »Utah«-Abschnitts.

Admiral King, der Oberbefehlshaber der US-Flotte, schreibt in seinem Bericht über die Invasion: »Die Batterie Marcouf hat uns schwer zu schaffen gemacht. Wir setzten gegen sie nicht nur das Schlachtschiff ›Nevada‹ ein, sondern auch die Einheiten ›Arkansas‹ und ›Texas‹, die wir vom ›Omaha‹-Strand abziehen mußten.«

Die letzten beiden Schlachtschiffe allein verfügten über 10 Geschütze vom Kaliber 35,6 cm, 12 Geschütze vom Kaliber 30,5 cm und ein paar Dutzend 12,7 cm. Das waren feuerspeiende Berge, die Tod und Verderben gegen Marcouf spien.

Um 9 Uhr war es dann soweit: Der »Nevada« gelang es, durch Feuerkonzentration mit einem 35,6-cm-Geschütz einen Volltreffer in die Schießscharte von Geschütz II zu bugsieren. Es war ein Glückstreffer für die Amerikaner. Und ein Jammer für das zweite Geschütz der Batterie. Die Wirkung war fürchterlich.

»Volltreffer durch die Schießscharte« — das klingt sensationell. Aber in einer Marine-Seezielbatterie gibt es den üblichen Sehschlitz nicht. Ein so schweres Geschütz muß horizontal bis 180, vertikal bis 60 Grad schwenkbar sein. Es muß sich auch um einige Meter heben und senken lassen. Der »Schlitz«, durch den das Rohr diese Manöver vollführt, hat also die Ausmaße eines Scheunentores, ungefähr 6 mal 8 Meter groß.

Die zur Abdeckung dieser Öffnung vorgesehene Stahlpanzerung war vom Nachschublager in Bad Segeberg zwar abgeschickt, aber nie angekommen. Sie blieb auf irgendeinem zerbombten Bahnhof liegen, genauso wie die moderne Feuerleitanlage der Batterie.

Nachdem beide Bunkergeschütze ausgefallen waren, konnte Marcouf keine Seeziele mehr beschießen. Mit dem letzten freistehenden 21-cm-Geschütz griff Ohmsen deshalb die Landungsstelle an. Zehntausend Meter waren es bis zum »Utah«-Strand. Bis dorthin, wo der Stützpunkt W 5 gerade überwunden war, wo sich am Strand dicht gedrängt die amerikanischen Panzer, Lastwagen und Truppen sammelten, um an der Küste entlang nach Norden vorzustoßen.

Über die Wirkung des Artilleriefeuers sei auch hier ein amerikanischer Zeuge, und zwar wieder der Admiral King, zitiert. Er schreibt in seinem Invasionsbericht: ». . . ab 11 Uhr hielt der Feind den Strand unter treffsicherem Feuer. Unsere Verluste waren beträchtlich.«

»Wie spät?« fragt Ohmsen.

»7 Uhr, Herr Oberleutnant«, antwortet Baumgarten.

Da schrillt der Fernsprecher.

Oberleutnant Pattnig aus Azeville ist in der Leitung: »Mein 3. Geschütz ist durch Volltreffer in den Schartenstand ausgefallen. Die dreieinhalb Meter dicke Betondecke ist heruntergebrochen und hat Geschütz und Besatzung begraben.«

Ohmsen hat keine Zeit, viel über seine eigene Lage zu berichten. Durch den Stützpunkt tackert MG-Feuer. »Alarm! Angriff aus Richtung Crisbecq«, kommt die Meldung. Es ist genau 7.07 Uhr.

Die Amerikaner stürmen aus ihren Stellungen bei St. Germain de Varreville, das erste Bataillon auf der Küstenstraße gegen Marcouf, das zweite etwas weiter westlich gegen Azeville. Sie dringen in den Ort Marcouf ein. Ohmsen hat eines seiner Flakgeschütze wieder instand gesetzt und fetzt auf die anstürmenden Infanteristen. Das US-Bataillon hat schwere Verluste. Aber diese amerikanischen Sturmtruppen bestehen aus harten Burschen. Über den Pappelweg kämpfen sie sich aus dem Ort Marcouf gegen die Batterie vor.

Die Drahtverhaue und Laufgräben sind eingeebnet vom Hagel der Bomben und der Schiffsgeschütze. Die flankierenden MG's sind zerschlagen. Die Batterie ist von Land her offen und völlig ungedeckt. In kurzen Sprüngen arbeiten sich die Amerikaner heran.

»Alarm! Rundum-Verteidigung einnehmen!« befiehlt Ohmsen. Das ist das SOS der Batterie. Jetzt geht es aufs Ganze. Die Angreifer dringen in das Batteriegelände ein. Die deutschen Artilleristen werden in ihren Bunkern eingeschlossen. An der Straße nach Crisbecq liegen sich die Gegner auf Handgranatenwurf gegenüber.

Die Marineartilleristen, bejahrte Reservisten, halten sich wie eine aktive Infanteriekompanie.

Alle Offiziere und Unteroffiziere sind verwundet. Auch dem Oberleutnant Ohmsen hat ein Infanteriegeschoß die Hand durchschlagen. Einen Arzt gibt es nicht mehr. Er ist auf dem Weg von der Nachbarbatterie nach Marcouf gefallen. Zwei Sanitätsgaste — wie die Sanis bei den Marinern heißen — versorgen die Verwundeten. Und mancher Marcouf-Kämpfer dankt den beiden das Leben.

Die Amerikaner sind inzwischen bis an den Leitstandbunker der Azeviller Batterie herangekommen, der im Bereich der Marcouf-Batterie liegt, weil Azeville selbst keine Sicht auf die Küste hat.

Ohmsen sieht aus seinem Schützenloch, wie ein amerikanischer Stoßtrupp auf den Azeviller Führungsbunker klettert. Er weiß, was die Amis wollen: Sprengkapseln in die Scharten stecken, Brandsätze anzünden und den Bunker zum Bratofen machen. So würde es mit der Zeit allen seinen Bunkern gehen, allen seinen Artilleristen.

Angesichts dieser verzweifelten Lage faßt Ohmsen einen ebenso verzweifelten Entschluß: Er hat den Funker mit seinem Tornistergerät bei sich. Und befiehlt: »Geben Sie an Batterie Azeville: Erbitte Artilleriefeuer auf meine eigene Stellung — Ohmsen.«

Der Funker blickt seinen Oberleutnant entsetzt an. »Los, geben Sie schon!« drängt der. Und erklärend sagt er: »Wir werden eigene Verluste haben. Aber es ist die einzige Möglichkeit, noch etwas für unsere Männer zu tun.« Der Funker tickt den Spruch.

Die Batterie Azeville ist zwar auch vom Feind eingeschlossen; aber Oberleutnant Kattnig empfängt den Spruch. Er begreift sofort, was Ohmsen will. »Schürger«, sagt er zu seinem altbewährten Hauptwachtmeister, »Schürger, jetzt werden wir denen mal Feuer unterm Frack machen.« Und ruhig wie beim Übungsschießen setzt er aus den geschlossenen Ständen in kurzer Zeit gut gezieltes Feuer auf das Batteriegelände von Marcouf.

Die Wirkung ist verblüffend. Die Amerikaner stutzen. Eine Granate neben dem Leitstand der Azeviller Batterie fegt den Klettertrupp herunter. Wo kommt dieses Feuer her? Der erste Gedanke der amerikanischen Infanteristen ist: Wir liegen im Feuer unserer eigenen Schiffsartillerie. Und das macht sie wütend. Niemand stirbt gern unter eigenen Kugeln. Und so ist die Reaktion begreiflich: Fluchtartig verlassen die GI's das Batteriegelände. Sie lassen sogar ihre Waffen und ihr Gerät liegen.

Diese Wendung der Lage wirkt auf die Batterie-Besatzung wie ein Wunder. Mit den erbeuteten Waffen — darunter kleine Tornister-Granatwerfer — rüsten sie sich infanteristisch aus. Wie ein Geschenk des Himmels erscheint der Oberleutnant Geißler mit der 6. Kompanie des Infanterieregiments 919. Er hat sich zum Batteriegelände durchgekämpft und vergrößert nun Ohmsens Streitmacht.

Infanteristen und Artilleristen gemeinsam stoßen den Amis nach. Sie kennen das Gelände und greifen den weichenden Gegner flankierend an. Der amerikanische Regimentskommandeur erkennt die Gefahr und wirft eine Reserve-Kompanie an seinen linken Flügel. Aber das nutzt nichts. Die Deutschen wollen es wissen. Die Amerikaner weichen immer schneller. Ihr Rückzug wird zur Flucht. Die GI's werden zusammengeschossen. Ohmsens und Geißlers Männer machen 90 Gefangene. Der Rest der Amerikaner wird weit über Dodainville hinausgetrieben, wo schließlich amerikanische Reserveeinheiten des 22. Regiments die Flüchtenden auffangen.

Die Landser von Marcouf glauben, die Wut der Jabos zu spüren, die den Rest des Tages auf die Batteriestellung niederstoßen. Sie glauben, den Zorn der Schiffsartillerie zu hören, die auf sie wummert. Aber sie lachen grimmig:

Denen haben wir's gezeigt! Sie wissen nicht, wie es an den anderen Frontabschnitten steht. Wissen nicht, daß die Grenadier-Bataillone der Regimenter 1058 und 922 ebenso wie die 6. Fallschirmjäger und das Sturmbataillon AOK 7 vor Ste. Mère-Eglise und Azeville festliegen. Angenagelt von der amerikanischen Schiffsartillerie, in Schach gehalten durch die ersten Ami-Panzer, die von der Küste ins Land stoßen. General von Schlieben hat bereits erkannt, daß eine Bereinigung des feindlichen Landekopfes durch Gegenstöße örtlicher Reserven nicht mehr zu schaffen ist. Er stellt sich auf Verteidigung an der Straße Montebourg — Ste. Mère-Eglise und Fontenay—Ravenoville ein, bildet Kampfgruppen, um den Landekopf eng zu halten. Auch er hofft auf Panzerverbände, hofft auf die Eingreifreserven zum Gegenstoß.

Die Nacht legt sich tröstend über Marcouf und Azeville. Über die Verwundeten und über die Toten. Die Lebenden aber, die noch werken können, stehen an den Trümmern und reparieren.

Sie machen ihre MG's wieder schießklar. Und aus Teilen basteln sie eines der 21-cm-Geschütze zusammen. Es soll wieder schießen. Morgen, am dritten Tag der Invasion. Wenn der große Gegenstoß der deutschen Panzer kommt. Er muß doch kommen!

Die letzte Meldung aus Bayeux

Der 8. Juni war ein Donnerstag. Die katholische Welt feierte das Fronleichnamsfest. Aber an der Küste der Normandie schwiegen die Glocken. Dort tobte der Krieg. Der Tag war voll Tapferkeit und voll von schwerwiegenden Entscheidungen.

In der Nacht war Tilly durch alliierte Bomber zerschlagen. Der Feind wollte den Nachschub nach Norden unterbinden. Und immer härter drängten Montgomerys Panzer auf Bayeux, um die große Nationalstraße von Cherbourg nach Caen zu erreichen.

Am frühen Mittag schrillt im Gefechtsstand des 84. Korps der Fernsprecher: die Korpszentrale verlangt den Ic. »Ortsvermittlung Bayeux in der Leitung.« Die Stimme einer Nachrichtenhelferin meldet sich: »Herr Major, englische Panzer fahren am Soldatenheim vorbei. Sie sind mitten in der Stadt.« Major Hayn verschlägt es die Sprache. »Woher wollen Sie denn das wissen? Ist keine Kommandostelle mehr besetzt?«

»Alle Stabsoffiziere sind im Einsatz. Britische Panzerkräfte sind durch die HKL gestoßen und greifen die Stadt an. Ich bin die letzte hier.« Und dann fügt sie hinzu: »Jetzt fahren die Tommys unten am Haus vorbei. Hören Sie selbst, Herr Major.« Das kaltblütige Mädchen hält die Sprechmuschel aus dem Fenster. Der Ic lauscht und hört in St. Lô das dumpfe Rasseln und Rattern der Feindpanzer. Tatsächlich: Panzerkräfte. Das kann nur die 50. britische Division sein.

»Jetzt muß ich aber Schluß machen«, sagt das Mädchen am Telefon. Der Major vergißt alles Zeremoniell und ruft in den Apparat: »Verdammt, Mädchen, was wird denn aus Ihnen?« »Ach, ich verschwinde schon durch die hinteren Gärten. Ende.« Es knackt, und fortan ist die Leitung tot.

Bayeux ist gefallen. Daran ist nach dieser realistischen Szene kein Zweifel mehr. Die Engländer haben die erste größere Stadt der Normandie eingenommen; sie unterbrechen den großen Parallelstrang zur Küste und können auf die verkehrswichtige Drehscheibe Caen eindrehen.

Hayn will gerade mit der Hiobsbotschaft zum Chef, Oberstleutnant von Criegern, eilen, als es draußen vor dem Bunkereingang rattert und knallt. Ein Sanitätswagen, der deutsche und amerikanische Verwundete geladen hatte, war von Jabos beschossen worden und brannte lichterloh. Die Verwundeten schrien. Man zerrte sie aus dem Wagen. Zwei Amerikaner waren tot. Alle hatten Brandwunden. Mitten in diesen Wirrwarr am Eingang des Stabsquartiers platzt ein Ordonnanzoffizier der 352. Division mit einem Wachtmeister und zwei Russen vom Ostbataillon 439: »Wo ist der Ic? Der Bataillonskommandeur Major Becker schickt zwei volle Seesäcke amerikanischer Beuteakten.«

Woher? Der Wachtmeister schildert trocken: Im Bataillonsbereich an der Viremündung bei Géfosse—Fontenay sei am Morgen ein zerschossenes Landungsboot angetrieben. Ein halbes Dutzend toter amerikanischer Marineoffiziere darin. Einer davon, ein »beachmaster«, wie es bei den Amis heißt, ein Offizier, der für einen bestimmten Landeabschnitt verantwortlich war. Er lag über einem Koffer, und darin waren Papiere, offenbar geheime Papiere. »Hier sind sie, Herr Major«, und er schüttet einen Berg Akten, feucht und teilweise verklebt, auf die Tischplatte. Auf den ersten Blick sieht Hayn ganze Seiten mit Kennworten, mit Ziffern, eine Zeitplan-Aufstellung. Hier wurde sicher ein Fischzug gemacht. Die Dolmetscher werden mobilisiert. Es dauert kaum eine halbe Stunde, da stürzt Sonderführer Jobel aufgeregt in den Raum: »Herr Major, wir haben den ganzen Operationsplan des VII. US-Korps!« Der Ic traut seinen Ohren nicht. Noch ungläubig überfliegt er die Anfangsseite. »Mann, Jobel«, staunt er. Es stimmt. Ein geradezu unfaßlicher Glücksfall.

Der Aufmarschplan im gestrandeten Boot

Der ganze säuberliche Plan mit jeder einzelnen Phase vom D-Tag an (D = Decision = Entscheidung), mit allen Tageszielen für die Halbinsel Cotentin, liegt auf dem Tisch des 84. Korps. Die deutsche Führung erhält Einblick in die Absichten des Gegners, nicht nur des VII. Korps, sondern auch des benachbarten V. amerikanischen und des XXX. britischen Korps. Die Amerikaner sollten gemäß Plan zuerst ihre getrennten Landeköpfe »Utah« und »Omaha« bei Carentan vereinigen. Dann bei Bayeux den Briten die Hand reichen, und auf diese Weise einen durchgehenden Landeabschnitt bilden. Anschließend sollte das VII. Korps zur Westküste der Cotentin-Halbinsel auf Coutances durchstoßen, nach Süden eine vorläufige Abwehrfront bilden, aber mit den Hauptkräften nach Norden zur Eroberung Cherbourgs eindrehen.

General Marcks und sein Chef studieren eingehend den Feindplan: »Sofort Auszug an die Divisionen«, entscheidet Marcks.

»Der Ia, Major Hasso Viebig, mit dem Original zu Rommel und nach St. Germain zu Feldmarschall von Rundstedt.« Und Viebig flitzt, von Jabos gejagt, noch am Nachmittag zur Seine. Er hat den Fund zu übergeben und in einer genauen Schilderung der Frontlage dringend die Unterstützung der Luftwaffe anzufordern. Und wie es das Glück will, Hayn konnte ihm auch noch einen angesengten Band in rotem Leinen mitgeben: »The German Forces«, das amerikanische Handbuch über die deutschen Kräfte, über »The Enemy Side«. Zum erstenmal ist der feindliche Steckbrief der deutschen Feldarmee in unsere Hand gefallen, Unterlagen, die unsere Leistungen, auch zum Beispiel in Rußland, voll würdigten.

Das Schlachtenglück schien der deutschen Führung hold zu sein. Aber was nützen Papiere, was nützt das Wissen um die Feindabsichten, wenn man sie nicht vereiteln kann?

Der Fahrplan des Feindes wurde zwar in der Folgezeit beträchtlich durcheinandergebracht. Tagesziele konnte er erst in Wochen erreichen. Einen entscheidenden Sieg aus dem Geheimnis zu schlagen, wurde nicht möglich. Dazu fehlte eben ein ganzer Wehrmachtteil: die Luftwaffe. Ihre hoffnungslose Unterlegenheit konnte nicht wettgemacht werden. So nützten das Finderglück der Kosaken vom Ostbataillon 439 und die Sternstunde der Abteilung Ic im 84. Korps nicht viel. Die Schlacht nahm ihren Lauf. Die Stäbe mußten zusehen, wie der Operationsplan des Feindes Schritt für Schritt abrollte.

Schon am Nachmittag des 8. — während General Marcks, Rommel und Rundstedt aus dem amerikanischen Operationsplan bereits wußten, daß Carentan ein wichtiges Ziel des Gegners war — wurde bei den Fallschirmjägern von der Heydtes, die noch immer um Ste. Mère-Eglise rangen, die Munition knapp. Die Bataillone hatten vor sich die Amerikaner, die mit starken Panzerverbänden aus dem »Utah«-Landekopf angriffen, hinter sich das schwer durchdringbare Sumpfgelände. Die Versorgungsbasen des Regiments, die Feldküchen und Trosse und auch die Munitionsausgabestellen lagen hinter dem Überschwemmungsgebiet.

Der Kommandeur mußte sich entschließen, mit allen beweglichen Teilen des Regiments, unter Zurücklassung des schweren Geräts und der Fahrzeuge, watend und schwimmend das Sumpfgelände zu durchqueren und sich zur Abwehr auf den Ost- und Nordrand von Carentan zurückzuziehen. Hier bildeten die Fallschirmjäger den Riegel an der Nationalstraße 13 zwischen den beiden amerikanischen Brückenköpfen und sperrten gleichzeitig die Straße in den englischen Landeabschnitt.

Carentan wurde damit einer der am heißesten umkämpften Punkte der Invasionsfront. Die Überwindung des Dammes von St. Côme-du-Mont, auf dem die Heerstraße das Niederungsgebiet durchschnitt, werden die Überlebenden des 502. US-Fallschirmjägerregiments nie vergessen. Pausenlos schoben sich die Amerikaner gegen die deutschen Stellungen vor. Artillerieüberfälle wechselten mit Luftbombardements. Der Feind griff aus dem »Utah«-Landekopf von Norden her an. Gleichzeitig attackierte er die Stellungen aus dem »Omaha«-Abschnitt von Osten her. Die Fallschirmjäger lagen in flachen Erdmulden. Jedes tiefere Schützenloch füllte sich sofort mit Wasser. Zwischen Stadtrand und Sumpfgelände wurde besonders heiß um einen Bauernhof südwestlich der gesprengten Brücken gekämpft. Der Hof lag in einem großen Obstgarten und war von Hecken umgeben. Das Gelände bot zwar den Verteidigern Deckung, erleichterte aber auch dem Angreifer die Annäherung. In dem Bauernhaus lag der vorgeschobene Gefechtsstand des Regiments, und in seinem Garten wurde nicht selten Mann gegen Mann gefochten. Hinten am Stadtrand, in einem alten Obstweinkeller, stand der Regimentsarzt Dr. Roß mit den beiden Bataillonsärzten des II. und III. Bataillons und operierte, verband, gab Spritzen oder beugte sich über Sterbende. Zwei amerikanische Ärzte, die als Gefangene in die Hand des Regiments gefallen waren, halfen mit. An einem einzigen Tag, im Laufe von 24 Stunden, wurden mehr als 1000 Verwundete — Amerikaner, Deutsche, Georgier sowie eine Anzahl französischer Zivilisten — auf dem vorgeschobenen Hauptverbandsplatz des Regiments versorgt. Der Abtransport konnte nur bei Nacht erfolgen. Am Tage lagen die stöhnenden Verwundeten in den Kellern des Hauptverbandsplatzes.

So fochten die Männer des Fallschirmjägerregiments 6 gegen den nach Süden drängenden Feind.

Nach Norden aber versperrten den anstürmenden Amerikanern auch am 8. Juni noch immer die Batterie Marcouf und der Stützpunkt Azeville den Weg. Die Stellungen waren zwar eingeschlossen, aber Ohmsens und Kattnigs Artilleristen, unterstützt von Geißlers Infanteristen und Hansjörg Habels Männern der Sturmbatterie, gaben nicht auf. Zwar hatte Oberleutnant Kattnig in Azeville von Oberst Triepel bereits die Genehmigung erhalten, die zerschossene Batteriestellung zu räumen; aber da er nach Funkrücksprüchen mit dem

Abschnittsführer Oberstleutnant Keil die Zusicherung erhielt, daß Infanterie, Pak und Pioniere zur Unterstützung kämen, hielt er weiterhin die Stellung gegen das 12. US-Regiment. Von der Unterstützung kamen dann allerdings nur ein paar Mann, der Rest war im Kampf aufgerieben. Aber den 8. Juni über hielt sich Azeville wie auch Marcouf.

Die Amerikaner wollten diesen ärgerlichen Sperriegel um jeden Preis brechen. Um 13.30 Uhr griffen sie Marcouf an. Immer hinter der Feuerwalze der Artillerie her, die schrittweise vorverlegt wurde. So drangen sie schließlich in den Stützpunkt ein. Die Stoßtrupps hatten Stangen mit Sprengladungen bei sich, die sie in die Befestigungen schoben und zündeten. Aber sie gingen mit ihren Teufelsstangen zu freigebig um. Als sie die Hauptbefestigungsanlagen und Gefechtsbunker erreichten, waren die Sprengladungen verbraucht. Die Besatzung wehrte sich in erbittertem Nahkampf.

Wieder half Kattnig aus Azeville. Er legte — wieder auf Anforderung Ohmsens — das Feuer seiner noch intakten 10-cm-Kanone auf die amerikanischen Sturmkompanien in Marcouf. Geißler setzte seine Infanteristen zum Gegengangriff auf die linke Flanke der Amerikaner an. Die GI's stutzten. Sie waren stark verausgabt. Hielten dem Druck nicht stand. Das angreifende Bataillon zog sich erneut bis Dodainville zurück.

Die amerikanischen Berichte über diese Kämpfe sind eindrucksvoll. Das Sturmbataillon der 4. US-Division hatte über 50 Prozent Verluste. Der Regimentskommandeur tobte und glaubte an eine deutsche Falle. Er fürchtete einen großen deutschen Gegenangriff und sah für die Gesamtlage seines Landekopfes schwarz. Die festgestellte Verstärkung Marcoufs durch die Infanterieeinheit Geißlers machte die Amerikaner sorgenvoll. Sie sahen darin einen großen deutschen Plan, denn sie konnten sich nicht vorstellen, daß keine deutschen Eingreifreserven von Belang zur Verfügung standen. »Die falsche Einschätzung der Lage durch die Amerikaner war unser Glück«, sagt der inzwischen bei der Bundesmarine Korvettenkapitän gewordene Ohmsen. »Die Amis vermuteten gut ausgerüstete Reserven, während in Wirklichkeit in diesem Abschnitt überhaupt keine Einheiten lagen. Das Artilleriefeuer auf die eigenen Linien hat ihnen einen gewaltigen Schrecken eingejagt.« Erst am 9., einem traurigen Freitag, gelang es den Amerikanern, die Batterie Azeville zu stürmen. Nach einem Artillerieüberfall mit 1500 Schuß griffen sie mit Flammenwerfern an. Die Munition der Besatzung war verschossen. Vergeblich machte Wachtmeister Schauer ein Flakgeschütz wieder einsatzbereit. Ein Schuß — und dann saß auch schon ein Treffer im Flakstand. Der Widerstand brach zusammen.

Die starken Verluste der Angriffsverbände ließen es dem amerikanischen Divisionskommandeur nicht geraten erscheinen, auch Marcouf erneut zu stürmen. Die Schiffs- und Landartillerie der Amerikaner versuchte, die Batteriestellung zu zerschlagen. In den Abendstunden wurde das 22. Infanterieregiment zu einem Vorstoß an Marcouf vorbei in Richtung auf den deutschen Küstenstützpunkt Quinéville in Marsch gesetzt. Spezialeinheiten aus je einer Schützen-, Pionier- und Panzerabwehrkompanie sollten in Form von Kommandounternehmen Marcouf unschädlich machen.

Aber der Fahrplan funktionierte wieder nicht. Die Kommandotrupps warteten auf Luftwaffenunterstützung, die nicht kam; und so blieb es bei leichten Scharmützeln. Nachts schossen die Amerikaner unentwegt mit 2-cm-Leuchtspurmunition, so daß nicht daran zu denken war, die Verteidigungsstellungen der Batterie wiederaufzubauen. Nur dem Oberwaffenwart gelang es in mühseliger Arbeit, aus den Trümmern wieder ein heiles Geschütz zusammenzuzaubern. Es schoß in die amerikanischen Nachschubkolonnen und schuf so erneut Verwirrung.

Dieses Marcouf war ein ärgerlicher Pfahl im Fleische des amerikanischen Kampfraumes. Aber auf deutscher Seite hatte man keine Möglichkeit, diesen Pfahl zu stützen. Ohmsen und seine Männer standen auf verlorenem Posten. Sie wußten es nur nicht.

Am 11. Juni schlug im Gefechtsbunker das Telefon an. Die übermüdeten Männer schreckten hoch: daß dieses Teufelsding überhaupt noch klingelte nach all den Bomben und Angriffen! Aber die Telefonleitungen funktionierten in Marcouf bis zuletzt. Die Kabelverbindungen in der Batterie hatten gehalten.

Ohmsen erzählt heute, daß er beim Bau der Batterie die Kabel in eine Tiefe von 80 bis 90 cm legte, die Gräben ganz schmal hielt und nicht zuschütten ließ. Die Drähte lagen also frei. Man konnte sie auf diese Weise leicht reparieren. Das war aber gar nicht so oft nötig, denn Ohmsens Spezialisten hatten die Kabel ganz locker in »Buchten«, das heißt, nicht straff, sondern in Schlangenlinie, gelegt. Bei einem Bombeneinschlag konnten die Leitungen auf diese Weise flattern und zerrissen nicht gleich. Die Verbindung zum Seekommandanten in Cherbourg lief über tief gelegte Erdkabel mit festen Zentralen. Trotz einer Länge von 30 Kilometern blieben sie intakt, wie auch viele Hauptkabel des Heeres, die oft noch lange die Verbindungen sicherten, wenn die Amis längst das Gebiet besetzt hatten.

Als der Oberleutnant Ohmsen den Hörer vom klingelnden Telefon nahm, blickten die Männer im Bunker gespannt auf ihren Kommandanten. Ohmsen drückte die Muschel fest ans Ohr. Admiral Hennecke in Cherbourg meldete sich: »Hören Sie, Ohmsen, wieviel Mann haben Sie noch in der Batterie?«

»78, einschließlich der noch transportfähigen Verwundeten, von denen einige aber getragen werden müssen. Dann habe ich noch einige Schwerverwundete, die nicht transportfähig sind, Herr Admiral!«

»Ohmsen«, sagte Hennecke eindringlich, »Ohmsen, glauben Sie, daß Sie ausbrechen können?«

Ehe Ohmsen antworten konnte, fuhr Hennecke fort: »Ohmsen, versuchen Sie es. Bis zu unseren eigenen Linien sind es etwa 10 Kilometer. Versuchen Sie, noch heute Nacht durchzubrechen!«

Ohmsen zögerte keinen Augenblick: »Jawohl, Herr Admiral«, antwortete er. Dann legte er den Hörer auf.

Viel zu überlegen gab es nicht mehr. Ohmsen ließ die Batteriebesatzung, Geißler seine Infanteristen antreten. Die Gewehre und die Maschinenpistolen wurden verteilt. Verpflegung gefaßt. »Wer will, kann seine Privatsachen zusammen mit den Geheimsachen verbrennen.«

Dann trat der verlorene Haufen von Marcouf den Marsch durch die Nacht an.

Sie waten durch Wasserläufe. Hoch über ihren Köpfen halten sie die schnell gebastelten Tragen aus Knüppeln, Tüchern und Decken mit den Verwundeten.

»Kinder, vorsichtig«, mahnt der Sanitätsobergefreite Johannes Brockmann immer wieder. Trotzdem ist es ein schlimmer Transport für die Verwundeten. Sie schwenken nach Norden. Quinéville, die Ginsterhöhe bei La Pernelle, ist das Ziel. Dort liegt der Gefechtsstand des Oberstleutnants Keil, Grenadierregiment 919. Dort sitzt der Artillerieführer Oberst Triepel, Heeresküstenartillerieregiment 1261, dem auch Marcouf artilleristisch untersteht.

Es wird eine lange Nacht. Aber sie vergeht wie die Angst. Und im Morgengrauen stehen sie vor den eigenen Linien.

Am nächsten Morgen, dem 12. Juni 1944, beschloß der amerikanische Kommandeur, ein soeben frisch gelandetes Regiment der 9. Division gegen diese vertrackten Küsten- und Strandverteidigungen einzusetzen.

Generalmajor J. L. Collins will die deutsche Verteidigungsstellung vor Montebourg eindrücken, den wichtigen Verkehrsknotenpunkt Montebourg nehmen und damit die Straße nach Cherbourg in die Hand bekommen. Denn der Seehafen, das ist das große Ziel des VII. US-Korps.

Im Gefechtsstand des amerikanischen Korps stehen die Offiziere über die Karten gebeugt. Sie hören ihren Kommandeur: Vom ersten Tage an haben diese Batterien die Anlandungen empfindlich gestört. Der ganze Zeitplan hat sich bereits um Tage verschoben. Außerdem ist es kein beglückendes Gefühl, deutsche Widerstandsnester im Rücken der angreifenden Truppen zu haben!

Die Offiziere nicken. Sie verstehen. Also los! Sie machen sich auf allerhand gefaßt. Aber nach zwei Stunden meldet die Aufklärungsabteilung der 9. US-Division: »Batterie Marcouf geräumt!«

Nur 21 schwerverwundete deutsche Soldaten finden sie vor — wohlbetreut von dem freiwillig gebliebenen Sanitätsunteroffizier der Batterie. Die Amerikaner waren über den leichten Sieg nicht böse, die deutschen Verwundeten über das Ende des Kampfes auch nicht. Der amerikanische Heeresbericht meldete die Einnahme von Marcouf. Er meldete nicht, daß sie mit sechstägiger Verspätung kam.

»Fallschirmjäger brauchen nur Messer«

Auch Carentan fiel. Fast um die gleiche Stunde, da die Männer der Batterie Marcouf ihren heiß umkämpften Stützpunkt räumen mußten und sich auf den Marsch nach Norden machten, sah sich Oberstleutnant von der Heydte gezwungen, seine zerschlagenen Fallschirmjägerbataillone aus Carentan abzuziehen. Im Gefechtsstand des 84. Korps und bei der 7. Armee stellte sich kaltes Entsetzen ein, als diese Hiobsbotschaft eintraf.

Die wichtige Riegelstellung an der Nationalstraße 13 zwischen dem amerikanischen und britischen Landekopf war gefallen.

Wie war das möglich? Wie konnte das geschehen?

Wie konnten die Fallschirmjäger diese wichtige Position aufgeben?

Bis heute wird diese Frage in allen kriegsgeschichtlichen Betrachtungen diskutiert. Dabei ist die Frage ganz einfach zu beantworten, mit den gleichen, erklärenden Worten, die von der Heydte einmal im OKW aussprach, als man seine Forderung nach besserer Ausstattung mit dem lapidaren Satz ablehnte: »Fallschirmjäger brauchen nur Messer.« Von der Heydte antwortete: »Fallschirmjäger sind auch nur Menschen.« Jawohl: Sie waren auch nur Menschen. Sie waren tapfer, draufgängerisch, todesverachtend, aber, wie gesagt, auch nur Menschen!

In der Nacht vom 9. zum 10. Juni waren die Reste des I. Bataillons, 25 Mann noch — 25 von 700 — zum Regimentsgefechtsstand gestoßen und hatten die Vernichtung des Bataillons gemeldet. Es war in Ste. Marie-du-Mont eingeschlossen, von Feindkräften angegriffen, in einzelne Gruppen aufgespalten und buchstäblich zerschlagen worden. Ein Drittel des Bataillons war gefallen oder im Sumpfgelände ertrunken. Die anderen gefangen, fast alle verwundet.

Am 10. Juni mittags erschien vor den Stellungen des II. Bataillons nördlich von Carentan ein amerikanischer Parlamentär und forderte im Namen von General Maxwell Taylor, dem Kommandeur der 101. US-Fallschirmjäger-Division, die Kapitulation. Von der Heydte antwortete auf den in deutscher Sprache geschriebenen Brief auf englisch mit der Frage: »Würden Sie sich in der gleichen Lage ergeben?«

Das Regiment war völlig auf sich allein gestellt. Es mußte ohne Artillerie-, ohne Panzer- und ohne Luftunterstützung kämpfen. Die Munition wurde knapp, insbesondere für die Granatwerfer und die Maschinenpistolen. Artilleriemunition war genug da, aber keine Kanonen, um sie zu verschießen; denn die waren von den Jabos und der Schiffsartillerie zerschlagen.

Auf die Hilferufe ans 84. Korps brachte eine Nachschubkolonne französische Granatwerfermunition. Aber das Kaliber stimmte nicht. Die findigen Fallschirmjäger konnten sie nur verfeuern, indem sie jede Granate in eine Decke wickelten. Zum Glück befand sich in Carentan ein Deckenlager, so daß wenigstens daran kein Mangel war.

In der Nacht zum 11. glaubten die Jäger ein Wunder zu erleben. Wie ein Jubelschrei ging es durch die Stellungen: »Deutsche Flugzeuge!« Es waren die ersten, die sie seit Invasionsbeginn sahen; Ju 52, Transportmaschinen, die das 84. Korps locker gemacht hatte. Sie brachten in Abwurfbehältern Granatwerfer- und Maschinenpistolenmunition.

Am Morgen des 11. gelangen den Amerikanern tiefe Einbrüche rechts, links und im Zentrum des Regiments. Von der Heydte mußte einen Teil seiner Männer zur Absicherung seiner Flanken aus der Front herausziehen. Dadurch wurde aber die Verteidigungskraft geschwächt. Um die Mittagsstunde hatte der Gegner den Ortsrand von Carentan erreicht und sich in einzelnen Häuserruinen, Gärten und Hecken festgesetzt. Der Regimentskommandeur ließ vorsorglich auf den Höhen unmittelbar südwestlich der Stadt Stellungen erkunden und Ausweichwege festlegen. Die Reste des Georgier-Bataillons 795, das sich von der Heydte unterstellt hatte, wurden zum Ausbau dieser Aufnahmestellungen eingesetzt. In der vordersten Linie waren die Georgier den harten Abwehrkämpfen nicht mehr gewachsen.

Am Mittag fährt der Regimentskommandeur selbst in die erkundeten Aufnahmestellungen. Unterwegs trifft er einen nach vorn fahrenden Pkw. Halt! Der Kommandeur der 17. SS-Panzergrenadierdivision »Götz von Berlichingen«, Brigadeführer Ostendorff, und sein Ia Obersturmbannführer Konrad sitzen darin. Von der Heydte macht Meldung. Erfährt, daß sein Regiment der Division Ostendorffs unterstellt ist, der für den 12. einen Angriff auf den amerikanischen Landekopf führen will. Ostendorff ist guter Dinge: »Das werden wir schon hinkriegen« meint er optimistisch. Von der Heydte bittet, auf alle Fälle sofort einen Teil der Division zur Verstärkung seiner Fallschirmjäger vor Carentan einzusetzen. Aber Ostendorff lehnt ab. Er will verständlicherweise seine Division zum Großangriff zusammenhalten, von dem er sich eine Aufspaltung der Landeköpfe verspricht. Vergeblich warnt von der Heydte vor zu optimistischer Lagebeurteilung. Ostendorff verweist auf die russischen Erfahrungen: »Die Amis können nicht härter sein als die Russen.«

»Härter nicht«, antwortet von der Heydte; »aber bedeutend besser ausgerüstet; mit einer Walze aus Panzern und Artillerie.«

Der Divisionskommandeur beschließt die Diskussion mit den Worten: »Herr Oberstleutnant, Ihre Fallschirmjäger werden es schon bis morgen schaffen.«

Sie schafften es nicht!

Als von der Heydte wieder auf seinem Gefechtsstand eintraf, erwartete ihn dort die Meldung, daß auch das heiß umkämpfte Bauernhaus, in dem sich in den letzten Tagen der vorgeschobene Gefechtsstand befunden hatte, in amerikanische Hand gefallen war. Damit war der Augenblick gekommen, da gehandelt werden mußte, wenn das ganze Regiment nicht das gleiche Schicksal erleiden sollte wie das I. Bataillon: die Einkesselung und völlige Zerschlagung. Gegen 17 Uhr am 11. Juni gab der Regimentskommandeur deshalb den Befehl zur Räumung der Stadt und zum Ausweichen in die erkundeten und vorbereiteten Stellungen südwestlich Carentan. In der Abenddämmerung lösten sich Heydtes Fallschirmjäger aus den Ruinen der heiß umkämpften Stadt an der Nationalstraße 13.

Die Schlacht um Carentan war zu Ende.

Vergeblich versuchte die 17. SS-Panzergrenadierdivision am nächsten Tage die Stadt wieder in die Hand zu bekommen.

Das II. Fallschirmjägerbataillon, bei dem sich der Regimentskommandeur befand, focht sich als einziger Verband der Division noch mal bis an den Stadtrand vor, setzte sich am Bahnhof fest, hielt, mußte aber die Stellung wieder aufgeben, als die übrigen Teile von Ostendorffs Division im Feuer liegen blieben. Der Weg zwischen »Utah« und »Omaha« war offen.

»Bayeux ist wiederzunehmen!«

Wie aber sah es im englischen Landeabschnitt bei Caen aus, wo wir am 7. abends das hart kämpfende Panzergrenadierregiment 25 der SS-Panzerdivision »Hitlerjugend« verlassen hatten?

Die Grenadiere und Panzermänner schlugen sich auch am 8. Juni verbissen mit den scharf drängenden Kanadiern herum. Eine Kampfgruppe mit einer Pantherkompanie des SS-Panzerregiments 12 und die Aufklärungskompanie des SS-Panzergrenadierregiments 25 nahmen Bretteville, überrollten den Regimentsgefechtsstand der »Regina Rifles« und hielten sich die Nacht über zäh im Dorf. Im Morgengrauen aber mußte Meyer seine Kampfgruppe zurücknehmen. Ohne Infanterieunterstützung war die vorgeschobene Position nicht zu halten; der Gegner war bereits zu stark.

Am Nachmittag kam der Oberbefehlshaber der Panzergruppe West, General von Geyr, auf Meyers Gefechtsstand. Der General und der Standartenführer kletterten auf die B-Stelle im Eckturm des Klosters Ardenne. Meyer gab eine Lageübersicht. Geyr hörte zu, war pessimistisch, sagte aber, daß er einen Großangriff mit der 21. Panzerdivision am rechten Flügel, der 12. SS-Panzerdivision in der Mitte und Bayerleins Panzer-Lehrdivision am linken Flügel anlaufen lassen wollte. Ziel: Durchbruch auf breiter Front zur Küste.

Durchbruch zur Küste. »Na, endlich!« dachte Meyer.

Drüben am linken Flügel der schnell errichteten deutschen Sperrlinie vor Caen schoben sich bereits die Verbände von Bayerleins Panzer-Lehrdivision in ihre Ausgangsstellungen. Der General schilderte diese wichtigen Tage vom 8. bis 11. Juni so:

Im Morgengrauen des 8. Juni hatte Oberst Scholze mit Teilen des Panzergrenadierregiments 901 den Bereitstellungsraum um Norrey erreicht. Die Kampfgruppe des Oberst Gutmann mit Verbänden von 902 mußte sich in den Raum Brouay hineinkämpfen, da kanadische Panzerrudel den Ort bereits besetzt hatten. Schwere Nachtgefechte, bei denen kein Mensch wußte, wer Gegner und wer Freund war, brachten große Verluste. Die Artillerie war noch nicht in ihre Stellungen gekommen. Der schneidige Regimentskommandeur, Oberst Luxenburger, der im ersten Weltkrieg einen Arm verloren hatte, sowie der Abteilungskommandeur, Oberstleutnant Zeißler, waren mit den Stäben zur Erkundung vorausgefahren. Gegen Mittag war die Bereitstellung der beiden Kampfgruppen beendet. Es konnte losgehen. Aber der Angriffsbefehl kam nicht. Es wurde Abend. Feldmarschall Rommel erschien auf dem Gefechtsstand in Le-Mesnil-Patry. Und bald wurde klar, daß wieder einmal alle Dispositionen umgeworfen werden mußten: Rommel teilte Bayerlein ärgerlich mit, daß die 50. britische Division Bayeux genommen habe: »Die 50. britische, Bayerlein, unsere speziellen Freunde aus Afrika!«

Der Feldmarschall setzte dem General auseinander, daß seine Division in der Nacht zum 9. Juni beide Kampfgruppen aus dem Raum Norrey-Brouay in den Raum von Tilly umgruppieren müsse. Ziel: »Angriff auf Bayeux am Morgen des 9. Die Stadt ist zu nehmen.«

Ist zu nehmen! Der übliche, klare, optimistische Befehl. Er paßte nicht so recht zu Rommels allgemeinem Pessimismus. »Es wird uns so gehen wie in Afrika, Bayerlein«, sagte er verdrossen, »das Mittelmeer wird hier durch den Rhein ersetzt, und da kommt nichts herüber.«

Also wieder umgruppieren! Bayerlein schüttelte den Kopf: War man denn im Manöver?

Mit Einbruch der Dunkelheit liefen die Bewegungen an. Unerkannt von den Kanadiern, aber leider erkannt von der deutschen Luftwaffe. Und die bombardierte die abmarschierenden Kolonnen. Es passierte Gott sei Dank nicht viel dabei. Am Morgen des 9. Juni war die Umgruppierung beendet. Der Angriff auf Bayeux konnte beginnen. Aber auf der Straße Tilly—Bayeux rollten bereits britische Spähtrupps und Panzerrudel nach Süden. Um sich nicht in Vorgefechte zu zersplittern, mußte der Angriff westlich der Straße erfolgen.

Die II. Abteilung Panzer-Lehrregiment unter Major Prinz Schönburg-Waldenburg beteiligte sich mit der 1. Kompanie am Angriff. Von der I. Abteilung, die Bayerlein aus dem Transport an die Ostfront zurückbeordert hatte, war noch gar nichts zu sehen. Der Angriff ging gut vorwärts. Gegen Mittag wurde Ellon im Aure-Tal erreicht. Panzerspähtrupps der Aufklärungsabteilung waren bis Arganchy, fünf Kilometer südlich Bayeux, vorgedrungen.

Fünf Kilometer vor Bayeux! Bayerlein bekam Jagdfieber. Er wollte es der 50. britischen zeigen, wie damals, in der Gazala-Stellung in Afrika bei Got el Ualeb!

»Los, Kinder«, mahnte er seine Stabsoffiziere. Hauptmann Hartdegen grinste: »Es läuft, Herr General, es läuft. Es sieht so aus, als ob wir genau in das Loch zwischen englischem und amerikanischem Sektor stoßen; vielleicht meint es diesmal der Himmel gut, und wir kommen ans Meer, trennen Amis und Tommys und verhindern ihre Vereinigung.«

Aber es war wie verhext — es kam der Befehl: »Angriff einstellen. Division zurücknehmen nach Tilly!« Soviel ist von den Offizieren und Männern der Panzer-Lehrdivision noch nie geflucht worden wie in diesem Augenblick.

Was war passiert?

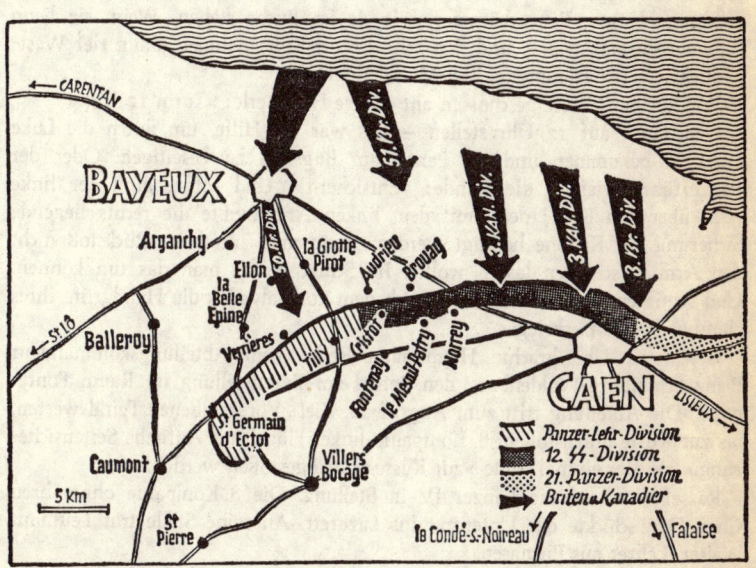

Der Frontbogen zwischen Caen und Tilly, im britischen Landeabschnitt, nach dem Übergang von der Offensive zur Defensive am Abend des 9. Juni.

An der Nahtstelle zwischen 12. SS-Panzerdivision und Panzer-Lehrregiment, im Raum Tilly—Audrieu—Cristot, war die Lage durch einen schnellen Vorstoß starker kanadischer Panzerkräfte kritisch geworden. Die II. Abteilung Panzer-Lehrregiment mußte sofort zum Gegenangriff angesetzt werden.

Wieder fehlte es an Eingreifreserven. Wieder mußte eine erfolgversprechende Operation abgebrochen werden, um ein Loch zu stopfen, wieder wurde improvisiert statt operiert!

Die 8. Kompanie des Panzer-Lehrregiments hatte in der Bereitstellungsnacht zum 9. gut getarnt in einem Obstgarten gelegen. Das Störfeuer weittragender Artillerie ging wirkungslos in die Gegend. Als es hell wurde, schossen die Amerikaner sorgfältiger. Hauptmann Reche saß mit grauem Gesicht auf dem Funkersitz des Wagens. Er war seit Tagen krank. Die Besatzung hockte neben dem Panzer und versuchte, mit der Lötlampe ein warmes Essen zu bereiten. Bei jedem Abschuß von drüben ging alles in Deckung: automatisch, fast gelangweilt. Trotzdem gelang es, die Pellkartoffeln gar zu kriegen. Sie wurden verteilt. Dazu hartgekochte Eier. Unteroffizier Westphal ließ die heißen Pellkartoffeln beim Schälen auf den Fingern tanzen und fluchte leise vor sich hin: »Vielleicht ist das die Henkersmahlzeit.«

Die 8. Kompanie Panzer-Lehrregiment war ein bewährter Haufen. Alles erfahrene Hasen. Panzerkämpfer, wie sie im Buche stehen. Wenn sie beim Calvados-Schnaps saßen und den zehnten zur Brust nahmen, dann rief Westphal: »Gefreiter Hämmerle, Bug-MG klemmt!«

Wie aus der Pistole geschossen antwortete Hämmerle: »Turm 12 Uhr.«

Den Turm auf 12 Uhr stellen — das war die Hilfe, um durch die Luke Licht zu bekommen und die Panne am Bug-MG zu beseitigen. Oder der Panzerführer rief in die Runde: »Entsichern!« Und sofort ging der linke Arm über den Kopf; denn mit dem linken Arm mußte die rechts liegende Sicherung der Kanone betätigt werden, wenn man sich beim Rückstoß nicht den Arm zerschlagen lassen wollte. Im Schlaf mußte man das tun können. Und so übten sie im Schlaf oder nach dem 10. Calvados die Handgriffe ihres Handwerks: Panzerkrieger.

Gegen 14 Uhr brachte Hauptmann Reche vom Abteilungskommandeur Prinz Schönburg-Waldenburg den Befehl zur Bereitstellung im Raum Fontenay: »Die Abteilung tritt zum Angriff an. Ziel: Vorgestoßenen Feind werfen, bis zur Küste durchstoßen. 8. Kompanie linker Flügel mit Aufgabe Seitensicherung.« Wieder einmal sollte »zur Küste« durchgestoßen werden.

Rasselnd fuhren die Panzer IV in Stellung. Die 8. Kompanie ohne ihren Chef. Den schickte der Unterarzt ins Lazarett. An seine Stelle trat Leutnant Walter, Lehrer aus Pirmasens.

Die Bereitstellung erfolgte in einem günstigen Kusselgelände. Von hier aus war der Angriffsraum gut zu übersehen: rechts das Dorf Audrieu, links

Chouain. In anderthalb Kilometer Entfernung mündete die Kusselebene in zwei dichte Waldstücke. Sie ließen nur einen schmalen Durchgang von 200 bis 300 Metern. Da mußte die Abteilung durch.

»Panzer marsch!«

Wagen 801 fuhr am linken Flügel. Turm auf 10 Uhr gestellt.

Panzerführer Westphal hatte den Blick fest auf die Walddurchfahrt gerichtet. »Wenn das man gut geht.«

Zügig fuhr der stählerne Verband in breiter Formation durch die Ebene, eine etwas wüste, unbebaute Fläche. Endlich mal keine Hecken, keine Gartenzäune. »Einen Zahn mehr drauf!«

Sie kommen an gut getarnten, frisch ausgehobenen englischen Stellungen vorbei. Die Tommys haben sie schnell geräumt, als sie die Panzerarmada anrollen sahen. Die ersten Züge fahren in die Waldenge. Die dahinterfahrenden Kompanien rücken zusammen und verlangsamen das Tempo.

»Mensch, Mensch!«

Und da geht es auch schon los: Massiertes Artilleriefeuer.

Gleich die ersten Salven liegen mitten im Verband. Da die hinteren Wagen dicht aufgefahren sind, können die vorderen nicht zurück. An der Waldenge gibt es eine Stauung. Der Abteilungskommandeur hat jetzt genau die kleine Höhe 103 erreicht. Da bellt vor ihm eine Pak los. Die Granate durchschlägt den Turm. Prinz Schönburg-Waldenburg fällt tot zur Seite. Die Männer der Besatzung sind alle schwer verwundet. Sie versuchen auszusteigen.

Hauptmann Ritgen übernimmt die Abteilung. Er hat sie bis Kriegsende geführt und ist heute als Oberstleutnant Kommandeur des neuen Panzer-Lehrregiments der Bundeswehr in Munsterlager.

Das Artilleriefeuer liegt wie ein mächtiger Vorhang genau vor der Waldenge. Wer da hineinfährt, ist erledigt.

Im Wagen 801, in dem sonst Hauptmann Reche fährt, ist der Richtschütze als Kommandant in den Turm gestiegen. Am Scherenfernrohr macht er vor dem Dorf Chouain bereitgestellte Panzer aus.

»Turm 11 Uhr.«

»1200 Meter.«

»Panzergranate!«

»Feuer!«

Treffer.

Da prasseln gegen 801 aus nächster Entfernung die Granaten einer 2-cm-Kanone.

Verdammt noch mal! Das kommt aus dem Kusselgelände. Da — die Abschüsse blitzen. Die Geschosse durchschlagen zum Glück nur die Außenschotten.

»Turm 9 Uhr.«

»Sprenggranaten!«

»Feuer!«

Auch das Turm-MG fegt in die Kusseln, daß die Fetzen fliegen. Kein Schuß kommt mehr aus der Tommy-Stellung.

Inzwischen hat der stellvertretende Abteilungsführer die Panzer zurückbefohlen.

Wagen 801 übernimmt den Feuerschutz für die zurückbleibenden beschädigten Panzer, deren Besatzungen zum Teil unter Beschuß reparieren.

Als die Dunkelheit langsam über Wald und Kusseln fällt, setzt sich auch 801 vom Kampffeld ab. Zurück in den Obstgarten. Tarnen. Verstecken.

Drüben verglimmt der letzte brennende Panzer des gescheiterten Angriffs. Mit dem Durchstoß zur Küste war es wieder nichts.

»Merken die oben noch nicht, daß hier schon ein starker Gegner steht, den man nicht mehr so einfach ins Wasser zurückwerfen kann?« fragt ein Panzerkommandant.

Er fragt es für viele.

Als es am Abend des 9. Juni klar war, daß an einen »Durchstoß zur Küste« mit den verfügbaren Kräften einzelner Divisionen nicht mehr zu denken war, gab der Kommandierende General des I. SS-Panzerkorps, Obergruppenführer Sepp Dietrich, dem die Panzer-Lehr als einzige Heeresdivision unterstellt war, Bayerlein in Lingèvres den Befehl, sich zur Verteidigung des Raumes Tilly einzurichten. Die Linie Cristot—Tilly—Verrières—La-Belle-Epine sollte als Hauptkampflinie unter allen Umständen gehalten werden.

Von einer Angriffsabsicht zur Küste war keine Rede mehr. Das war eine entscheidende Stunde.

Der Befehl Dietrichs war zweifellos richtig; denn es wurde klar, daß sich der Schwerpunkt der britischen Angriffsoperationen in den Raum Tilly verlagerte, nachdem es Montgomery trotz schwerster Blutopfer nicht gelungen war, die verkehrsmäßig so wichtige Stadt Caen frontal zu nehmen.

Montgomery zog notgedrungen die Konsequenz: Wenn der Frontalangriff nicht zum Ziele führte, mußte es von der Flanke versucht werden. Das hieß nun: aus dem Raum Bayeux auf Tilly vorstoßen, die Höhen von Villers-Bocage gewinnen und von dort auf Caen eindrehen. Ein neues Kapitel der Invasionsschlacht begann. Tilly war sein Name.

IV

DIE SCHLACHT UM TILLY

Auf Sicherung

Als die Panzer-Lehrdivision am 9. Juni in die Verteidigungsschlacht um Tilly geworfen wurde, stellten sich diesem modernen Kampfverband, der ganz auf bewegliche Panzerkampfführung eingestellt war, unerwartete Aufgaben. Kampfraum war das Heckengelände der Bocages, die wellige, buschbewachsene, mit großen Apfelgärten oder Weideflächen durchsetzte Landschaft. Sie war für die Verteidigung nicht ungünstig. Die hohen Erdwälle mit Büschen oder Baumreihen teilten das Gelände in Hunderte von kleinen Rechtecken auf. Schützten, verbargen. Aber sie erschwerten auch die Beobachtung. Die Infanterie konnte sich in den zahlreichen Hohlwegen einnisten. Auf diese Weise konnten die einzelnen Verteidigungsabschnitte in sich gestaffelt werden; aber sie hatten keine Fühlung miteinander. Die Lösung aller Probleme wurde der Panzer. Er wurde zum Zentrum der Verteidigung. Das Kampfmittel, das seiner Art nach die Waffe des Angriffs, des Sturms und des Vorstoßes ist, wurde zum Verteidigungsmittel, zur gepanzerten Pak oder zum gepanzerten Maschinengewehr. Daraus entwickelten sich bald eine ganz neue Kampfführung und auch ein neuer Kämpfertyp. Die Invasionsschlacht prägte Taktik und Kämpfer wie die Kesselschlachten des Ostens, die Improvisationen vor Moskau, am Don, an der Wolga.

Der einzelne Panzer wurde in der Normandie zum Kernstück der Infanterie. Der Infanteriezug, die Kompanie, der Kampftrupp formierte sich um den Panzer. Ohne Panzer wurde keine Stellung genommen. Ohne Panzer konnte keine Stellung gehalten werden. Örtliche Gegenstöße gegen den eingebrochenen Feind oder zur Wiedergewinnung taktisch wichtiger Geländeabschnitte wurden fast ausschließlich von einzelnen Panzern geführt.

Die Panzer-Lehrdivision, der einst Guderian siegeszuversichtlich die stolze Aufgabe zuwies, allein, ganz allein, die Anglo-Amerikaner ins Meer zu werfen, war in eine neue Kampfesweise gedrängt. Sie war als hervorragender Angriffsverband geschaffen, nun wurde sie als Abwehrverband verheizt. Ihre wertvollen 750 gepanzerten und hervorragend bewaffneten Schützenpanzerwagen mußten in den Skat gelegt werden und wurden, 100 Kilometer hinter der Kampffront, abgestellt. 750 gepanzerte Fahrzeuge! Die Panzerdivisionen in der starren Verteidigung, das ist ein erregendes, aber auch ein trauriges Kriegskapitel. Hier eine typische Episode.

»Sicherung fahren!«

Vier Panzer IV rumpeln los. Die Kommandanten haben lediglich eine Bleistiftzeichnung bei sich. Dazu den Befehl: »Aufstellung an dieser Straße. Gut tarnen. Gutes Schußfeld schaffen. Abschnitt halten!«

»Seht zu, daß ihr in Stellung kommt, ehe euch die Jabos beim Wickel haben.«

Und dann geht's los. Fünf Mann sitzen im Panzer. Wie eine Traube hängen die Infanteristen um den Turm. Panzer marsch!

»Scharf rechts, damit wir den Knick als Deckung kriegen.« Niemand ahnt, daß es diesmal ein Ausflug für 14 Tage werden soll. 14 Tage und Nächte auf Sicherung. Im Raume La-Belle-Epine.

Es ist ein bluternstes Indianerspiel, was die Sicherungspanzer treiben, um den Späheraugen der Jabos zu entgehen. Sind sie entdeckt, dann ist es aus; dann werden sie erbarmungslos so lange angeflogen, bis ein Bombentreffer oder eine Geschützsalve ihnen den Garaus gemacht hat. Gegen die Übermacht des Feindes wird die List gesetzt.

Der Panzerkommandant Unteroffizier Westphal erkundet am Knick. Er kriecht durch die Hecken. Prüft. Wohl ein dutzendmal streicht er an den Knicks auf und ab: »Als wenn er einen Bauplatz sucht«, grinst der Funker, Gefreiter Hoffmann.

»Bauplatz ist gut«, meint Hämmerle, der Ladeschütze, »sehr gut sogar.«

»Jedenfalls besser als Grab«, pflichtet Brettschneider bei, der Richtschütze.

Dann hat Westphal einen guten Standplatz gefunden und befiehlt: »Erkundung nach links und rechts.« Je ein Mann zieht los. Sie finden die beiden Nachbarpanzer ihres Abschnitts in gut getarnten Stellungen. Links der von Unteroffizier Schulz. Rechts der von Unteroffizier Pausch. Flügelmann mit dem vierten Panzer ist Hauptmann Felmer. Sie liegen versteckt in Knicks, Gärten, Heuschobern. Die Infanteristen um sie herum, durch Sträucher, Hafer und Baumäste getarnt.

Es sind ziemlich große Lücken zwischen den vier Panzern. Aber sie müssen im Falle eines Angriffs versuchen, die Panzerspitze des Feindes aus ihren Verstecken heraus aufzuhalten. Zwei Kilometer hinter ihnen liegt die Panzerreserve. Wenn die Sicherungslinie durchstoßen wird, tritt sie zum Gegenstoß an.

Die ersten Stunden vergehen mit dem Tarnen. Zweige und Äste werden sorgfältig aus der Hecke geschnitten, der Panzer damit garniert und weggezaubert. Immer wieder geht ein Beobachter los, um zu prüfen, ob die Tarnkappe echt wirkt. Dann heißt es: »Vom Turm ist noch etwas zu sehen.« Oder: »Ein Stück Kette blitzt in der Sonne.« Bis es schließlich heißt: »In Ordnung.«

Auch die Panzerspur im Haferfeld muß beseitigt werden. Die war ja für jeden Jabo aus der Luft direkt ein Wegweiser. Mühselig werden die Halme aufgerichtet, wieder hingebogen.

Die ersten zwei Tage sind erträglich. Noch entbehrt keiner allzusehr das Waschwasser und das warme Essen. Noch geht man sich im eigenen Panzer nicht auf die Nerven. Man rutscht noch lachend durch die Bodenluke und robbt unter dem Panzer vor, wenn es gilt, die trockengewordenen Zweige der Tarnung auszuwechseln oder nachts frische Luft zu schnappen.

Zwei Mann sitzen oder stehen im Wagen ständig am Glas und suchen unentwegt das Gelände ab. »Wie groß ist die Entfernung bis zu dem Kugelbaum dort hinten?« Man streitet, beweist, einigt sich. »Und bis zu dem großen Busch in der Hecke? Bis zum Ende des Haferfeldes?« Man vermißt im Geiste das ganze Gelände. Bekommt so die Entfernungen in den Griff. Braucht im Ernstfalle nicht lange zu rechnen.

Es ist 14 Uhr am dritten Tage.

»Achtung, Tommys!« Wie elektrisiert fahren die Männer zusammen. Der Panzerfahrer, Gefreiter Ross, hängt am Glas und berichtet: »Zehn Tommys mit einem Pakgeschütz im Mannschaftszug. Jetzt karren sie über die Wiese. Gehen in Stellung.«

»Jetzt kommen zwei Mann mit Munitionskästen.«

»Sprenggranate«, befiehlt der Kommandant ruhig.

»400 Meter.«

»Feuer!«

Genau vor der Pak krepiert die 7,5 cm. Drei Engländer leben noch und rennen unter einen Apfelbaum mit tiefhängenden Zweigen.

»Turm 11 Uhr.«

»Sprenggranate.«

»420 Meter.«

»Feuer!«

Die Krone des Baumes wird zerfetzt.

»Feuer!« Der Stamm zersplittert.

»Feuer!« Nur noch Äste. Gewirr.

»Feuer einstellen!«

Sie rutschen durch die Bodenluke. Bringen die Tarnung wieder in Ordnung. Haben ernste Gesichter. Denn sie wissen: Jetzt wird es bald losgehen.

Eine Stunde später ist das britische Artilleriebeobachtungsflugzeug da. Kreist. Späht.

Dann geht es los.

Zuerst schießen sich ein paar »Arbeitsgeschütze« ein. Dann wird es Abteilungsschießen. Die Hölle. Aber es ist nicht so leicht, einen kleinen Panzer in einer weiten Landschaft zu treffen. Das Haferfeld wird zwar umgepflügt. Die Hecke wird zerfetzt. Es kracht an den Panzerwänden. Der Tod klopft an.

Kurz vor Sonnenaufgang wird das Feuer zum Orkan. Die Schotten, die Zusatzpanzerung an den Seiten, sind durchsiebt. Die Wolldecken am Turm mit den aufgesteckten Zweigen weggerissen.

»Nebelgranaten!« ruft Hämmerle.

Draußen wird es dicht. Keine 10 Meter weit hat man Sicht.

Jetzt werden sie gleich kommen.

Sie sehen sie nicht; aber sie wissen es. »Feuer frei!«

Die vier Festungen aus Stahl, an denen ein Stück Hauptkampflinie vor Tilly hängt, lassen nun ihre Tarnung Tarnung sein. Jetzt heißt es kämpfen. Die Türme drehen sich. Die Kanonen speien ihre Granaten aus. Die MG's tacken. Die Infanteristen schießen aus ihren Löchern unter den Ästen, hinter den Bäumen hervor. Immer hinein in die Nebelwand!

Luke auf. Mit dem Fernglas peilen. »Die Feuerwalze wird weiter nach hinten verlegt«, sagt Westphal.

Also kommt jetzt die Infanterie. Die soll durch das Ari-Feuer nicht gefährdet werden.

»Feuer frei!«

Die Erde dröhnt. Die Zweige des Knicks wogen wie im Sturm unter dem Druck der Abschüsse. Die Sommersonne der Normandie ist hinter Qualm und Rauch verschwunden. Dann verzieht sich der künstliche Nebel. Wo bleibt der Feind? Er kommt nicht.

Viermal fünf Mann und ein paar Dutzend Infanteristen atmen auf. Und kriechen wieder unter die Tarnkappe.

In der achten Nacht hat der Kommandant gerade mit dem Richtschützen den Platz gewechselt, um eine Mütze voll Schlaf zu nehmen. Den Kopf an die Optik gelehnt, schläft Westphal sofort ein. »Reich mir mal die Kartusche rüber«, sagt der Ladeschütze zu Roß. Niemand lacht mehr, als das intime Geräusch ertönt. Dann wird die Bodenluke aufgemacht und die kriegerische Mitternachtsvase entleert. Im selben Augenblick klopft draußen der Teufel an: Rums!

Sie fahren zusammen. Und wieder: Rums!

Das ist doch keine Artillerie. Das sind Panzergranaten. Ein Einschlag liegt genau neben dem Wagen.

Motor anwerfen.

Rückwärtsgang rein. Mit Vollgas zurück. Schneller.

Der Kommandant versucht, wieder auf seinen Sitz zu kommen. Aber das geht nicht. »Fahren wir noch an der Hecke?«

Luke auf. »Ja!«

Halt. Sie stehen unter einer dicken, weitausladenden Eiche. Die Granaten schlagen in die Krone. Äste prasseln. Der Nachbarpanzer feuert. Einmal

Zweimal. Dreimal. Dann ist es still. Hat er den Engländer fertiggemacht? Oder hat der sich verduftet? Die befohlene Funkstille läßt keine Frage zu.

Der 13. Tag kriecht über den Knick. Sie sind wie gerädert. Sie können sich nicht mehr sehen und — nicht mehr riechen.

13 Tage, ohne sich einmal ausstrecken zu können. 13 Tage ohne einen Tropfen Waschwasser. 13 Tage zusammengepfercht in einem stählernen Sarg. Nur das Mißtrauen ist immer wach.

Der Kommandant sucht wie jeden Tag mit dem Glas die Hecke ab. Meter um Meter. Jetzt hängt er an einer kleinen Einbuchtung.

Die war doch gestern nicht da. Und ein heller Zweig sticht hervor. Ganz scharf stellt er die Optik ein: »Sieh da — ein Herr Engländer.« Nur einen Augenblick kann man den Tellerhelm unter den aufgesteckten Tarnzweigen erkennen. »Wo einer ist, sind noch mehr.«

Der Richtschütze peilt. »Ziel erfaßt?«

Karl Brettschneider nickt.

Sprenggranate rein. Schuß.

»30 Meter weniger.«

Da schwenkt auch bei dem Engländer das Pakrohr aus der Hecke. Also das war des Pudels Kern. Jetzt kommt es darauf an.

Der Panzer dröhnt vom Schuß. »10 Meter rechts, Mensch, siehst du das Rohr nicht?«

Da pfeffert der Engländer los. Er hat das Mündungsfeuer des Panzers anvisiert. Dicht am Turm geht die Granate vorbei! Wer wird schneller sein? Dieses Mal ist es noch Westphals Panzer. Als der nächste Morgen graut, werden sie endlich abgelöst. Wer nicht 14 Tage und 14 Nächte in einem stinkenden Panzer auf Sicherung gesessen hat, weiß nicht, wie glücklich es machen kann, in einen Stützpunkt zu fahren, sich ein breites Loch buddeln zu können, den Panzer drüber, Decken rein, lang sich hineinzurollen und zu schlafen. Fernab grummelt die Artillerie. Jabos bellen. Macht nichts. Macht gar nichts, solange nicht der Ruf kommt: »Aufsitzen, Gegenstoß!«

Panzer-Scharmützel

In der Nacht zum 10. Juni wurde die Abwehr im Raum Tilly mit den vollständig eingetroffenen Verbänden der Panzer-Lehrdivision organisiert. Die Sicherungslinie war gleichzeitig »Hauptkampflinie«. Sie verlief von Cristot — hart an der großen Straße Caen—Bayeux — über Tilly-Nord mit den vorgelagerten Schlössern Verrières und Bernières, über La-Belle-Epine und Torteval bis St. Germain-d'Ectot und Anctoville. Damit war eine Linie von nicht weniger als 17 Kilometer zu sichern und zu verteidigen. Von einer einzigen Division!

Der Divisionsgefechtsstand war in einem Bauernhof von Sermentot untergebracht. Die Jabo-Gefahr machte auch hier ernste Sicherheitsmaßnahmen nötig. Die Funkstellen waren einige Kilometer entfernt aufgebaut. Auf diese Weise konnte der Stab vom Feinde nicht angepeilt werden. Kein Kraftfahrzeug durfte sich bei Tage in eine Bannmeile von 500 Meter Radius begeben. Alle Fahrzeugspuren mußten sorgfältig verwischt werden. Nur so blieb ein Gefechtsstand von Jabos und von durch Luftbeobachter gelenktem Artilleriefeuer verschont.

Ein böses und fürchterliches Exempel hatte kurz zuvor alle hohen Stäbe diese Vorsichtsmaßregel gelehrt: Am 8. Juni hatte Rommel durchgesetzt, daß zur Schaffung klarer Kommandoverhältnisse der General von Geyr zum Befehlshaber des ganzen Frontabschnitts ostwärts der Dives bis Tilly ernannt wurde. Mit den zusammengefaßten drei Panzerdivisionen (21., 12. SS und Pz-Lehr) sollte er endlich den Stoß zur Küste führen. »Endlich«, hatten die Frontkommandeure gesagt. Aber am 9., nachmittags, wurde das Hauptquartier des Generals im Schloß La Caine, 6 Kilometer nordostwärts Thury-Harcourt, von Jabos angegriffen und durch einen Bombenteppich vernichtet. Der Funkverkehr des Stabes war vom Gegner eingepeilt worden. Der Chef des Stabes, General Ritter und Edler v. Dawans, und zwölf Stabsoffiziere fielen. Nur General von Geyr und Generalmajor Pemsel, Chef des Stabes der 7. Armee und heute Kommandeur eines Korps der Bundeswehr, kamen durch Zufall davon. Der geplante Angriff konnte nicht durchgeführt werden. Es dauerte bis Ende Juni, ehe der Stab neu aufgestellt war und seine Aufgaben übernehmen konnte.

Das Gelände vor Tilly war für die infanteristische Verteidigung nicht günstig. Die Panzergrenadiere der 1. und 3. Kompanie vom I. Bataillon 902 zum Beispiel waren in einem leicht ansteigenden Höhengelände in Stellung gegangen. Leutnant Bohmbach hatte mit dem Bataillonskommandeur kurz vor Morgengrauen die Stellungen besichtigt. Das war nicht ermutigend. Die Grenadiere konnten sich wegen des steinigen Untergrunds nur ungenügend eingraben und lagen in ganz flachen, mühselig gekratzten Mulden, hier und dort ein paar Steine vor dem Kopf.

Gegen 5 Uhr ging es los: Artillerieüberfall. 45 Minuten dauerte der Feuerorkan. Schutzlos lagen die Landser im Granathagel. Das zerschlug die Nerven. Die ersten Männer sprangen auf und rannten nach hinten. Andere folgten. Die Stellung drohte sich aufzulösen. Oberleutnant Ritter stellte sich der Panik entgegen. Sammelte die Männer und führte sie wieder nach vorn. Zum Glück folgte dem Feuerorkan kein Angriff.

Gegen Mittag rollten fünf Panzer an dem Bauernhaus vorbei; in dem der Bataillonsstab untergebracht war. Sie sahen aus wie deutsche »Panther«. Aber da blieb einer stehen. Der Turm ging auf. Der Kommandant blickte auf das taktische Zeichen, das den Bauernhof als Bataillonsgefechtsstand kenntlich machte. Das Geschützrohr des Panzers schwenkte herüber: Rums.

Jetzt war klar, daß es sich nicht um deutsche »Panther« handelte. Und jetzt war der Ofen aus, wenn nicht Hilfe in letzter Minute kam. Sie kam.

Leutnant Werner mit seiner Panzerjägerkompanie lag dicht bei dem Bauernhaus. Er hatte vor ein paar Tagen die neuen Selbstfahrlafetten bekommen und machte jetzt Generalprobe. In 15 Minuten schoß er drei von den fünf englischen Panzern aus dem Hinterhalt ab. Die anderen fuhren sich fest. Die Besatzung stieg aus und versuchte vergeblich, sich mit Pistole und MPi den Rückzug am Bataillonsgefechtsstand vorbei zu erfechten.

Aber schließlich mußte nach blutigen Verlusten der Rest die Hände heben. In exaktem Schuldeutsch wandte sich ein im Gesicht verwundeter Leutnant an Bohmbach, salutierte: »Ich ergebe mich!«

Um die gleiche Stunde, da Leutnant Werner westlich Tilly die Panzer eines schottischen Regiments knackte, entdeckte General Bayerlein bei einer Rundfahrt auf der freien Fläche nördlich Tilly eine starke britische Panzergruppe, die wie im tiefsten Frieden biwakierte.

»Hartdegen, holen Sie heran, was Sie finden.« Schon war der Ordonnanzoffizier weg. Er mobilisierte vier »Panther« und zwei 8,8-cm-Geschütze, die alte Wunderwaffe, die in den afrikanischen Tagen schon zu manchem Erfolg verholfen hatte. Bayerlein war in seinem Element. Er stellte seine Streitmacht in günstiger Schußentfernung getarnt auf. Dann hieß es: »Feuer frei!«

Die britische Kampfgruppe wurde zum Ameisenhaufen. Die Fahrzeuge fuhren wild durcheinander, und in das Durcheinander knallten die »Panther« aus den Schnellfeuerkanonen, röhrten die 8,8.

Doch der Kampf blieb nicht lange einseitig. Die Engländer deckten Bayerleins Streitmacht mit einem ihrer typischen Artillerieüberfälle ein. Schwerste Kaliber, Schiffsgeschütze darunter. Sie hatten es ja.

Schleunigst mußten »Panther« und 8,8 verschwinden.

So war es immer: Die List, die Tapferkeit und selbst der Opfermut mußten stets der Übermacht weichen.

Am Abend traf der vermißte Oberstleutnant Zeißler, der Abteilungskommandeur im Panzer-Artillerieregiment, auf Bayerleins Gefechtsstand ein. Er war mit Oberst Luxenburger und den Unteroffizieren und Soldaten der Patrouille am 8. Juni von einem kanadischen Panzerrudel überrascht und gefangen worden.

Unbegreiflicherweise hatte sich die kanadische Truppe — Panzer des Regiments »Inns of Court« — äußerst rabiat gezeigt. Die Härte und die Fanatisierung der Invasionsschlacht, die auf beiden Seiten zu Entgleisungen führte, gipfelte in einem bösen Exempel. Bei der allgemeinen Verprügelei der deutschen Gefangenen war Zeißler ins Unterholz entwischt und konnte sich später zu den deutschen Linien durchschlagen. Was er berichtete, wurde am nächsten Tage drastisch und traurig unter Beweis gestellt:

Der einarmige Oberst Luxenburger wurde schwer verwundet auf einem kanadischen Panzer gefunden, den eine deutsche Pak abgeschossen hatte. Er war am Turm festgebunden und starb drei Tage später in einem deutschen Feldlazarett.

Kirsche an Zitrone: »Sofort kommen!«

Am 11. Juni kam der erwartete englische Großangriff. Er begann mit einem starken Panzerangriff auf Tilly. Hauptmann Philipps, heute Pfarrer in Gladbeck, schlug mit Teilen des Panzergrenadierregiments 901 die Engländer ab. Ein zweiter Angriff zielte auf Verrières-Lingèvres. Verrières ging verloren. Die Tommy-Aufklärer fuhren schon aus dem großen Waldstück nördlich der Stadt auf die Landstraße vor und schlängelten sich durch die Wiesen, die Äcker und die Apfelgärten.

Die Panzerreserve des Panzer-Lehrregiments wurde zum Gegenstoß angesetzt. Ratternd schoben sich die Stahlkolosse der »Panther« und »Tiger« durch die engen Gassen von Lingèvres. Kurvten quietschend vor der zerschossenen Kirche auf die Landstraße. Bogen auf den Feldweg und rumpelten auf das etwa 300 Meter entfernte Waldstück zu.

»Gefechtsbereitschaft.«

»Luken dicht!«

Jetzt war von den Hecken und Gräben, von den Wiesen und dem Waldrand nur noch ein schmaler Ausschnitt durch das handbreite schußsichere »Kinonglas« der Gefechtsluken zu sehen.

»Beide Waffen geladen und gesichert!« meldete der Ladeschütze durch Bordfunk. Das MG und das lange 7,5-cm-Hochrasanz-Geschütz waren also schußklar.

Leutnant Theo war Zugführer in der 6. Kompanie und Kommandant im dritten Panzer, Deckwort »Zitrone«. Er beobachtete scharf. Vor ihm rollten drei Wagen der Kompanie in Kiellinie auf dem schmalen Feldweg. Jetzt kurvten sie nach links. Fuhren am Waldrand entlang, an dem Gewirr mannshoher Hecken, Kusseln, Büsche und verwilderten alten Apfelbäumen vorbei. Leutnant Theo hinterher. Jetzt rumpelten die drei über ein freies Wiesenstück in den Wald. Im selben Augenblick war der Teufel los.

»Achtung Feindpanzer!« — »Turm 11 Uhr« — »Feuer«, hörte Leutnant Theo in seinem Kopfhörer. Es waren die Befehle der Kommandanten der vor ihm fahrenden Panzer. Dann knallte es auch schon. Auch Theo fuhr in das Wiesenstück. Und sah nun, was los war: Auf dem Waldweg stand ein qualmender »Cromwell«, den Panzer »Kirsche« abgeschossen hatte. Schnell aufsteigende Rauchwolken hinter dem Wrack zeigten an, daß sich andere »Cromwells«, die neuen wendigen Britenpanzer, im Rauchschutz zurückzogen. Plötzlich brach rechts aus der Hecke ein Sherman hervor, drehte aber sofort in die Kusseln zurück. Theo feuerte hinterher. Bekam selbst Feuer von links. Schoß nun auf die Panzerumrisse hinter einer Hecke. Treffer. Bei dem Opfer rührte sich nichts. Die Besatzung war offenbar schon ausgestiegen.

»Panther« und »Tiger« beschlichen den Feind im Gestrüpp des Waldes. Aber der Widerstand der Engländer wurde stärker. Sie warfen laufend Panzerverstärkung und Pak in das Waldstück.

Der Chef der 6. Kompanie erkannte richtig, daß es nicht seine Aufgabe war, seine Panzer einen nach dem anderen in dem tückischen Waldstück knacken zu lassen, sondern den Gegner zu hindern, das Dorf Lingèvres zu nehmen. Tagelang wogte der Kampf. Dann schienen die Briten aufzugeben.

Leutnant Theos Panzer »Zitrone« bezog Ruhestellung in einem Bauernhof an der Dorfstraße. Unteroffizier Martens beaufsichtigte gerade in der Küche die riesige Pfanne, in der für fünf Mann ein gigantisches Bauernfrühstück aus 15 Eiern brutzelte. Da ging plötzlich ein Artillerieüberfall auf das Dorf runter. Im selben Augenblick ertönte im eingeschalteten Funkgerät von »Zitrone« der Hilferuf von »Kirsche«: »Kirsche an Zitrone. Sind von feindlicher Infanterie eingeschlossen. Selber bewegungslos. Zitrone sofort kommen. Zitrone sofort kommen!«

Das Bauernfrühstück flog in die Kochgeschirre. Decken, Brotbeutel, Waschzeug in den Panzer. Motor angelassen. Aus der Deckung heraus. Im Vorfahren wurde gefechtsklar gemacht. Alles ging automatisch.

Am Feldweg sahen sie die Bescherung: Der Sicherungspanzer »Kirsche« stand bewegungslos an der Hecke. Um ihn herum Engländer. Eine MG-Garbe rein. Noch mal. Die Leuchtspur schlug vor dem Panzer in den Dreck. Die Engländer flüchteten in langen Sprüngen zum Walde. Aber da kam vom Waldrand Feuer aus panzerbrechenden Waffen. Trotzdem: Die Männer Theos stiegen aus. Im direkten Beschuß machten sie an »Kirsche« die Stahltrosse fest. Der zweite Panzer des Zuges kam jetzt aus dem Dorf und übernahm den Feuerschutz. Er bekam gleich einen Treffer. Schoß weiter.

Die Trosse war fest.

Los!

Langsam.

Trotzdem riß das Drahtseil.

Vom Waldrand schoß der Gegner, was das Zeug hielt. Immer in den Heckenwall. »Daß die nicht höher richten!« murmelte der Funker des havarierten Panzers, der mit Leutnant Theo die Stahltrosse über den Haken zerrte. »Los!« Theo lief vor dem Panzer her und dirigierte das Abschleppmanöver über den schmalen Feldweg, vor allem durch die Panzersperren am Dorfeingang.

Der Kampf um Lingèvres wurde immer heftiger. Die Engländer schossen zum erstenmal Phosphorgranaten, die neben der Sprengwirkung mit ihren meterhohen Stichflammen fürchterliche Verbrennungen bewirkten.

In einem Gegenstoß gegen eingebrochene Tommypanzer erwischte es Wagen »Kirsche« endgültig. Auch »Zitrone« wurde beschädigt. Zwei andere Panzer der Kompanie wurden von Phosphorgranaten in Brand geschossen. Die Besatzungen booteten aus. Rollten sich im Dreck, um die brennende Uniform zu löschen. Im krachenden Artilleriefeuer wurden die Verwundeten auf den letzten noch fahrbereiten Panzer gepackt. Auf dem Heck hockten die verwundeten Grenadiere und Panzermänner. Die meisten mit schweren Verbrennungen. Viele nackt, weil helfende Kameraden ihnen die brennende Uniform vom Leibe gerissen und eine Decke über das rohe Fleisch geworfen hatten. Sie schrien vor Schmerz auf dem rüttelnden Panzer, neben den glühenden Auspuffrohren. Und ihre Schreie verstummten erst, als sich auf dem Hauptverbandsplatz die erlösende Spritze in die Vene senkte.

Als General Bayerlein am Nachmittag des 12. Juni bei dem Flankenstützpunkt in St. Germain-d'Ectot eintraf, wurden ihm vom Chef der Divisionsbegleitkompanie, Oberleutnant Thiess, drei Gefangene vorgeführt. Bayerlein staunte nicht schlecht, als sich herausstellte, daß die Engländer Angehörige der 7. britischen Panzerdivision waren. Sie trugen die rote Springmaus am Arm und an dem erbeuteten Kraftfahrzeug: das Zeichen, das Bayerlein so gut aus den afrikanischen Kämpfen kannte. Montgomerys »Wüstenratten«, die zähen, listenreichen Wüstenkämpfer, waren also auch in der Normandie. Nun fehlte nur noch die 51. Highland-Division, und Montys Elitetruppen waren alle in der Normandie. Und da zweifelte das deutsche Oberkommando noch daran, daß in der Normandie der Hauptschlag der Alliierten geführt wurde?

Bayerlein nahm die Gefangenen in seinem Volkswagen-Kübel zum Gefechtsstand mit, wo sie der Ic über die Absichten der 7. Panzerdivision vernehmen sollte. Plötzlich hörte der General seinen Ordonnanzoffizier hinter sich schrecklich lachen. »Was finden Sie so lustig, Hartdegen?«

Der zeigte auf den Engländer mit dem Pferdegesicht und grinste:

»Herr General, wissen Sie, wer das ist?«

»Wie soll ich das wissen?« knurrte Bayerlein.

»Das ist«, sagte Hartdegen mit Pathos, »das ist der Chef-Totengräber des Londoner Südfriedhofes Kensal-Green.«

»Schade«, meinte der General, »schade, daß wir andere Dinge zu tun haben. Mit dem hätte ich mich gern mal unterhalten.« Das besorgte dann der Ic. Der interessierte sich allerdings weniger für den Kensal-Green-Friedhof Londons und für das Geschäft des Totengräbers als für die 7. britische Panzerdivision. Der Totengräber war gesprächig. Man erfuhr von ihm, daß die »Wüstenratten« schon tief in der Flanke der Panzer-Lehrdivision standen, sich in die immer noch freie Lücke zwischen den britischen und amerikanischen Landekopf schoben. »Wenn das stimmt«, sagte der Ic, »ist unsere Lage verteufelt ernst. Wenn die Wüstenratten in den Rücken unserer Division geraten, können sie die Front zum Einsturz bringen.«

Am nächsten Tag schon, am 13., bestätigte sich die Sorge: Während Montgomery mit den Panzern der 50. Division immer noch Tilly und Lingèvres berannte und die Panzerreserven Bayerleins band, war eine Kampfgruppe der 7. Panzerdivision klammheimlich an Bayerleins Flanke vorbei bis nach Villers-Bocage vorgedrungen.

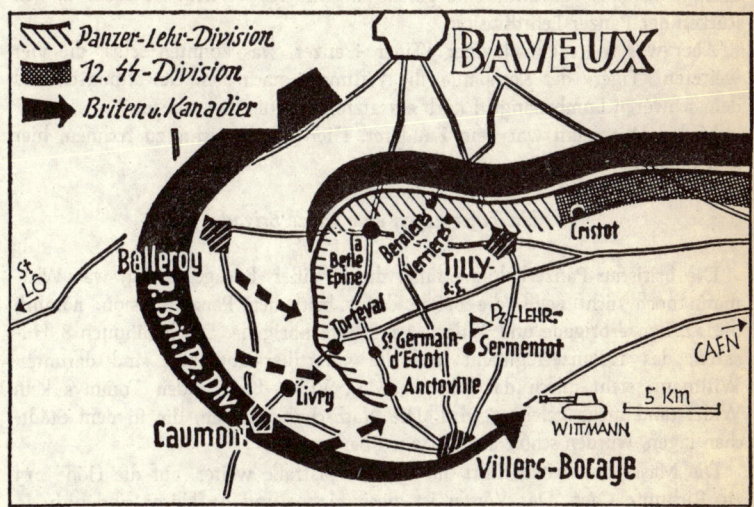

Die gefährliche Lage am 13. Juni: Montgomery umfaßt mit seiner 7. Panzerdivision die Panzer-Lehr und stößt bereits über Villers-Bocage. Da greift Obersturmführer Wittmann mit seiner Tiger-Kompanie an und zerschlägt die britische Panzerspitze.

Die Entdeckung des britischen Vorstoßes machte der Obersturmführer Michel Wittmann in einem »Tiger«-Panzer der 2. Kompanie, schwere SS-Panzerabteilung 501. Wittmann war Kompaniechef und ein erfahrener Panzerkämpfer. An der russischen Front hatte er es auf 119 Panzerabschüsse gebracht. Er trug das Ritterkreuz mit Eichenlaub.

Die starke Tigerabteilung war am 7. Juni aus dem Raume Beauvais über Paris an die Invasionsfront gerollt. Die 2. Kompanie hatten bereits am Morgen des 8. bei Versailles die Jabos erwischt und schwer bombardiert. Von da ab waren sie nur noch nachts marschiert und kamen am 12. in die Nähe von Villers-Bocage. Für den 13. morgens war technischer Dienst befohlen: Überholung der Bombenschäden und der Laufwerke, die beim langen Anmarsch sehr gelitten hatten.

Obersturmführer Wittmann fuhr indessen mit seinem alten Richtschützen, dem Oberscharführer Woll, los, um das Gelände zu erkunden. Als er aus einem Wäldchen stieß, sah er drüben auf der Straße in Richtung Höhe 213 nördlich Villers-Bocage, feindliche Panzer anrollen. Wittmann zog sich vorsichtig an den Waldrand zurück. Beobachtete. Zählte. Das war kein Aufklärungsverband, das war eine ganze Angriffsgruppe. Und sie rollte in den Rücken der Panzer-Lehrdivision.

Aber was sollte ein einziger »Tiger«-Panzer, was konnten selbst die vier weiteren »Tiger« der Kompanie, die Wittmann nach dem Gewaltmarsch und dem schweren Bombenangriff noch einsatzfähig hatte, dagegen tun?

Michel Wittmann war kein Zauderer. Hier gab es nichts zu rechnen, hier galt es zu handeln.

Ein Tiger gegen eine ganze Brigade

Die britische Panzerkolonne fährt durch Villers-Bocage. Es ist, was Wittmann noch nicht weiß, die Spitze der 7. britischen Panzerdivision, nämlich die 22. Panzerbrigade und Teile der I. Schützenbrigade. Die berühmten 8. Husaren, das 1. Panzerregiment und die 5. Artillerieabteilung sind darunter. Wittmann sieht durch das Glas, daß in Villers-Bocage den Tommys kein Widerstand mehr geleistet wird. Die Nachschubeinheiten, die in dem Städtchen lagen, wurden schon am Vortage überwunden.

Die Masse der Briten fährt auf der Hauptstraße weiter, auf die Höhe 213 zu, Richtung Caen. Das Wetter ist diesig, Jabos und Aufklärer sind nicht in der Luft. Trotzdem sind die Engländer von erstaunlicher Sorglosigkeit. Eine motorisierte Infanteriekompanie macht an der Straße Rast. Es ist die A-Kompanie der 1. Schützenbrigade. »Ja, glauben die denn, sie haben den Krieg schon gewonnen?« brummt Wittmanns Richtschütze. Der Obersturmführer nickt: »Offenbar, aber sie sollen sich irren.« Dann gibt er ruhig seine Befehle. Und wie von einem Donnerschlag wird die Morgenstille zerrissen. Die 8,8-Kanone des »Tigers« wummert los.

Der vorderste Britenpanzer — nur 80 Meter entfernt — steht sofort in Flammen. Wie ein Gigant bricht der »Tiger« nun aus dem Wald und schwenkt auf die Straße. In schnellster Gangart prescht er auf die Kolonne zu.

Hält. Schießt. Fährt.

Hält. Schießt. Fährt.

Wittmann rollt an der Panzerspitze der britischen Brigade entlang und schießt die Wagen zusammen. Panzer, Lastwagen, Schützenpanzer der Engländer stehen eingekeilt. Den Weg nach vorn versperren die ersten zerschossenen und brennenden Panzer. Von hinten sind Halbkettenfahrzeuge zu dicht aufgefahren. Wittmann feuert mit seiner Kanone und den MG's hinein.

Alle Halbkettenfahrzeuge, dazu ein Dutzend Panzer des Regimentsstabes und der Aufklärungskompanie, werden zu Schrott zerhämmert. Ein Cromwell-Panzer schwenkt seinen Turm herum. Die 7,5-cm-Granate trifft Wittmanns »Tiger« gegen die Schotten, tut aber dem Ungeheuer nichts. Die 8,8 des »Tiger« macht dem »Cromwell« den Garaus.

Jetzt knallen auch oben auf der Höhe 213 die Abschüsse. Es sind Wittmanns vier zurückgebliebene »Tiger«, die nun die sichernden Aufklärungspanzer der 8. Husaren abschießen.

Inzwischen hat das Gefecht bei der 1. Tiger-Kompanie Alarm ausgelöst. Hauptsturmführer Möbius fährt mit acht marschbereiten Panzern los. Zusammen mit Wittmanns Panzern dringt er, den Ort umfassend, in Villers-Bocage ein und vernichtet die dort noch stehenden »Cromwell«-Panzer. Vergeblich versucht der englische Major French mit seiner Pak-Abteilung das Unheil abzuwenden. Eines seiner Geschütze feuert aus einer engen Seitenstraße. Ein »Tiger« kurvt herein. Rammt das Eckhaus. Es stürzt zusammen. Die Trümmer begraben das Geschütz. Der »Tiger« schüttelt die Steine und Balken ab und rumpelt im Rückwärtsgang wieder auf die Hauptstraße zurück. Nur einem Geschütz von Major French gelingt ein Erfolgstreffer. Die Kette von Wittmanns »Tiger« wird zerfetzt, der Riese ist bewegungsunfähig. Wittmann befiehlt: »Ausbooten!« An der Spitze seiner Besatzung schlägt er sich zu seiner Kompanie durch.

Die Panzer von Möbius schlugen sich mit der britischen Infanterie in der Stadt herum. Durch die engen Straßen wogte der Kampf. Die Tommys wehrten sich verzweifelt. Aus Kellerfenstern und Hauseingängen schossen sie mit ihren Infanterie-Panzerknackern, einer Waffe ähnlich der deutschen Panzerfaust. Die »Tiger« von Untersturmführer Stamm und Oberscharführer Ernst Krieg bekamen Volltreffer und brannten aus. Die Besatzung kam nicht mehr heraus. Wütend fegten ihre Kameraden durch die Straßen.

Dieses Gefecht bei Villers-Bocage am 13. Juli ist eine der abenteuerlichsten Episoden der Invasionsschlacht: Ein Dutzend »Tiger« gegen eine ganze Brigade, gegen die Elite der berühmten Wüstenratten Montgomerys. In der Kriegsgeschichte der Engländer wird das Gefecht als »Die Schlacht um Villers-Bocage« bezeichnet. Und die britischen Chronisten reklamieren 7 abgeschossene »Tiger«-Panzer. Sie haben ganz offensichtlich einige alte Panzer IV, die in Villers-Bocage lagen, als »Tiger« gezählt. Begreiflich; denn bei Niederlagen und Rückzügen wird leicht falsch gezählt und falsch berichtet — auf jeder Seite!

Verlustzahl hin — Verlustzahl her — auf jeden Fall war der gepanzerte Stoß Montgomerys in den Rücken der Tilly-Front durch Michel Wittmanns »Tiger« gestoppt. Ein Dutzend »Tiger« gewannen die Schlacht.

Die Engländer standen noch unter dem Schock des Panzerüberfalls, als am frühen Nachmittag plötzlich auch deutsche Infanterie von verschiedenen Seiten gegen Villers-Bocage antrat.

Es waren Vorausabteilungen der anmarschierenden 2. Panzerdivision des Generals v. Lüttwitz, die zur Verstärkung der Panzer-Lehrdivision in den Raum zwischen britischem und amerikanischem Sektor der Invasionsfront geworfen wurde. Lüttwitz' Infanterie drang von Süden in die Stadt ein. Von Norden stieß eine Kampfgruppe der Panzer-Lehrdivision mit zwei 8,8-Kanonen und drei Feldgeschützen dazu.

Oberstleutnant Kaufmann, der tatkräftige erste Generalstabsoffizier Bayerleins, hatte die drohende Gefahr des britischen Flankenstoßes erkannt, rückwärtige Teile zusammengekratzt und diese persönlich zum Angriff gegen die Briten geführt.

Die Straßenkämpfe in Villers-Bocage dauerten bis zum Abend des 13. Juni. Dann räumten die Engländer das Schlachtfeld und zogen sich mit den Resten ihrer zusammengeschlagenen Verbände auf Livry zurück. Viel konnte allerdings nicht mehr herausgezogen werden. Der ganze Stab und die A-Kompanie mit 27 Panzern und allen Ketten- und Räderfahrzeugen der Panzerbrigade gingen verloren. Der Brigadegeneral, 15 Offiziere und 176 Mann waren gefallen. Die 1. Schützenbrigade ließ 4 Offiziere und 60 Mann auf dem Schlachtfeld.

Aber Montgomerys Plan hatte sich nicht auf den Angriff der 7. Panzerdivision beschränkt. Der Flankenstoß auf Caen war mit einem frontalen Angriff an der Tilly-Front gekoppelt. Er sollte Bayerleins Kräfte fesseln und von dem Umgehungsmanöver der 7. Panzerdivision ablenken. Diese sollte den eigentlichen Schlag, nämlich gegen den Rücken der Panzer-Lehr, führen und den Zusammenbruch der deutschen Front bewirken. Nachdem aber das Unternehmen bei Villers-Bocage gescheitert war, mußte Montgomery versuchen, aus der Fesselungsoperation bei Tilly eine Durchbruchsschlacht zu entwickeln.

Nach gewaltiger Artillerie- und Luftwaffenvorbereitung und orkanartigem Trommelfeuer trat am 15. früh die 50. britische Division, verstärkt durch neue Panzerkräfte, zum Großangriff an.

Die Hauptlast hatte Hauptmann Philipps zu tragen, Verteidiger von Tilly. Er schlug mit Teilen des Panzergrenadierregiments 901 alle Angriffe auf die Stadt ab. Es kam zu erbitterten Einzelkämpfen. Die Panzerfaust, die neue Waffe der Grenadiere, das MG 42, die Handgranate bestimmten die Schlacht. Tilly hielt. Aber Lingèvres ging verloren.

Auch La-Belle-Epine, das von der Panzeraufklärungsabteilung unter Major von Fallois zäh verteidigt wurde, fiel am nächsten Tag. Die Schlacht stand. Die Männer der Panzer-Lehrdivision hörten auch von ihrer rechten Flanke her tosenden Kampflärm. Im Raum Putot—Brouay, wo die 12. SS-Panzerdivision stand, waren die Engländer ebenfalls angetreten. Hier stürmte die britische 49. Division.

Am 16. Juni stoßen die Briten in breiter Front über die Straße Tilly—Balleroy. Starke Kräfte nehmen Hottot an der Straße Caen—Caumont. Es wird gefährlich.

General Bayerlein ist gerade auf dem Gefechtsstand vom Regiment 902, in dessen Abschnitt der Feindeinbruch liegt. Die unterstellte I. Abteilung des Panzer-Lehrregiments führt Major Markowski.

»Markowski muß Hottot zurücknehmen«, befiehlt Bayerlein. Der Major hat den Befehl gar nicht erst abgewartet, sondern die Abteilung bereits alarmiert: »Fertigmachen zum Gegenstoß!«

Nach kurzen Artilleriefeuerschlägen rasseln 15 »Panther« mit aufgesessenen Grenadieren los. An der Spitze Markowski. Wütend bellen die Langrohre. Tackern die MG. Blafft die Pak. In den Abendstunden hat Markowski die Briten geworfen und Hottot wieder genommen. Er selbst ist schwer verwundet. Die Verluste unter den Grenadieren sind hoch.

Die Dämmerung kommt. Gespenstisch stehen die Ruinen von Tilly im Sonnenuntergang des 16. Juni. Die 50. und 49. britische Division stürmen unentwegt gegen die Expfeiler der Front. Als gäbe es nichts Wichtigeres auf der Welt, als diese zerbombten, verbrannten Nester zu erobern.

Die V 1 jagt über die Front

In den gleichen Stunden, da die Engländer Tilly und Cristot berennen, greift die deutsche Führung urplötzlich nach London.

In Großbritanniens Metropole ist der Teufel los.

Ununterbrochen heulen die Alarmsirenen.

Geheimnisvolle unbemannte Flugkörper jagen mit 600 Kilometer Geschwindigkeit aus dem Raum Calais—Dünkirchen durch die Luft und detonieren vor, in und um London.

Die V 1 ist da.

Das Raketenjahrhundert ist eröffnet.

Wenige Minuten nach Mitternacht, vom 15. auf den 16., hat Hitler seinen neuen Höllenhund losgelassen. 7,33 Meter lang, mit 2 kurzen Tragflächen von 4,9 Meter Spannweite, simpel und gedrungen, so sehen die fauchenden Ungeheuer aus, die 1000 kg Sprengstoff tragen. Zum erstenmal in ihrer Geschichte erleben die Briten, daß ihre Hauptstadt einem Artillerieangriff vom Festland her ausgesetzt ist.

Der Angriff kam nicht überraschend. Der britische Geheimdienst hatte recht gute Informationen über die deutschen Arbeiten an den Fernraketen und der V 1. Am 17. August 1943 schlugen die Briten zu. Mit 597 Flugzeugen griffen sie das Zentrum der V 1-Produktion, Peenemünde, an. Die Wirkung war schrecklich. 735 Tote, darunter einige führende Techniker, lagen nach dem Abflug der Bomberflotte auf dem zerstörten Gelände.

Die Produktion wurde in den Harz verlegt, zum Teil in unterirdische, bombensichere Fabriken. Aber Churchills Secret Service erhielt auch davon Kenntnis und blieb über die Gefahr auf dem laufenden.

Im Dezember 1943 sollte der erste Abschuß der V 1 erfolgen. Aber der britische Geheimdienst machte die Abschußrampen aus und zerschmiß 35 von ihnen mit 3000 Tonnen Bombenlast. Der 15. Februar 1944 war der nächste deutsche Termin. Aber wieder wurden die Rampen zerbombt. Schließlich setzte Generalleutnant Ernst Heinemann den Start der V 1-Offensive auf die Nacht vom 12. zum 13. Juni fest. Oberst Wachtel, der Kommandeur des Flakregiments 155, dem der V 1-Einsatz unterstand, hatte Bedenken. Er wollte noch ein paar Testversuche mit der Steuerung machen. Aber Heinemann blieb beim festgesetzten Termin. Wie wenig geheim dieser war, zeigte die Tatsache, daß bereits einen Tag vorher, am Sonntag, dem 11. Juni, der geplante Einsatz in London bekannt war. Am Morgen des 12. warnte der stellvertretende Chef des britischen Geheimdienstes der Luftwaffe die Stäbe der Air-Force, daß der deutsche Einsatz der V 1 bevorstehe.

Inzwischen arbeiteten Oberst Wachtels Kanoniere fieberhaft. 20 Minuten vor Mitternacht sollte die erste Salve losgehen. Aber der Abschuß mußte auf 3.30 Uhr verschoben werden. Kurz vor 4 Uhr endlich donnerten die ersten zehn V 1 von den Rampen. Aber das Unheil war im Spiel. Fünf explodierten sofort nach dem Start. Der Rest kam eben noch über den Kanal.

General Heinemann stoppte sofort die Aktion und verschob die Offensive auf die Nacht vom 15. zum 16. Juni. Und diesmal klappte es endlich. Von 55 Rampen jagten die fauchenden Ungeheuer los. Bis zum Morgengrauen waren im Bereich der britischen Südküste 73 V 1 detoniert. Als der britische Innenminister dem House of Commons von dem Angriff der »bösartigen Roboter« berichtete, wurden die Mienen der Parlamentarier düster und sorgenvoll. Die deutsche Führung aber richtete ihre ganze Hoffnung auf die Wunderwaffe, die »Vergeltungswaffe 1«, in den Konstruktionsakten Fi — 103 oder »Kirschkern« genannt.

Hitler wollte mit der pausenlosen Bombardierung der britischen Hauptstadt den englischen Kampfgeist brechen. Er glaubte, die britische Führung kapitulationsreif schießen zu können. Deshalb weigerte er sich — und er weigerte sich Mitte Juni weiter —, die erste Rakete der Kriegsgeschichte gegen die zusammengeballte Invasionsflotte vor der Normandie-Küste oder die südenglischen Einschiffungshäfen einzusetzen.

Dort konnte die neue Waffe militärische Wirkung haben, konnte den alliierten Nachschub stören, ihn vielleicht sogar zum Erliegen bringen. Zum mindesten hätte man die Kriegsschiffe zum Abzug zwingen und damit das mörderische Schiffsartilleriefeuer, das ständig aus 640 Rohren auf die deutschen Landstellungen donnerte, ausschalten können. Ein Einsatz auf die Küsten der Landungsköpfe hätte die alliierte Front zumindest psychologisch treffen können. Die Empfindlichkeit der alliierten Fronttruppe gegen Artillerie und Bomben war ja bekannt. Aber nein — London sollte weichgemacht werden!

Es war ein verhängnisvoller Trugschluß, dem sich Hitler hingab. Wie eine Unterstreichung der deutschen Tatenlosigkeit gegen die feindliche Flotte vor der Invasionsküste wirkte der Feuerüberfall britischer Schiffsartillerie — ausgerechnet am 16. Juni, dem Starttag der V 1 — auf den Divisionsgefechtsstand der 12. SS-Panzerdivision, 27 Kilometer südwestlich Caen.

Der Sturmmann Hans Matyska, Fahrer im Stab des Divisionskommandeurs, hatte gerade den reparierten Befehlswagen von Gruppenführer Witt auf den Hof des Schlosses gefahren, als ein Artilleriebeobachtungsflugzeug in großer Höhe den Gefechtsstand anflog.

»Mensch, das gefällt mir gar nicht«, meinte der Schirrmeister zu Matyska. Beide griffen sich ihr Kochgeschirr und liefen hinüber zur Feldküche, um schnell noch das Mittagessen zu fassen. Sicher ist sicher! Aber der Funkapparat des britischen Artilleriebeobachters war schneller. Wie ein Gewitter orgelte die erste Lage heran. Schwerste Schiffsartillerie. 200 Meter hinter dem Schloß ging der Segen nieder. Haushoch die Wand aus Feuer und Dreck. Stille. Dann kam die zweite Lage. Der Giebel des Schlosses fiel prasselnd zusammen. Offiziere und Männer kamen ins Freie gestürzt und sprangen in den Splittergraben, der quer durch den Schloßhof lief. Auch der Divisionskommandeur, Gruppenführer Witt, stand schon am Graben. Er schaute noch mal über den Hof, um zu sehen, ob keiner seiner Männer verletzt liegengeblieben war, sah Matyska an die Hauswand gepreßt, schrie: »Matyska, hierher in den Graben.« Der Sturmmann rannte wie ein Hundertmeterläufer. Die dritte Lage orgelte heran. Matyska stolperte. Fiel lang in den Graben. Jetzt sprang auch Witt. Da versank alles in Krach, Feuer und Qualm.

Als sich Matyska unter dem Dreck hervorwühlte, sah er seinen Kommandeur liegen. Man kann es nicht beschreiben, was die 42-cm-Granate, die oben auf dem Grabenrand detoniert war, angerichtet hatte. Matyska taumelte über die toten Leiber. Machte noch einen Schritt und fiel in das große Loch der Bewußtlosigkeit.

Dieser unglückselige Vorfall zeigte, was für eine tückische Gefahr für Front und Stäbe die schwere Schiffsartillerie war. Aber Hitler konnte sich nicht entscheiden, die V 1 gegen die Flotte einzusetzen. Er stellte weiterhin seine Hoffnung auf politische Wirkung vor die dringendste militärische Notwendigkeit.

Freilich, der Beschuß durch die V 1 zerrte an den Nerven der Londoner. Beim 84. Korps gingen erbeutete Feldpostbriefe ein, die einen guten Einblick in die Stimmung drüben gaben. Da schrieb eine Warenhausangestellte ihrem Verlobten recht anschaulich, wie es in den ersten Tagen zuging: »Fast lautlos« — so berichtete sie — »gleich kleinen Flugzeugen, gleiten die Geschosse heran. Explodieren bald hier, bald da, über alle Stadtteile verstreut und reißen dicke Trichter. Häuser klappen um. Es ist schrecklich.« Aus einem Brief ergab sich, daß eine allgemeine Unsicherheit um sich griff. Umfangreiche Gebiete der Innenstadt wurden evakuiert. Eine Schreiberin gab als neue Anschrift ein Städtchen am Tyne an der schottischen Grenze an. Die Öffentlichkeit verlangte, daß die Bedrohung durch Eroberung der Abschußbasen ausgeschaltet werde. Sehr kritische Bemerkungen fielen über die »Meteroffensive«. Die ruhigen Briten schimpften recht temperamentvoll.

Aber Hitler sah nicht, daß der Einsatz der V 1 schon rein mengenmäßig und nicht zuletzt wegen der mangelnden Treffsicherheit gegen wichtige Einzelziele einfach nicht ausreichen konnte, um eine harte politische Führung der Briten verhandlungsreif zu machen. Noch am 17. Juni, als er zum ersten und zum letzten Male die Invasionsfront besuchte, glaubte er an die kriegsentscheidende Wirkung der V-1-Bombardierung Londons. Er lehnte erneut einen Einsatz gegen die südenglischen Häfen ab. Es war unbegreiflich. Rommel warnte. Rundstedt mahnte. Aber Hitler sah die Lage optimistisch. »Wir müssen nur die Nerven behalten«, beschwor er die Marschälle. Zur Lage an der Rußlandfront meinte er, daß dort keine ernsthafte Gefahr bestehe. »Im Osten halten, im Westen schlagen«, war Hitlers Parole. »Wenn wir die Invasion abwehren, macht England unter dem Druck der V-Waffen Frieden.«

Aber während Hitler seine Marschälle mit dieser These zu befeuern versuchte, krachten in Rußland bereits die Sprengungen an den Straßen, Brükken, Eisenbahngleisen und Nachschubdepots, mit denen die sowjetischen Partisanengruppen an der mittleren Ostfront die russische Sommeroffensive einleiteten. Vier Tage später brach sie beiderseits der Rollbahn Smolensk-Minsk los und brachte die Front der Heeresgruppe Mitte zum Einsturz.

Wo bleiben unsere Flieger?

In den frühen Morgenstunden des 18. Juni werden die Soldaten der Tilly-Front durch einen fürchterlichen Artillerieschlag in ihren Schützenlöchern hochgejagt. Die Erde bebt. Dann kommen zwei britische Divisionen im Verband des VIII. britischen Korps, verstärkt durch neu gelandete Panzerbrigaden. Im Schutze einer Feuerwalze der Schiffsartillerie und der Luftwaffe greifen die Engländer an. An den Ruinen von Tilly bricht sich der erste Sturm. Den ganzen Tag über wird um die Mauerreste gekämpft. Am Abend gehen sie verloren. Auch Cristot fällt. Aber der Durchbruch ist noch nicht geschafft. Die hinter die Ruinenstädte verlegte Hauptkampflinie hält.

Es wiederholen sich die blutigen Einzelkämpfe um jeden Meter Boden. Es wiederholen sich die Artilleriekonzentrationen, die Jabo- und Bombenangriffe. Es mehren sich die Verluste. Der Tag der Vernichtung von Panzer-Lehr- und 12. SS-Panzerdivision läßt sich ausrechnen. Das pausenlose Artilleriefeuer und die rollenden Luftangriffe werden sie langsam, aber sicher aufreiben. Wenn die Tiefflieger über die Stellungen jagen, wenn die Bombergeschwader heranorgeln, dann fluchen die Landser, schimpfen oder stöhnen sie immer wieder verzweifelt: »Wo sind denn unsere Flieger, wo ist denn die verdammte Luftwaffe von Hermann?«

Noch heute wird bei den ehemaligen Soldaten der Invasionskämpfe der alte Groll wieder wach, wenn sie an jene Wochen zurückdenken. Sie fühlten sich von der deutschen Luftwaffe im Stich gelassen, verraten und verkauft. Es war ja eine Seltenheit, einen deutschen Jagd- oder Schlachtflieger über dem Frontgebiet zu sehen.

Aber womit sollten denn die deutschen Piloten fliegen? Hier ein Exempel, das alles sagt: Wir lesen im Original einer geheimen Studie über die Invasionskämpfe, die dem Chef des Generalstabes der Luftwaffe vorgelegt wurde, folgendes:

»Jagdgeschwader 2 war durchschnittlich mit 30 Flugzeugen einsatzbereit. Es hat Gefechtstage gegeben, an denen das ganze Geschwader nur mit 8 Flugzeugen einsatzklar war. Der größte Teil der nicht einsatzklaren Jagdflugzeuge hätte in 48 Stunden wieder instand gesetzt werden können, wenn die erforderlichen Ersatzteile vorhanden gewesen wären. Diese sind aber von den Horsten in Westfrankreich für die Jägerhilfsaktion im Reichsgebiet abgezogen worden.« Und die Folgen? Sie wurden in dem Bericht schonungslos dargelegt.

Da heißt es: »Der Chef der Luftflotte 3 meldet: Planmäßige Zerschlagung der Bodenorganisationen, insbesondere aller Jägerplätze.

Der Ia der Luftflotte 3 meldet: Völliger Ausfall der Drahtnachrichtenmittel.

Der Ic der Luftflotte 3 berichtet: Feindangriffe mit 4-mot.-Verbänden für Bombenteppiche erst nur bei Tage, jetzt auch bei Nacht, vor allem gegen Verkehrsanlagen. Verhältnis der Fliegerkräfte im allgemeinen 1:20. An Großkampftagen etwa 1:40.

Das II. Jagdkorps berichtet: Eigener Jägereinsatz nur noch bedingt durchführbar. Aufklärung und Jagdeinsatz kommen im Invasionsraum nicht mehr zum Tragen. 30 anglo-amerikanische Flugplätze sind im Landekopf ausgebaut und belegt.«

Das war die Kapitulation in der Luft. Das war die deutsche Luftwaffe im Westen: ein vernachlässigtes, zerschlagenes Instrument. Hier liegt die Wurzel der deutschen Niederlage an der Invasionsfront. Aber kann man die Führung der deutschen Luftwaffe deshalb freisprechen von der Verantwortung? Gab es denn keine Improvisationsmöglichkeiten?

Uns liegt ein anderer Bericht der Luftwaffenführung vor, der aus den wichtigsten Kriegstagebüchern, Erfahrungsberichten und Studien zusammengestellt wurde. Darin wird vor allem auf die Unterlassung einer großräumigen Verseuchung der Invasionsgewässer mit Luftminen hingewiesen.

Es heißt dort: »Es hat sich in beiden Weltkriegen erwiesen, daß dichte Minensperren sogar auf offener See die Operationen der Seestreitkräfte und die Bewegungen der Schiffahrt einschränken und in bestimmte Räume lenken. Im Weltkrieg II haben Luftminensperren vor Häfen und Buchten noch größere Schwierigkeiten und einen erheblichen Aufwand an Räumtätigkeit mit sich gebracht. Es konnte daher mit Recht angenommen werden, daß eine strategisch großräumige und taktisch dichte Luftminenverseuchung eine den landenden Gegner abstoßende Kraft erzeugen würde. Gerade unsere schwachen Luftstreitkräfte hätten der Verteidigung auf diese Weise im Augenblick der Landung eine nicht unwesentliche Hilfe erweisen können. Die Minenverseuchung wäre eine strategische Maßnahme gewesen. Sie hätte von langer Hand dort angewandt werden müssen, wo man den Gegner erwarten konnte oder wo die Küstenbefestigungen und die Truppenbesetzungen weniger stark waren. Eine dichte Minensperre hätte die Bewegungen der Transporter und Kriegsschiffe sehr beeinflußt. Die treffsichere Wirkung der alliierten Schlachtschiffe gegen deutsche Erdtruppen in den Kämpfen um Caen wäre herabgemindert, die Gesamtverteidigung und die Bereitstellung zum Gegenangriff also erleichtert worden . . .«

Der Bericht weist schließlich noch darauf hin, daß außerdem die Räumung einer dichten Luftminensperre durch die alliierte Flotte, die mit großem Aufwand hätte vorgenommen werden müssen, ein wichtiger Hinweis gewesen wäre, wo der Schwerpunkt der Landeaktion zu erwarten war.

Die deutsche Luftwaffenführung hat diese Aufgabe nicht erkannt. Somit bleibt neben der unverschuldeten Tragik, das Opfer einer falschen und unzureichenden Rüstungspolitik geworden zu sein, auch noch eine rechte Portion eigene Schuld. Aber im Krieg wird Unglück oft zur Schuld, so wie Ruhm und Ehre sehr oft nur schmeichelnde Zugaben des Glücks sind.

V

Der Kampf um Cherbourg

»Fall Heinrich«

Die alte Schweinesuhle, in der Major Friedrich Wilhelm Küppers als Kommandeur der Artilleriegruppe Montebourg seinen Gefechtsstand hat, ist gut getarnt. Das Gefechtsjournal zeigt das Datum des 19. Juni. Küppers hockt in seinem gut getarnten Zelt, Kartenbrett und Schießplan auf den Knien.

Die Amerikaner sind mit vier Divisionen angetreten, um aus ihrem Landekopf »Utah« den Ausbruch nach Norden und Westen zu erzwingen. Küppers blickt auf, als die Decke vor seinem Stabszelt beiseite geschoben wird. Im Eingang steht, übernächtigt, blutverschmiert und verdreckt, der Oberleutnant Staake von der 5. Batterie Heeresküstenartillerieregiment 1262. Er kommt von der B-Stelle auf Höhe 117. Küppers ahnt Schlimmes.

»Was ist los, Staake, Mann, wie sehen Sie denn aus?«

Oberleutnant Staake meldet trotz seiner Verwundung präzise: »Der feindliche Panzerangriff am Bahnübergang ist in unserem Artilleriefeuer liegengeblieben. Aber durch einen Hohlweg ist der Vorstoß dann überraschend bis ins Wäldchen von Montebourg gelangt. Panzereinheiten stoßen beiderseits am Stadtkern vorbei. Nachfolgende Infanterie ist mit den Grenadieren der Kampfgruppe Berg, die den Stadtkern verteidigt, und den Einheiten der Kampfgruppe Hoffmann in schwere Kämpfe verwickelt. Es sieht böse aus«, schließt Staake. Und er fügt hinzu: »Wenn wir Glück haben, läßt sich die Einbruchstelle abriegeln. Wenn nicht, dann sitzen wir in der Mausefalle. Dann müssen wir hier raus, Herr Major, sonst schnappt uns der Ami.«

Major Küppers blickt seinen Oberleutnant an. Er hat recht, denkt er. Aber Quinéville—Montebourg—Ginsterhöhe, das ist die letzte Riegelstellung vor Cherbourg, das keine echte Landfront hat. Und wenn dieser Riegel bricht, ist für Cherbourg nichts mehr zu hoffen. Deshalb heißt es seit Tagen in jedem Befehl: »Wenn Montebourg fällt, ist der Weg nach Cherbourg frei. Montebourg muß gehalten werden.«

Die letzten acht Tage gehen Küppers durch den Kopf:

Am 12. Juni hatte er den Befehl über die neu zusammengestellte Artilleriegruppe übernommen, die zum Schutz von Montebourg aus fünf Batterien verschiedener Artillerieabteilungen gebildet worden war: 19 Geschütze, darunter vier 12,2-cm, zwei 10,5-cm und eine 15-cm-Selbstfahrlafette — zusammen mit der Flakgruppe König und mit Major Rassners Batterien des Nebelwerferregiments 100 eine beachtliche Feuerkraft. Sie sollte dem Grenadierregiment 919, das seit dem 6. Juni im Kampf stand und auf den Stadtrand von Montebourg zurückgedrängt war, und den Kampfgruppen Hoffmann und Müller von der 243. I. D. den Rücken stärken.

Der Kampf um Cherbourg hatte damit bereits begonnen; denn ein Kriegshafen, eine Festung, muß im Vorfeld verteidigt werden. Das lehrten alle Erfahrungen der modernen Landeoperationen von Nordafrika bis Sizilien und Italien; das lehrte recht früh auch der Fall von Singapur. Doch vergeblich hatten die Artilleriekommandeure darauf gewartet, daß vom Westen und Norden der Cotentin-Halbinsel entbehrliche Artillerie an die Ostküste verlegt wurde, um im zusammengefaßten Feuer den Brückenkopf der Amerikaner zu zerhämmern. Auch bei der Artillerie ging die Sünde wider Guderians altes Rezept um — nicht kleckern, klotzen! Man kleckerte. Die Furcht vor weiteren Landungen, die von der obersten deutschen Führung genährt wurde und sich wie ein Gespenst in vielen hohen Stäben eingenistet hatte, führte zu halben, was sage ich, zu zehntel Maßnahmen. Hier eine Batterie hin, dort zwei Geschütze zur Panzerbekämpfung.

Aber bei Montebourg sollte es anders werden. Die schwer kämpfenden Einheiten der Abriegelungsfront des »Utah«-Landekopfes sollten ein festes artilleristisches Rückgrat bekommen. Das sollte die Gruppe Küppers sein. Ihre Batterien schossen denn auch, was die Rohre hergaben. Und die Amerikaner rannten sich bei Montebourg, an der Ginsterhöhe la Pernelle, bei Quinéville, die Köpfe ein. Küppers schoß tagsüber »Raffinierfeuer«, das heißt ein straff zusammengefaßtes, zeitlich begrenztes Feuer, um der feindlichen Luft-, Schall- und Mündungsfeuer-Aufklärung die Arbeit zu erschweren. Nachts wurde »Feuerspritze« geschossen, das heißt ein Störungsfeuer, bei dem sämtliche Rohre geschützweise auf verschiedene Planziele gleichzeitig als Feuerschlag abgefeuert werden. Das sicherte eine materielle und psychologische Wirkung. Nervös strich der Amerikaner mit Artillerie und Schiffsgeschützen das Gelände ab. Die Beobachtungsflieger kreuzten ständig über der Front der Kampfgruppen und dem Hinterland. Wehe, wenn sie entdeckten, was nach Geschützstellung aussah. Dann war sofort die Hölle los.

Aber die Artilleristen haben das Tarnen gelernt. Die Geschützstellungen sind wahre Meisterwerke der Anpassung an die Umgebung. Einem Artilleristen ist eine gut getarnte und bewegliche Feldstellung tausendmal lieber als ein feststehender Bunker. Diese Betonklötze engten das Schußfeld ein, waren nicht zu verbergen, lagen als Ziele auf dem Präsentierteller und boten doch keinen vollen Schutz gegen Bomben und Schiffsartillerie. Waren Särge: für Männer und Kanonen.

Die Artilleristen der Feldstellungen lagen in Einmann-Deckungslöchern, genau wie vorne in der Hauptkampflinie die Grenadiere der Kampfgruppen

Müller, Keil, Berg und Hoffmann. Auf diese Weise waren auch schwerste Feuerüberfälle zu überstehen. Es mußte schon genau ins Loch treffen, um einem etwas zu tun. Und das geschah recht selten. So ein Einmannloch war doch recht klein. Und gut genug, um auch gegen die Luftaufklärer wie eine Tarnkappe zu wirken. Am Tage blieb alles in Deckung. Nachschub, Ersatz-

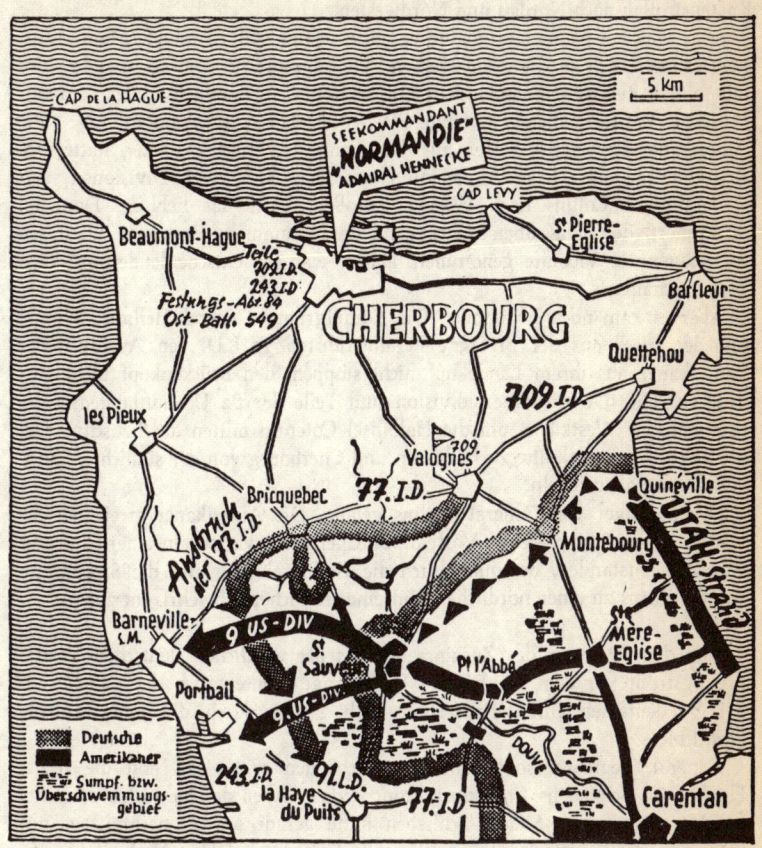

Um den Westteil der Cotentin=Halbinsel zu sichern, wurde dem Kommandeur der 243. I.D., General Hellmich, die frisch aus der Bretagne herangeführte 77. I.D. unterstellt und die Kampfgruppe Hellmich gebildet. Aber die 77. I.D. konnte den Ausbruch der Amerikaner aus ihrem Landekopf nach Westen nicht verhindern. Sie bekam daraufhin den vielumstrittenen Befehl, nach Süden durchzubrechen.

teile, Munition, Verpflegung — alles wurde nachts besorgt. Die Soldaten wurden zu erfahrenen Nachtwandlern.

Das Zusammenwirken massierter, modern geführter Artillerie mit den infanteristischen Kampfgruppen bewährte sich in Montebourg glänzend. Obgleich der Feind mit drei Divisionen anrannte, hielt die Front und sperrte die Küstenstraßen nach Norden und Nordwesten.

Aber was bei Montebourg glückte, ging weiter südlich schief. Major Küppers erinnert sich an die dramatischen Telefongespräche vom 16. und 17. Juni mit seinem Regimentskommandeur Oberst Reiter, in dessen Stab der Leutnant Professor Walter Hallstein — heute EWG-Präsident — als Adjutant saß: »Die Amerikaner sind nach Westen aus dem Landekopf ausgebrochen«, hatte ihm Reiter mitgeteilt. Diese Information stimmte. Mit zwei Divisionen war Generalmajor Collins nach Westen gestoßen, hatte das liebliche Douvetal durchquert, den Fluß überschritten und das zusammengedroschene Städtchen St. Sauveur le Vicomte genommen. Damit war ein entscheidender Brückenkopf geschaffen.

Aber es kam noch schlimmer: Die Kampfgruppe General Hellmich konnte mit der frisch aus der Bretagne herangeführten 77. I. D. den Ausbruch der Amerikaner aus ihrem Landekopf nicht stoppen, den Brückenkopf nicht eindrücken. Die 9. US-Infanteriedivision und Teile der 82. US-Luftlandedivision drängten zur Westküste, um die Halbinsel Cotentin mitten durchzuschneiden, die deutschen Streitkräfte zu halbieren und Cherbourg von der südlichen Landverbindung abzuriegeln.

Das Manöver von General Collins gelang. Die Amerikaner erreichten die Westküste bei Barneville. Im Vorfeld von Cherbourg war so ein amerikanischer Korridor entstanden, der quer durch die Halbinsel ging und die Streitkräfte des 84. Korps zu einer nördlichen und einer südlichen Abwehrfront zwang.

Aus dem Desaster des Zusammenbruchs der westlichen deutschen Verteidigungsfront vor dem Landekopf »Utah« ragt abenteuerlich der Durchbruch der 77. deutschen Infanteriedivision nach Süden durch die amerikanische Frontlinie.

General Stegmann sollte mit den Verbänden seiner Division die rechte Flanke von Schliebens Cherbourg-Front decken. Aber das 84. Korps erkannte die Hauptgefahr im Süden. Schlieben hatte gerade am 17. nachmittags mit Stegmann die Einzelheiten besprochen, da kam der Befehl: »Nach Süden absetzen!« Stegmann war über den Befehl nicht traurig: Er glaubte nicht an die Möglichkeit, die Landfront von Cherbourg mit abgekämpften Regimentern halten zu können. Er versprach sich auch nichts davon, nach Cherbourg hinein zu retirieren, in eine Festung, die seiner Meinung nach auf die Dauer doch nicht zu halten war — womit er recht hatte.

General Stegmann versuchte, seine Division so schnell wie möglich in kampfkräftigen Gruppen nach Süden durch die feindliche Front zu führen. Aber am frühen Morgen des 18. Juni erfaßten bei dem Dorf Briquebec Jabos die bespannten Teile der Division. Es gab ein schreckliches Durcheinander. Stegmann fuhr an der Straße entlang und versuchte, das Chaos zu meistern. Da fegte ein Jabo heran und nahm den Generalswagen unter Feuer. Prasselnd fauchte die Spur der 2-cm-Granaten in das Auto. Der General war sofort tot, gefallen als vierter General der Invasionsfront.

Am Tag zuvor war General Hellmich, Kommandeur der 243. I. D., auf eine ähnliche Weise gefallen. Auch ihn hatte eine 2-cm-Granate getroffen und auf der Stelle getötet.

Jabo-Tod hieß es an der Front. Jabo-Tod. Auch General der Artillerie Marcks, der beliebte und vorbildliche Kommandeur des 84. Korps, war am 12. Juni nach einem Jabo-Treffer westlich St. Lô im Straßengraben verblutet.

Das Kommando über die 77. I. D. Stegmanns übernahm als ältester Regimentskommandeur der Division Oberst Bacherer, Kommandeur des Infanterieregiments 1049. Er ließ die Einheitsführer zur Besprechung kommen. »Was soll geschehen?«

»Aufgeben«, meinten einige.

»Nach Norden, in die Festung Cherbourg ausweichen«, war der Rat anderer.

Bacherer fragte: »Sollen 1500 bis 2000 Männer in Gefangenschaft gehen, wo im Süden jedes Gewehr zum Aufbau der neuen Widerstandslinie gebraucht wird?«

In der Nacht zum 19. traten die Marschkolonnen an. Richtung Süden. Der Ic, Hauptmann Dr. Schreihage, hat den Geistermarsch der 77er durch die amerikanische Front geschildert: Die wenigen noch intakten Volkswagen und Funkwagen wurden klammheimlich durch die feindlichen Linien geschleust. Als der Morgen graute, marschierten die Kolonnen mitten durch feindbesetzte Dörfer. Die amerikanischen Posten erschraken beim Anblick der schweigenden Züge und waren schnell entwaffnet: rein in die Kolonne als Gefangene. Weiter. Die Nachrichtenabteilung rollte die Drähte der amerikanischen Fernsprechleitungen auf, um die Telefonverbindungen zu zerstören und — selbst wieder Material zu haben. Eine dichte Wolkendecke und Nieselregen schützten vor Jabos.

Gegen 11 Uhr bezog die Truppe in einem Hohlweg ein Lager. Als der liebe Gott den Schaden besah, entdeckten Spähtrupps keine 500 Meter entfernt ein Feldlager der Amerikaner.

Aber die Männer waren nicht imstande, weiter zu marschieren. Man mußte es darauf ankommen lassen.

»Kein Laut«, hieß der Befehl. »Schlafpause!«

Und sie fielen hin, wo sie standen. Am Rande des Hohlweges lagen die Posten mit den Gläsern vor den Augen. Würden die Amis was merken? Sie merkten nichts.

Am späten Nachmittag ging es weiter. Oberst Bacherer ließ einen Funkspruch an die im Süden außerhalb des amerikanischen Korridors stehenden Teile der 243. Division los: »Stoßen auf Villot. Öffnet Sperriegel. Können Sie uns durch Gegenstoß helfen?« Eine Handvoll Sturmgeschütze der 243er boxte daraufhin den 77ern bei Villot den Weg frei. Aber am Ollande-Flüßchen schien dann doch noch alles zu scheitern. Eine starke amerikanische Riegelstellung sperrte die Flußübergänge.

Bacherer wollte jedoch so dicht vorm Ziel die Partie nicht aufgeben. Jetzt mußte gefochten werden. Das I. Bataillon Infanterieregiment 1050 stürmte in alter Manier mit aufgepflanztem Bajonett, unter Feuerschutz eines leichten MG, den feindbesetzten Brückenkopf. Nahm die Brücke, zerschlug das II. Bataillon des US-Infanterieregiments 47 und machte noch zahlreiche Gefangene. Mit allen Verwundeten, 250 Gefangenen und zwölf erbeuteten Jeeps erreichten die Regimenter die deutschen Linien.

Alle diese Einzelheiten weiß der Major der Artillerie Friedrich-Wilhelm Küppers am 19. früh in seiner gut getarnten »Schweinesuhle« nördlich Montebourg natürlich nicht.

Aber er weiß, daß der Frontabschnitt Montebourg in der Luft hängt. Und Frontabschnitt, das ist nicht nur ein Stück Land, sondern das sind die Grenadiere der Kampfgruppen Hoffmann, Keil, Müller vorne in den Schützenlöchern; das sind die 19 Geschütze seiner fünf Batterien und die Kanonen des Flakregiments 30, die Nebelwerfer des Majors Rassner und die Pak-Züge der Panzerjägerabteilung 709 unter Hauptmann Hümmerich. Diese ganze Streitmacht »hängt in der Luft«, wie es im Sprachgebrauch heißt, hat keinen Flankenschutz und kann in Stunden zur Beute des Feindes werden. Küppers weiß, daß der Oberleutnant Staake recht hat, der da vor ihm steht und sagt: »Wir müssen hier raus, Herr Major, wir sind in der Mausefalle!«

Küppers ruft seinen Fahrer Johann Koch, den Stabsgefreiten: »Haben wir noch einen Schnaps für den Oberleutnant? Er hat ihn verdient.«

Koch bringt die Flasche. Zwei Daumenbreit sind noch drin. Als Glas dient der Trinkbecher.

»Danke, Herr Major«, schmunzelt Staake und läßt eine Daumenbreite hinter den Stoppelbart laufen. »Ist Fall Heinrich noch nicht ausgelöst, Herr Major?« fragt er.

»Nein, unser Befehl lautet: Halten!«

Der »Fall Heinrich« war das geheime Deckwort für die Absetzbewegung in den Festungsbereich von Cherbourg.

Nach dem Durchbruch der Amerikaner bei St. Sauveur und ihrem Stoß zur Westküste der Cotentin-Halbinsel war Schliebens rechter Flügel nicht mehr gedeckt. Die 7. Armee plante daher, diese Kräfte auf die Landfront Cherbourg zurückzunehmen. Geschah das nicht, bestand die Gefahr, daß die Amerikaner an der Westküste nach Norden eindrehten und die bei Montebourg stehenden Teile der Gruppe Schlieben abschnitten. Um das zu verhindern und der Truppe die Initiative zu belassen, sollte auf das Stichwort »Heinrich« die Absetzbewegung abschnittsweise erfolgen. Aber als das Führerhauptquartier von dem Plan erfuhr, tobte Hitler und verbot jede Rückzugsbewegung. »Die gegenwärtigen Stellungen sind zu halten, um jeden Preis«, hieß der übliche Befehl.

Aber die Tatsachen waren stärker. Nach Westen war ja Schliebens Front bereits aufgerissen. Da gab es nichts mehr zu halten. Rommel hatte telefonisch bei Rundstedt protestiert, und der hatte Hitler den Ernst der Lage auf der Halbinsel dargelegt. Darauf war die Entscheidung abgeändert: »Festung Cherbourg ist unter allen Umständen zu halten. Zurückkämpfen der südlichen Gruppen unter Verzögerung des feindlichen Vormarsches wird genehmigt. Eine Absetzbewegung in einem Zuge hat zu unterbleiben.« Die Einheitsführer wurden entsprechend unterrichtet. Die Verantwortung drückte jetzt auf ihre Schultern. Denn in die Sprache der Front übersetzt, hieß der Befehl: »Halten, bis es nicht mehr geht, erst dann, im letzten Augenblick, unter schwerstem Feinddruck weichen, um nicht gefangen zu werden!«

Wann aber war der letzte Augenblick? Wie sollte er ohne Einblick in die Lage des Nachbarn erkannt werden?

Eine Neugliederung sollte den Umständen Rechnung tragen und klare Befehlsverhältnisse schaffen. Die 709. Division und das Grenadierregiment 922 der 243. Division wurden zur Kampfgruppe »Cherbourg« gemacht und aus der Befehlsgewalt des 84. Korps genommen. Die Verantwortung für den Raum Cherbourg lag damit allein bei General von Schlieben. Er umreißt seine Sorgen mit den Worten: »Ein Funkspruch, der mir dem Sinne nach noch genau in Erinnerung ist, kam von Feldmarschall Rommel und sparte wahrlich nicht mit Aufträgen. Er lautete ungefähr: ›Gruppe Schlieben soll vorn halten, erst auf schweren Feinddruck zurückgehen, sich nicht vom Feinde umgehen lassen, den Feind durch listenreiche Kampfführung täuschen und zeitgerecht die Landfront erreichen.‹ Dabei hatte ich eine völlig zerschlagene und pferdebespannte, fast unbewegliche Division, und der Feind war weit besser und reichhaltiger motorisiert, als wir es zu Beginn des Rußlandfeldzuges bei unseren Panzerverbänden waren. Er verfügte über eine Luftwaffe, die jede Bewegung bei Tage unterband.

Ein anderer Befehl lautete« — so berichtet Schlieben weiter —, »daß nach dem letzten Befehl des Oberkommandos der Wehrmacht unter allen Umständen die Linie St. Vaast de la Hague — Le Theil — Landfront Cherbourg — Vauville zu halten wäre. Das bedeutete also einen Querriegel über den gesamten Nordteil der Halbinsel.

Wieder ein anderer Funkspruch besagte, daß nicht nur die Landfront, sondern auch unter allen Umständen die Halbinsel Jobourg in der Nordwestecke gehalten werden müßte.

Das gleiche wurde für die Höhen bei Brix gefordert. Ich hatte den Eindruck, daß oben nicht mehr mit dem Zirkel gearbeitet und die Karte gelesen wurde. Das Straßennetz auf der Halbinsel Cotentin war so reichhaltig und dazu so ausgezeichnet in seinem Bau, daß eine mot.-bewegliche Truppe jeden örtlichen Widerstand unschwer umfahren konnte. Dem Buchstaben nach hatte man mir freie Hand gegeben, in Wirklichkeit jagte aber ein Befehl den anderen.«

Auf diese Weise lagen infolge dieses »Anbindebefehls« am 19. Juni die Grenadiere und Artilleristen im Raum Montebourg noch immer in ihren Löchern, während auf der Westseite der Halbinsel die Ami-Panzer bereits auf Cherbourg operierten.

Wir kehren zurück zu Major Küppers in die Schweinesuhle nördlich Montebourg. Küppers greift zum Telefon und spricht mit den Kampfgruppen-Gefechtsständen. »Erst mal den Einbruch abriegeln«, ist deren Meinung, »sonst ist alles im Eimer.«

Also: »Zusammengefaßtes Feuer auf die einzelnen Einbruchstellen«, befiehlt Küppers. Die Batterien orgeln los. Die Werfer Rassners lassen ihre Salven heulen. Und es ist wie ein Wunder. Die Amerikaner stocken vor den Artilleriefeuerschlägen und den Nebelwerfersalven. Sie vermuten stärkere Kräfte, als da sind, und riskieren nicht, zügig durchzustoßen. Aber wie lange wird das dauern?

Gegen Mittag kommt durch Zufall eine Drahtverbindung mit der Division zustande. Beim Flicken der zerschossenen Leitung war man auf die Strippe zum Gefechtsstand des Generals von Schlieben geraten. Der Ia von Schliebens 709. Division, Major Förster, staunt: »Sie sind noch da? Wir dachten, Sie hätten sich schon in der vergangenen Nacht abgesetzt.« Damit reißt die Verbindung aber auch schon wieder ab. Eine halbe Stunde später prasseln die Hiobsbotschaften in Küppers' Gefechtsstand. Die Katastrophe bahnt sich an: Die Panzerjägerabteilung Hauptmann Hümmerich hat so viel Ausfälle an Pakgeschützen, daß die rechte Flanke nicht mehr gesichert werden kann.

Oberleutnant König, der Verbindungsoffizier zum Flakregiment 30, meldet, daß die Flakstellungen näherkommenden Gefechtslärm wahrnehmen und unter Beschuß von Granatwerfern und Panzern liegen.

Oberleutnant Storz, der Chef der 1. Batterie Artillerieregiment 1709, meldet von der Beobachtungsstelle auf dem Kirchturm von Huberville: »Beiderseits Montebourg formieren sich amerikanische Panzerverbände zum Angriff.«

Die 4. US-Division stößt in die offene rechte Flanke, die 79. gegen Montebourg vor, fährt mit ihren Panzern am Stadtkern vorbei und erreicht die Straßen nach Valognes.

Major Küppers telefoniert wieder mit den Kampfgruppenkommandeuren, die noch in ihren Gefechtsständen erreichbar sind. Oberstleutnant Hoffmann, Major Rassner und Oberleutnant Schmidt sind gerade bei ihm in der »Schweinesuhle« eingetroffen; sie waren aus ihren Gefechtsständen nördlich der Straße Montebourg—Valognes herausgeschossen.

Was tun, ist die Frage. Sich von der Flanke aus überrollen und zusammenschlagen lassen? Kapitulieren? Oder absetzen, dann aber unbarmherzig den Jabos ausgeliefert sein?

Der Himmel ist gnädig. Stürmischer Wind kommt auf und jagt tiefhängende Wolken vor sich her. Es beginnt zu nieseln. Das ist das Wetter, das die Truppe braucht. Das ist die Chance, der Falle zu entschlüpfen.

Noch einmal donnern die Geschütze, heulen die Werfer und verschießen die Munition, die nicht verladen werden kann, auf die Einbruchstellen und täuschen einen Gegenangriff vor. Durch diese List können sich die Kampfgruppen unbemerkt vom Feind lösen. Die schwierige Operation gelingt. Selbst die Grenadiere im Stadtkern kommen unbemerkt heraus.

Wie befohlen, wird »keine Absetzbewegung in die Festung in einem Zuge« gemacht, sondern eine Zwischenfront im Raume Le Mont bezogen. Um 18.30 Uhr sind die Kampfgruppen wieder in Stellung, die Artillerie ist schußklar. Nur wer erlebt hat, was diese Männer im pausenlosen Kampfeinsatz durchgemacht haben, kann beurteilen, was sich hinter dieser lapidaren Feststellung an Disziplin, an Gehorsam und Tapferkeit verbirgt: Wieder in Stellung!

Am nächsten Tag sind die Kampfgruppen von Montebourg in die Landfront von Cherbourg eingegliedert.

Der letzte Akt beginnt.

Führerbefehl: Bis zur letzten Patrone

Einzelne Bataillone, die in Widerstandsnester der Landfront Cherbourg einrückten, bestanden nur noch aus 90 bis 180 Mann. Wenn wenigstens die schwere Flak, die sich glänzend zur Panzerbekämpfung eignete, dagewesen wäre. Aber die Geschütze, darunter viele 8,8-cm, waren in ihren Stellungen liegengeblieben. Die Zugmaschinenstaffeln der Flak hatten ausgerechnet zusammengezogen im Absprungraum der amerikanischen Fallschirmjäger im Raum Ste. Mère-Eglise gelegen. Der verantwortliche Flakoffizier hatte den Zugmittelpark einfach stehen- und liegengelassen und sich »abgesetzt«.

Die Folge war verheerend. Die schwachen Kräfte der vier Kampfgruppen mußten ohne nennenswerte panzerbrechende Waffen nur in feldmäßig ausgebauten Widerstandsnestern den 50 Kilometer weiten Rundbogen um die Hafenstadt gegen sechs angreifende Divisionen verteidigen.

Auf der Jobourg-Halbinsel mit dem Außenwerk »Westeck« war das Grenadierregiment 922 als Kampfgruppe eingesetzt, daneben bis Widerstandsnest 463 die Kampfgruppe Keil mit dem Grenadierregiment 919 und dem MG-Bataillon 17. In der Mitte verteidigte das Grenadierregiment 739 unter Oberstleutnant Köhn; und den Ostabschnitt vom Widerstandsnest 436 bis Cap Levy hielt die Kampfgruppe Rohrbach mit dem Grenadierregiment 729. Der Führungskopf der Stadt- und Landfront lag im unterirdischen Gefechtsstand in Octeville, einem Vorort Cherbourgs. Hier saß auch der Seekommandant »Normandie«, Admiral Hennecke.

General von Schlieben war sich klar, daß auf eine lange Verteidigung gegen eine moderne motorisierte Armee nicht zu hoffen war. Es kam auf Zeitgewinn an. Zeitgewinn, um den Hafen vollständig zu zerstören und für amerikanische Anlandungen für lange Zeit unbrauchbar zu machen. Zeitgewinn, um im Süden den Aufbau der deutschen Abwehrfront zu ermöglichen und die auf Cherbourg operierenden Kräfte möglichst lange zu binden.

Schlieben sprach offen mit seinen Kampfgruppenkommandeuren. »Festkrallen, halten«, war der Auftrag für die Widerstandsnester. Die Männer taten ihr Bestes.

In den Gängen der unterirdischen Kommandozentrale kann kein Apfel mehr zur Erde fallen. Fast tausend Mann bevölkern die Stollen. Sitzen und liegen herum. Auf Kisten, Säcken, Munitionskästen. Schlafen, dösen oder schimpfen gereizt: Marineartilleristen, Hafenschutzboot-Besatzungen, Infanteristen, Bauarbeiter der Organisation Todt, Männer des Arbeitsdienstes, Luftwaffensoldaten. Es stinkt nach Pulver, nach Moder, nach den Auspuffgasen der Aggregate, nach Schweiß; denn die Entlüftung funktioniert nicht mehr.

Von den Stolleneingängen her hört man die Einschläge der Artillerie. Dann und wann zuckt das elektrische Licht, dann folgt gewöhnlich eine Detonation.

Ein Obergefreiter, der sich aus seinem überrollten Widerstandsnest vor einer Stunde in den Bunker gerettet hat, weiß es ganz genau: die Amis sind oben auf dem Hügel, über den Stollen; sie bohren mit riesigen Bohrgeräten Löcher und füllen sie mit Sprengstoff. »Wenn nicht bald kapituliert wird, machen die uns noch zu Mus«, schließt er herausfordernd.

Leutnant Blume, Ordonnanzoffizier von Admiral Hennecke, bahnt sich mühsam den Weg zum Lagezimmer. »Die Lage« zeigt sich allerdings in dem Stollen besser als auf den Karten. Die Landser nehmen kaum noch die Beine weg, um den Leutnant vorbeizulassen. So müde sind sie, abgekämpft oder auch demoralisiert und widerspenstig. Blume achtet schon nicht mehr

Der Verlauf der Kämpfe an der Landfront und in der Festung Cherbourg vom 21. bis 30. Juni

151

darauf. Er kommt aus dem Gefechtsstollen des Generals. Der Ia hat ihm genug gesagt. Hier ist nichts mehr zu hoffen.

Im Lagezimmer wartet Oberleutnant Schierhorn, Henneckes Adjutant. »Wie sieht's aus«, fragt er. Blume winkt ab: »Fort du Roule ist vor zwei Stunden gefallen; damit beherrschen die Amerikaner von den Höhen am Südausgang der Stadt jeden Winkel der Festung.« Erschrocken fragt Schierhorn: »Wie war denn das möglich? Wie konnte das starke Fort fallen? Das Felsennest galt doch mit seinen 15-cm-Geschützen als uneinnehmbar.«

Blume zuckt mit der Schulter:

»Die Amis hatten ihre Batterie bei einem Lazarett aufgestellt. Der Fortkommandeur konnte mit seinen starr zum Hafen zu in den Fels eingebauten Batterien nicht viel ausrichten. Mit Maschinenwaffen wagte er die Amerikaner nicht zu bekämpfen, aus Sorge, das Lazarett zusammenzuschießen. Seine Geschütze wurden auf kürzeste Entfernung durch die Scharten unbrauchbar geschossen.«

Schierhorn tritt an die Karte: »Wie lange können wir hier noch halten?« Blume antwortet ohne Zögern: »Auch unser Bunkerhügel ist bereits eingeschlossen. Die Amis sprengen den Südausgang zu und bohren Sprenglöcher von oben in den Hügel. Sie werfen geballte Ladungen in die Lüftungsschächte; die tun uns zwar nicht weh, aber da die Entlüftung ausgefallen ist, verpesten uns die Nitrogase die Luft. Wenn sie uns nicht aus unserer Höhle sprengen, gasen sie uns heraus.«

Der Leutnant schweigt. Der Adjutant schweigt. Das Grummeln der Artillerie klingt böse und gespenstisch in das moderne Burgverlies. Blume greift unter seinen Schreibtisch. »Die letzte«, sagt er und gießt aus einer Cognacflasche zwei Gläser voll.

Nur durch ein paar Meter Fels und Erde vom Lagezimmer Blumes getrennt, im Nachbarstollen, steht Generalleutnant von Schlieben, der Befehlshaber von Front und Festung Cherbourg, in seinem abgetäfelten Zimmer auch vor der Lagekarte mit dem Gewirr der blauen Linien und roten Pfeile.

Es ist Sonntag, der 25. Juni, 15.52 Uhr. Es klopft. Der Ia, Major Förster, tritt ein. Er hat einen Zettel in der Hand. »Die Antwort der Heeresgruppe auf unseren Funkspruch, Herr General.«

Schlieben dreht sich um. Er sagt nichts, aber seine Augen suchen in Försters Gesicht zu lesen, was die Heeresgruppe auf seinen Funkspruch entschieden hat, den er heute morgen in den Äther gejagt und der folgenden Wortlaut hatte: »Feindliche Materialüberlegenheit und Luftherrschaft überwältigend. Mehrzahl eigener Batterien verschossen oder zerschlagen. Truppe stark abgekämpft und mit Meer im Rücken auf engstem Raum zusammengedrängt. Hafen und alle wichtigen sonstigen Anlagen wirksam zerstört. Verlust der Stadt in Kürze unausbleiblich, da Feind bereits in Peripherie eingedrungen.

2000 Verwundete ohne Abtransportmöglichkeit. Ist die angesichts des Fehlens wirksamer Gegenwaffen zu erwartende Zerschlagung der eigenen Restgruppen auf Grund der Gesamtlage noch notwendig? Weisung dringend.«

Jedes Wort hat Schlieben im Kopf. Vor allem die letzte Frage. Er hat mit Förster alles gut formuliert. Sie müßten ihm freie Hand geben! »Und?« fragt er. »Wie ist die Antwort?«

Major Förster liest: »Sie haben gemäß Führerbefehl den Kampf bis zur letzten Patrone zu führen. Rommel, Generalfeldmarschall.«

»Ist das alles?«

»Das ist alles, Herr General.«

Der General blickt auf die Lagekarte an der Wand. Hundertmal hat er sich das Gewirr der Pfeile und Linien schon angesehen. Hundertmal die Tatsache registriert, daß das Gesicht der Festung Cherbourg der See zugerichtet ist. Dorthin ragen alle Kanonen der Marine-, Heeresküsten- und Festungsartillerie. Von dort hatte man den Feind erwartet. Daß er von hinten, von Land her, kommen würde, davon hatte, trotz mancher Mahnung, niemand in den deutschen Stäben etwas wissen wollen. Jetzt wurde die Rechnung präsentiert. Was den Engländern mit ihrer weltstärksten Seefestung Singapur im Jahre 1942 passiert war, drohte jetzt den Deutschen in Cherbourg: Einbruch durch die Hintertür.

Major Förster und der Ic zeichnen die neuesten Meldungen über Feindvorstöße mit roten Pfeilen in die Lagekarte ein: Überall gehen die roten Pfeile durch die blauen Linien und Kreise der deutschen Abwehrstellungen. Jeder Schnitt eines solchen Pfeils spiegelt eine Tragödie wider. Die Stützpunkte und Widerstandsnester sind zum Teil nicht verdrahtet. Benachbarte Widerstandsnester haben in dem unübersichtlichen Gelände oftmals keine Augenverbindung. Die Innenforts rings um den Stadtkern sind veraltet. Nur die beiden neuangelegten Außenwerke »Westeck« und »Osteck« sind moderne OT-Bauten. Aber auch sie waren zur Verteidigung gegen einen von Land angreifenden Gegner nicht zweckmäßig genug hergerichtet. Das ist die Landfront — eine Front, die vielleicht mit Eliteverbänden gehalten werden könnte, aber niemals mit den abgekämpften Resten zweier Infanteriedivisionen und den kampfungewohnten Mannschaften aus Flugplatzpersonal, Flaktrossen, Festungspionieren, bejahrten Matrosen, Schreibern und Ordonnanzen der Feldkommandantur 583 und älteren Zahlmeistern der Festungsstammbesatzung, Marinepersonal, Arbeitsdienst, Organisation Todt und georgischen Bataillonen!

Am 1. Mai 1944, runde fünf Wochen vor der Invasion, hatte General Marcks in einem übungsmäßigen Überraschungsangriff mit dem Sturmbataillon Messerschmitt bewiesen, daß die Festung von der Landseite her aufzurollen war. Und es war wie eine boshafte Lehre des Kriegsgottes, daß der erste wirkliche Feindeinbruch genau an der gleichen Stelle erfolgte, wo auch Marcks' Sturmbataillon in das Stellungsgelände eingebrochen war: an der Naht zwischen Widerstandsnest 422 und 426. Das Manöverergebnis war blutige Wirklichkeit geworden. Mußte es werden. Denn wie sollten Stützpunkte, die mit Veterinäroffizieren und ihrem Personal oder mit jungen, noch kaum ausgebildeten Fallschirmjägern besetzt waren, Panzerangriffe abwehren?

Die Front wird zersägt

Was die massierte feindliche Artillerie, was die Bomben nicht fertigbrachten, das schafften die Infanterieangriffe mit Panzerunterstützung schnell: Die Männer gaben die Stellungen auf und suchten Schutz in den Betonbunkern der Stadt. Andere Widerstandsnester wurden fanatisch verteidigt. So hielten 18jährige Arbeitsdienstmänner ihre Stützpunkte vor Gonneville mit verbissenem Mut. Das Gelände war ungünstig. Die Artillerie hatte schlechtes Beobachtungsfeld und konnte Panzerangriffe nur schwer bekämpfen. Trotzdem standen die Jungens wie kampfgestählte Grenadiere in ihren Gräben und warfen die amerikanischen Infanteristen noch mit dem Spaten wieder hinaus. Aber was konnten sie gegen Panzer tun? Ihre Panzerfäuste verschießen und dann die Hände heben.

Auch die erfahrenen Kampfgruppen waren gegen die mit allen technischen Hilfsmitteln ausgestatteten Amerikaner machtlos. Die Männer Keils, das hessisch-thüringische Grenadierregiment 919 und das MG-Bataillon 17, konnten nicht halten, auch die 922er der Kampfgruppe Müller nicht; Köhns Grenadierregiment 739 mußte weichen wie Rohrbachs 729er. Die amerikanischen Stoßregimenter zersägten kraft ihrer Materialüberlegenheit einfach die Front.

Oberstleutnant Keil berichtet: Die Angriffe der Amerikaner gegen jedes Widerstandsnest, wie klein es auch war, liefen stur nach dem gleichen Rezept. Erst Bombenangriffe mit 50 Flugzeugen. Dann Granatwerferüberfall. Dann Stoßtruppangriff. Die Amerikaner führten beste Sprechfunkgeräte mit sich. Sie meldeten sofort den Erfolg oder Mißerfolg nach hinten. Ehe der deutsche Kompanieführer überhaupt durch einen Melder erfuhr, daß in einem seiner Widerstandsnester der Feind saß, hatte der amerikanische Stoßtruppführer bereits stärkere Kräfte herangefunkt. Sie igelten sich im genommenen Nest ein und warteten auf den deutschen Gegenstoß. Schmierten ihn ab. Stießen nach. Stunden vergingen, ehe das Regiment über die Vorgänge ein klares Bild bekam und Gegenmaßnahmen größeren Stils einleiten konnte.

Inzwischen wurde dasselbe bei einem anderen Widerstandsnest exerziert. So wurde unter ungeheurem Materialaufwand die deutsche Landfront zermürbt, atomisiert.

So war es.

General von Schlieben dachte an seine Ernennung zum Kommandanten der Festung durch Hitler am 23. Juni. Der Führer hatte ihm ein Telegramm geschickt. Und darin hieß es: »Wenn es zum Schlimmsten kommen sollte, darf Cherbourg nur als Trümmerhaufen in die Hand des Feindes fallen.« Als Trümmerhaufen!

Schlieben betrachtete die Karte. Man konnte die Entwicklung des Kampfgeschehens genau ablesen.

Am 20. um 14 Uhr hatte die Artilleriegruppe Süd gemeldet: »Feindspitze auf der Straße Valognes—Cherbourg hat Südpfeiler erreicht. Erbitte Feuer frei.«

Am Spätnachmittag, gegen 17.45 Uhr, erreichten die Amerikaner auch im Ostabschnitt die Landfront beim Dorfe Le Theil. Sie fühlten vor. Wichen aber, als das Salvenfeuer der 5. und 8. Batterie vom Artillerieregiment 1709 auf die Panzerspitzen prasselte. Das war die Ouvertüre.

Am Morgen des 21. öffnete sich der Vorhang zum 1. Akt: Ein Luftangriff von ungeheurer Wucht mit mehrmals 1000 Flugzeugen ging auf die Landfront nieder. Dann folgten Artillerieüberfälle und Tieffliegerangriffe. Schließlich brummten die Panzer heran. Von St. Pierre-Eglise fühlte ein Verband gegen den Flugplatz bei Gonneville im Bereich der Widerstandsnester 410 bis 420 vor.

Hauptmann Zdralek, der Chef der 9. Batterie, saß als Beobachter im WN 416 und leitete das Feuer seiner Kanonen auf die Panzer. Treffer! Sie machten kehrt. Kamen wieder. Wollten den Durchbruch erzwingen. Aber es gelang ihnen nicht, die Artilleriepanzersperren zu umfahren. Die Amis zogen sich zurück.

An einer anderen Stelle jedoch gelang es.

»Alarm«, brüllten die Posten in den Widerstandsnestern 425 und 426. Aber da waren die Panzer in dem unübersichtlichen Gelände schon heran. Eine Fallschirmjägerkompanie aus noch kampfunerfahrenen Soldaten eines Lehrbataillons mit sechs Wochen Ausbildung wurde überrollt. Der Feind stand damit an dieser Stelle in der Hauptkampflinie. Leutnant Kadau, Grenadierregiment 729, hielt mit seiner Kompanie zwar die Widerstandsnester 421-424. Aber was nützte es. Die amerikanischen Panzer fuhren durch die Lücke bei 425.

Um 16.15 Uhr standen sie vor der Feuerstellung von Leutnant Ohlmeiers 5. Batterie, Artillerieregiment 1261. Die Stabsbatterie von 1709 unter Oberleutnant Bauer war überrollt, Bauer und die meisten Kanoniere gefallen. Die Feuerstellung der II. Batterie unter Oberleutnant Schwalbe verteidigte sich im Nahkampf. Geschütz um Geschütz wurde von Panzern niedergemacht. Die Pferde in den Troßstellungen zusammengeschossen. Oberleutnant Schwalbe kam verwundet in die Festung »Osteck« und berichtete.

Artilleriespähtrupps der 8., 10. und 11. Batterie gingen in den bedrohten Raum. Sie meldeten: »Feindspitzen mit Panzerunterstützung haben bereits die große Straße Cherbourg—Théville, westlich des Flugplatzes, erreicht. Leutnant Kadau hält noch immer in der HKL. Außer dem aufgerissenen Loch bei Widerstandsnest 425 ist die Hauptkampflinie intakt. Hauptmann Walter mit 8. Batterie vom Artillerieregiment 1709 vom Feind eingeschlossen. Verteidigt sich in Rundumstellung.«

Das war die Stunde der Artillerie. Die Gegenstöße der Infanteristen wurden durch zusammengefaßtes Feuer unterstützt. Was die Rohre hergaben, wurde gefeuert.

Wie durch ein Wunder waren noch alle Drahtverbindungen der Feldkabelleitung, die durch den Klappenschrank der überrollten Stabsbatterie gingen, zur eingeschlossenen 8. Batterie intakt. Der für die Feuerleitung durchverbundene Klappenschrank arbeitete ohne Bedienung mitten im feindbesetzten Hohlweg weiter.

»Durchhalten«, hörte die 8. Batterie immer wieder. Und sie hielt. Oberleutnant Frey kämpfte sich mit einem Bataillon des Grenadierregiments 729 im Gegenstoß an die Feuerstellung heran. Der Gefreite Rühl erledigte mit der Panzerfaust zwei Feindpanzer. Die Amerikaner schossen mit Phosphorgranaten. Aber die von drei Seiten eingeschlossene 8. Batterie stand. Vergeblich versuchte Frey, die verlorengegangenen Widerstandsnester 423 bis 425 abzuriegeln. Das schaffte auch Hauptmann Hallmann nicht, der mit einer Fallschirmjägerkompanie zur Unterstützung eingesetzt wurde. Die Gefahr blieb.

Noch drei Tage hielt sich die 8. Batterie, dann mußte die Stellung aufgegeben werden. Die Geschütze wurden gesprengt. Die Besatzung zählte noch 22 Mann.

Das alles spiegelt sich auf der Lagekarte im Gefechtsstand General Schliebens wider, in geraden und abgebogenen Pfeilen, in gepunkteten und gestrichelten Linien, in taktischen Zeichen für Batterien, Regimenter, Kompanien, für Gefechtsstäbe und Einheiten aller Art. Die große Schlacht ist zum abstrakten Wandgemälde geworden. Aber wer es zu lesen versteht, für den ist jeder Strich voll Leben und voll Tod.

Am 22. erzwangen die Amerikaner tiefe Einbrüche im West- und Südteil der Front.

Am 23. bohrten sich bereits vier Stoßkeile von Generalmajor Collin's Sturmregimentern in den deutschen Verteidigungsring. Die Hauptkampflinie brach an vielen Stellen zusammen. Panzer stießen im Bereich aller vier deutschen Kampfgruppen auf die Artilleriestellungen, die sich in Rundumverteidigung wehren mußten.

Am 24. stand der Feind in den Vorstädten Tourlaville und Octeville sowie am Fort du Roule. Der unterirdische Gefechtsbunker Schliebens, Henneckes und des Artillerieführers Reiter lag damit im unmittelbaren Kampfbereich.

Ein Captain geht durch die Linien

Am 25., gegen 10 Uhr vormittags, fuhr ein feindliches Kriegsschiffs-geschwader wie im Manöver vor der Festung auf. Schlachtschiffe, Kreuzer, Zerstörer. Sollte Cherbourg von See zusammengeschossen werden?

Im Funkraum von Fort Homat saß der Hafenkommandant Kapitän Witt an den Sehrohrschlitzen des Betonbunkers, der wie ein Kommandoturm auf einem Kreuzer anmutete. Das Glas am Auge: »Gittermast-Typen«, sagte er. Also Schlachtschiffe alten amerikanischen Typs. Jetzt eröffnete die Flotte das Feuer. Aus einer Wand von Rauch und Qualm rollten die Salven. Seit der Skagerrakschlacht hatte Witt kein schießendes Geschwader mehr gesehen. Fasziniert blickte er auf das Schauspiel. Etwas anderes konnte er nicht tun. Die Flotte hielt sich außerhalb seiner 15-cm-Batterie in Fort Homat.

Die Granaten pflügten das Gelände um. Treffer im Fort des Flamands. Explosion der Munitionsbestände. Brand.

Die Flotte fuhr vor der Festung hin und her. Schob sich östlich des Hafens etwas näher. »Jetzt muß ›Hamburg‹ doch hinlangen können«, ging es Witt durch den Kopf. Und da sah man auch schon die Abschüsse: Die schweren Küstenbatterien »York«, »Brommy« und »Hamburg« feuerten auf die amerikanischen Seestreitkräfte. Die Batterie »York« erzielte Treffer auf der »Texas«, auf einem leichten Kreuzer und auf einem Zerstörer. In der Batterie »Hamburg« ließ der Oberleutnant Gelbhaar seine vier 24-cm-Geschütze sprechen und erzielte Treffer auf zwei Kreuzern der Cumberland-Klasse. Die britische Admiralität bestritt zwar die auf deutscher Seite angenommene Versenkung eines Kreuzers; aber für die schweren Treffer gab es genug Zeugen, darunter auch Offiziere der Heeresküstenartillerie, die sicher nicht im Verdacht stehen, der Marine zu einem ungerechtfertigten Triumph verhelfen zu wollen. Nach einer Auskunft der amerikanischen Admiralität vom 4. März 1954 wurden von deutschen Batterien Treffer erzielt auf HMS »Glasgow«, USS »Texas«, USS »Brien«, USS »Bardon« und USS »Laffey«.

Die alliierte Flotte zog sich gegen 12 Uhr aus der Reichweite der deutschen Küstenbatterien zurück. Lightning-Bomber kamen in Massen angebraust und griffen die Batteriestellungen an.

Im Planquadratschießen gelang es der Marinefestungs-Artillerie und der Flak, 80 Bomber abzuschießen.

Eine Stunde später machte Schliebens Ic in der Mittagsmeldung die sehr entscheidende Eintragung auf der Lagekarte: Fort du Roule gefallen.

Mit einem Blick sah man, daß damit die von Süden kommenden Einfall-straßen ungesichert waren, frei für den Feind! Stadt und Hafen lagen den Amerikanern offen zu Füßen. Mit schwerer Artillerie befeuerten sie die ein-geschlossenen Hügel des Stadtteils Octeville, unter dem die Bunkerstollen der deutschen Befehlszentrale lagen.

Amerikanische Pioniere versuchten, die Kommandostellen zu sprengen und das Gehirn der deutschen Verteidigung lahmzulegen. Das war der Augen-blick, da Schlieben seinen mahnenden Funkspruch in den Äther schickte und bei der deutschen Führung anfragte, ob die Vernichtung der Resttruppen in Cherbourg noch notwendig sei. Wir kennen bereits die Antwort Rommels, die 15.48 Uhr ankam und 15.52 Uhr Schlieben vorgelegt wurde: »Sie haben gemäß Führerbefehl den Kampf bis zur letzten Patrone zu führen.«

Die nächsten Stunden stecken voller Dramatik.

Oben auf dem Hügel krachen die Sprengladungen, die den Südstollen zu-schütten sollen.

»Wir sollten die Amis vom Hügel schießen, Herr Admiral.« Hennecke blickt den Oberleutnant zweifelnd an; der erklärt kühl: »Ich habe das in Marcouf auch mit Erfolg gemacht. Es war die einzige Rettung. Ich ließ das Feuer der Nachbarbatterie Azeville auf meine Bunker legen, auf denen schon die feindlichen Stoßtrupps saßen, um uns aufzuknacken.«

Es ist der Oberleutnant Ohmsen, der mit dem Ordonnanz- und Lage-offizier Blume im Kommandoraum vor Hennecke steht und den überraschen-den Rat gibt. Hennecke überlegt.

»Haben wir noch Verbindung zu den Batterien am Cap de la Hague, Blume?«

»Jawohl, Herr Admiral!«

»Geben Sie durch, sie sollen unseren Hügel mit ihren 25-cm-Langrohr- oder mit den 20,3-cm-Kreuzergeschützen bepflastern. Und verständigen Sie General von Schlieben.«

Aber diesmal klappt Ohmsens Plan nicht. Die Batterien am Cap de la Hague sind von schwerer Schiffsartillerie und Fliegerbomben zugedeckt worden. Die Dejustierung der Geschütze ist bereits zu groß. Der Batteriechef fürchtet, in die eigene Front zu treffen. So bleiben die Amerikaner ungestört auf dem Hügel von Octeville bei ihren Bohrarbeiten.

2000 Verwundete liegen in den Lazaretten der engen Stadt. Kein Rotes Kreuz kann die Granaten abhalten. Ein leicht verwundeter gefangener ameri-kanischer Captain läßt sich von einem Oberarzt bei Schlieben melden: Er bietet sich an, durch die Linien zu gehen, dem amerikanischen Kommandeur die Lage der Lazarette zu bezeichnen und Medikamente zu holen.

Schlieben läßt ihn ziehen. Vielleicht will sich der Captain nur aus der Hölle verdrücken. Vielleicht aber nützt es doch etwas. Und es nützt. Gegen 17 Uhr kommt der Captain mit einer Ladung schmerzstillender Medikamente zurück. Und mit einem Brief des amerikanischen Kommandierenden Generals: Er fordert Schlieben auf, zu kapitulieren. »Sie und Ihre Truppe haben zähen und tapferen Widerstand geleistet; aber Sie sind in hoffnungsloser Lage. Die Kapitulation ist geboten — Antworten Sie über Funk auf Welle 1520 Kilohertz und zeigen Sie die weiße Flagge oder schießen Sie weiße Leuchtzeichen vom Marinehospital oder vom Pasteur-Krankenhaus. Dann schicken Sie einen Stabsoffizier mit weißer Flagge zum Bauernhof auf dem Wege nach Fort du Roule zur Entgegennahme der Übergabebedingungen.«

Schlieben läßt dem Captain sagen, er habe auf den Brief nichts zu antworten. Zeitgewinn ist sein Gedanke. Zeit für die letzten großen Sprengungen im Hafen, die es für lange Zeit unmöglich machen werden, Transportschiffe in Cherbourg zu löschen.

Punkt 19 Uhr geht ein gewaltiges Beben durch die Festung: Kapitän Witt, der Hafenkommandant, hat befehlsgemäß den Seebahnhof gesprengt. 35 Tonnen Dynamit zerschmettern die Kaianlagen. Werfen auch den Turm, das Wahrzeichen Cherbourgs, in das Hafenbecken. Schlieben hatte lange gezögert, ob der Turm gesprengt werden sollte oder nicht. Schließlich gab die militärische Erwägung den Ausschlag: Die Trümmer stellten eine weitere Erschwerung für die spätere Benutzung des Hafenbeckens dar. Cherbourgs berühmte Silhouette war verschwunden.

19.10 Uhr: Stoßtrupps amerikanischer Pioniereinheiten, Flammenwerfer und Bunkerknacker haben sich bis auf hundert Meter an die Nord-Ausgänge der Gefechtsstands-Stollen herangearbeitet. Der General läßt die Geheimsachen vernichten. Sein Ordonnanzoffizier, Oberleutnant Kruspe, setzt 19.32 Uhr den letzten Funkspruch ab: »Letzter Kampf entbrannt. General kämpft bei der Truppe.«

Die 7. Armee funkt pathetisch zurück: »Wir sind bei Ihnen.« Als Schlieben den Spruch liest, lächelt er resigniert.

Octeville kapituliert

Die Stollen sind vollgestopft mit Soldaten, die sich in den Bunker gerettet haben. Sie sind fertig. Sie warten auf das Ende. Nur die Unteroffiziere und Feldwebel zwängen sich noch durch die Stollen und schleppen Munition an die Ausgänge, wo die Kommandeure und ihre Offiziere mit Karabiner, MPi und MG schießen. Laut Befehl: »Bis zur letzten Patrone!«

Als Leutnant Blume die eiserne Tür zum Lazarettstollen aufmacht, schlägt ihm ein Gestank entgegen, daß es ihm den Atem benimmt. Ursula Bräutigam, seine tüchtige Stabshelferin, läuft ihm in die Arme. Sie hilft im Lazarett. Nachts schreibt sie noch das Kriegstagebuch.

»Wie geht's hier, Ursula?« fragt Blume.

Das Mädchen winkt ab. »300 liegen jetzt hier im Stollen zusammengepfercht. Aber das schlimmste ist, seit gestern sterben sie wie die Fliegen.«

»Warum«, will Blume wissen. Ursula Bräutigam zuckt mit den Schultern: »Fragen Sie den Oberstabsarzt.«

Ein Unterarzt kommt mit einem Behälter für Bluttransfusionen. Blume fragt ihn: »Wissen Sie, wo der Chefarzt ist?«

»Der operiert seit fünf Stunden.« Er will weiter. Aber Blume hält ihn fest? »Warum sterben die Leute?«

»Weil wir keine Entlüftung mehr haben; die Verwundeten werden vergiftet, sie sterben in der sauerstoffarmen Luft an den Gasen, die durch die Sprengungen, die Pulverdämpfe, die Explosionen in den Entlüftungsschächten ins Lazarett gelangt sind.«

»Und was kann man da machen?«

»Nichts«, sagt der Unterarzt, »noch nicht einmal eine Gasmaske würde dagegen helfen.«

Als Blume wieder am Ausgang des rechten Nordstollens ankommt, wo Schlieben und Hennecke mit ihren Karabinern hinter der Verschanzung stehen, schießen die Amerikaner gerade mit Granatwerfern auf die Deckung des Stolleneingangs.

Der Leutnant macht Meldung über die Lage im Lazarett.

Die beiden Kommandeure treten tiefer in den Stollen. Sprechen miteinander. Man hört das Wort Befehl. Und man hört Schliebens Worte: »Wenn meine Vorgesetzten mich zum General gemacht haben, dann müssen sie sich auch gefallen lassen, daß ich so handele, wie es die Lage und mein Gewissen gebieten.« Es ist nicht das erstemal, daß Karl Wilhelm von Schlieben so handelt. Im Juli 1943 führte er als Kommandeur der 18. Panzerdivision seine Soldaten in Rußland gegen den Befehl aus dem Kessel in die Freiheit. Heute will er seinen Landsern wenigstens das nackte Leben retten.

Dann fällt das Wort Parlamentär. Und wie ein Lauffeuer geht es durch die Stollen: »Der Alte schickt einen Parlamentär. Er macht Schluß.« Es war wie ein großes Aufatmen!

Als das weiße Bettuch an einem Karabiner aus dem Stollen gehalten wird, schweigt das feindliche Feuer. Es ist eine schreckliche Stille, die plötzlich über der gequälten Stadt liegt. Zwei Offiziere gehen mit der Flagge hinaus. Es ist kurz nach 14 Uhr. Am 26. Juni.

Der Kampf um das Gehirn der Festung Cherbourg ist zu Ende. Der Berg spuckt lange Schlangen von Landsern, Matrosen, Offizieren und Verwaltungsbeamten aus.

Schlieben und Hennecke werden am Stolleneingang von amerikanischen Offizieren in Empfang genommen und zu General Eddy gebracht, dem Kommandeur der 9. US-Division, der oben auf dem Hügel von Octeville steht. Er fährt mit den beiden Deutschen zu General Collins auf den Korpsgefechtsstand, 30 Kilometer südlich Cherbourg. Die Fotografen stehen schon bereit. Knipsen. Und bald wird das Bild von den feindlichen Propagandaeinheiten über den noch kämpfenden Stellungen abgeworfen — auch ein Teil des modernen Krieges.

Hinter der Szene spielte sich inzwischen eine interessante Auseinandersetzung ab. Einige amerikanische Offiziere schlugen der 1. Armee vor, General Bradley solle Schlieben zum Abendessen einladen. Im Stabe des amerikanischen Befehlshabers gab es ein Für und ein Wider. Schließlich entschied Bradley selbst aus echt amerikanischem Denken die Frage: »Wenn der Bastard vier Tage früher kapituliert hätte, würde ich ihn eingeladen haben, aber nachdem er uns einen Haufen Menschenleben gekostet hat — nein!« Nun, Old Bradley sollte noch mit anderen »Bastarden« Ärger bekommen, recht viel Ärger.

Für die Landser und die Truppenoffiziere stritt sich natürlich kein Ami, ob man sie zum Essen bitten sollte. Die Lautsprecher plärrten »Go on«, die GI's schrien: »Mak snell.«

Ursula Bräutigam, der Pfarrer und Frau Wist — jene Frau Wist, die am 5. Juni im Kasino in Cherbourg ein Konzert gegeben hatte, auf dessen Programm die Invasion nicht vorgesehen war — werden auf ein Lastauto verfrachtet und später gegen englische Schwestern in deutscher Gefangenschaft ausgetauscht.

Leutnant Blume, Oberleutnant Kruspe und der Obergefreite Kröhne aus Sand bei Kassel werden aus der Gefangenen-Sammelstelle rausgefischt und in einen Jeep gepackt. Marschbefehl: Richtung US-Hauptquartier in Yvetot, zu Schlieben und Hennecke.

Ab geht es; schwer bewacht wie gefährliche Jungs. Ein Sergeant sitzt mit dem Finger am Abzug seiner MPi auf der Wagenkante.

»Wo fahren die denn lang«? fragt Kruspe. Blume schaut sich die Gegend an. Sagt zu dem Begleitoffizier, der neben dem Fahrer sitzt, in seinem besten Englisch: »Sie fahren auf verminter Straße.«

»Shut up, son of a bitch!« — Halt's Maul, Hundesohn — knurrt der Amerikaner. Da knallt es auch schon: Minentreffer!

Schreck und Stoß lassen den Sergeanten seine entsicherte MPi durchziehen. Die Garbe tötet die beiden Amerikaner und den deutschen Gefreiten. Dem Sergeanten selbst reißt ein Splitter den Leib auf. Nur Kruspe und Blume kommen — wenn auch schwer getroffen — mit dem Leben davon. Blume mit einer MPi-Kugel im Kopf.

Mit Octeville war die ausgedehnte Hafenstadt natürlich noch nicht in amerikanischer Hand. Schlieben hatte ausdrücklich nur für seinen Stab kapituliert. Die Kommandeure in den verschiedenen Stadtteilen, besonders im kampfstarken Arsenal, mußten auf eigene Faust entscheiden. Auch sie wußten: Zeitgewinn ist alles.

Daß an keinen langen Kampf mehr zu denken war, leuchtete jedem ein. Die Panik ging um. Die Kampfmoral war an den meisten Stellen gleich Null. Hinter den Wällen des Marinearsenals standen zwar noch kampfkräftige Verbände unter dem Kommando des Stadtkommandanten Generalmajor Sattler. Aber im Gegensatz zum Hafenkommandanten Kapitän Witt hielt dieser nichts von einer Fortsetzung des Kampfes. Er kapitulierte am 27. früh und ging mit 400 Mann in Gefangenschaft.

Kapitän Witt gab noch nicht auf. Er ließ von einer Arbeitsdiensteinheit den Wall entlang dem Dockbecken abriegeln, besorgte die letzten Sprengungen und fuhr bei einsetzender Ebbe mit 8 Offizieren und 30 Mann auf einer Segeljacht und zwei Ruderboten hinüber in die Befestigungswerke der Außenmole. Hier, im Fort West, war der Sprengtisch für die intakten Minenfelder vor der großen Westeinfahrt. Wer da die Hand am Drücker hatte, konnte die Einfahrt sperren.

Die Marinegruppe West in Paris war nicht wenig überrascht, als noch am 27. Juni ein FT einging: »Gefechtsstand Hafenkommandant auf Fort West. Zündtisch klar.« Erstaunt funkte Paris zurück: »Wie nach Fort West gekommen?« Lakonisch antwortete der listige Witt: »Mit Yacht und zwei Ruderbooten in Morgendämmerung!«

Der Kapitän konnte nicht ahnen, daß diese Angaben in Berlin zu einer Heldenstory am Rundfunk genutzt wurden. Sie klang sehr schön; aber sie hatte den Nachteil, daß auch die Amerikaner sie abhörten.

General Collins, der wegen seiner Blitzsiege, die er mit der 25. US-Division auf der Insel Java gegen die Japaner errang, den schmeichelnden Spitznamen »Blitz-Joe« trug, war schon wütend genug über die Verzögerung des Cherbourg-Feldzuges. Sein Ruf war lädiert. Er konnte Heldenepisoden von den deutschen Widerstandsnestern am allerwenigsten gebrauchen. Der Kampf gegen Witt wurde für ihn zur Prestigefrage.

Drei Tage brauchten die Amerikaner trotzdem noch, bis sie die Forts auf der Außenmole mit Artillerie und Luftwaffe sturmreif geschossen hatten. Als der Sprengtisch im Fort West durch den Beschuß mit Betonbruch-Granaten in Trümmer ging, gab auch der verwundete Witt auf.

Auch im Westteil der Cherbourg-Front, auf der sogenannten Nachrichtenhalbinsel, ging der Kampf weiter. Das Gebiet hatte seinen Namen von den vielen Nachrichtengeräten der Marine und der Luftwaffe, die hier zur Beobachtung der Südküste Englands aufgestellt waren.

Hier focht die Kampfgruppe Keil mit Regimentsstab und II. Bataillon Grenadierregiment 919, Sturmbataillon Messerschmitt und MG-Bataillon 17. Die Artilleriegruppe West unter Major Quittnat und die leichte Flakabteilung 932 gaben dem Widerstand artilleristisches Rückgrat. Weiter westlich

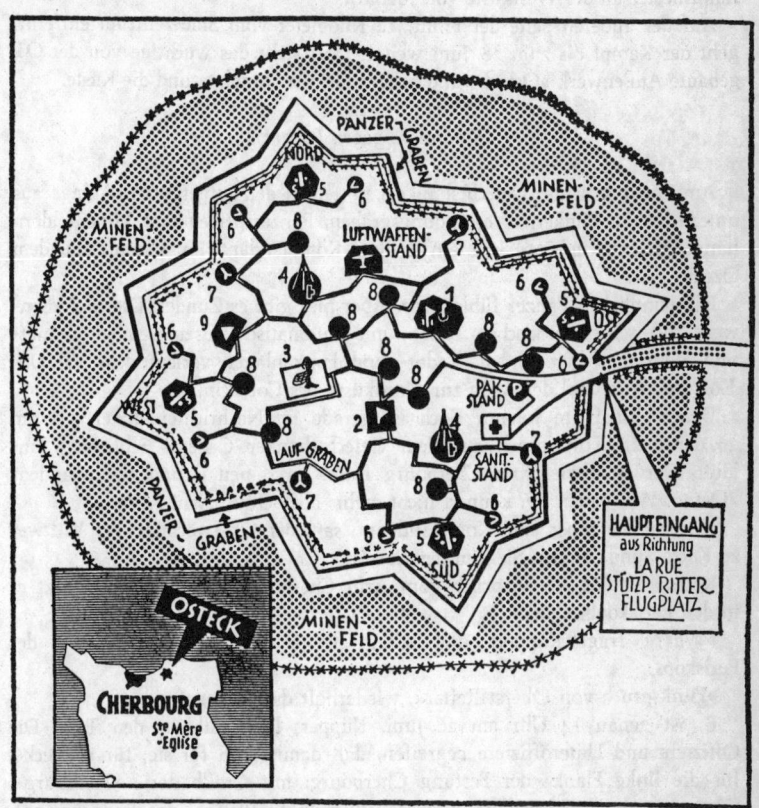

Außenwerk »Osteck«, eine moderne unterirdische Verteidigungsanlage, mit dem Gefechtsstand der »Artillerie=Gruppe Ost« unter Major Küppers. Küppers hielt die östliche Landfront noch bis zum 28. Juni. Die Nummern bedeuten: 1. Periskop=Bunker, 2. Gefechtsstand des Außenwerk=Kommandanten, 3. Radar=Anlage, 4. Nachrichtenstände, 5. Sechs=Scharten=Stände Nord, West, Süd, Ost, 6. Werferstände mit automatischer Auslösung, 7. Festungsflammenwerfer=Stände, 8. Mannschaftsunterkunftsbunker, 9. Beobachtungsstand Richtung Hafen Cherbourg.

hielt die Kampfgruppe Müller mit Teilen des Grenadierregiments 922 und zwei Batterien des Artillerieregiments 243.

Sie schenkten den Amerikanern der 9. Division nichts. Erbittert wurde um jeden Stützpunkt gerungen. Erst am 30. Juni kapitulierten die Reste der Widerstandsnester an der Westküste von Jobourg.

Auf der anderen Seite der Front, 12 Kilometer vom Stadtzentrum entfernt, geht der Kampf bis zum 28. Juni weiter. Dort steht das wuchtige von der OT gebaute Außenwerk »Osteck« und beherrscht den Flugplatz und die Küste.

Kanoniere gegen Panzer

Am Periskop seines Gefechtsbunkers mitten in der gutgetarnten Anlage aus unterirdischen Bunkern, Verbindungsgräben, Panzersperren und Minenfeldern hängt Major Küppers: wie ein U-Boot-Kommandant im Kampf auf dem Ozean.

Die feindlichen Panzer fühlen vor. Aber hier gibt es Zünder. Dieses Außenwerk mit seinen tückischen Fallen, mit automatisch auszulösenden Granat- und Flammenwerferständen, Radar- und Funkanlagen verlegt dem VII. US-Korps noch einmal den Weg zur Nordküste des Cotentin.

Der Stabsgefreite Johann Koch ist gerade im Nachrichtenbunker, als am 26. der letzte Funkspruch aus dem Gefechtsbunker General Schliebens einläuft. Der Artillerieführer Cherbourg funkt an seinen Gruppenkommandeur »Ost«: »Wir bauen ab, können nicht mehr, alles Gute, Arfü Reiter.«

»Sausen Sie rüber zum Kommandeur«, sagt der Oberwachtmeister Wittwer zu Koch, »und bringen Sie ihm den Spruch.«

Koch flitzt los. »Funkspruch vom Arfü Cherbourg, Herr Major«, platzt er in den Periskopbunker.

»Was?« fragt Küppers und schaut weiter gespannt ins Okular des Periskops.

»Funkspruch von Oberst Reiter«, wiederholt der Stabsgefreite.

Es ist genau 14 Uhr am 26. Juni. Küppers liest halblaut den Text. Die Offiziere und Unteroffiziere begreifen, daß damit auch für sie, für »Osteck«, für die linke Flanke der Festung Cherbourg, mit Großbatterie »Hamburg«, Küstenstützpunkt »Seeadler« und Flakstützpunkt »Ritter«, das Ende beginnt.

Küppers setzt das Sprechgerät wieder auf, ruft im Nachrichtenbunker an und fragt, ob vom Arfü Cherbourg die Sendefrequenzen für Funkverkehr mit dem Korps oder der Armee durchgegeben wurden.

»Nein«, ist die Antwort. »Wir haben rückgefragt, aber der Gefechtsbunker Octeville schweigt. Wie soll er auch noch funken! An den Eingängen der Stollen unter dem Hügel von St. Sauveur stehen längst die Amerikaner und filzen die deutschen Landser.«

»Sehen Sie zu, daß Sie Verbindung mit irgendeinem Stab bekommen«, befiehlt Küppers den Nachrichtenmännern. Und die Funker tasten sich über die Skala ihrer Empfänger. Lauschen. Drehen. Lauschen.

Endlich ist eine Verbindung da: mit der 319. Infanteriedivision auf der Insel Guernsey, schließlich auch mit einem Marinestab in Le Havre. Über beide Stellen gibt die Kampfgruppe »Osteck« noch in der Nacht in verschlüsselten Sprüchen Bericht über die Lage, zur Weiterleitung an das 84. Korps und die 7. Armee. Wer sie las, konnte nicht im Zweifel sein, daß im »Osteck« Cherbourgs trotz der artilleristischen Massierung kein langer Kampf mehr zu erwarten war.

Küppers berichtet: 9. und 10. Batterie Artillerieregiment 1709 und 7. Batterie Heeresküstenartillerieregiment 1261 bei Tourlaville—Bretteville von Feindpanzern überrollt.

»Überrollt!« Das klingt nüchtern. »7., 9. und 10. Batterie.« Zahlen. Aber dahinter steht das Schicksal von ein paar hundert Männern der Batterien, unbekannten Kameraden mit ihren Pferden, ihrem Troß.

Küppers berichtet weiter. 5. Batterie von 1709 und Flakbatterie »Hamburg« feuerbereit. Ein Flügelgeschütz von Gelbhaars 24-cm-Seezielbatterie »Hamburg« für den Landeinsatz einsatzbereit gemacht durch Wegsprengen der Betondecke.

Was sich an Soldaten und Offizieren von den verlorengegangenen oder aufgelösten Batterien der Heeresküstenartillerie-Regimenter 1261 und 1262 einfindet, wird infanteristisch im »Osteck« eingesetzt. Auch die übriggebliebenen Männer aus der 11. Batterie 1709 und der 5. Batterie 1262 sind darunter. Oberwachtmeister Schneider und Leutnant Schwulst führen sie ins »Osteck«. Was aus den Grenadieren des Bataillons Katzmann geworden ist, das bis zuletzt die Stellung vor Gonneville und am Flugplatz hielt, bleibt unbekannt.

In den frühen Morgenstunden des 27. sieht man im Periskop des Befehlsbunkers amerikanische Infanterie über die Höhen springen. Richtung Westseite des Flakstützpunktes Ritter, der den Zugang auf der Straße vom Flugplatz her abriegelt. Panzer rollen zwischen der angreifenden Infanterie. Die Flakbatterie Ritter feuert, was das Zeug hält.

Der erste Panzer bleibt liegen. Der zweite brennt. Aber dann sind drei, vier heran, rollen in die Stellung. Jetzt ist Wachtmeister Gradert mit seinen Männern von der 11. Batterie am Zuge. Sie liegen als Panzervernichtungstrupps im Hinterhalt. Von Deckung zu Deckung springen sie mit der Panzerfaust im Arm an die Shermans heran. 20 Meter.

Nur Ruhe.

Der Amerikaner spuckt mit seinem MG. Noch 10 Meter. Jetzt muß er's kriegen. Fauchend geht die Handfeuerrakete los. Der Sprengkopf knallt gegen den Turm.

Blitz.

Donner.

Der Sherman brennt wie eine Fackel.

Die Besatzung will ausbooten.

Fällt im MPi-Feuer.

Auch Unteroffizier Kühnast kriegt seinen Panzer vors Rohr.

Es ist der Führungspanzer. Treffer unterm Turm. Offenbar in den Munitionsstapel; denn er explodiert. Die anderen beiden Shermans machen kehrt und verschwinden. Die begleitende Infanterie flutet zurück oder bleibt im MG-Feuer liegen.

»Feindangriff gegen östliche Landfront«, ruft eine halbe Stunde später Leutnant Czychon, der Periskopwache hat.

Major Küppers klemmt sich ans Okular. Richtig. Die Amerikaner versuchen es jetzt andersrum. Sie wollen die im östlichen Teil der Landfront noch haltenden Widerstandsnester im Abschnitt 410—418 von hinten her aufrollen und dann die Batteriestellung »Hamburg« nehmen.

Die Minen haben keine Zünder

Vom Periskop hat man einen ausgezeichneten Überblick. Das Feuer der Artillerie- und Flakbatterien kann säuberlich gelenkt werden, ohne die eigenen Truppen zu gefährden.

Das 24-cm-Flügelgeschütz der Batterie »Hamburg« hämmert Störungsfeuer auf den feindlichen Nachschub. Jabos versuchen, den unangenehmen Störenfried außer Gefecht zu setzen. Die Schiffsartillerie orgelt ihre Granaten vor die Stellung. Aber Gelbhaars Feuerspeier hat diesmal Glück.

Die Flak und die Feldgeschütze der Artilleriegruppe legen dichtes Sperrfeuer vor die amerikanische Panzerspitze. Ein toller Feuerzauber, eine detonierende feurige Panzersperre. Als der dritte Panzer in Flammen aufgeht, dreht das Gros ab. Die begleitende Infanterie zieht sich zurück.

Wie beim Mühlespiel, wenn der Gegner eine Zwickmühle hat, zieht jetzt der amerikanische Befehlshaber wieder nach der anderen Seite den Angriff auf, wieder stürmen Panzer von den Höhen um Maupertus entlang der Küstenstraße. Aber auch dieser Angriff bleibt im gut gelenkten Geschützfeuer liegen.

Wütend schießt die Schiffsartillerie der Amerikaner ihre Rollsalven gegen »Osteck« und die Batterie »Hamburg«.

Von Nordosten rollt eine starke Feindkolonne an. Geht in einer Koppel in Stellung. Sorglos. Die Fahrzeuge dicht aufeinandergefahren. Wie mit einer Riesenfaust schlagen Küppers' 5. Batterie und die Flak »Hamburg« hinein. Das ist teuer. Aber da fährt bereits ein starker Panzerverband von Süden heran. Unerschöpflich ist diese amerikanische Armee. Wie eine moderne technische Hydra: Wo man einen Panzerkopf abschlägt, fahren zwei, drei, ein halbes Dutzend wieder auf.

Der Sechs-Scharten-Turm Süd erhält Volltreffer. Die beiden in der Nähe liegenden Maschinen-Granatwerfer werden außer Gefecht gesetzt. Die Panzer sind plötzlich im Festungsgelände.

»Weiße Fahne auf Sechs-Scharten-Turm Süd«, meldet der Periskopbeobachter. Die Stammbesatzung hat das Zeichen zur Kapitulation gesetzt. Leutnant Zerban, ihr Kommandant, der in den Befehlsbunker zu Major Küppers befohlen wird, zuckt mit der Schulter: »Was erwarten Sie von alten, nicht an Kampf gewöhnten Reservisten?« fragt er resigniert. Küppers schenkt ihm einen bösen Blick, klemmt sich ans Periskop, und was er denkt, klingt aus seinem Befehl an die 5. Batterie: »Feuer auf Sechs-Scharten-Turm Süd!« Und dann lenkt Küppers die Salven, bis die weiße Fahne von der Stange geschossen ist.

Oberleutnant Schwalbe erhält Befehl, mit seinem Panzervernichtungstrupp im Pakbunker die Einbruchstelle am südlichen Panzergraben zu säubern. Auch Oberleutnant Staake wird mit seinen Männern auf den südwestlichen Raum, Richtung Sechs-Scharten-Turm angesetzt.

»Wie kommen die Feindpanzer ohne Verluste durchs Minenfeld?« fragt Küppers verwundert. Leutnant Zerban klärt ›das Wunder‹ auf: Die Minen haben gar keine Zünder. Es wurden nicht genug geliefert, um alle Minensperren scharf zu machen. Begreiflich, daß immer mehr Panzer nach den anfänglichen Treffer-Verlusten an anderen Stellen nun durch diese Lücke ins Außenwerk stoßen.

»Ein schöner Mist!« brummt Wachtmeister Planer, »wer dafür verantwortlich ist, den sollte man jetzt in den Panzergraben schicken.« Ja, aber wer ist verantwortlich für dieses und für vieles andere auf der Halbinsel Cotentin? Wer? Die Lebenden fragen es. Und die Gräber, die endlosen Gräberreihen an der langen Straße von Carentan über Ste. Mère-Eglise—Montebourg-Valognes—Théville—»Osteck«.

Auch am Sechs-Scharten-Turm Ost greifen Panzer an und setzen ihn mit gezieltem Feuer außer Gefecht.

»Alle Besatzungen in die Bunker, zur Nahverteidigung.«

Oberleutnant Schwalbe hält mit seinen Männern den Pakbunker am Osteingang, und Oberleutnant Staake säubert mit den Kanonieren der 5. Batterie das Gelände um die Radar-Bunkeranlage. Aber was nützt das alles. Von Südwesten her sind inzwischen amerikanische Infanteristen in Kompaniestärke durch den nicht geladenen Minengürtel gesprungen und über den Panzerdeckungsgraben gelangt. Die Stammbesatzung in den Werferständen hat schon aufgegeben. Küppers läßt das Feuer der 5. Batterie 1709 und das der Batterie »Hamburg« nach bewährtem Rezept jetzt auf seine eigene Stellung legen. Die amerikanische Infanterie wird vor und auf den Bunkern festgenagelt. Die Panzerbesatzungen werden nervös. Aber freischießen kann er »Osteck« nicht.

Auf dem überwachsenen Periskopbunker errichten die Amerikaner ahnungslos eine Beobachtungsstelle, von der aus sie ihr Feuer gegen die Batterie »Hamburg« leiten. Die Amis haben das gut getarnte Periskop noch nicht ausgemacht; aber Küppers hat sie erkannt. Er ruft Oberleutnant Gruber an, den Chef der 5. Batterie. Dreimal läßt er sein Arbeitsgeschütz feuern. Volltreffer. Es rummst leicht im Bunker. Die B-Stelle der Amerikaner ist weggepustet.

Jeep mit weißer Flagge

Gegen 21 Uhr stehen amerikanische Pioniere am Periskop-Bunker und versuchen, die Eingänge zu sprengen.

»Wir müssen uns freiboxen, Herr Major«, meint Wachtmeister Planer. Küppers nickt: »Stellen Sie einen Stoßtrupp zusammen.«

Küppers führt ihn selbst. Wie der Teufel fegen sie aus dem Stollen. Obergefreiter Panschütz schießt mit seinem MG den Weg frei. Wachtmeister Planer und die Obergefreiten Koch und Notermanns halten die Amerikaner mit Handgranaten nieder. Küppers verjagt mit drei Mann die Sprengkolonne. Da prasselt Karabinerfeuer aus der Flanke. Panschütz fällt. Sein MG schweigt. Zurück in den Stollen!

Die Amerikaner werden vorsichtig. Mit der hereinbrechenden Nacht ziehen sie sich unter der Wirkung des Artilleriefeuers zurück. Die letzten Granaten werden gegen 21.45 Uhr verschossen, nur 20 Nebel-Geschosse bleiben übrig.

Dann beginnt der Nervenkrieg. Die Amerikaner rufen aus einem genommenen Bunker den Befehlsstand an und fordern die Übergabe.

»Morgen werden wir alles aus der Luft zerbomben. Dann gibt es keine Kapitulation mehr«, sagt der Mann am Telefon in holperigem Deutsch. Lautsprecher plärren vor den Bunkern. Sie berichten von dem Fall Cherbourgs.

Küppers weiß, daß sein Widerstand nicht mehr lange dauern kann. Er berät mit seinen Offizieren. »Wir wollen den Morgen abwarten«, ist der Entschluß.

Gegen 3 Uhr, am 28., fährt ein amerikanischer Jeep mit einer weißen Flagge vor den Periskop-Bunker. Am Haupteingang wird der Parlamentär, ein Leutnant, empfangen. Er fordert »bedingungslose Kapitulation«.

»Dazu brauchen wir keinen Parlamentär«, erwidert Küppers. »Sagen Sie das Ihrem Kommandeur. Sagen Sie ihm auch, ich sei bereit, mit ihm über die Form einer fairen Übergabe zu verhandeln. Nicht zuletzt, um die Frage der

Versorgung der Verwundeten und die Übergabe der amerikanischen Gefangenen zu klären.«

Der amerikanische Leutnant äußert sich nicht und braust davon.

Kurz nach 8 Uhr ruft Periskop-Beobachter Leutnant Czychon: »Mehrere Jeeps mit weißer Flagge in Anfahrt auf Osteck-Eingang.«

Diesmal ist es der Kommandeur der 4. US-Division, Generalmajor Barton. Er kommt mit seinem engeren Stab, um Major Küppers den Vorschlag zur Übergabe zu machen.

Der General war nach dem ersten Weltkrieg Festungskommandant von Ehrenbreitstein. Er hatte offenbar freundliche Erinnerungen an Deutschland, und als er hörte, daß Küppers aus Wiesbaden stammte, kam schnell ein persönliches Gespräch in Gang.

»Time is running«, sagt schließlich mahnend ein Stabsoffizier zum General, »die Zeit drängt.« Barton nickt, läßt sich seine Generalstabskarte geben und breitet sie vor Küppers aus. Der Großangriff für den 28. war genau eingezeichnet. »Ich will Ihnen offen sagen, was in dem Augenblick losgeht, da unsere Verhandlungen scheitern.« Der General zeigt auf die Karte, und darin sind die für den Angriff vorgesehenen Kräftegruppen eingezeichnet. Es handelt sich um das verstärkte 22. Infanterieregiment, das 5. Ranger-Bataillon, das 24. Panzer-Bataillon sowie Divisions- und Korpsartillerie.

»Was aus der Luft und von See kommt, steht nicht auf der Karte; aber ich glaube, Sie können es sich vorstellen. Wozu also der Widerstand? Den Kampfgeist Ihrer Soldaten bewundere ich, die Schießkunst Ihrer Artilleriegruppe, mit der ich seit Montebourg zu kämpfen habe, hat mich erstaunt. Sie haben mir hart zugesetzt.«

»Darf ich die Karte mal ansehen?« fragt Küppers.

»Bitte«, lächelt Barton.

Was Küppers sieht, läßt ihn begreifen, warum der General lachen konnte. Das deutsche Stellungssystem war haargenau in die Karte eingezeichnet, ausführlicher als in den eigenen Karten. Auf der Rückseite befanden sich die genauen Angaben über Bestückung und Munitionierung der Kampfstände und Bunker, die Namen der Stützpunktkommandanten, der zuständigen Bataillons- bzw. Abteilungs- und Regimentskommandeure. Auf dem Anschlußblatt war der alte Verteidigungsabschnitt »Ost« außerhalb des Festungsbereichs im Raum St. Pierre-Eglise eingetragen.

Zu seinem großen Erstaunen sieht Küppers auch hier die Details der deutschen Stellungen. Sogar die Belegstärke der Ortsunterkünfte ist richtig verzeichnet. Die Gefechtsstände tragen die Namen der führenden Offiziere. Bei der 11. Batterie, Artillerieregiment 1709, ist allerdings noch der Name des am 5. Mai 1944 durch Panzerfaust verunglückten Batterieführers Oberleutnant Ralf Neste verzeichnet. Das ist aber auch der einzige Fehler.

General Barton bemerkt die große Überraschung im Gesicht Küppers. »Wir haben nichts dem Zufall überlassen«, sagt er ruhig. »Ehe wir zur Invasion schritten, hatte unser Nachrichtendienst alle Einzelheiten der deutschen Küstenverteidigung mitsamt den im Stellungskalender niedergelegten Maßnahmen nach Originalplänen beschafft.«

Es ist still im Bunker. Es ist still draußen. Kein Schuß fällt. Und niemand ruft mehr den Sanitäter. Küppers' Gedanken hängen an der Frage: Wie konnte der Feind das alles erfahren?

Nun, die Antwort ist gar nicht so schwer: Ein Heer von Agenten im besetzten Frankreich hatte diese Informationen zusammengetragen — besorgt von Schwätzern, von Leichtsinnigen und von Verrätern. Die französischen Widerstandskämpfer hatten den Rest besorgt — das, was sie als Quartierswirte und als »Hilfswillige« erfuhren, erlauschten, erspähten. Ungezählte Brieftauben brachten diese Informationen über den Kanal in die Taubenschläge des alliierten Geheimdienstes drüben in Südengland. Der Erfolg war grandios. Die Geschichte dieser gigantischen Spionage- und Nachrichtenarbeit muß noch geschrieben werden. Es ist die Geschichte der »Allianz der Tiere«, der bedeutendsten geheimen Nachrichtenorganisation der Alliierten in Frankreich; die Geschichte vom »Panther«, dem französischen Oberst Alamichel, der die Organisation gründete, von Oberst Faye, dem »Löwen« und Marie-Madeleine Merrie, der jungen hübschen und kühnen Organisatorin, die seltsamerweise »chérisson«, also »Igel«, genannt wurde.

Die »Alliance« hatte in Frankreich 2000 fest besoldete Mitarbeiter: Hauptagenten, Agenten, Funker, Kuriere, V-Männer. Diese hatten ein Netz von Informationen über ganz Frankreich geworfen. Sie saßen in der OT, in den Wohnungsämtern, in den Bürgermeistereien, sie waren als Putzfrauen in den Quartieren und Stäben der deutschen Besatzungsarmee tätig, · lächelten als Kellner in Kantinen und Soldatenheimen, waren Dolmetscher und auch verführte oder gepreßte deutsche Verräter. Der Leiter der »Alliance« hatte drei Stabsquartiere in Paris für seinen Stab von Offizieren und für seinen englischen Cheffunker »Magpie«, Zauberelster. Eines der Quartiere war die Anlaufstelle für Kuriere; das zweite diente als Ausweichstelle für den Notfall und das dritte, das Hauptquartier in der Rue Charles Lafitte, wurde von »Odette« geleitet, jener berühmten Schwiegertochter Winston Churchills. Hier liefen die Nachrichten zusammen; hier wurden sie nach Heer, Marine, Luftwaffe, Politik und Wirtschaft sortiert und mikrofotografiert. Dringende Nachrichten wurden chiffriert nach London gefunkt. Den Verkehr dorthin besorgten Flugzeuge oder Schnellboote, die in Verbindung mit Motorseglern und Thunfischern standen. Die »Allianz der Tiere«, das ist ein erregendes Kapitel des geheimen Krieges in Frankreich: listig, brutal, opferreich, kühn und schmutzig zugleich.

Die Karten von General Barton waren eine Frucht — eine von vielen.

Die Beratung, die Küppers mit seinen Offizieren hat, ist kurz. Jeder weiß: Weiterkämpfen in dieser Lage ist sinnlos. Die Vernunft gebietet, ein Ende zu machen.

Um 13.30 Uhr reicht General Barton Major Küppers die Hand: Es ist der 28. Juni. Im Außenwerk »Osteck« und in den Batteriestellungen ist der Krieg aus. Die Männer wandern den Weg zurück, den sie gekommen sind, zum »Utah«-Landekopf. Dort gesellen sich die letzten Toten zu den ersten: Mancher alte, abgekämpfte Landser ertrinkt, weil er den Weg durch die brusthohe Flut zu den Transportern nicht mehr schafft.

Düster das Ende, wie die ganze Schlacht um Cherbourg. Als der deutsche Wehrmachtbericht den Fall der Seefestung bekanntgibt, schütteln die Offiziere und Soldaten in den Stäben in Le Havre oder auf den Kanalinseln die Köpfe. Sie sind seit Wochen Zuschauer in der Loge, sehen, wie vor ihren Augen die zu geringen deutschen Kräfte im Wirbel der Schlacht verheizt werden. Sie begreifen den grandiosen Irrtum nicht, der die deutsche militärische Führung beherrschte, als sie beste Divisionen am Kanal Gewehr bei Fuß stehen ließ, statt sie in die Schlacht um die Landeköpfe zu werfen.

Es wirkt heute fast unbegreiflich und beweist doch, wie der moderne, technische Krieg ebensosehr durch Fehlspekulationen wie durch Waffen entschieden wird. Das sollte den Verfechtern der Macht, die nur in technischer Überlegenheit denken, eine Lehre sein.

Die Quittung des Irrtums

Als Cherbourg fiel, standen allein zwischen Seine und Schelde mehr deutsche Divisionen untätig in ihren Quartieren, als an der Invasionsfront gegen den Feind eingesetzt waren. Warum? Weil das Führerhauptquartier und das deutsche Oberkommando beherrscht waren von der Zwangsidee, daß die Landung in der Normandie nur ein Ablenkungsmanöver sei und daß der Hauptstoß noch an der engen Stelle des Kanals, am Pas de Calais, kommen werde.

Vom ersten Tage der alliierten Landung an waren die deutschen Gegenmaßnahmen von diesem Irrtum bestimmt.

Eine Heeresgruppe aus zwei Armeen mit 24 Infanterie- und 5 Luftwaffenfelddivisionen sowie eine Panzergruppe mit 6 Panzerdivisionen standen Anfang Juni in der Nordhälfte Frankreichs, in Belgien und den Niederlanden bereit. Aber 48 Stunden nach den Landungen der alliierten Angriffsverbände an drei verschiedenen Küstenabschnitten der Normandie vollzogen sich die deutschen Gegenmaßnahmen immer noch im Rahmen von Regimentern, Bataillonen und Kampfgruppen. Wenn Divisionen ins Kampfgeschehen eingriffen, so waren sie nur mit Teilen an der Front. Diese Teile schlugen sich hervorragend; aber — so paradox es angesichts der Kulisse von 35 deutschen Divisionen klingt — der Angreifer war dank seiner Schwerpunktbildung und auf Grund der deutschen Strategie der Aushilfen überall in der Überzahl. Unablässig verstieß die deutsche Führung bereits in den ersten zwei Tagen der Invasion gegen Guderians Grundsatz: »Nicht kleckern, klotzen!« Im Kleckerkrieg wurden die deutschen Verteidigungsstellungen, die kleinen Eingreifreserven, die Kampfgruppen aufgerieben. Trotz erfolgreichster Gegenwehr, die den Feind zum Teil bis an den Rand der Niederlage brachte.

Aber die deutsche Führung nutzte keine Chance. Wie ein Alpdruck lag die Angst auf ihr, es würden, ja, es müßten an anderen Stellen der Küste noch Großlandungen erfolgen. Die Scheinflotte in den britischen Häfen und die der deutschen Aufklärung aus Pappmaché und Holz vorgegaukelten Militärlager in der Grafschaft Kent taten ihre Wirkung, um diese fixe Idee der obersten deutschen Führung zu bestärken. Die Gesetze amphibischer Operationen waren den Generalen im deutschen Oberkommando fremd. Man ließ Divisionen an der Westküste Frankreichs Gewehr bei Fuß stehen, weil man dort Landungen befürchtete, an Stellen, wo das auf Grund der Wetterlage und der Strandbedingungen nicht möglich war. Auf diese Weise trat der paradoxe Fall ein, daß Ende Juni allein die Amerikaner in ihrem Frontabschnitt 4 Korps mit 14 Divisionen gelandet hatten, denen nur 3 intakte deutsche Divisionen, die Reste von 3 zerschlagenen Divisionen und 5 Regimentern gegenüberlagen; eine Kampfkraft, die unter Berücksichtigung der materiellen Ausstattung vielleicht 5 Divisionen entsprach. Aber ganze Armeen schauten aus ihren Quartieren an der Süd- und Westküste Frankreichs und in den Badeorten Belgiens und Hollands dieser Tragödie verzweifelt zu. Festgenagelt durch Befehle, die in einer vollständigen Verkennung der Lage wurzelten.

Der alle anderen alliierten Kriegsberichter überragende Australier Chester Wilmot schreibt dazu: »Beim Fall Cherbourgs befanden sich 25 britische und amerikanische Divisionen im Landekopf. Im Vereinigten Königreich warteten 15 Divisionen auf die Einschiffung nach der Normandie und 6 in der Ausbildung begriffene als Verstärkungsdepots für die britische Armee an allen Fronten. Der deutsche Nachrichtendienst berichtete seiner Führung jedoch: ›Der Feind hat im Landekopf 27—31 Divisionen und eine große Zahl von Heerestruppen aller Art eingesetzt. In England stehen noch 67 große Verbände bereit, von denen mindesten 57 bei einem Großunternehmen eingesetzt werden können.‹ Die 42 nicht vorhandenen Divisionen, die der deutsche Geheimdienst in Eisenhowers Reserven einreihte, waren das Ergebnis britischer Kriegslist und deutscher Begriffsstutzigkeit. Es war den Agenten der Verbündeten ein leichtes, bei den deutschen Agenten eine bis zur Lächerlichkeit übertriebene Aufmarschstärke an den Mann zu bringen, fanden sie doch in der Nachrichtenabteilung des OKH bereitwillige Abnehmer. Diese untergeschobenen Divisionen umnebelten das Urteilsvermögen des deutschen Oberkommandos und trugen dazu bei, seine Strategie zu verzerren.«

Cherbourg war die erste Frucht dieser »verzerrten« deutschen Strategie. Sie sollte nicht die einzige bleiben.

VI

ZWISCHEN CAEN UND ST. LO

Höhe 112

Zwischen der Orne und der Nationalstraße 175, die von Avranches nach Caen führt, fließt die Odon. Ein Flüßchen, das südlich von Caen in die Orne mündet. Wer kannte es schon vor 1944? Aber heute erinnern sich Zehntausende ehemaliger deutscher und englischer Soldaten an diesen Teufelsbach. Es gab Tage, da staute sich das Wasser vor den Leichen der Gefallenen.

Und es gab Tage, da fluchte man mehr über seine Brücken und seinen Lauf als über die blutgetränkte Höhe 112, den Drehpunkt der Odon-Offensive Montgomerys.

Die Engländer konnten nicht hinter den Amerikanern zurückstehen, als Eisenhowers VII. Korps auf Cherbourg stürmte. Sie wollten auch ihren Sieg. Und sie wollten ihn dort, wo er ihnen seit Wochen versagt blieb: bei Caen, dessen Einnahme in Montgomerys Fahrplan schon für den 2. Invasionstag, D + 1, eingezeichnet stand. Mittlerweile zählte man jedoch D + 16.

Am 22. Juni treten die britisch-kanadischen Verbände nach einem unvorstellbaren Trommelfeuer an. Sie wollen über das Odon-Flüßchen zur Orne stoßen, die beherrschenden Bergzüge mit der strategisch wichtigen Höhe 112 nehmen und dann die Stadt im Umfassungsangriff erobern. Das ist der Plan.

Die Briten treffen auf die 12. SS-Panzerdivision »Hitlerjugend«. Eine Schlacht entbrennt, die zu den schrecklichsten des zweiten Weltkrieges gehört. Einzelne Bataillone werden überrollt. Kompanien zerstampft. Die Panzer der 11. britischen Panzerdivision fahren wild gegen die deutschen Pak-Nester. Der Einbruch gelingt. Jetzt gilt es, den Durchbruch über das Odon-Tal zu erzwingen, dann ist Caen verloren und die deutsche Normandiefront durchbrochen.

Gegen Montgomerys Panzerdivisionen stehen nur noch Reste deutscher

Verbände, kleine Gruppen, einzelne Grenadiere, die in Hohlwegen liegen, die Panzerfaust im Arm. Und da kommen die Shermans angefahren. Einer, zwei, drei, vier. Das ist der Augenblick da der Kampf gegen die moderne Kriegsmaschinerie noch von einem einzelnen Mann aufgenommen werden kann — vielleicht zum letzten Male in der Geschichte der Kriege.

Und der Mann ist da. Emil Dürr mit Namen, 20 Jahre alt. Er springt aus dem Gestrüpp. Schießt den Sherman mit einer Panzerfaust in Brand. Greift dann zur Haftladung und schlägt sie gegen die Wand des Deckungspanzers. Aber sie fällt ab. Er springt den Panzer erneut an. Hält die Ladung dagegen. Der Panzer geht in die Luft. Emil Dürr fällt. Den dritten Sherman erledigt das Pakgeschütz. Der vierte stirbt wieder an einer Panzerfaust. Aber was sind vier Panzer! Drüben bei der Aufklärungskompanie kommen mehr. Sie überrollen die letzte deutsche Pak, drehen sich über den Schützenlöchern und zermahlen sie mitsamt den Männern darin. Die britische Infanterie schießt von den Panzern wütendes Einzelfeuer und hält damit den Panzerfaust-Angriff der Deutschen ab. Der Divisionskommandeur der 12. SS-Panzerdivision, Meyer, steht selbst mit der Panzerfaust vorne bei seiner Divisionsbegleitkompanie. Plötzlich durchdringt ein mächtiges Donnern die Granateinschläge. Und da kommt er, der deutsche »Tiger«, das Wunder der Panzerwaffe des zweiten Weltkrieges. Ein einziger. Aber seine 8,8 gebietet den Shermans Halt. Sie drehen ab. Es gibt Luft. Doch wie lange?

Auch nördlich der Stadt, wo seit dem 6. Juni die Grenadiere und die Panzer der 21. Panzerdivision liegen, wird es böse.

In der Nacht zum 23. Juni bricht ein britischer Stoßtrupp nach schwerer Artillerievorbereitung an der Straße Douvres—Caen in die Verteidigungsstellung der 5. Kompanie Panzergrenadierregiment 192 ein. Die Straßensperre ist damit beseitigt. Der Weg auf Caen frei.

Die Hiobsbotschaft reißt Major Vierzig im Schlößchen de la Londe aus dem Schlaf. »Gegenstoß«, befiehlt er.

Oberleutnant Meyer, mit Teilen der Stabskompanie der II. Panzerabteilung, wirft die Tommys wieder aus der deutschen Stellung. Aber kaum ist diese Gefahr beseitigt, brennt es an der Straße Périers—Caen, nordwestlich von Château de la Londe. Die Grenadiere retirieren bis zum Schloß. Die Straße ist frei. Die Tommys können die Sicherungslinie der II. Panzerabteilung aufreißen.

Vierzig holt sich seinen Ordonnanzoffizier, Leutnant Lotze, Jahrgang 22: »Sie müssen die Sache in Ordnung bringen, Lotze; aber mehr als zehn Mann kann ich nicht entbehren bei der unsicheren Lage.« Lotze ist nicht gerade begeistert. Aber da man mit einem Einbruch in Zugstärke rechnet, glaubt er, mit einem Feldwebel und zehn Mann, die er sich aus der Stabskompanie und dem Panzerpionierbataillon 220 aussucht, zurechtzukommen.

Im Morgengrauen gehen sie los. Links sichert Feldwebel Dietsch mit der MPi; rechts der Gefreite Moller mit dem MG. Sie arbeiten sich bis vor den Graben, in dem die Tommys sitzen. Lotze will die Sache nach alter bewährter Infanteriemethode machen: Aufspringen, Feldgeschrei, ballern und — rein in den Graben; dann mit dem MG aufrollen.

Er redet den Männern gut zu. Er weiß, daß das nötig ist, denn die Zeit des Hurra ist längst vorbei. Er macht ihnen klar, daß es die einzige Chance ist, gegen eine Übermacht von wahrscheinlich 30 Mann Erfolg zu haben. Also los. Lotze springt.

Schreit.

Und die anderen schreien und schießen, als komme ein ganzes Bataillon.

Der englische Posten feuert. Trifft Moller in den Schenkel. Aber der springt noch bis an den Graben und läßt sein MG rattern.

Die anderen liegen schon vor dem Grabenrand und schießen in den Graben hinein. Lotzes Pistole bellt. Die Handgranaten krachen in das Grabenstück. Da schrillt eine Trillerpfeife, und die ersten Arme recken sich hoch.

»Feuer einstellen«, schreit Lotze. »Hands up!«

Und da fliegen die Arme im Graben hoch.

Lotze und Dietsch stehen auf.

»Mensch!« Vor Schreck hätten sich beide beinahe wieder hingelegt. Das sind nicht 20 oder 30 Mann; das ist ja eine ganze Kompanie. Ein halbes Dutzend liegen tot oder verwundet im Graben, die anderen halten die Hände hoch.

Lotze schnappt den englischen Leutnant, der die Trillerpfeife um den Hals hat. »How many men«, fragt er. »Eighty four« — 84 — antwortet der Tommy. Lotze ist gar nicht wohl, wenn er an seine 10 Männeken denkt. »Wenn hier zwei verrückte Kerle sind, ist unsere Partie aus«, geht es ihm durch den Kopf. Er holt den Tommy-Leutnant neben sich und macht ihm mit der Pistole klar: Wenn was passiert, bist du 'dran! Der nickt. Läßt seine Männer antreten. Und in Marschkolonne geht's auf der Straße zurück zum Gefechtsstand. Major Vierzig macht runde Augen, als er den Zug anmarschieren sieht.

Im Bericht der Panzerabteilung an die Division vom 23. Juni, der im Original, ein bißchen angesengt zwar, erhalten ist, heißt es: »Der Feind verlor bei diesem Unternehmen mit Toten etwa eine Kompanie. Es handelte sich um die B-Kompanie des 1. South Lancashire Regiments der 3. englischen Infanteriedivision. Um 7 Uhr war die Verteidigungsstellung der 5. Kompanie 192 wieder in unserer Hand.«

»Ja«, sagt Oskar Lotze, heute Ingenieur in Süddeutschland, »wir waren ja ein bißchen verrückt. Als der Tommy-Leutnant mir auf dem Gefechtsstand die Hand hinhielt, begriff ich gar nicht, was er wollte. Unsere 22 Heldenjahre hatten damals keine Schublade für die Einsicht, daß man sich nach einer vernünftig beigelegten Schlacht ebenso die Hand geben kann wie nach einem Fußballmatch. Ich erhoffe eigentlich noch den Tag, an dem ich dem Mann beide Hände schütteln kann.«

In den Nachmittagsstunden des 27. Juni, als oben in Cherbourg der Kampf zu Ende geht, gelingt es den Engländern bei Caen, mit der 11. Panzerdivision einen Brückenkopf über die Odon zu bilden. Einzelne Panzer dringen bis vor den Divisionsgefechtsstand Meyers in Verson. Das Stabspersonal hockt bereits mit Panzerfäusten in den Deckungslöchern. Auch weiter südlich ist es den Briten gelungen, eine Odon-Brücke zu nehmen. Langsam bohren sie sich in Richtung Höhe 112, die Schlüsselstellung des Abschnitts.

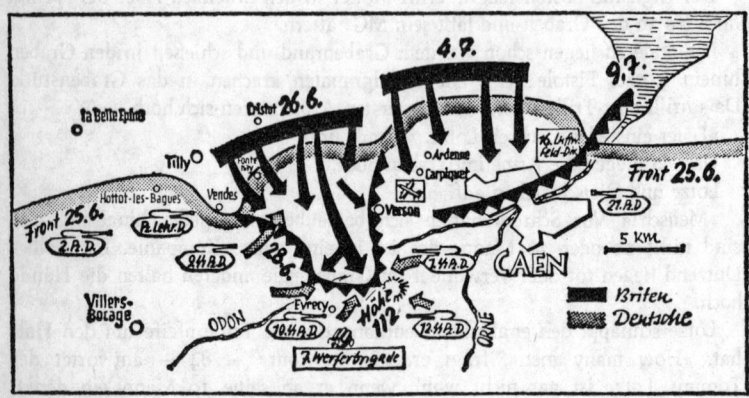

Der Kampf um die Höhe 112 und der britische Einbruch in den Nord- und Westteil der Stadt Caen in der Zeit vom 26. Juni bis 9. Juli

»Höhe 112 muß gehalten werden«, lautet der Befehl des Korps. Das Panzerregiment Max Wünsches soll sie besetzen und den drohenden Durchbruch des Feindes zu den Orne-Brücken verhindern.

Am Abend des 28. endlich kommt Verstärkung zum Gegenstoß: drei weitere SS-Panzerdivisionen! Das klingt verheißungsvoll. Aber es klingt nur so; denn während in Holland und in Südfrankreich Panzerdivisionen untätig stehen, um den eingebildeten »zweiten Invasionsstoß« aufzufangen, hat das OKW die 9. und 10. SS-Panzerdivision aus schweren Abwehrkämpfen in Polen für den Einsatz in der Normandie herausgezogen. Die hart angeschlagene 1. SS-Panzerdivision war aus Rußland nach Belgien verlegt, um aufgefrischt zu werden.

Mit diesen keineswegs voll kampfkräftigen Verbänden soll nun der Kommandierende General des II. SS-Panzerkorps, Obergruppenführer Hausser, am 29. Juni gegen Montgomerys starke Stoßdivisionen antreten und eine Wende erzwingen. Trotzdem liegt die Hoffnung Hitlers und des OKW bei den im Ostkrieg gehärteten SS-Divisionen.

Der 29. Juni wird eingeleitet vom Dröhnen schwerer britischer Schiffsgeschütze. Ihre Granaten donnern auf Caen. »Heute gibt's Rabbatz«, sagen die Grenadiere nach einem Blick in den Himmel. Dort hängen die Jabos auf Anstand. Rührt sich etwas, stoßen sie herunter. Britische Artillerie schießt sich auch gegen Höhe 112 ein. Langsam erst. Dann massiert. »Verdammt!« sagen auch hier die Grenadiere, Unheil ahnend.

Die Jabos hängen wie Hornissen am klaren Himmel. Die Schiffsartillerie dröhnt ununterbrochen mit rollenden Salven, so daß niemand sein eigenes Wort versteht.

»Das fängt ja gut an«, schreien sich die Männer in den Stellungen zu. Es ist der Morgen des 29. Juni. In Verson liegt der Divisionsstab von Panzer-Meyer. Ein Geschützwagen prescht durch die engen Straßen. Wie ein Habicht stößt der »Jabo vom Dienst« aus dem Himmel. Die Bordkanone belfert. Reißt das Straßenpflaster auf und sitzt schließlich im Ziel. Die Munition des Wagens explodiert. Auch ein Sanitätswagen wird nicht respektiert. Brennt im Nu lichterloh. Es gelingt nicht, die Verwundeten zu retten. »Verdammter Mist«, schreit der Sanitätsunteroffizier, »verdammter Mist!« und schlägt die verbrannten Hände vors Gesicht. Er weint.

Die Höhe 112 liegt unter massiertem Artilleriefeuer. »Sollten uns die Briten zuvorkommen, sollten sie auch angreifen und ihr Angriff auf unsere Bereitstellung prallen?« geht es den Männern durch den Kopf. Und da klettern auch schon die Panzer der 2. britischen Panzerdivision über den Hang des Odon-Tals. Rollen Richtung Höhe 112. Die Kuppe ist nicht mehr zu erkennen. Schwere Brocken wühlen Meter um Meter die fruchtbare normannische Erde um.

Jetzt ist es klar: Die Briten sind dem Angriff der Divisionen Haussers zuvorgekommen. Pausenloses Artilleriefeuer und rollende Luftbombardements donnern auf die deutschen Verbände, die in den Bereitstellungsräumen stehen: das Schlimmste, was den Soldaten und dem Armeeführer passieren kann.

In der Feuerstellung der 6. Batterie Werferregiment 83, knapp 800 Meter hinter der Höhe 112, rasselt das Feldtelefon. Es ist kurz nach 9 Uhr. Wachtmeister Doorn nimmt ab. Lauscht. Legt auf und flitzt zu Hauptmann Gengl, der sich gerade bei der Batterie befindet. »Herr Hauptmann, Anruf von der B-Stelle auf 112. Kanonier Kuschow meldet, daß feindliche Panzer auf der Höhe sind. Fünf Meter vor seinem Deckungsloch steht ein Sherman. Er bittet nicht anzurufen. Will versuchen, sich durchzuschlagen. Was mit Oberleutnant

Wernicke, Leutnant Nitschmann und den anderen drei Mann der B-Stelle ist, wußte er nicht. Offenbar überrollt.«

»Mann, Doorn, das ist ja übel«, knurrt Gengl. Und dann befiehlt er: »Batteriebesatzung bis auf sechs Mann zum Infanterie-Einsatz fertigmachen. Zwei Panzervernichtungstrupps aufstellen.«

Bis auf hundert Meter kommen die Kanoniere an die Kuppe 112 heran. Der Panzervernichtungstrupp des Wachtmeisters Doorn arbeitet sich sogar noch ein Stück weiter. Aber dann pfeffern die MG's der Briten ins Kornfeld, in dem die Kanoniere vorgehen. Erst erwischt es den Obergefreiten Trautz, dann den Kanonier Krautz. Doorn und der Gefreite Lübbe haben große Mühe, ihre verwundeten Kameraden aus der Feuerlinie zu bringen. Auch die anderen müssen zurück. Der Tommy ist nicht nur mit ein paar Panzern, sondern bereits mit Pak und Teilen eines MG-Bataillons auf der Höhe.

Die Höhe 112 ist verloren. Die Engländer haben damit den Schlüssel für weitere Operationen gegen die Orne-Brücken in der Hand. Sie können das ganze Gelände einsehen. Keine Bewegung auf deutscher Seite entgeht ihrer Beobachtung. Das kann tödlich werden.

Die schwere Haubitz-Abteilung des SS-Artillerieregiments 12 und die Werferbatterien von Oberst Tzschökells Werferbrigade 7 nehmen die Spitzen der Engländer unter Feuer. Die Tommys bekommen schwersten Zunder. Aber wird das helfen?

Man kann sich ausrechnen, wann der Gegner genug Reserven herangeführt hat und an der Höhe 112 auf die Stadt eindreht. Panzer-Meyer gruppiert bereits die Reste seiner Division zur Rundumverteidigung von Caen. Er will versuchen, wenigstens die Stadt zu halten.

Aber der neue Kommandierende des II. SS-Panzerkorps, Gruppenführer Bittrich, will die Offensive noch nicht abschreiben. Er befiehlt, die Höhe 112 wieder zu nehmen.

Im Morgengrauen des 30. hämmern die zusammengefaßte deutsche Artillerie und besonders die Werferbatterien auf die Höhe. Max Wünsche läßt seine Panzer, gedeckt durch den leichten Nebel, heranpirschen. Vorsichtig! Sie verhalten! Ducken sich gewissermaßen. Warten die Feuerpause der Artillerie ab. Dann jagen sie los. Sie haben ihre bewährte Praxis. Und die heißt: Rücksichtslos fahren und mit Sprenggranaten in den Wirrwarr feuern.

Die britische Artillerie erkennt den Angriff zu spät. Sie versucht, ihn zu zerschlagen. Feuert, was aus den Rohren will. Aber Wünsches Panzer sind schneller. Erreichen die Kuppe. Machen die Pak nieder. Eine motorisierte MG-Kompanie ist vom Werferfeuer verwirrt und wird überrollt. Die Überlebenden wandern in Gefangenschaft. Es ist gelungen. Die Briten haben den strategisch entscheidenden Drehpunkt 112 wieder verloren. Fackeln gleich blaken die Panzerwracks in den Abendhimmel. Die Farbe kocht auf dem Stahl.

Pulverdampf zieht über die gequälte Erde, auf der die Toten ruhen und die Verwundeten liegen und um Hilfe rufen. Von Kanonier Kuschow findet man keine Spur. Es gibt keinen Meter Erde, der nicht von Bomben und Granaten umgepflügt ist. Aber Caen ist gerettet.

Einen besonderen Anteil an der Verhinderung des englischen Durchbruchs hatte Oberst Tzschökells 7. Werferbrigade, mit den Regimentern 83 und 84. Die Brigade war hinter einer eigenen Schutzstellung beiderseits Höhe 112 zur Abwehr eingesetzt. Die Abteilungen beider Regimenter schossen mit rund 300 Rohren die Höhe sturmreif.

Die Nebelwerfer kämpften an allen Fronten. Ihre Granaten rauschten am Ladoga-See, im Kaukasus und vor Stalingrad. Auch in der Normandieschlacht standen drei Werferbrigaden an den Schwerpunkten der Kämpfe. Allein die 7. Brigade verschoß im Raum Caen 8000 Tonnen Granaten. Trotzdem sind die Leistungen dieser hervorragenden Waffe noch nie richtig gewürdigt worden.

Die Bezeichnung Nebeltruppe hat einen Kranz von Legenden und Irrtümern um die Werfer gelegt. »Nebeltruppe« — das war in Wahrheit nichts anderes als eine Tarnbezeichnung aus der Reichswehr-Zeit. Damals waren nach dem Versailler Vertrag Panzer und panzerbrechende Waffen verboten, aber ungiftige Nebeltarnung erlaubt. So wurde eine Waffe zum Nebelschießen mit großkalibrigen Geschossen und schneller Feuerfolge entwickelt, die aber bald in eine ganz andere Richtung führte: zur Raketenwaffe.

Im zweiten Weltkrieg hatten die »Nebelwerfer« bis auf ein paar Einheiten, die im Frankreichfeldzug noch ihre alten 10,5-cm-Nebelgranaten verschossen, mit Nebel nicht das geringste mehr zu tun. Der »Nebelwerfer« war die erste Raketenwaffen der deutschen Wehrmacht. Ihr Konstrukteur, General Dornberger, arbeitet heute in USA. Nach ihm wurden die fünf-, sechs- und zehnrohrigen Geschütze auch Do-Werfer genannt. Mitarbeiter Dornbergers waren Generalmajor Zanssen und Wernher von Braun, deren Arbeit schließlich zur V 2 führte. Der aus der Entwicklungsgeschichte entstandene Name »Nebelwerfer« hielt sich und wurde aus Tarnungsgründen sogar gepflegt. Die These, daß der Name auf den Ingenieur Rudolf Nebel zurückzuführen sei, ist unrichtig.

Das erste Werferregiment trug die Nummer 51. Ihm folgten im Frühjahr 1941 die Werferregimenter 52 und 53.

Als der Ostfeldzug begann, gab es drei Werferregimenter. Bei Kriegsende standen 20 Brigaden zu je zwei Regimentern — also 40 Regimenter — an den Fronten. Ihre Kaliber waren 15 cm, 21 cm und 30 cm. Davon hatte die 21 cm den stärksten Treibsatz und konnte über zehn Kilometer schießen. Die Durchschlagskraft der Geschosse war etwas geringer als die der Artillerie; aber die Splitterwirkung bedeutend größer.

Die Werfer wurden aus einem Deckungsloch heraus durch eine Zündmaschine elektrisch gezündet. Der mächtige Feuerstrahl erzeugte beachtliche Staubwolken in der Stellung, so daß immer wieder Stellungswechsel nötig wurde, um der Feindbeobachtung zu entwischen. Das Abschußgeräusch war fürchterlich: Wenn eine getarnte Werferbatterie das Feuer eröffnete, ging alles entsetzt in Deckung.

In vielen Variationen wurden die wirksamen Werfer benutzt. Das »Wurfgerät 40« war zum Beispiel nur ein Rost aus Holz- und Eisenstangen, der gleichzeitig als Verpackung der 83,6 Kilogramm schweren Granaten diente. »Das Maultier« war ein zehnrohriger Werfer auf einem gepanzerten Kettenfahrzeug.

Die Werferwaffe, von den Landsern der Ostfront auch »die deutsche Stalinorgel« genannt, war der große Helfer der Infanterie. Sie wurde als Heerestruppe immer an Schwerpunkten eingesetzt, dicht hinter der Kampflinie; denn die Schußweiten waren beträchtlich geringer als bei der Artillerie. Sie lagen zwischen 1900 und 10 000 Meter. Dieser frontnahe Einsatz brachte Verluste mit sich, die so hoch waren wie bei der Infanterie. Diese Tatsache sagt mehr als alle Worte über Einsatz, Kampfmoral und Opfertum dieser Waffe mit dem merkwürdigen Namen.

Panzer-Lehr verlegt nach St. Lô

Am 30. Juni hatten Max Wünsches Panzer die Höhe 112 wieder den Briten abgenommen. Der Kampf um Caen stand. Die Front hielt. Sie hatte auch im westlichen Nachbarabschnitt beim vielumkämpften Tilly gehalten. Dort focht die Panzer-Lehrdivision Bayerleins gegen drei Elite-Divisionen Montgomerys. Wie vor Caen lagen die Grenadiere auch hier in ihren Erdlöchern, vor der Pak, oder sie saßen im Panzer und wichen nicht. Hielten bei Hottot und Vendes. Schmierten Panzer und Infanterie der 49., 50. und der 2. Panzerdivision Montgomerys immer wieder ab.

Am 2. Juli, einem unfreundlichen Tag, wurde der Kommandierende General der 7. Armee, Generaloberst Dollmann, beerdigt. Er war am Herzschlag gestorben.

Man sagt: Vor Erbitterung über Vernehmungen, denen er nach der geglückten alliierten Landung ausgesetzt war. Die Tatsache, daß Hitler seine Abberufung forderte, erfuhr er nicht mehr. Sein Nachfolger wurde Obergruppenführer und General der Waffen-SS Paul Hausser, ein Mann, der aus der alten Reichswehr kam, dort schon Generalleutnant gewesen war und nun als erster Offizier der Waffen-SS-Verbände eine Armee befehligte.

Auch für Feldmarschall von Rundstedt kam am 2. Juli der blaue Brief. Sein Nachfolger, von Kluge, war schon unterwegs.

Desgleichen wurde General Geyr von Schweppenburg am 2. Juli von der

Führung der Panzergruppe West abberufen. Ein wahrhaft dramatischer Tag also, ein Tag der Sündenböcke!

Auch für General Bayerlein hielt er einen schicksalhaften Befehl bereit. Er lautete: Die Stellungen im Raum Tilly sind sofort einer Infanteriedivision zu übergeben. Unter Zurücklassung eines Drittels der Panzer, Panzerjäger und Artillerie ist die Division an die amerikanische Front, in den Raum St. Lô, zu verlegen.

Bayerlein konnte es nicht fassen: Was bestimmte den OB West, eine solche Zersplitterung einer kampfkräftigen Division zu befehlen? Stand es so schlecht im Raum St. Lô? Und wenn — gab es denn keine andere Lösung, der Entwicklung dort zu begegnen?

In Rommels Kriegstagebuch zeigen sich die Sorgen, die man sich in der Heeresgruppe machte. Was im britischen Abschnitt der Drehpunkt Caen war, das stellte im US-Sektor St. Lô dar.

Die Hauptstadt des Departements Manche war eine taktisch wichtige Verkehrsspinne. Vier Nationalstraßen, dazu mehrere Wege zweiter Ordnung, trafen in ihr zusammen. Alle liefen von den Hügeln des tief eingeschnittenen Tales der Vire über die einzige Flußbrücke in der Nähe des Bahnhofs. Nur über diese Brücke konnten Kräfte von dem einen auf das andere Ufer verschoben werden, aus dem Raum Tilly—Bayeux in den Raum Carentan—Périers. Trotz mehrmaliger Bombardierung wurde dieser strategische Hohlweg nur unwesentlich beschädigt. Ringsum sank alles in Trümmer: der Bahnhof, das Hotel Normandie, die Korpsschlächterei. Was hielt, war die Brücke! Wollte sie der Feind jetzt in Besitz nehmen? Ja. Und es wurde schlimm!

St. Lô! Wer von den Landsern, die auf der Halbinsel waren, kennt es nicht? Vor dem 6. Juni ging so mancher Wehrsold drauf bei den Besuchen in der Stadt, bei der berühmten »normannischen Verschnaufpause« mit Hammelbraten oder Rinderfilet. Und hinterher ein paar Calvados.

Die Kathedrale schaute gravitätisch zu. Die Fachwerkhäuser atmeten Frieden. Aber mit dem Frieden war es Anfang Juli vorbei. Nun war hier der Teufel los. Aus dem Himmel wurde Hölle.

Die Engländer bereiteten der Panzer-Lehr zum Abschied von der Tilly-Front noch eine besondere Überraschung: Der Gefechtsstand Bayerleins, in einem kleinen Bauernhaus bei Monts, der 20 Tage lang ungeschoren geblieben war, wurde um 22 Uhr plötzlich unter schwersten Artilleriebeschuß genommen. Feuerüberfall auf Feuerüberfall. Die Granaten schlugen in die zum Abmarsch bereitgestellten Fahrzeuge. Zwei Kübelwagen standen gleich in Flammen. »Volle Deckung!« Stabsoffiziere, Melder, Fahrer, Funker, sprangen in Gräben und Schützenlöcher. Über zwei Stunden dauerte der Beschuß. Die Verbindung mit den Verbänden der Division riß ab. Endlich konnte eine Feuerpause zum Abmarsch ausgenutzt werden.

Am Morgen des 3. Juli hatte Bayerlein seinen Stab wieder beisammen. Der neue Gefechtsstand lag bei Villers-Bocage, dort, wo Unteroffizier Kartheus in den ersten Tagen der Invasion bei dem Jabo-Überfall auf Bayerleins Stabswagen gefallen war. Vier Wochen war das her. Nun war die Division wieder hier. Wie auf einem Karussell. Einem blutigen Karussell. Wie lange würde es sich diesmal drehen?

Die Landser fragten anders: »Sind wir der Hölle von Tilly entronnen, oder werden wir nur in eine andere versetzt?« Der Divisionsadjutant, Major Wrede, hörte die Frage. »Ich fürchte, wir kommen vom Regen in die Traufe«, meinte er. Er sollte recht behalten.

Die Panzer gaben erst nach Anbruch der Dunkelheit ihre Stellungen auf. »Vorsichtig, vorsichtig, damit der Tommy nicht neugierig wird«, hieß die Parole. Die Männer fluchen leise. Jede Trennung vom Gewohnten verdammt der Landser nun einmal. Die Panzermänner betrachteten die »Neuen« von der Infanteriedivision, die mit gemischten Gefühlen die Abmarschvorbereitungen beobachteten. Dann ging es los. Wenige Kilometer hinter den eigenen Linien bogen sie nach Westen.

Es ist dunkel. Und ein beschwerlicher Marsch. Oft können sie nur im Schritt-Tempo fahren. Die Panzerkommandanten gehen zu Fuß vor den Wagen. Wie Blitzlichter und Wetterleuchten machen sich die Abschüsse der Artillerie aus. »Silvesterfeuerwerk«, knurrt der Unteroffizier Westphal im zweiten Panzer der 8. Kompanie. »Schönes Silvester«, lacht Obergefreiter Linke. »Prost Neujahr«, ruft Fahrer Kordaß ins Kehlkopfmikrofon.

Keiner weiß genau, wohin die Fahrt geht. Keiner kann während der Nacht die gefahrene Strecke bestimmen. Anfahren. Halten. Weiter.

Kein Licht. Keine Zigarette. Keine Taschenlampe. Nur schwach sind die Erkennungslichter an den hinteren Tarnscheinwerfern zu sehen. Damit der Fahrer nicht einnickt, holt Westphal im Turm seine Mundharmonika aus der Tasche. Klopft zweimal das Mundstück auf die Hand, damit die Brotkrumen rausfliegen. Und spielt das Lieblingslied der 8. Kompanie: »Unter einem Regenschirm am Abend...« Leise klingen die Töne in den Kopfhörern der Besatzung.

Nach der durchfahrenen Nacht dämmert kühler dunstiger Morgen. Als die Konturen der Panzer deutlicher werden, heißt es: Flugzeugbeobachtungsposten aufstellen. Dann kommt das Zeichen zum Halten. Besprechung. Befehl: »Es wird auf alle Fälle weitergefahren, auch bei Fliegerangriffen. Der Marsch ist fortzusetzen. Ausgefallene Wagen werden nicht abgeschleppt, weil das die Marschgeschwindigkeit beeinträchtigt. Bei Fliegerangriffen mit allen Waffen das Feuer eröffnen! Auch mit der Panzerkanone auf Jabos schießen. Aufsitzen! Panzer marsch!«

Am Himmel treiben tiefhängende Wolken. Übermüdet hocken die Beobachter auf den Wagen. Unteroffizier Westphal übergibt den Befehl an seinen Richtschützen und legt sich auf den »Rucksack«, die Verpflegungskiste aus Metall, die hinten am Turm angeschraubt ist. Er zieht sich den Mantel über. Eine Mütze voll Schlaf! Gegen 11 Uhr fährt er hoch. Ein Jabo. Keine 20 Meter über dem Wagen. Er greift den Vordermann an. Westphal ist schlaftrunken hochgesprungen. Verliert die Balance. Fällt vom Panzer. Aber nicht der Sturz beherrscht seine Gedanken, sondern die Wut: »Die Wolken hängen fast bis auf die Erde, und die Hunde kommen doch!« Schimpfend klettert er wieder auf seinen Panzer: »Luken dicht. Flieger-MG schießklar!« Vorne prasselt es schon. Aber Wagen 812 hat Glück. Die Jabo-Granaten pflügen den Straßengraben um. Der Bursche dreht ab. »Feuer!« Das MG hämmert ihm nach.

Er wird wiederkommen! Und wahrscheinlich noch ein paar Helfer mitbringen. »Fahr zu!« Und Fortuna ist ihnen hold; Fortuna, die der Soldat so dringend braucht wie das Kommißbrot. Das diesige Wetter, die Wolken, beginnender Regen wirken wie eine Tarnkappe. Als es aufklart, wird in die Obstgärten gefahren und mit Ästen und Baumkronen »nachgetarnt«. Gegen Abend erreichen sie ungeschoren den Raum St. Lô. Welch ein Wunder!

Caen fällt

Wie verhängnisvoll sich die Strategie der Aushilfen und das Operieren mit zuwenig Divisionen auswirken, zeigte sich schon 24 Stunden nach Bayerleins Abzug von der Tilly-Front. Seine letzten Verbände waren noch nicht bei St. Lô eingetroffen, da hämmerte auf den eben verlassenen Frontabschnitt Tilly-Caumont sowie gegen die Stellungen der 16. Luftwaffenfelddivision und der 12. SS-Panzerdivision vor Caen eine britische Großoffensive. Tagelang wogte die Schlacht. Die für den Infanteriekampf nicht genügend ausgebildete Luftwaffenfelddivision, die bereits durch das erste Luftbombardement den größten Teil ihrer Flak, viele Offiziere und mehr als 800 Mann verloren hatte, wurde zerschlagen. Verzweifelt fochten einzelne Jägerkompanien ohne Verbindung zur Division in ihren Stützpunkten. Einsam sah man den Kommandeur, General Sievers, am Nordostrand Caens nach seinen Regimentern suchen.

Am 9. Juli drangen die Briten in die nördlichen Vorstädte von Caen ein. Auch westlich der Stadt wankte die Front, obwohl die SS-Verbände mit einer Erbitterung kämpften, wie nach alliertem Urteil bis dahin in der ganzen Invasionsschlacht nicht gefochten wurde. Sie wollten Hitlers Befehl erfüllen: »Caen muß bis zum letzten Mann verteidigt werden.«

Am Flugplatz hatten sich 50 Grenadiere, der Rest einer Kompanie des I. Bataillons SS-Panzergrenadierregiment 26, in die Ruinen des alten normannischen Bauerndorfes mit seinen Häusern aus Quadersteinen gekrallt. Sie ließen die Engländer keinen Schritt vor.

Als besonderes Beispiel aber lief der Kampf der 1. Flakbatterie SS-Flakabteilung 12 bei Ardenne durch die Front. Geschütz um Geschütz mußten die Engländer im verlustreichen Nahkampf nehmen. Hauptmann Ritzel stand als Richtschütze an seiner letzten 8,8. Schoß noch drei Sherman-Panzer ab. Verteidigte die Stellung schließlich im Nahkampf mit sechs Mann. Sie schlugen mit Spaten und Gewehrkolben. Und starben, von MPi-Garben durchsiebt, im blutigen Handgemenge.

Sinnlos? »Nein«, sagt der Gefechtsbericht des Divisionskommandeurs: Der Sperriegel dieser Batterie hat den Abtransport aller Verwundeten aus dem Kloster Ardenne ermöglicht.

Aber wenn sich auch die ganze HJ-Division hätte totschlagen lassen — Montgomerys überlegene Kräfte waren vor Caen nicht zu stoppen. Vergeblich verweigerte das 84. Korps dem Divisionskommandeur Meyer die Räumung der westlich und nördlich der Orne gelegenen Stadtteile unter Hinweis auf den Führerbefehl. Aber da handelte dieser sonst so gehorsame Soldat gegen den Befehl und bereitete die Räumung vor. »Wir sollten in Caen sterben, aber es war nicht mit anzusehen, die Jungen für einen sinnlosen Befehl zu opfern«, sagt er heute.

Um 3 Uhr morgens genehmigte schließlich das Korps die Räumung der völlig zerstörten nördlichen und westlichen Stadtteile. Die Bunker wurden gesprengt. Die abgekämpften Verbände setzten über die Orne. In den Nachmittagsstunden tasteten sich die ersten britischen Spähtrupps vorsichtig in die Ruinen der Stadt. Montgomery saß endlich in Caen. Dort, wo er schon am 7. Juni hatte sitzen wollen. Er hatte für die zwölf Kilometer, die er nach dem Operationsplan am ersten Tag der Landung zurücklegen sollte, über einen Monat gebraucht! Die Opfer waren größer, als sie der britische Generalstab für den ganzen Feldzug bis Berlin geschätzt hatte. Immerhin, nun war Caen gefallen. Aber der Durchbruch und der Stoß über die Orne waren wieder nicht gelungen, das freie Gelände zur Panzerschlacht nicht gewonnen. Die deutsche Front stabilisierte sich. Rommel baute in aller Eile eine tiefgestaffelte Abwehrstellung auf.

Mont Castre und St. Jean-de-Daye

Gemäß dem blutigen Wechselspiel zwischen Ost- und Westflügel der Invasionsfront hatte Eisenhower die Fesselung der deutschen Reserven bei Caen benutzt, um die amerikanische 1. Armee am rechten Flügel der Cotentin-Halbinsel antreten zu lassen. Die Strategie der Verbündeten bestand in diesem ständigen wechselseitigen Einsatz. Die deutsche Führung mußte auf diese Weise ihre schweren Panzerreserven dauernd als »Feuerwehr« verschieben und so frühzeitig verschleißen. Für beide Fronten waren eben nie genug

Panzerkräfte da. Fochten sie vor Caen, dann hatten die Amerikaner im Raum St. Lô leichtes Spiel. Konzentrierte man sie im Raum St. Lô, dann war die Caen-Front gefährdet.

Mit Recht grollte Rommel in den Krisentagen Anfang Juli gegen das OKW: »Die können nicht erwarten, daß ich mit einer viertel Division halte, wenn drei amerikanische Divisionen angreifen!«

Der Wald von Mont-Castre-Désert wurde das Ausrufezeichen hinter Rommels Mahnung. In der Geschichte der 353. I.D. und des Fallschirmjägerregiments 15 nimmt dieser Wald von Mont-Castre einen besonderen Platz ein: als blutiges Schlachtfeld.

Die Amerikaner überrannten die schwachen deutschen Sicherungen. Zur Stützung der wankenden Front wurde das Fallschirmjägerregiment 15 unter Oberst Gröschke eingesetzt. Junge, kurzfristig ausgebildete Rekruten. Aber sie hielten und riegelten den Einbruch ab.

Der Hauptstoß des Angriffs ging gegen die 353. Division von Generalleutnant Mahlmann. 15 Kilometer breit war die Front der Division beiderseits La-Haye-du-Puits. 15 Kilometer sollten von vier Infanteriebataillonen und zwei Artillerieabteilungen verteidigt werden. Die Stadt La-Hay selbst wurde vom Pionierbataillon 353 unter Hauptmann Pillmann gehalten. Wie ein Wellenbrecher standen die Pioniere gegen eine zehnfache Übermacht. 40 Mann waren es noch, als sich die Amerikaner im Nordteil der Stadt festsetzten.

Der 7. Juli begann mit einem diesigen Morgen. Wetter, wie es die Landser liebten, weil man vor den Jabos einigermaßen sicher war. Aber dafür gab es eine andere Überraschung.

Ehe die deutschen Artilleriebeobachter bei dem trüben Dämmerlicht merkten, was geschah, überschritten um 4.30 Uhr Sturmtruppen der 30. und 9. US-Division überraschend den Vire-Taute-Kanal über eine notdürftig wiederhergestellte Brücke. An einer zweiten Stelle jagten die Amis auf Sturmbooten über den Kanal. St. Jean-de-Daye war schnell genommen. Der Stoß ging bis Le Désert. Es war klar, was Eisenhower wollte: In einer mächtigen Zangenbewegung der zwei Divisionen sollten die Deutschen aus St. Lô gedrückt werden.

Die Sache sah für die Amerikaner zuerst recht günstig aus. Eisenhower setzte deshalb noch die 3. US-Panzerdivision ein. Sie walzte durch die Getreidefelder nordwestlich St. Lô. Aber ein Angriff der 2. SS-Panzerdivision am 9. Juli stoppte den amerikanischen Vormarsch; ein weiterer Angriff der Panzer-Lehrdivision wurde für den 11. angesetzt. Er sollte die über die Vire vorgestoßenen amerikanischen Kräfte abschneiden.

Ein kühner Plan. Zunächst ging auch alles programmgemäß. Oberst Gutmann stieß mit dem Panzergrenadierregiment 902 und 20 Panzern frontal gegen die 30. US-Division. Links davon fuhr Oberst Scholze mit dem Panzergrenadierregiment 901 den Amerikanern der 9. US-Division in die tiefe Flanke. 12 Panther-Panzer und eine Pak-Kompanie gaben seinem Angriff Durchschlagskraft. »Endlich flutscht es mal wieder«, riefen sich die Panzerkommandanten durch Sprechfunk zu.

Und es flutschte wirklich. Hauptmann Philipps war mit seinen Panzern bereits gegen 6.30 Uhr drei Kilometer hinter den feindlichen Linien. Hatte

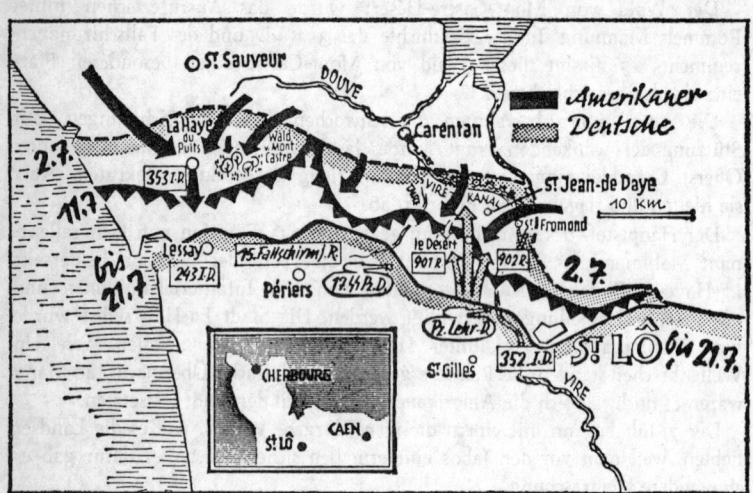

Die schweren Juli=Kämpfe an der amerikanischen Front. Nur Meter um Meter konnte Eisenhower Gelände gewinnen und die Deutschen werfen.

zwei Bataillonsgefechtsstände überrollt. Teile eines Infanterieregiments der 9. US-Division eingekesselt und gefangen. Und fuhr zügig weiter dem Vire-Kanal zu. Bei Le Désert banden Bayerleins Grenadiere starke amerikanische Kräfte, die verloren im Sack steckten, wenn Hauptmann Philipps' Panzer den Kanal erreichten. Wenn ...

Hin und her wogte die Schlacht in den Obstgärten und Hohlwegen. Die Panzer standen sich oft nur auf 100 bis 150 Meter gegenüber. Wieder — wie so oft — erwies sich, daß das deutsche Oberkommando für den kühnen Plan zu geringe Kräfte eingesetzt hatte. Die Panzer-Lehrdivision war ja nur auf dem Papier noch eine Division. In Wahrheit war sie in den zermürbenden Schlachten auf ein Drittel ihrer Kampfkraft zusammengeschrumpft. Und dieses Drittel sollte drei amerikanische Divisionen werfen.

Mit dem aufklarenden Wetter am Nachmittag kamen die Jabos. Braustem über die Felder und Straßen. Zwangen die deutschen Grenadiere in Deckung.

Die überlegene Schußweite der deutschen Panzer nutzte nichts. Die Grenadiere kamen nicht nach. Das Unternehmen lief sich fest. Von den 32 deutschen Panzern waren bei Einbruch der Dämmerung 20 durch Jabos außer Gefecht gesetzt. Die Mannschaftsverluste überstiegen 500. Hauptmann Philipps, der erfahrene und vielbewährte Kommandeur der 9. Abteilung Panzer-Lehrregiment, geriet in Gefangenschaft. Verzweifelt, resigniert, lagen die Grenadiere hinter Hecken, Erdwällen, Hohlwegen und in Getreidefeldern. »Geht denn gar nichts mehr?« fragten sie sich. Nein, es ging nichts mehr.

Trotzdem hatten sie vor St. Lô und im Wald von Mont Castre der alliierten Führung einen schweren Schlag versetzt. Die amerikanische Offensive sollte den Ausbruch aus der Cotentin-Halbinsel bringen. Das war nicht geschafft, und obendrein hatte es bei den US-Divisionen schwerste Verluste gegeben.

Und wie sah es an der anderen Seite der Zwickmühle aus, drüben, an der Caen-Front?

Auch dort kam die alliierte Offensive nicht mehr vorwärts. Montgomerys Divisionen lagen fest. Sie gelangten nicht über die Orne und damit aus der Buschlandschaft heraus in die freie Ebene von Falaise.

Wie sehr diese Rückschläge und die enttäuschten Hoffnungen der alliierten Führung an den Nerven fraßen, zeigte sich bald. Die alliierten Oberkommandos in London und Washington sprachen von einer Krise. Es ist sehr lehrreich, heute, da jeder meint, der alliierte Sieg in der Normandie habe keine Sekunde in Zweifel gestanden und sei durch nichts zu verhindern gewesen, die amtlichen amerikanischen und britischen Berichte und Lagemeldungen jener Tage zu lesen.

Selbst Eisenhower war von der Sorge beherrscht: Wenn die Deutschen ihre Infanterie aus Südfrankreich zur Verstärkung heranschaffen — und Zeit dazu hatten sie jetzt —, dann ist nicht abzusehen, was geschieht. Dann sind vielleicht die Alliierten noch bei Anbruch des Winters in ihren Landeköpfen festgenagelt, ohne Möglichkeit zu großräumigen operativen Bewegungen. Dann wird das Wetter schlecht und schaltet die Bomber, vor allem die Jabos aus. Damit aber wäre die entscheidende Waffe auf alliierter Seite aus dem Spiel. Ausmanövriert von General Wetter!

Das waren die trüben Gedanken der alliierten Stäbe. Das böse Wort von der »Erstarrung der Front« ging bei ihnen um. In der amerikanischen Presse erschienen Aufsätze, deren Ungeduld und Unmut nicht zu überlesen waren.

Von alledem ahnte der deutsche Landser nichts — was nicht wundernimmt. Aber auch das deutsche Oberkommando ahnte davon nichts — was schon erstaunlicher ist. Man erkennt darin erneut das Versagen des deutschen Nachrichtendienstes.

Es ist kaum zu glauben, aber in den deutschen obersten Führungsstäben bis herunter zum OB-West glaubte man noch immer an eine zweite Invasion am Pas de Calais. Und ließ noch immer schlagkräftige Divisionen dort stehen, statt sie der schwer ringenden Front zuzuführen — wie Eisenhower sorgenvoll fürchtete. Grotesk!

Das alliierte Oberkommando konnte sich dieses Verhalten nicht vorstellen und blieb weiter von der großen Sorge bewegt, daß kampfkräftige deutsche Panzerdivisionen vor der amerikanischen Front erscheinen würden. Durch diesen Gegenzug wäre der alliierte Generalstabsplan gefährdet worden, der den Ausbruch am rechten Flügel vorsah. Amerikas Guderian, General George S. Patton, stand ja bereits für diese Stunde mit der neu herangeführten 3. US-Armee bereit. Das deutsche Oberkommando und das Führerhauptquartier machten ihm die Sache leicht: daß der Sieg trotzdem schwer wurde, war das Verdienst der tapfer kämpfenden Fronttruppen.

»Gut Holz«

Was macht der Feind? Mit dieser Frage fängt alle Strategie an. Ganze Armeen von Spionen leben davon. Und die Zentralen für diese geheimen Operationen nennt man Abwehr. Bei den Alliierten »Intelligence«. Auch die eigentliche Front braucht ihren Abwehrdienst. Spähtrupps, Luftaufklärung, Funkabhördienst, gewaltsame Aufklärung zur Einbringung von Gefangenen, Auswertung erbeuteter Dokumente sollen im Bereich der kämpfenden Truppe das Rätsel ergründen: Was will der Feind? Alle Informationen laufen zusammen in der Werkstatt des Ic. Der Ic, das ist der Offizier, der das Feindbild bearbeitet, bei dem alles gesammelt und ausgewertet wird, was über die Absichten des Feindes Aufschluß geben kann. Der Ic steht in der Alchimistenküche. Herauszufinden, was unter dem Material, das ihm geliefert wird, echt ist, was Gold, was Talmi, darin besteht seine Aufgabe. Seine besten Gaben sind Phantasie und Mißtrauen.

Die deutsche Führung wandte aber nicht immer die notwendige Sorgfalt auf. Man hielt nicht viel von diesen »Spezialisten«. Ab Regiment besorgte das Geschäft ein Ordonnanzoffizier nebenamtlich mit. Wie anders war es auf der Gegenseite. Bei den Amerikanern gab es bis zum Bataillon hauptamtliche Intelligence-Bearbeiter. Der Ic beim deutschen OB-West, Oberstleutnant i. G. Meyer-Detring, hatte nur 9 Offiziersgehilfen. Sein Gegenspieler, der »Chief Intelligence Officer« bei den Amis, arbeitete mit der zehnfachen Anzahl. Auch ein Exempel!

In einem Hohlweg im amerikanischen Frontabschnitt, südostwärts Périers, steht ein deutscher Befehlswagen mit seinem üblichen Tarnanstrich: grün und braun gepunktet und gestrichen. Er gehört zur Führungsabteilung des 84. Korps.

Die Fenster sind mit Dreck bespritzt von nahen Einschlägen der feindlichen Artillerie, die in verschwenderischem Aufwand die Gegend abtastet. Jeder Funkverkehr wurde ja eingepeilt, Trampelpfade fotografiert, und dann wurden Jabos geschickt oder Artillerie eingesetzt. Sie hatten es ja. Auch heute, am 13. Juli, kreisen oben am Himmel dauernd Jabos. Major Hayn, der Ic des 84. Korps, pirscht sich mit seiner Ordonnanz geduckt durch die Apfelgärten und das hohe Gras an den Omnibus, in dem der erste Generalstabsoffizier des Korps, Oberstleutnant von Criegern, mit seinen Gehilfen arbeitet. Hayns Quartier ist einen Kilometer westlich in einer Ferme, einem kleinen, alleinstehenden Bauernhof.

General Dietrich von Choltitz, der als Nachfolger des Generals Wilhelm Fahrmbacher seit dem 15. Juni das Korps führt, empfängt seinen Ic mit den Worten: »Na, Hayn, was bringen Sie denn wieder Unangenehmes?«

Der Major legt zwei Skizzen auf den Tisch.

»Herr General, hier die Ergebnisse von gestern, dem 12. Juli.« Der Finger gleitet über den dicken Strich, der die Hauptkampflinie markiert, und deutet auf ein rotschraffiertes Frontstück der Amerikaner. »Dieses ganze Gebiet südlich Carentan hat Funkstille. Es ist, wie wir wissen, der Raum des XIX. und VII. US-Korps. Das läßt auf Umgruppierungen schließen. Im Norden ist zum Abschnitt der 243. und 353. Division hin starker Funkverkehr festgestellt. Hier südlich davon schießen sich durch Schallmeß neu geortete Feindbatterien ein. Am rechten Flügel war die 1. amerikanische Division seit einigen Tagen nicht mehr festgestellt, anscheinend abgelöst.«

Der General betrachtet aufmerksam die Skizze. »Und wie ist es mit den Ergebnissen von heute?«

»Allerhand Veränderungen«, antwortet der Major. »Laut Agentenmeldungen starker Verkehr über die Enge des Überschwemmungsgebiets bei Baupte nach Südost. Viele neu geortete Batterien schießen sich nun auch im Raum Sainteny ein. Zwei Gefangene trugen das Tuchabzeichen der 3. US-Panzerdivision. Ein Gefallener hatte Briefe mit dem Stempel APO 1 in der Tasche, also Army Post Office of the 1 st Division. Demnach wäre der Verband nicht abgelöst, sondern in die Mitte unserer Front verlegt. Beutepapiere, die Angehörige der 17. SS-Panzer-Grenadierdivision »Götz von Berlichingen« fanden, zeigen, daß die Frontbreite des VII. US-Korps wesentlich verkleinert wurde. Neue Funkwelle K. H. 2201. Schließlich sind auffallend die zahlreichen Blitzlichtaufnahmen, die in der letzten Nacht von den Luftaufklärern zwischen Périers und der Höhe 146 gemacht wurden. Zu denken gibt noch der starke Beschuß markanter Höhen im mittleren Korpsbereich; offenbar sollen unsere B-Stellen ausgeschaltet werden. Sogar einzeln stehende Gehöfte wurden erstmals beschossen.«

Dabei denkt der Ic an den Fermier Alphonse Lelu, seinen Quartierswirt, der gestern durch das Artilleriefeuer aus seinem Obstgarten in den Keller getrieben wurde.

Der alte Fremdenlegionär hatte nicht schlecht auf den Krieg und auch auf die Kanonen der Befreier geflucht.

»Wie deuten Sie die Lage?« fragte Choltitz.

»Herr General, klare Angriffsvorbereitungen. Schwerpunkt Sainteny, in Richtung Coutances, also die sogenannte kleine Cotentin-Lösung. Das deckt sich mit der Lagebeurteilung des OB-West, in der es schon vorige Woche hieß, daß nach Freiwerden feindlicher Kräfte durch den Fall von Cherbourg spätestens Mitte Juli mit der Wiederaufnahme der Angriffe gegen die Front des 84. Korps zu rechnen sei.«

Choltitz nickt zustimmend. Geht zum Schränkchen und holt die Kognakflasche. Gießt einen Martell ein. »Machen Sie in Ihrer Abendmeldung für die Armee die Gefahr des feindlichen Angriffs wirksam klar, Hayn; klappern gehört auch bei uns zum Handwerk, sonst meinen die in Le Mans, anderswo seien Nachschub und Munition nötiger als bei uns.«

Draußen beginnt die Dämmerung übers Land zu fallen. Der Major und seine Ordonnanz verschwinden unter den Apfelbäumen. Von fernher grummelt die Front: das Pausenzeichen der Schlacht.

Fünf Tage später: Der Leutnant Hans Höller wollte sich gerade rasieren, als der Melder in den Garten schrie: »Fliegeralarm!« Pinsel weg, Schaum runter, rüber zur 2-cm-Selbstfahrlafette. Ein Blick in den Himmel zeigte blaue Leuchtzeichen. Jabos. Pfadfinder. »Das sieht nicht gut aus«, ging es Höller durch den Kopf.

Erst am Tag zuvor, am 17. Juli, war die 8. Kompanie Panzergrenadierregiment 192 aus den Kämpfen um Caen herüber aufs rechte Orne-Ufer gezogen. Dicht vor der Südstadt sollten Höllers Grenadiere gegen englische Überraschungsvorstöße aus dem alten Orne-Brückenkopf der 6. britischen Luftlandedivision sichern. Nördlich von ihnen lag die 1. Kompanie des Luftwaffenjägerregiments 32. Das I. Bataillon des Jägerregiments war einer der letzten noch voll kampfkräftigen Verbände der 16. Luftwaffen-Felddivision.

Leutnant Höller fand seine Selbstfahrlafette schon alarmiert. Die Männer hatten alle die gleiche Frage in den Augen: Geht es nun auch hier los? Es ging!

Eisenhower ließ Montgomery mit drei Panzerdivisionen, zwei kanadischen Infanteriedivisionen und einer Panzerbrigade antreten. Sie sollten den Ausbruch an der Caen-Front erzwingen, das um Caen stehende Gros der deutschen Panzerdivisionen in den Kampf ziehen und vernichten und damit den entscheidenden Durchbruch bei den Amerikanern an der St.-Lô-Front erleichtern. Montgomerys Rezept war einfach. Es war das Rezept der Materialschlacht des zweiten Weltkrieges: Eine riesige Luftarmada sollte eine Lücke bomben, die Infanterie der 2. kanadischen und 3. britischen Division an den Flanken des Bombenloches vorstoßen und den Korridor sichern, durch den dann die Panzer der 7., 11. und der Garde-Panzerdivision nach Süden rollen sollten. Wenn möglich, gleich bis in den Raum Paris.

Punkt 5 Uhr fiel der erste Bombenteppich. Drei Luftflotten, zwei amerikanische und eine englische, griffen mit 2100 Bombern an. In unübersehbaren Formationen zogen sie hoch am Himmel heran. Wie im Manöver. Klinkten aus. Ließen den Tod im Gleitflug rauschen. Und warfen beim Abflug ihre Rauchzeichen als Markierung für die nächste Welle: Hier haben wir abgeladen.

Vier Stunden lang vollzog sich diese Exekution der Dörfer, Wälder und Felder. Die Luft war bald kilometerweit voll Rauch und Dreck. Es gab keine Wege mehr, keine Gärten, nur Krater! Ein 2-cm-Flakgeschütz wurde 20 Meter weit weggeschleudert, obgleich es tief eingegraben war.

MG-Stände wurden eingeebnet. Pakstellungen zerfetzt. Schützengräben mit Mann und Maus zugeschüttet.

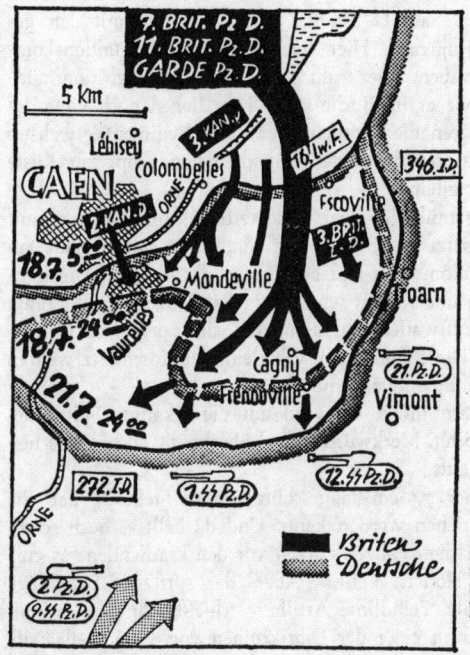

Die großangelegte britische Juli=Offensive »Gut Holz« sollte die Caen=Front zum Einsturz bringen und bis Paris führen.

Die letzten 50 Panzer des Panzerregiments 22, die bei Emiéville in Bereitstellung lagen, wurden aus ihren Tarnkuhlen geworfen, zum Teil zerschlagen; der Rest saß in tiefen Bombentrichtern eingemauert. Fieberhaft arbeiteten die Männer, sie wieder freizubekommen.

Und dann herrscht plötzlich Stille.

Gleich darauf kommen die Panzer und die Infanterie. Montgomerys Offensive mit zwei Armeekorps rollt.

Der Sturm brandet gegen die deutsche Front. Gegen die 272. Infanteriedivision, die nicht einen einzigen Panzer und keine schweren panzerbrechenden Waffen hat, gegen die 21. Panzerdivision mit den Resten der 16. Luftwaffen-Felddivision und Teilen der 1. SS-Panzerdivision. Als Reserve stehen die zwei Kampfgruppen der ausgebluteten 12. SS-Panzerdivision »Hitlerjugend« zur Verfügung.

Das Deckwort für die Offensive heißt fröhlich und zuversichtlich »Gut Holz«. Wie der Titel für ein Preiskegeln.

Leutnant Höller, der den schweren Zug der 8. Kompanie führte, wie auch Oberleutnant Braatz, der Kompaniechef, kennen die Stellungen um die Nordostecke Caens wie ihre Westentasche. Sie lagen vom 6. Juni bis zum 8. Juli in diesem Raum. Hier hatten sie am D-Tag die ersten Gefechte mit den gelandeten britischen Fallschirmjägern. Hier haben sie ihren Bataillonskommandeur, Major Zippe, begraben. Hier ruht auch Atteneder, der unermüdliche Melder, der Gefreite, wie er im Buche steht. Hier liegen noch viele des I. und II. Bataillons Panzergrenadierregiment 192, des Regiments, welches den Ruhm hat, am D-Tag mitten durch den britischen Landekopf zur Küste durchgestoßen zu sein. Leider allein.

»Die Panzer kommen nur mühselig übers Trichterfeld«, ruft Oberleutnant Braatz Höller zu. Auch der setzt das Glas an die Augen. Sie liegen beide am Ende einer Werkhalle von Colombelles und beobachten das Vorfeld. Die Engländer sitzen in den Trichtern und warten sehnsüchtig auf Panzerunterstützung.

Von der Stellung der 1. Luftwaffen-Jägerkompanie, die vorne vor Colombelles liegt, tönt MG-Feuer. Die Männer von Oberleutnant Koschwitz wehren sich noch. Zurück! Und die Kompanie alarmiert.

Was an Infanteriegeschützen intakt ist, wird auf die erkannte Spitze des Feindes im Trichterfeld gerichtet. Merkwürdig, daß überhaupt noch etwas heil ist nach dieser Hölle aus der Luft.

Höller dirigiert eines seiner 7,5-cm-Pakgeschütze so in Stellung, daß die Ausfallstraße aus Caen bestrichen werden kann. Und da bellt es auch schon los. Die vorfühlenden kanadischen Panzer stocken vor den krachenden 7,5-cm-Granaten. »Gut«, knurrt Höller, »gut.« Aber da spritzen Einschläge 80 Meter neben dem Geschütz. Feindliche Artillerie schießt sich ein. Es muß ein englischer Ari-Beobachter in einer der Fabrikruinen von Colombelles sit-

zen. Vielleicht sogar auf einem der Schornsteine. Ganz dicht liegt die nächste
Salve bei Höllers Pak. »Mensch, merken die denn nichts?« denkt der Leutnant verzweifelt.

»Melder!«

»Herr Leutnant?«

»Los, sausen Sie rüber zur Pak. Befehl: Stellungswechsel.«

Der Gefreite prescht los. Hat 100 Meter hinter sich. Da orgelt die nächste
Salve heran.

»Hinlegen, hinlegen«, schreit Höller; aber der Mann hört es nicht, kann es
nicht hören. Es sieht aus, als springe er in die explodierende Granate hinein.
Und die nächste Salve sitzt drei Meter neben der Pak. Macht Männer und
Kanone stumm.

Langsam, ganz langsam schieben sich die Kanadier heran. Sickern durch die
dünnen deutschen Linien. Stoßen auch aus dem Südteil von Caen vor. Die
deutschen Infanteriegeschütze werden von der kanadischen Artillerie niedergekämpft. Höllers Kompanie und das ganze II. Bataillon werden auf Mondeville gedrängt.

Auch Koschwitz' Jägerkompanie wird zusammengeschlagen. Unteroffizier
Poggenbruch, der Panzerspezialist, hat zwar einen Sherman geknackt, muß
aber doch die Sperre an der Straße nach Mondeville räumen. Funker Schwar-
zenberg versucht vergeblich, Funkverbindung mit dem Bataillon zu bekommen. Es kommt keine Antwort. Der Bataillonsgefechtsstand ist längst überrollt. Die 2. Kompanie von Leutnant Langenberg meldet sich nochmal per
Telefon aus dem alten Schloß von Colombelles. Dann reißt auch diese Verbindung ab. Gegen 14 Uhr hat Koschwitz noch 19 Mann. Er befiehlt: »Absetzen. Treffpunkt Park am Château.« Aber auch da sind schon die kanadischen Panzer. Die Landser springen weiter durch Hohlwege, kriechen durch
Straßengräben und treffen im Eisenwerk Mondeville Leutnant Langenberg mit
dem Rest der 2. Kompanie. Am Bahndamm finden sie den Regimentsgefechtsstand. Mondeville ist eingeschlossen. Heino König, der Kartenzeichner der
1. Jägerkompanie, führt die Reste des Jägerregiments 31 und 32 durch eine
kleine Unterführung im Bahndamm. Alle landen in einem Stützpunkt der
12. SS-Panzerdivision.

Der Kommandeur des II. Bataillons Panzergrenadierregiment 192 will zuerst nichts vom Ausbruch aus Mondeville wissen. Er schickt einen Funkspruch
an die Division: »II. Bataillon eingeschlossen. Kämpfen bis zum Ende.«

Aber dann siegt doch der praktische Sinn. Ein günstiger Augenblick wird
genutzt. Mit Elan schlägt sich das Bataillon durch die kanadischen Linien.
Fast ohne Verluste kommen sie heraus und können 15 Kilometer weiter südöstlich in die neue Abwehrfront eingefügt werden.

In der Tiefe des rechten Flügels der 21. Panzerdivision, im Bereich der

Artillerie- und Flakstellungen der 16. Luftwaffen-Felddivision hat das Luftbombardement nicht die verheerende Wirkung gehabt wie im Zentrum der Offensive. Die meisten der verstreut stehenden Batterien sind ohne Treffer geblieben. Vor allem die zahlreichen Flakbatterien der unübertrefflichen 8,8, die nach der Räumung Caens freigeworden und von Rommel zur Panzerabwehr an die Landfront geworfen waren, räumen unter den Engländern und Kanadiern gewaltig auf. Die Panzer der 29. Panzerbrigade fahren den 78 8,8-Kanonen vor die Rohre. Die lassen sich nicht lange bitten. Die Luft erzittert diesmal unter dem metallischen Ton der 8,8-cm. Qualmend bleiben die Panzer in den Getreidefeldern stehen. Brennen. Zerbersten. Betroffen von dem Widerstand, fühlen die Engländer sehr zögernd gegen die Bahnlinie Caen-Vimont vor. Überschreiten nur mit Teilen den Bahndamm. Aber das Gros bleibt in der tiefgestaffelten Verteidigung der 21. Panzerdivision und der 1. SS-Panzerdivision hängen.

Was die 8,8 nicht knacken, das schießen die »Tiger«-Panzer des II. SS-Panzerkorps zusammen. Und schließlich stehen an der Straße und an der Bahnlinie Cagny-Frénouville die wieder herangeführten Kampfgruppen der 12. SS-Panzerdivision.

Die Grenadiere Meyers stellen sich mit Panzerfaust und Haftladung als eine unüberwindliche Sperre vor den bereits schwunglos gewordenen Stoß der britischen Panzerdivisionen. In der Abenddämmerung läßt Brigadeführer Wisch dann die »Panther« seiner 1. SS-Panzerdivision antreten. Ihre überlegene Feuerkraft schlägt den Engländern fürchterliche Wunden. 80 britische Panzerwracks liegen allein in diesem Abschnitt bald brennend und qualmend in den Getreidefeldern und Waldstücken. Insgesamt verliert allein Montgomerys berühmte 11. an diesem Tage 126 Panzer, das heißt über die Hälfte ihres Bestandes.

Die Garde-Panzerdivision büßt an der Straße Caen—Vimont durch 8,8-Beschuß 60 Panzer ein. Ein fürchterlicher Aderlaß. Das Rückgrat der britischen Offensive war gebrochen. Sie kam zum Stehen. Der Versuch, die Sperre um den Landekopf zwischen Orne und Dives zu sprengen, war wieder vereitelt. »Gut Holz« war kein gutes Omen gewesen. Es hatte verdammt viel Späne gegeben!

Auf den Höhenzügen südlich Caen befestigten die deutschen Verbände ihre Verteidigungsstellungen. Montgomery nahm seine geschlagenen Panzerdivisionen zurück. Der britische Löwe leckte seine schmerzenden Wunden. Die britische Presse grollte.

Einen Sieg jedoch errangen die Engländer, der vielleicht schwerer wog als der deutsche Abwehrerfolg. Ein britischer Jagdbomber holte sich ein Opfer, den Mann nämlich, auf dem die Hoffnung der Truppe ruhte.

Am Nachmittag des 17. Juli fuhr Feldmarschall Rommel an die Front und besuchte den Gefechtsstand des I. SS-Panzerkorps. Er sprach mit Oberstgruppenführer Sepp Dietrich über die Lage. Auch Panzer-Meyer war zum Bericht befohlen.

Als Rommel gegen 16 Uhr die Rückfahrt nach La Roche Guyon antrat, riet Dietrich, den großen Wagen gegen einen wendigeren Volkswagenkübel zu vertauschen — wegen der Jabos. Aber Rommel winkte lächelnd ab. Fahrer Daniel gab Gas. Und ab ging es. Es hatte aufgeklart.

»Fahren Sie schneller«, befahl Rommel.

Daniel war bei Livarot auf eine Nebenstraße eingebogen; 5 Kilometer vor Vimoutiers mußte er wieder auf die Hauptstraße. Da rief der Feldwebel Holke auch schon: »Tiefflieger!«

Zwei Jabos fegten von hinten über die Straße von Livarot heran. 30 Meter Flughöhe.

»Versuch, ins Dorf zu kommen«, rief Rommel Unteroffizier Daniel zu. Der trat aufs Gaspedal. Brauste in die Kurve. Aber der Jabo war schneller. Seine 2-cm-Spritze jagte die Garbe in den Wagen. Die Geschosse prasselten in die Polster und zerfetzten die linke Wagenseite.

Daniel wurde in die Schulter getroffen. Fiel übers Steuerrad. Der Wagen schlidderte nach rechts, gegen einen Baumstumpf an der rechten Straßenseite. Drehte wieder nach links, stellte sich quer.

Rommel, der mit dem Kopf gegen die Windschutzscheibe geschlagen war und stark blutete, wurde aus dem Wagen geschleudert. Knallte auf die Straße. Mit gebrochenem Schädel blieb er liegen.

Der Held von Afrika, die Hoffnung der Normandie war von einem britischen Jagdbomber außer Gefecht gesetzt, wie ungezählte Soldaten der Invasionsfront! Hauptmann Lang, Major Niehaus und Feldwebel Holke blieben unverletzt. Sie liefen zurück. Zogen Rommel hinter eine Hecke. Und als die Jabos abgeflogen waren, brachten sie den schwerverwundeten Feldmarschall ins nächste Dorf. Es hieß — Ironie der Geschichte — St. Foy de Montgomery.

Der Posten Rommels wurde nicht neu besetzt. Feldmarschall Hans von Kluge, der Nachfolger Rundstedts als Oberbefehlshaber West, übernahm das Kommando über die Heeresgruppe B selbst.

Als der ›kluge Hans‹ — wie man den begabten, glänzenden Generalstäbler nannte — Anfang Juli von der Ostfront in die Normandie gekommen war, um Rundstedt abzulösen und »die Front zum Stehen zu bringen«, war er zu Rommel gefahren und hatte im Laufe der Unterredung scharf gesagt: »Auch Sie werden sich daran gewöhnen müssen, Befehle auszuführen.« Kluge glaubte, mit klarer Zentralgewalt und starker Hand sei die Lage zu meistern.

Es waren nur 14 Tage nötig, um ihm vor Augen zu führen, daß auch er das Geschick der Invasionsfront nicht mehr wenden konnte. Es ging nicht mehr um Probleme der Führung. Nicht mehr! Eisenhower hatte bereits strategisch und kräftemäßig die Vorhand gewonnen. Für Kluge aber hielt die Geschichte die Rolle schon bereit, tragisches Symbol der deutschen Generalität auf dem Schlachtfeld der falschen Eingriffe des OKW in die eigenen Entschlüsse zu werden.

Am 20. Juli ging ein mächtiges Gewitter über die Normandie. Donner und Blitz erhellten die Ruinen der Städte und Dörfer. Regen und Hagel verwandelten das Land in einen Sumpf, machten Bäche zu reißenden Flußtälern, Wege zu unpassierbaren Wasserläufen. Mitten in das Toben der Natur schrillte das Wort »Attentat auf den Führer«. Auf die Stäbe wirkten die Nachrichten aus Paris, Berlin und Rastenburg verschieden: Erregend, bestürzend oder hoffend, daß der aussichtslose Krieg nun vielleicht doch ein schnelles Ende nehmen würde. Die kämpfenden Verbände aber, Soldaten wie Offiziere, hatten keine Zeit, sich politisch zu ereifern. General Bayerlein faßt die Reaktion bei den Divisionen vor St. Lô mit den Worten zusammen: »Wir haben mehr nach den Jabos als nach dem Führerhauptquartier geschaut.« Dieser Satz zeigt, wie ausgelaugt die Fronttruppe war, wie sehr sie auf den einen einzigen Punkt gerichtet war: zu überleben.

Durchbruch bei St. Lô

Am 19. Juli hatten sich die Amerikaner gegen die Reste der Schnellen Brigade 30 in die Stadt St. Lô gekämpft. Der Kommandeur der Brigade, Freiherr von Aufseß, einer der tapfersten Offiziere des 84. Korps, war beim Häuserkampf am Stadtrand gefallen. Es war ein blutiges Ringen. Die offizielle Geschichte der 29. US-Division gibt davon ein Bild: Nur Schritt für Schritt, in kleinen Gruppen zu 5 Mann, die unter Panzerschutz vorgingen, konnten die Hausruinen und die durch Trümmer gesperrten Straßen von den Amerikanern genommen werden. Auch der Führer ihrer Speerspitze, Major Thomas Howie vom 3. Bataillon des 116. US-Infanterieregiments, lag unter den Toten.

Fünf Tage später, auf dem Gefechtsstand der Panzer-Lehrdivision südwestlich St. Lô:

»Wann glauben Sie, greifen die Amis hier bei uns wieder an?« fragte General Bayerlein seinen Ia Kaufmann. Der blickte auf. In der Küche des verrußten alten Bauernhauses bei Canisy summten die Fliegen. »Es kann jede Stunde losgehen, Herr General. Die sind fertig, das kann man gar nicht übersehen. Ich glaube, nur das Wetter hat sie noch abgehalten.«

»Aber die Armee glaubt, daß der Hauptangriff nicht hier kommt, sondern bei Caen«, wandte Bayerlein ein.

In diesem Augenblick klingelte das Telefon. Meldung vom Gefechtsstand 901: »Schwere Bombenangriffe.«

Bayerlein blickte zu Kaufmann. »Ich glaube, es ist soweit.«

Es war der Morgen des 24. Juli. Die Alarmbefehle gingen an die Einheiten. Die Telefone rasselten. Melder kamen und gingen. Man wartete.

Wieder geht das Telefon. Wieder eine Meldung vom Gefechtsstand des Panzergrenadierregiments 901: »Bombenwürfe vor unseren Linien. Amerikanische Infanterie verlegt Stellung nach hinten.«

Nanu? Was ist das?

Der Tag vergeht. Es kommt kein Angriff.

Auch die Nacht bleibt ruhig. Der 25. bricht an.

Um 7 Uhr meldet sich eine vorgeschobene Kompanie vom Panzergrenadierregiment 902: »Amerikanische Infanterie vor unseren Gräben verläßt ihre Stellungen. Geht überall zurück.«

Bald kommt dieselbe Meldung von allen Abschnitten der Division.

»Die wollen wohl nicht«, lacht Kaufmann. »Vielleicht hat die Armee doch recht.«

Wenige Minuten später bekräftigte die 7. Armee ihre Überzeugung, daß es ihrer Meinung nach nicht bei St. Lô losgehen werde. Bayerlein wurde informiert, daß die 2. Panzerdivision aus diesem Frontteil herausgelöst werde, um südlich Caen in Stellung zu gehen. Dort erwartete das AOK 7 die feindliche Offensive. Die Ablösung erfolgte in ziemlicher Ruhe durch die 326. Infanteriedivision des Generalleutnants von Drabich-Waechter. Sie stand bisher im Pas de Calais.

Eine Stunde später, um 9.40 Uhr, nahm das Rasseln der Telefone im Bauernhaus bei Canisy kein Ende: Meldung von allen Verbänden an der Front, von den Stützpunkten im Hinterland, aus den Dörfern und Meilern, wo die Panzerreserven standen: »Bombenangriffe in unübersehbaren Wellen. Jabo-Angriffe auf Brücken und Artilleriestellungen.« Es gab keinen Zweifel mehr: Es ging los.

Also doch hier an der St.-Lô-Front.

Und die 2. Panzerdivision rollte weg vom Kampfplatz, rüber nach Caen. Wo nichts passierte!

Aber warum war die amerikanische Infanterie gestern und heute zurückgezogen worden? Damals hielt man es auf deutscher Seite für eine Kriegslist. Heute wissen wir, daß etwas ganz Triviales dahintersteckte. Hier ist die Lösung:

General Bradley hatte am 24. angreifen wollen. Wegen zu schlechten Wetters hatte er dann aber im letzten Augenblick den Befehl zurückgezogen. Er fürchtete, daß die Bomberflotte bei der schlechten Sicht ungenau abwerfen würde. Einige Bomberverbände hatte jedoch der Anhaltbefehl nicht mehr erreicht. Sie stiegen auf und warfen ihre Bomben in die eigenen Linien. Eine Panik brach aus. Die GIs, diesen Segen absolut nicht gewöhnt, verließen fluchtartig ihre Stellungen. Das war »der Rückzug«, den das Grenadier-regiment 901 gemeldet hatte.

Noch als Bradley die Offensive für den 25. festsetzte, zogen einige seiner Regimentskommandeure, durch die Ereignisse am 24. mißtrauisch geworden, ihre Bataillone zurück; denn das Wetter war nicht viel besser als am Vortag. Das waren die Rückwärtsbewegungen, die am 25. vom Grenadierregiment 902 an Bayerlein gemeldet wurden.

Die vorsichtigen Kommandeure behielten übrigens recht: An verschiedenen Stellen fielen wiederum die Bomben in die eigenen Linien. Das 47. und das 120. US-Infanterieregiment hatten schwere Verluste. Das Feldartillerieregiment 12 wurde zusammengeschlagen. Der Inspekteur der amerikanischen Landstreit-kräfte, General McNair, ein persönlicher Freund Eisenhowers, wurde mit sei-nem Spähwagen zermalmt. Trotzdem fiel noch genug in die deutsche Front.

Noch eine knappe Stunde stand Bayerleins Stab trotz des Bombenhagels mit den Verbänden vorne in Telefon- und Funkverkehr. Dann riß jede Ver-bindung ab.

Was aber in der einen Stunde auf die Lagekarte im Divisionsgefechtsstand gezeichnet wurde, sprach Bände: über 2000 Bomber hatten den Frontabschnitt der Panzer-Lehr und der anschließenden Fallschirmjägerregimenter 13 und 15 zu einem 7 Kilometer breiten und 3 Kilometer tiefen Korridor des Todes ge-macht. Alles war umgepflügt. Die Schutzgräben zugeschüttet. Die Pakstellun-gen vernichtet. Benzin-, Munitions- und Vorratslager in Brand geworfen. 2000 Bomber — das hieß, das bei einer Angriffsbreite von 7 Kilometern jeder nur einen $3^{1}/_{2}$ Meter breiten Streifen zu pflügen hatte. Das erklärt, wie es um 10 Uhr dort aussah, wo um 9 Uhr die Panzer-Lehrdivision mit 5000 Mann gelegen hatte.

Wenigstens die Hälfte der Division war außer Gefecht gesetzt — tot, ver-wundet, verschüttet oder wahnsinnig geworden. Panzer und Artillerie in der vorderen Front waren zerschlagen. Die Straßen unpassierbar.

Aber General Bradley genügte das noch nicht, ›Safety first‹, war ja die Parole. Punkt 10 Uhr ließ er deshalb noch mal 400 Jagdbomber los, die alles, was sich noch bewegte, unter Feuer nahmen.

Noch nicht genug: Um 10.30 Uhr griffen mittelschwere Bomber im Spezial-einsatz die Straßen nach St. Gilles und Marigny an.

Und dann erst kam die Infanterie des VII. US-Korps. Drei Infanterie-Divisionen waren nur noch Schrittmacher, die den freigebombten Korridor für die nachfolgenden motorisierten Verbände aufschließen und sichern sollten.

Die Bomber hatten gut gearbeitet. Zu gut. Die GIs kamen mit ihrer Aus-rüstung nur mühselig und langsam über die Mondlandschaft aus Kratern, ausgerissenen Bäumen, Draht und Steinen. Die Panzer konnten zuerst über-haupt nicht folgen. Pioniere mit Bulldozern mußten ihnen Wege bahnen.

Bayerlein fuhr auf einem Motorrad zum Gefechtsstand des Regiments 901. Im Keller eines alten Steinturmes saß Oberst von Hausser.

Ein Leutnant sprang gerade in das Gewölbe; er war zur Erkundung nach vorn geschickt worden. »Hören Sie selbst«, sagte der Oberst zum General. Und er hörte: »Ich habe vorn kein einziges intaktes Widerstandsnest gefunden. Die Hauptkampflinie ist verschwunden. Wo sie war, ist eine Zone des Todes.«

Gegen Mittag hatten die Amerikaner bereits die Straße St. Lô–Périers überschritten. Dann aber gab es am nächsten Tag, dem 26., vor Marigny deutschen Widerstand. Weiß Gott, wie einzelne Nester das Inferno überstanden hatten. Jedenfalls schossen sie.

Bei St. Lô gelang dem amerikanischen VII. Korps Ende Juli der entscheidende Durchbruch. Aus dieser Operation entwickelte sich der Ausbruch aus der Cotentin=Halbinsel bei Avranches und die Einkesselung der 7. Armee.

Sofort ließ Bradley wieder 400 mittelschwere Bomber zum Flächenwurf einsetzen. Die 2. US-Panzerdivision brach daraufhin am rechten Divisionsabschnitt direkt bis St. Gilles durch. Abends stand sie in Canisy, wo sich Bayerleins Divisionsgefechtsstand im letzten Moment absetzen konnte.

Der Tag ist heiß und schwül. Müde, hungrig, verdreckt sitzt Bayerlein mit seinem Ia und dem Ordonnanzoffizier ·in seinem Gefechtsstand bei Dangy, 5 Kilometer weiter südwestlich.

Der Posten meldet einen deutschen Stabswagen. Ein Generalstabsoffizier des Oberbefehlshabers Feldmarschall Kluge sitzt drin und sucht die Panzer-Lehr. Er ist sehr froh, den Divisionskommandeur zu finden. Bringt er Hilfe? Nein. Er bringt einen Befehl.

Der Oberstleutnant in seiner tadellosen Uniform mit den karmesinroten Streifen an den Hosen steht etwas verlegen vor dem General und seinen Offizieren, die seit Tagen ihren Bart nicht rasiert und keine warme Mahlzeit gesehen haben, geschweige denn Wasser zum Waschen. Er ahnt, was diese Männer hinter sich haben. Aber was hilft es, er hat einen Befehl.

»Herr General«, sagt er, »Herr General, der Feldmarschall verlangt, daß die Linie St. Lô bis Périers gehalten wird.«

Schweigen. Kaufmann blickt auf Bayerlein. Major Wrede starrt durchs Fenster.

»Die Linie St. Lô–Périers soll gehalten werden«, wiederholt Bayerlein. »Darf ich fragen, womit?«

Der Oberstleutnant überhört die Frage. »Das ist ein Befehl, den ich Ihnen überbringe, Herr General«, antwortet er, »Sie müssen halten, kein Mann darf die Stellung verlassen.« Wie zur Entschuldigung fügt er hinzu: »Eine Abteilung »Panther«-Panzer der SS wird zu Ihrer Entlastung zum Flankenstoß gegen die Amerikaner antreten.«

Kein Mann darf die Stellung verlassen!

Bayerlein starrt den Offizier an. Ein lähmendes Schweigen breitet sich über den Raum.

Draußen schlägt eine Stalltür.

Der General spürt das Blut in seinen Schläfen klopfen.

Der Mann, der in den zermürbenden afrikanischen Kämpfen an der Seite Rommels bei El Alamein, in der Todesstunde des Deutschen Afrikakorps auf den Sandhügeln von Tel el Mampsra und in Tunesien nie die Nerven verlor, ist am Ende. Stützt sich auf den Tisch und spricht leise — aber die Worte stehen wie Berge im Raum: »Da vorn hält alles, Herr Oberstleutnant, alles. Meine Grenadiere und die Pioniere, meine Panzerjäger, sie halten. Keiner verläßt die Stellung, keiner. Sie liegen in ihren Löchern, still und stumm, denn sie sind tot. Tot, verstehen Sie?« Und dann tritt Bayerlein an den Oberstleutnant heran: »Melden Sie dem Feldmarschall, die Panzer-Lehr ist vernichtet. Halten können nur noch die Toten. Aber ich bleibe hier, wenn es befohlen wird.«

Der Generalstäbler braucht nicht zu antworten. Ein fürchterlicher Donnerschlag läßt das Haus erzittern. Die Erde bebt. Feuer sprüht zum Himmel. Die Türen fliegen aus den Angeln. Die Fenster splittern. Das große Munitionsdepot bei Dangy ist von Jabos getroffen und fliegt in die Luft. Tausende von Werferraketen fegen mit zuckendem Feuerschweif tosend durch die Gegend. Ein paar tausend Minen, ungezählte Granaten, Tonnen von MG-Munition gehen hoch: Begleitmusik des Untergangs einer Division.

Am nächsten Mittag, am 27. Juli, hatte Bayerlein mit seinem Stab einen Gefechtsstand am Soulles-Bach bezogen. Alles in allem waren sie noch ein halbes Dutzend Offiziere und 14 Unteroffiziere, Melder und Funker. In einem alten Bauernhaus krochen sie unter und versuchten, die versprengten Reste der Division zu sammeln. Aber spät nachmittags bereits fuhren amerikanische Panzer ans Bachufer und nahmen die Kate unter Feuer. Unglücklicherweise waren die Fenster des Hauses, die in den Hof gingen, vergittert. So gab es nur den Ausgang zur Straße, die am Bach entlang lief und von den Panzern eingesehen werden konnte. Einzeln sprangen Offiziere und Soldaten in den kurzen Feuerpausen aus der Tür. Wie Hasen, von Panzergranaten gejagt, suchten sie hinter Bäumen und in Kornfeldern Deckung. Bayerlein blieb als letzter im brennenden Haus, an die Türschwelle gepreßt. Major Wrede stand 15 Meter entfernt hinter einem Baum. Jetzt winkte er. Und nun sprang auch der General und rannte. Warf sich in ein Kartoffelfeld. Die Granate fauchte heran. Kopf in den Dreck. Vorbei.

Auf! Weiter!

In der Abenddämmerung sah man ihn allein nach Percy hinunter marschieren. Der Kommandeur der berühmten Panzer-Lehr, der Division, von der Guderian vor drei Monaten gesagt hatte: »Mit dieser Division allein werden Sie die Anglo-Amerikaner ins Meer werfen.« Nun zog er zu Fuß dahin. Im Führerhauptquartier aber wurde ein Fähnchen aus der großen Lagekarte gezogen.

Die Front reißt

Als der General Fritz Bayerlein schließlich auf die deutschen Verbände des II. Fallschirmjägerkorps stieß, fand drüben, im Gefechtsstand des Korps bei St. Vigor, zehn Kilometer östlich Percy, eine andere dramatische Aussprache statt. Sie beleuchtet gleichfalls die Situation und die Stimmung in den Frontstäben.

Der Befehlshaber der II. Fallschirmjägerkorps, General Meindl, geriet auch mit einem Abgesandten von Feldmarschall von Kluge aneinander. Es war der Sohn des Feldmarschalls, der Oberstleutnant i. G. von Kluge, der sich bei Meindl über die Lage informieren sollte. Und der Sohn wurde zum Blitzableiter für den Zorn des Truppenführers. Meindl war gespannt: Was wollte der Späher Kluges? Brachte er Durchhaltebefehle? Neue Forderungen?

Meindl hielt mit seinem Korps an der Flanke des amerikanischen Stoßes nach Süden. Seine Fallschirmjäger-Aufklärungsabteilung 12 unter Hauptmann Goetsche war gerade im letzten Augenblick am Wegkreuz Le Mesnil Herman erschienen, um die gegen den Divisionsgefechtsstand der 352. Infanteriedivision von General Kraiß anrollende Ami-Panzerspitze im Nahkampf abzuschießen und den Divisionsstab vor der Gefangennahme zu retten. Goetsche igelte sich ein und hielt die wichtige Straße nach Süden 24 Stunden gegen die amerikanischen Panzerangriffe. Ein halbes Dutzend rauchende Sherman-Panzerwracks lagen vor der Stellung. Aber was nutzte die Tapferkeit am Wegkreuz von Le Mesnil Herman? Das Riesenloch, das durch den Verlust der zusammengeschlagenen Panzer-Lehrdivision entstanden war, wurde dadurch nicht gestopft.

Es war auch nicht damit zu flicken, daß sich die Bataillone von Graf Schulenburgs Fallschirmjägerregiment 13 im Raum Marigny festkrallten. Das II. Bataillon Meuth war von 800 Mann auf 100 Mann zusammengeschmolzen. Nein, die zusammengebrochene Front brauchte ganz andere Hilfe. Um die zu bringen, hatte der Oberbefehlshaber der 7. Armee, Generaloberst der Waffen-SS, Oberstgruppenführer Hausser, der 2. und der 116. Panzerdivision den Befehl gegeben, aus der bedrohten Flanke des II. Fallschirmjägerkorps heraus in breiter Front die vorstürmenden Amerikaner anzugreifen, ihre Front zu durchbrechen und — wenn möglich — die Verbindung zur Westküste der Halbinsel wiederherzustellen. General von Lüttwitz führte die 2. Panzerdivision, General Graf Schwerin die 116. Den Oberbefehl über die Operation hatte General der Panzertruppe Freiherr von Funck. General Meindl war von Hausser gerade über diesen Plan informiert worden.

Die Rückfahrt zu seinem Gefechtsstand zeigte, wer den Kampfraum beherrschte.

Rund dreißigmal war der General auf der 15 Kilometer langen Strecke vom Stabsquartier der 7. Armee bis zum eigenen Gefechtsstand von Jabos aus seinem Volkswagen gejagt worden. Dreißigmal im Hechtsprung in den Graben oder hinter einen Knick. Zur Erleichterung dieser Manöver waren die Türen aus dem VW genommen. »Jaboflitzer« nannten die Fallschirmjäger das Gefährt.

Ein Weg, der normalerweise eine halbe Stunde dauerte, hatte volle vier Stunden verschluckt. Es war zum Verzweifeln, diese Hilflosigkeit. Und da sollte morgen ein Panzerangriff auf breiter Front gefahren werden! Lernte man nichts an oberster Stelle?

In dieser Stimmung traf der General den jungen Kluge in seinem Gefechtsstand an. Und richtig: Er wollte die Mahnung seines Vaters bringen, zu ›halten‹. Da explodierte General Meindl, wie 24 Stunden vor ihm General Bayerlein explodiert war. »Bitte übermitteln Sie Ihrem Herrn Vater«, antwortete Meindl kalt, »übermitteln Sie ihm genau, was ich Ihnen sage: Es ist nun soweit, daß die Normandie nicht mehr gehalten werden kann, weil die Truppe erschöpft ist. Schuld ist besonders das Ausharren in aussichtslosen Stellungen, und selbst jetzt wird immer nur ›Halten‹ befohlen. Der Gegner wird westlich von uns durchbrechen und uns überholen. Was dann? Jetzt wird alles auf die paar Panzerdivisionen gesetzt! Ich sage Ihnen heute schon, daß die zwei Divisionen mit ihrer alten Methode nicht vorwärts kommen. Es wäre weit besser, durch die Panzer eine aktive Panzerabwehr aufzubauen, statt sie in einem kriegsspielhaften Einsatz auf imaginäre Ziele anzusetzen. Wenn Ihr Vater wüßte, was es heißt, bei einer märchenhaften Luftherrschaft zu kämpfen, dann würde er auch wissen, daß man überhaupt nur noch etwas durch Nachtangriffe erreichen kann. Der morgige Panzerangriff gelingt nicht, weil er zu breit angesetzt und erst ab Morgengrauen, also bei Tage geführt werden soll. Die Panzer müssen ja zerschlagen werden. Und die Grenadiere können sich nur opfern. Es ist ein Jammer, das mitansehen zu müssen.«

Meindl hatte recht. In jeder Hinsicht. Auch mit der Voraussage, daß der Versuch, mit zwei Panzerdivisionen dem Feind in die Flanke zu fahren, scheitern mußte. Weil dieser Feind in der Luft und auf der Erde eben viel zu stark war.

Und so kam, was kommen mußte. Zwar hielt das Meindlsche Fallschirmjägerkorps die rechte Flanke der Front, aber der ganze linke Flügel des 84. Armeekorps war abgeschnitten. Die Amerikaner fuhren zwischen den beiden Korps ungehindert nach Süden. Wenn sie zur Küste eindrehten, dann war das ganze 84. Korps gefangen. Schwenkten sie nach Osten, dann drohte Meindls Divisionen die Einschließung. Fuhren sie aber weiter südwärts und wurden nicht gestoppt, dann erreichten sie den freien französischen Raum und bedrohten die ganze 7. Armee.

Generaloberst Hausser entschloß sich angesichts dieser Lage, dem 84. Korps den Durchbruch nach Südosten zum Anschluß an das II. Fallschirmjägerkorps zu befehlen. Er hatte keine Zeit und keine Möglichkeit mehr, sich mit Kluge über eventuelle Hilfsmaßnahmen abzustimmen. Ein Telefongespräch, welches zustande kam, riß bereits nach den ersten Worten ab.

Natürlich entblößte der Rückzug des 84. Korps die Westküste der Cotentin-Halbinsel. Öffnete den Amerikanern das Loch von Avranches und gab ihnen die Chance des Ausbruchs. Deshalb widersetzte sich von Choltitz diesem Plan. Er bat Hausser persönlich an den Feldfernsprecher. Die Armee bestand aber auf der Ausführung. Sie fürchtete den Verlust des ganzen Korps, wenn die angeschlagenen Verbände an der Küste stehenblieben.

Auch Feldmarschall von Kluge widerrief den Befehl und verlangte langsames Absetzen nach Süden, Ankrallen an die Westküste, Zeitgewinn. Halten. Halten. Aber die Bewegungen des Korps nach Südosten waren bereits angelaufen und nicht mehr zu stoppen.

Es fällt auf, daß der Feldmarschall, der kluge Stratege, die Parolen des Führerhauptquartiers in diesen Wochen so eifrig verfocht. Warum? Vielleicht hatte er trotz besserer Einsicht den Mut zum Widerspruch gegen befohlene Maßnahmen verloren, weil er das Mißtrauen Hitlers fühlte, der ihn insgeheim verdächtigte, den Männern des 20. Juli nahegestanden zu haben.

Wie es auch sei: Die Front verzweifelte nun auch an Kluge, an dem so hoch geachteten Strategen, von dem man eigene, neue, umwälzende Entschlüsse erwartet hatte. Entschlüsse, die der wahren Lage Rechnung trugen.

Die Front sah ja, was mit den Verbänden los war, sah, daß die Divisionen und Regimenter dahinschmolzen wie Schnee in der Sonne.

General Mahlmanns kampftüchtige 353. I. D., der das Grenadierregiment 941 am 28. Juli an der Sienne den Weg aus der Umklammerung geboxt hatte, bestand am 30. Juli noch aus ganzen 800 Mann. Kampfgruppen, die aus mehreren Divisionen gebildet waren, wie die Kampfgruppe Heinz, hatten nur noch knappe Kompaniestärke. Das altbewährte Fallschirmjägerregiment 6, das seit dem 6. Juni unsere Kampfgeschichte begleitet, bestand noch aus ganzen 40 Mann. 40 Mann von 1000! Das war die Lage. Und der Feind nutzte sie.

Am Abend des 28. Juli schwärmten amerikanische Panzerrudel und motorisierte Kolonnen auf allen Straßen zwischen Vire und Atlantikküste nach Süden. Es gab vor ihnen keine zusammenhängende deutsche Front mehr.

Und die Caen-Front? Konnten von dort nicht Kräfte abgezogen und herübergeworfen werden? Eben nicht. Denn die Strategie des alliierten Oberkommandos war gut abgestimmt. Mit dem Beginn der amerikanischen Offensive bei St. Lô hatten im Raum Caen, an der anderen Seite der Zwickmühle, die Kanadier angegriffen und die Panzergruppe West in schwere Abwehrkämpfe verwickelt. Die Abgabe von Verbänden wurde dadurch unmöglich. Das war ja die entscheidende strategische Bedeutung der Caen-Front: die deutschen Kräfte festzunageln, zu binden, Panzerdivision um Panzerdivision vorzulocken, während drüben im Abschnitt St. Lô der große Durchbruch vorbereitet wurde, der die deutschen Verbände der 7. Armee dann in den Sack führen sollte.

Das war wirklich gut gemacht. Die Strategie des alliierten Oberkommandos war die zielbewußte Ausnutzung der materiellen Überlegenheit im Felde. Eine staunenswerte organisatorische Leistung vor und während der Invasion. Ein bewundernswerter Beitrag von Wissenschaft und Technik hatte die Überlegenheit geschaffen und verstärkte sie von Tag zu Tag.

Eisenhower konnte sich deshalb vieles erlauben, was im Falle der Niederlage dem Feldherrn von der Geschichte angekreidet wird. Er konnte mit vollmotorisierten Verbänden schnell Schwerpunkte bilden und verlagern; er konnte umgekehrt deutsche Gegenstöße, die Krisen herbeiführten, bald auf-

fangen. Er ersparte seinen Soldaten die Belastungen, die dem deutschen Landser allmählich zum täglichen Brot geworden waren: Nachts marschieren, tags
kämpfen; immer aus der Luft gejagt, ohne Pause, ohne Ersatz, ohne Hoffnung.
Die Offiziere und Soldaten der deutschen Armee, die den ersten Weltkrieg
noch mitgemacht hatten, erkannten hier in der Normandie klar: der Krieg
war entscheidend anders geworden. Material und Schweiß liefen Herz und
Blut den Rang ab.

VII

DER GROSSE KESSEL

Die Brücke von Pontaubault

Dramatische Entwicklungen der Kriegsgeschichte wurzeln immer in der un-
gewöhnlichen Entscheidung eines militärischen Führers. General Guderians
revolutionäre Panzertaktik mit der kühnen Mißachtung der traditionellen
Flankensicherung hat zu den gigantischen Kessel-Siegen im ersten Teil des
Rußlandkrieges geführt. Feldmarschall Rommel verwirklichte in Afrika das
Prinzip der Seeschlacht in der Wüste, täuschte, umfaßte aus der für unbegeh-
bar gehaltenen Wüste, schnitt die kämpfende Truppe des Feindes von seinen
Versorgungsbasen und den wenigen Straßen ab. So schlug er die weit über-
legenen, aber konservativ kämpfenden britischen Armeen. Bis ein anderer ihm
ein neues Prinzip entgegensetzte: Montgomery exerzierte die Zermürbungs-
taktik, den Krieg des reichen Mannes.

Auch im Kampf um Frankreich betrat ein revolutionärer Heerführer die
Bühne. Aber nicht auf unserer Seite, sondern unter General Eisenhower.

Der eigentliche Sieger im Westen wurde George S. Patton, Panzerführer,
Befehlshaber der 3. US-Armee. Er war der amerikanische Guderian und Rommel in einer Person. Er ergriff Ende Juli 1944 die Chance, den Panzer-Blitz-
krieg zu neuem Leben zu erwecken.

Patton trieb sein VIII. Korps durch den schmalen Korridor zwischen der
deutschen Flankenstellung und der Atlantikküste hinunter. »Fahren Sie«, befahl er seinen Kommandeuren. Und wenn sie nach dem Schutz ihrer Flanken
fragten, dann knurrte er nur: »Scheren Sie sich um Ihr Ziel, nicht um Ihre
Flanken.« Wagemutig für die Amerikaner, fast abenteuerlich war diese
Taktik.

Die 4. US-Panzerdivision erreichte am Abend des 30. Juli Avranches. Am nächsten Tag nahm sie Pontaubault und gewann einen Brückenkopf über die Sélune. Damit hatte Patton das Tor zum Ausbruch in den freien französischen Raum aufgestoßen.

Der Höhepunkt der Invasionsschlacht war gekommen. Würde Patton das Tor offenhalten können? Alles hing an einer Straße und einer Brücke; denn nur eine einzige Straße mit einer einzigen Brücke führte von Avranches über die Sélune in die Bretagne. Und um das Bild vollständig zu machen, hatte Feldmarschall von Kluge nur die Reste einer einzigen Division zur Verfügung, um sich gegen die drohende Katastrophe zu stemmen. Es war die 77. I. D. unter dem bewährten Oberst Bacherer, die nach den schweren, verlustreichen Julikämpfen im Raum westlich Pontaubault zur Auffrischung lag.

Im Gefechtsstand Bacherers hätte man eine Stecknadel fallen hören können, als am Sonntagabend, dem 30. Juli, der Ia den Funkspruch Kluges vorlas: »Avranches ist unter allen Umständen zu nehmen und zu halten. Es ist der Angelpunkt unserer Verteidigung. Mit ihm steht und fällt die Entscheidung im Westen.«

Die Entscheidung im Westen sollte also an einer Brücke, einer Straße und an einer dezimierten Division hängen!

Bacherer war ein Mann der Tat. Er holte sich alles zusammen, was ihm unter die Augen kam: Neben seinen eigenen Verbänden der 77. I. D. auch 14 Sturmgeschütze, Teile der 5. Fallschirmjägerdivision und was sich an Versprengten auf den Sammelstellen einfand.

Mit dieser Kampfgruppe stieß Bacherer am 31. morgens auf Pontaubault vor, nahm es und trat sofort gegen Avranches an. Die Grenadiere drangen auch in die Stadt ein. Nahmen Haus um Haus. Die Sturmgeschütze hämmerten die amerikanischen Widerstandsnester zusammen und hielten den Bataillonen die Ami-Panzer vom Leibe. Die Wolken hingen tief. Regen rieselte. Kein Jabo war am Himmel. Die Schlacht rollte. Sie rollte nicht schlecht für die Kampfgruppe Bacherer.

Aber gegen Mittag klarte es auf. Das alte Lied. Die Männer von Albert Allgaier im I. Bataillon Infanterieregiment 1050 blickten besorgt in den Himmel. Und es dauerte auch nicht lange: »Jabos!« hallte der Schreckensruf. Wie die Geier stürzten sie herunter. Immer neue. Immer mehr. In kürzester Zeit, in einer knappen Stunde, waren alle 14 Sturmgeschütze zerschlagen. Die amerikanischen Panzer rollten ungehindert in die Front, zersprengten die Grenadiere und drängten die Kampfgruppen nach Süden und Westen ab.

»Sprengtrupp vor gegen die Sélune-Brücke«, befahl Bacherer. Er wollte den Amis wenigstens die einzige Brücke zerstören, die aus dem Flaschenhals Avranches hinaus in die Bretagne führte. Aber mit der verdammten Brücke war es wie verhext: Der erste Sprengtrupp wurde abgeschossen. Der zweite lief in einen Hinterhalt und wurde gefangen. Die Brücke blieb heil. Ami-

Panzer rollten darüber. Am Abend des 31. fuhren sie vor Bacherers Gefechtsstand. Im letzten Augenblick konnte der Oberst mit seinem Stab durch einen Hohlweg entwischen. General Patton stand am Ziel seines Planes: Die Amerikaner waren nach acht Wochen ununterbrochener Kämpfe am Ausgang aus der Enge der Halbinsel Cotentin angelangt. Nichts stand ihnen mehr gegenüber.

Vergeblich versuchte die deutsche Luftwaffe, die Brücke von Pontaubault zu treffen und zu zerstören. Vom 3. bis 7. August wurde Tag und Nacht angegriffen. Aber bis auf einen schwachen Treffer ging alle Bombenlast daneben. Und über die Brücke jagte Patton seine Divisionen. Der »Flaschenhals«, die Straße von Avranches nach Pontaubault«, wurde zur rollenden Trift von Panzern und motorisierten Verbänden. Bullige Offiziere standen an den Brücken. Den Colt in der Faust: »Go on! Go on!« kommandierten sie jede Einheit in den »Flaschenhals«. Flak und Jagdflugzeuge schirmten den Korri-

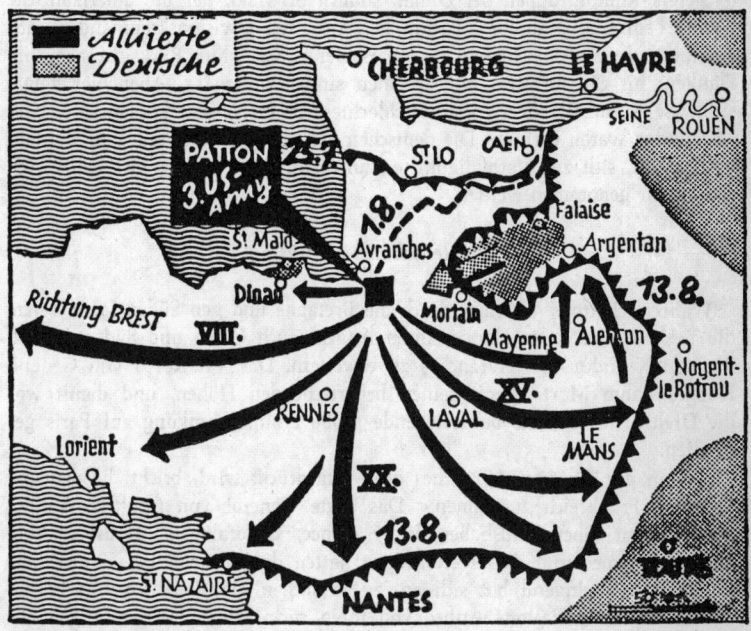

Der entscheidende Punkt der Invasionsschlacht: Über eine einzige Straße mit einer einzigen Brücke peitscht General Patton in einer tollkühnen Operation seine 3. Armee aus dem Flaschenhals von Avranches in den freien französischen Raum. Die alliierte Luftüberlegenheit machte dieses Manöver möglich.

dor ab. Darunter bewegten sich Panzer, Ketten- und Räderfahrzeuge. Marschierende Soldaten in ununterbrochenem Strom. Zum Hohn auf alle Operationspläne und Sicherheitsvorschriften schleuste Patton in 72 Stunden auf dieser Straße nicht weniger als sieben Divisionen hindurch. Das sind über 100 000 Mann. Über 15 000 Kraftfahrzeuge! Eine tolle organisatorische Leistung.

Wie ein Fächer stieß die Streitmacht in den französischen Raum. Patton zögerte nie, seine Flanken zu exponieren. Er handelte nach Guderian: »Der Schutz unserer Flanken ist Aufgabe der nachfolgenden Infanterie. Das Ziel ist vorn.«

Am 4. August fiel Rennes. Die 4. Panzerdivision stieß quer über die Halbinsel bis zur Südküste bei Vannes durch. Das strategische Ziel war die Festung Brest. 300 Kilometer von Avranches entfernt! Patton setzte die 6. Panzerdivision an. Sie ließ sich jedoch durch den hinhaltenden Widerstand von Bacherers Kampfgruppen bei Dinan, südlich St. Malo, der die amerikanische Flanke bedrohte, aufhalten. Patton ließ sich den Divisionskommandeur ans Telefon holen: »Marschieren Sie, marschieren Sie, ohne Rücksicht auf Ihre Flanken, bis Sie in Brest angekommen sind«, wütete er. Aber hier zeigte sich, wie Kühnheit oder Vorsicht schlachtentscheidend sein können. Kostbare 24 Stunden waren verloren. Die deutschen Besatzungen von Brest und St. Malo hatten Zeit, sich zur Verteidigung einzurichten. Brest konnte im Handstreich nicht mehr genommen werden.

Unternehmen »Lüttich«

Während Pattons 3. Armee durch die Bretagne und gen Süden jagte, setzte die 1. US-Armee unter Hodges ihren Angriff nach Osten und Südosten fort, um den Korridor von Avranches zu erweitern. Das VII. Korps von General Hodges nahm Mortain mit seinen beherrschenden Höhen, und damit war die Drehscheibe für die bevorstehende große Frontschwenkung auf Paris geschaffen.

»Wenn die Tür von Avranches nicht zugedrückt wird, bricht die deutsche Front in Frankreich zusammen.« Das sagte General von Choltitz Anfang August zum Oberbefehlshaber der 7. Armee, Generaloberst Hausser. Aber auch die Armee und die Heeresgruppe hatten das Ausmaß der Katastrophe vor Augen. Zwingend bot sich an, zu versuchen, das Loch von Avranches zuzumachen und Pattons Armee von ihren rückwärtigen Verbindungen abzuschneiden.

Auch im Führerhauptquartier hatte man die Gefahr der offenen Tür von Avranches erkannt. Hatte das kühne Manöver des Generals Patton mit Staunen und Verwunderung registriert.

Hitler grollte: »Da fährt so ein wahnwitziger Cowboy-General auf der einzigen Straße und über eine einzige Brücke mit einer ganzen Armee nach Süden und in die Bretagne. Schert sich nicht um das Risiko und tut so, als ob er allein auf der Welt wäre. Ist denn das zu fassen!«

Ja, war das zu fassen?

Wer an die Siege der einstmals so starken deutschen Armee dachte, konnte es wirklich kaum glauben, daß dieser Amerikaner jetzt mit ihr eine Art Katze- und Mausspiel trieb. Wie war das möglich? Da standen doch schließlich noch starke Panzerdivisionen in Frankreich. Die sollten nicht in der Lage sein, diesen Flaschenhals von 25 bis 30 Kilometer Breite abzuschlagen? 25 Kilometer — daran hing der Feldzug im Westen! War das nicht paradox? Aber war es nicht auch die große Chance? War hier nicht der entscheidende Schlag möglich? Konnte man hier nicht den Wendepunkt erzwingen, weil der Gegner in Hybris und Leichtsinn sein Glück überzogen hatte? So dachte Hitler. So dachte auch der Chef seines Führungsstabes, Generaloberst Jodl.

Am 2. August erschien General Warlimont, der stellvertretende Chef des Wehrmachtführungsstabes, bei Feldmarschall von Kluge. Er brachte Hitlers Befehl für die Operation »Lüttich«, einen Stoß von Mortain gegen Avranches. Hitler verlangte, daß von den neun in der Normandie eingesetzten Panzerdivisionen acht für den Angriff bereitgestellt werden sollten. Auch die deutsche Luftwaffe sollte »sämtliche Reserven, darunter 1000 Jäger, in den Kampf werfen«.

So weit — so gut. Aber der Termin! Feldmarschall von Kluge forderte sofortiges Losschlagen. Hitler wollte mit dem Beginn des Angriffs so lange warten, bis »jeder Panzer, jede Kanone und jedes Flugzeug versammelt ist«.

Kluge rief Jodl an: »Wir müssen sofort zuschlagen. Jeder Tag macht den Gegner stärker. Er ist bereits mit einer ganzen Armee durch die Tür von Avranches.«

Jodl antwortete in erstaunlich überoptimistischer Einschätzung der Lage: »Machen Sie sich doch keine Sorgen um die durchgebrochenen Amerikaner, je mehr durch sind, desto mehr werden abgeschnitten.« Das klang reif fürs Lesebuch. Es erinnerte an die legendäre Antwort des griechischen Truppenführers Leonidas an den Thermopylen auf die Mitteilung, daß der Pfeil- und Speerhagel der Perser die Sonne verdunkele. Er sagte: »Um so besser, dann können wir im Schatten kämpfen.«

Feldmarschall von Kluge und Generaloberst Hausser teilten den Optimismus Jodls nicht. Sie wußten, daß jedes Zuwarten das Todesurteil für die Armee bedeutete. Sie beschlossen daher, den Angriff in der Nacht vom 6. zum 7. August in Gang zu setzen. Die ganze Hoffnung der Westfront ruhte auf dem Unternehmen »Lüttich«.

Vier Panzerdivisionen — die 2. unter General von Lüttwitz, die 116. unter

Graf Schwerin, Teile der 1. SS-»Leibstandarte« unter Brigadeführer Wisch, die 2. SS-»Das Reich« unter Gruppenführer Lammerding — sowie eine Kampfgruppe der 17. SS-Panzergrenadierdivision »Götz von Berlichingen« und die Reste der bei St. Lô zerschlagenen Panzer-Lehr bildeten die Offensivgruppe, deren Gesamtführung das 47. Panzerkorps übernahm.

General Freiherr von Funck, der Befehlshaber, wollte die Nacht für den ersten großen Panzerstoß nutzen. Den halben Weg bis Avranches hoffte er bei Dunkelheit zu schaffen. 120 Panzer standen bereit, um auf einem Landrücken zwischen den Bachläufen der Sée und der Sélune — die gewissermaßen die natürliche Flankensicherung gegen feindliche Angriffsgruppen darstellen — vorzustoßen.

Die 2. Panzerdivision bekam um 24 Uhr Marschbefehl und rollte los. Aber nur die rechte Angriffsgruppe marschierte. Eine böse Panne verzögerte den Angriff am linken Flügel: Die Panzer der 1. SS-Panzerdivision waren nicht herangekommen. Auf dem Weg in die Bereitstellung war das Panzerregiment

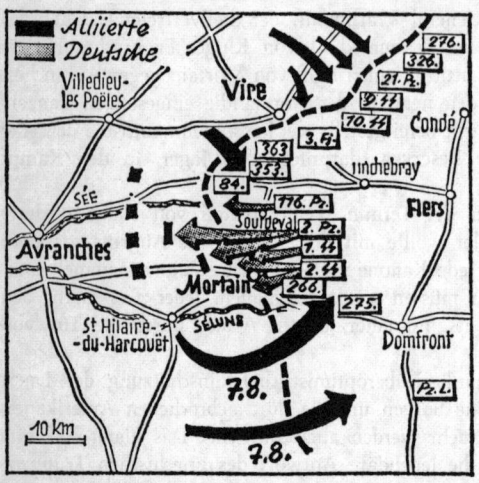

Mit dem Unternehmen »Lüttich« wollte das OKW die amerikanische Ausbruchstelle schließen und Pattons durchgebrochene 3. US-Armee abschneiden. Aber durch die alliierte Luftüberlegenheit wurde die hoffnungsvoll begonnene Offensive gestoppt.

in einen zwei Kilometer langen Hohlweg geraten. Zu allem Unglück stürzte ein abgeschossener Jagdbomber auf den vordersten Panzer und blockierte alles. Ein böses Omen! Die Panzer mußten im Rückwärtsgang aus dem Hohlweg fahren. Das dauerte Stunden. Erst bei Hellwerden konnte die linke Angriffsgruppe anrollen.

Inzwischen ist die rechte Gruppe mit zwei Panzerabteilungen, Panzerjägern und dem Panzergrenadierregiment 304 weit nach vorn geprescht. Panzergrenadiere und Pioniere aufgesessen.

Ran an die amerikanischen Paksperren auf den Straßen.

Ein Feuerschlag.

Angriff der Grenadiere auf die amerikanischen Vorpostenstellungen.

Weiter.

Die amerikanische HKL wird überrollt.

Bei Dove fährt die I. Abteilung des Panzerregiments in eine Minensperre. Der Regimentskommandeur Major Schneider-Kostalsky fällt durch Minentreffer. Pioniere räumen die Sperre. Weiter. Mesnil Dove fällt. Aber an der Kirche steht noch eine Pak, gut geschützt. Diese verdammte Kanone hält den ganzen Angriff auf. Endlich fetzt eine 7,5-cm-Granate das Geschütz nieder.

Weiter.

Mesnil Adelée fällt. Die Gruppe steht noch sechs Kilometer von ihrem Tagesziel entfernt. Dann wäre der halbe Weg nach Avranches geschafft. Die Panzerspitzen jagen weiter nach Westen.

Da wird es Tag.

Die linke Angriffsgruppe der Lüttwitzschen Panzerdivision ist wegen der Verspätung der SS-Leibstandarten-Panzer erst kurz nach zwei Uhr morgens angetreten. Das Überraschungsmoment ist verpaßt. Bald dämmert der Tag. Zwar hängt Nebel über dem Land. Taucht die Hügel in dicken Dunst. Läßt Straßenkreuzungen verschwinden. Hält vor allem die Jabos vom Schlachtfeld fern.

Gespenstisch tauchen die wuchtigen Panzer IV, die schnittigen Jagd-»Panther« und die »Tiger« vor den amerikanischen Linien aus dem Nebel auf. Das Panzergrenadierregiment 2 nimmt im Sturm das hartnäckig verteidigte Städtchen St. Bathélemy. 100 Gefangene werden gemacht. Aber dann bleiben die Panzer der Leibstandarte vor einer starken Sperre an der großen Straße nach Avranches liegen. Starke Einheiten der 3. US-Panzerdivision lassen sich nicht werfen.

Die 2. SS-Panzerdivision ist inzwischen in Mortain eingedrungen und überrollt die Pak der 30. US-Division. Stürmt gegen die Höhen vor der Stadt.

Aber sie können im ersten Anlauf nicht genommen werden. Der Schwung ist weg. Es wird ein zäher Kampf um jeden Meter. Auf dem anderen Flügel, an der rechten Flanke der Offensive, fährt die 116. Panzerdivision in eine Pak-Abwehrstellung der Amerikaner, die am Tag vorher das Gebiet um Périers besetzt haben. Sie kommt keinen Meter mehr vorwärts.

Immerhin, als sich der Morgennebel hebt, steht Lüttwitz' rechte Offensiv-Gruppe bereits tief im Korridor Mortain-Avranches. Noch so ein Stoß und — der Flaschenhals ist zu. Ob er mit den schwachen Kräften geschlossen gehalten werden kann, ist eine andere Frage; aber er wäre erstmal zu, und der Patton-Armee wäre die Schlagader des Nachschubs durchschnitten. Das könnte eine sensationelle Wende des Schlachtenglücks sein.

»Schlechtes Wetter brauchen wir, Herr General, dann klappt es«, sagt der Ia zu Lüttwitz. Aber der Stoßseufzer nutzt nichts. Der Morgennebel verzieht sich schnell. Der 7. August kommt mit wolkenlosem Himmel. Und an diesem Himmel erscheinen die Wunderwaffen Eisenhowers: Jabos, Thunderbold-Bomber, Raketenjäger in hellen Scharen. Sie stürzen sich auf die Kolonnen der 2. Panzerdivision vor Le Coudray, auf halbem Wege nach Avranches. Fegen über die Straßen und jagen die Grenadiere, Panzerjäger und Pioniere in Deckung. Mit unheimlicher Präzision liegen die Raketensalven der Taifun-Jäger im Ziel. Gegen diese Waffe sind selbst die sonst so unbesiegbaren »Tiger« der I. SS-Panzerdivision hilflos. Verzweifelt ducken sich die Panzermänner in ihren Stahlkästen. Die Grenadiere liegen in den Feldern und dürfen sich nicht rühren, wenn sie nicht Zielscheibe werden wollen. Selten ist auf die nicht vorhandene deutsche Luftwaffe so viel geflucht worden wie hier auf den Straßen nach Avranches.

»Wie ist es möglich, daß unsere Luftwaffe bei einer so entscheidenden Operation fehlt«, fragten die Truppenoffiziere. Die Landser drückten es noch einfacher aus: »Wenn die hier nicht fliegen, worauf warten wir dann noch?«

Und warum flogen sie nicht?

Die 7. Armee wußte natürlich, daß die Offensive ohne Abschirmung gegen die feindlichen Jabos nicht gelingen konnte. General der Flieger Bülowius hatte den Einsatz von 300 Jägern versprochen. »Sie werden«, so hatte er zu Hausser gesagt, »sie werden in pausenlosem Einsatz den Himmel über dem Angriffsraum freihalten.«

Aber kein einziges deutsches Flugzeug erschien. Bülowius hatte jedoch nicht etwa sein Wort gebrochen. Die Jagdverbände waren von ihren Flugplätzen um Paris gestartet. Aber britische und amerikanische Jäger fingen sie ab und verwickelten sie gleich über ihren Starthäfen in Luftgefechte. Nicht eine Rotte erreichte den Himmel über der Kampffront zwischen Mortain und Avranches. Ungestört konnten die alliierten Flieger ihre Jagd auf Panzer, Pak und Grenadiere der Offensivgruppe des 47. Panzerkorps fortsetzen, und so geschah es, daß zum ersten Male in der Kriegsgeschichte ein starker und erfolgreicher Erdangriff ausschließlich aus der Luft gestoppt wurde.

Noch verteidigten die deutschen Regimenter das eroberte Gelände, kämpften um jedes Waldstück, um jedes Gehöft, um jeden Hohlweg; aber die Offensive war zerbrochen, aus der Luft zerschlagen. General Bradley mußte allerdings sein ganzes VIII. Korps gegen die deutschen Kampfgruppen werfen, um die tödliche Gefahr zu beseitigen. Aber es gelang ihm. Nach 48 Stunden wankten die deutschen Grenadiere wieder in ihre Ausgangsstellungen, die sie in der Nacht des 6. so hoffnungsvoll verlassen hatten.

Die britischen Kampfverbände waren inzwischen nicht untätig geblieben. Zur Unterstützung der amerikanischen Abwehrkämpfe im Korridor Avranches–Mortain setzte Montgomery südlich Caen das II. kanadische Korps zu Fesselungsangriffen gegen die deutsche Front an.

Wieder wurde die alte Zwickmühle betätigt.

Die Operation trug das Deckwort »Totalize«. Es deutet darauf hin, daß Monty einen großen Schlag führen wollte. Er zielte auf den Durchbruch und wollte bis Falaise stoßen, um die auf Avranches operierenden deutschen Panzerkräfte im Rücken zu fassen.

Am 7. August, nach Einbruch der Dunkelheit, versammelten sich die kanadischen Divisionen südlich Caen und stellten sich zum Angriff bereit. In sechs Stoßkeilen sollten die Panzer und die motorisierten Infanterieverbände westlich und östlich der großen Straße Caen–Falaise angreifen, durchstoßen und am Nachmittag Falaise nehmen.

Gegen Mitternacht begann das erste Luftbombardement auf die vordersten deutschen Linien. Hinter dem Feuerhagel rollten die Kanadier los, auf mehr als 1000 gepanzerten Fahrzeugen. Vor ihnen flogen über 1000 fliegende Festungen und zerschmetterten noch einmal die Stellungen der 272. Grenadierdivision und der eben aus Norwegen herangeführten 89. Infanteriedivision. Dann kamen die Panzer. Kämpften schmale Gassen frei. Kanadische Infanterie auf Selbstfahrlafetten brauste durch die schmalen Korridore in den Rücken der deutschen Stellungen. Saß ab. Ging fächerförmig ins Gelände. Und griff die deutschen Stützpunkte von hinten an.

Um den 10 Kilometer breiten deutschen Frontbogen südlich Caen herauszubrechen, setzte Montgomery alles ein, was er auf der Erde und in der Luft verfügbar hatte. 500 schwere Bomber zerfetzten an den Flanken des Bogens die Landschaft zu riesigen Trichterfeldern. Ein Bombenkrater neben dem anderen. Ein raffinierter und neuer Trick, um es den Panzern der 12. SS-Panzerdivision unmöglich zu machen, von den Flanken her Entlastungsangriffe zu führen.

Dunst und Staub hingen über dem Land. In diese Hölle flogen 700 amerikanische Maschinen den frontalen Angriff auf die vorderste deutsche Stützpunktreihe. Sie warfen neue hochexplosive Bomben. Geschwader von Taifun-Raketenjägern operierten über dem Hinterland, unterbanden jeden Transport zur Front und hielten die Pak- und 8,8-Stellungen nieder. Die 89. Infanteriedivision, die aus der norwegischen Idylle mitten in die Hölle der großen Entscheidungsschlacht im Westen gekommen war, wurde vom Hauptstoß getroffen. Zerbrach. Einzelne Verbände verfielen in Panik. Einzelne Frontstücke aber hielten bis Mitternacht allen kanadischen Angriffen stand. Die Sache sah schlimm aus. Die britischen und kanadischen Stoßbrigaden standen fünf Kilometer tief in der deutschen Verteidigungslinie. Die 4. kanadische und die 1. polnische Panzerdivision lagen noch beiderseits der Straße Caen—Falaise in Reserve. Sie brauchten nur loszufahren, und die Katastrophe wäre nicht abzusehen. Als Abwehr standen nur zwei Kampfgruppen der 12. SS-Panzerdivision mit 50 Panzern zur Verfügung.

Kurt Meyer erkannte die Gefahr. Er versammelte seine Kräfte und fuhr mit Sturmbannführer Waldmüller nach vorn, um sich über die Lage zu informieren. Er sah im Glas die dichten Panzerkolonnen an der Straße Caen—Falaise.

»Mann, wenn die jetzt losrollen«, sagte Meyer zu Waldmüller. Es ist beiden unerklärlich, warum sie das nicht tun.

Nun, sie tun es nicht, weil ihre Kommandeure keine Erfahrung haben und nicht wagen, an den noch haltenden deutschen Widerstandsnestern vorbeizustoßen.

Meyer ist sich klar, daß der Angriff der feindlichen Panzerkräfte verhindert werden muß, wenn nicht die Front einstürzen soll. Das einzige Rezept lautet: Verteidigung in der Front mit dem Zentralpunkt Cintheaux und eigener umfassender Panzerangriff. Er rechnet: 12.30 Uhr müßte gehen. »Angriff 12.30 Uhr!«

Aber da beginnt in der Luft reges Treiben von feindlichen Aufklärern. Das ist gefährlich. Wo die Brüder sind, folgen Luftangriffe. Und ein Bombardement auf seine Bereitstellungen in den Dörfern rundum ist das Letzte, was Meyer jetzt gebrauchen kann. Das könnte den ganzen Plan vereiteln. Da gibt es also nur eines: Sofortiger Angriff. Los!

Michel Wittmanns »Tiger« rollen wieder mal, von allen Hoffnungen begleitet, nach Norden. Die Grenadiere stoßen nach.

Was Meyer vorausgesehen hatte, trat ein: Die 8. amerikanische Luftflotte setzte zu einem neuen Flächenwurf mit ein paar hundert Bombern an und machte die Ortschaften, in denen eben noch die Grenadiere gelegen hatten, dem Erdboden gleich. Aber Meyers Männer lachten schadenfroh. Der ganze Feuerzauber tat ihnen nicht weh. Sie nahmen Cintheaux und verkrallten sich in den Ruinen. Wittmanns »Tiger« sicherten die Flanke gegen feindliche Panzerangriffe und wüteten in den kanadischen Panzerkompanien. Die zögernd, verzettelt geführten Angriffe der Kanadier blieben immer wieder im deutschen Abwehrfeuer liegen. Vergeblich versuchte der kanadische Befehlshaber des II. Korps, General Simonds, Schwung in seine Offensive zu bringen. Die Angriffe seiner Armada von 600 Panzern scheiterten am Wellenbrecher Cintheaux und an Wittmanns »Tigern«.

»Die Front hält«, hieß es in der Sprache der hohen Stäbe. Die Front! Ein kühnes Wort! Das war keine Front. Das war nur noch ein zerrissenes, umgepflügtes, zerkratztes Stück Land von 10 Kilometer Breite. Halbverschüttet

lagen die letzten Grenadiere und MG-Trupps in den Löchern. 1900 Bomber
und 1800 Jagdflugzeuge hatten Tod und Verderben über sie geschüttet.

Am Nachmittag nahmen die Kanadier Bretteville, das von Resten der
89. Infanteriedivision ohne panzerbrechende Waffen verbissen verteidigt
wurde. Die Reste dieser Division, die noch pferdebespannt war, wurden überrollt und zusammengeschossen.

Um Cintheaux wütete der Kampf bis zum Anbruch der Dunkelheit. Aber
nach dem Fall von Bretteville war die Flanke offen. Die Kampfgruppe Waldmüller und die Panzer Wittmanns lösten sich deshalb aus dem Raum Cintheaux vom Feind und wurden auf den Laison-Fluß zurückgenommen. Die
»Tiger«-Abteilung im Wald von Quesnay in den Hinterhalt gelegt. Michel

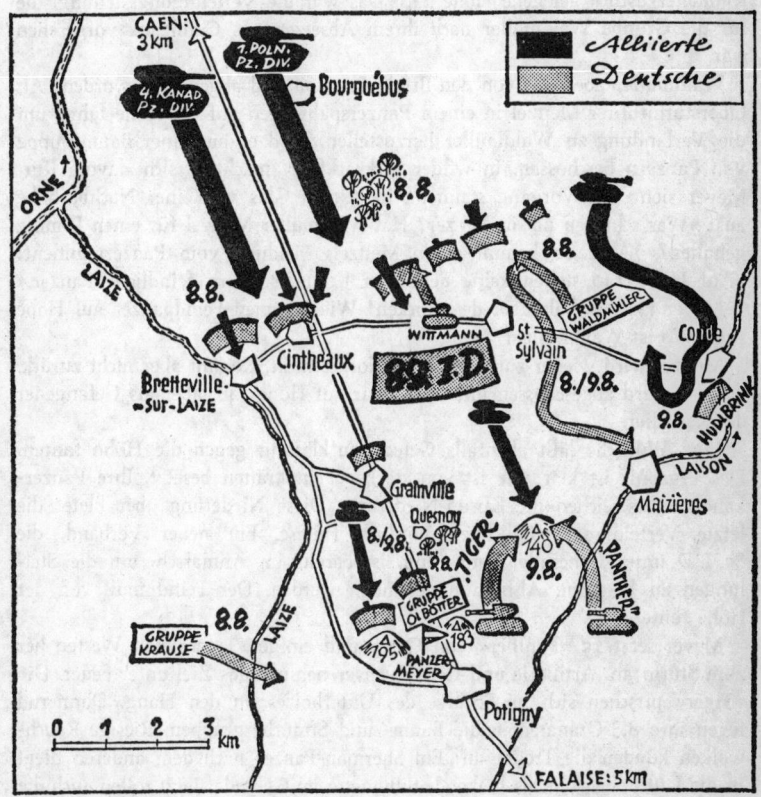

Operation »Totalize«, die gescheiterte kanadische Offensive gegen Falaise

Wittmann, der gefürchtete Panzerknacker mit 130 Abschüssen, ist nicht mehr dabei. Er ist gefallen.

Mit einem wagemutigen Manöver wollte der kanadische Befehlshaber seine so hoffnungsvoll begonnene Offensive »Totalize« retten. Er schickte eine gemischte Kampfgruppe mit dem 28. Panzerregiment los, um die weit südlich liegende taktisch wichtige Höhe 195 in einem Nachtangriff zu nehmen und so die Landbrücke zwischen den beiden Flüssen Laison und Laize in seine Hand zu bekommen. Damit wären die deutschen Verteidigungsstellungen ausflankiert gewesen.

Was nun folgt, ist eine dramatische Episode. Die britische Kampfgruppe verlor die Orientierung. Statt die Höhe 195, besetzte sie kampflos die sechs Kilometer östlich gelegene Höhe 140. Das war die Verteidigungsstellung, die für die Gruppe Waldmüller nach ihrem Absetzen aus Cintheaux vorgesehen war.

Waldmüller aber war von den Briten überholt und abgedrängt worden! Als Obersturmführer Meitzel in einem Panzerspähwagen auf die Höhe fährt, um die Verbindung zu Waldmüller herzustellen, wird er aus einer Baumgruppe von Panzern beschossen. In wilder Zickzackfahrt macht er sich davon. Kurt Meyer sieht den Vorgang staunend in seinem Glas von einer Nachbarhöhe aus: »Was schießen da für Panzer? Hat Waldmüller Meitzel für einen Tommy gehalten?« Aber da kommt schon Meitzels Meldung vom Panzerregiment: »Auf Höhe 140 stehen keine deutschen Kräfte, sondern feindliche Panzer.«

Meyer läuft es kalt über den Rücken! Wie kommen Feindpanzer auf Höhe 140? Wo ist Waldmüller?

Meitzel wird wieder zur Aufklärung losgeschickt. Kommt aber nicht zurück, denn er wird abgeschossen und sitzt zwar auf Höhe 140, aber als Gefangener der Kanadier.

Max Wünsche läßt ebenfalls Gefechtsaufklärung gegen die Höhe fahren. Das Ergebnis ist klar: Sie ist von starken Feindkräften besetzt. Ihre Panzerkanonen bestreichen die Laison-Niederung. Diese Niederung aber bietet die letzte Verteidigungsmöglichkeit nördlich Falaise. Ein neuer Verband, die 85. I. D. unter Generalleutnant Chill, ist bereits im Anmarsch, um die Stellungen zu besetzen. Also muß gehandelt werden. Der Feind muß von der Höhe runter.

Meyer setzt 15 »Panther« von Osten und einige »Tiger« von Westen her zum Sturm an. Artillerie und Granatwerfer nehmen das Ziel unter Feuer. Die »Tiger« pirschen sich im Schutze des Unterholzes an den Hang. Donnernd fegen ihre 8,8-Granaten in die Baum- und Sträuchergruppen. Riesige Rauchwolken künden die Treffer an: Ein Sherman-Panzer nach dem anderen fliegt in die Luft oder steht als blakende Silhouette im Gelände. Jetzt rollen auch die ersten »Panther« von Osten her an. Aber — da erscheint der übliche Gegner auf der Szene: Jabos stoßen aus dem Himmel. Gegen sie sind auch der »Tiger« und der »Panther« hilflos. »Verflucht«, denkt Meyer, »verflucht, sollen wir auch diese Partie wieder verlieren?« Aber diesmal betätigt sich Montgomerys Himmelsartillerie als deutsche Hilfstruppe. Nicht die »Tiger« und »Panther« nehmen die Jabos aufs Korn, sondern die britischen Panzer auf der Höhe. Blitzschnell schaltet Max Wünsche und läßt seine Panzer auf die Höhe rollen. Sie finden ein einziges Panzergrab. Hinter den rauchenden Wracks und aus ihren Schützenlöchern verteidigen sich die Tommys verzweifelt. Mit zwei Radfahrkompanien der 85. I. D., die gerade als Vorausabteilung eingetroffen sind, werden die Kanadier immer mehr zusammengedrängt. Gruppe um Gruppe ergibt sich.

Obersturmführer Meitzel kommt mit 23 Kanadiern des 28. Panzerregiments an. Erst war er ihr Gefangener, jetzt sind sie seine.

So schnell vertauscht der Krieg die Rollen. 47 britische Panzer liegen qualmend im Gelände.

Auf der Höhe 195 halten die Panzer und Grenadiere der Kampfgruppe Olboetter ihre Stellung gegen wütende Angriffe kanadischer Hochländer. Am rechten Flügel schlägt die schnell herangeführte schwere Panzerjägerkompanie des Obersturmführers Hurdelbrink mit ihren 7,5-cm-Pantherkanonen auf Selbstfahrlafetten den Versuch der 1. polnischen Panzerdivision ab, über den Laison-Fluß vorzudringen. 40 Panzer müssen die Polen lassen. Konsterniert ziehen sich Montgomerys Divisionen nach Norden zurück.

Falaise ist noch einmal gerettet, »Totalize« gestoppt!

Abgekämpft, zum Umfallen müde, übergeben die Männer der 12. SS-Panzerdivision ihre Stellungen an die eingetroffene 85. I. D. Sie wissen nicht, daß ihr grandioser Abwehrerfolg zu einem Pyrrhussieg werden soll. Zu einem Sieg, der die obere Führung zu Fehlentscheidungen verleitet, die verhängnisvoll ausgehen.

Weil nämlich die Gefahr eines britischen Durchstoßes auf Falaise beseitigt schien, gab Feldmarschall von Kluge dem Drängen des Führerhauptquartiers nach und setzte einen erneuten Stoß auf Avranches an, um den Flaschenhals doch noch zu schließen. Ein gefährliches, ein tödliches Spiel. Kluge verharrte auf diese Weise mit dem Gros der Heeresgruppe B in einer exponierten Position, die aus operativen Gründen längst hätte aufgegeben werden müssen. Er schloß die Augen vor der Tatsache, daß Pattons Armee schon über Le Mans rollte. Wollte nicht sehen, daß sich den Amerikanern die Chance der Einkesselung und Vernichtung der deutschen Streitkräfte geradezu anbot, wenn die Front nicht zurückgenommen würde.

Und was kommen mußte, kam: Das XV. US-Korps schwenkte am 10. August nach links über Alençon auf Argentan in die tiefe Flanke der 7. Armee ein. Mit dem kanadischen Stoß bis an den Laison-Fluß zeichnete sich damit der große Sack ab, in dem Kluges Divisionen mit 150 000 Mann steckten. Wenn sie nicht schnell zwischen Argentan und Falaise nach Osten herausmarschierten, solange die Pakstellung am Laison-Fluß noch hielt, drohte eine Katastrophe.

Der Leitsatz der modernen Panzerarmeen lautet nach Guderian: »Das Ziel der Panzertruppen ist immer die feindliche Hauptstadt.« General Patton handelte danach. Er peitschte seine Divisionen in Richtung Seine auf Paris. Gleichzeitig verstärkte er seinen Druck auf Mittelfrankreich und stürmte in Richtung Tours und Orléans.

Die 708. Infanteriedivision von General Wilck, die den nach Süden stoßenden motorisierten amerikanischen Divisionen entgegentrat, wurde überrollt.

Neue Verbände, darunter die kampfkräftige 9. Panzerdivision, wurden schnell aus Südfrankreich herangeführt. Jetzt, da es zu spät war, wurden sie einzeln eingesetzt, während sie in der ersten Woche der Invasion — rechtzeitig an die Landungsfront geworfen — vielleicht eine Wendung hätten erzwingen können.

Wieder lautete der Befehl des OKW: »Die Südfront muß gehalten werden.« Der strategische Gedanke war: Im Süden halten und nach Westen angreifen. Starr hielt das Oberkommando der Wehrmacht an dem Plan fest, noch einmal gegen Avranches zu stoßen, den Korridor zu schließen und die bereits weit im Süden stehenden amerikanischen Kräfte abzuschneiden. Die Panzergruppe des Generals Eberbach sollte das schaffen.

Aber auch dieser ausgezeichnete Panzerführer konnte keine Wunder vollbringen.

Wie sah es denn bei den Frontverbänden aus? Seit vier Wochen waren alle Divisionen der 7. Armee im Einsatz. Und Einsatz hieß: bei Tag schwere Kämpfe, nachts marschieren! Ununterbrochen. Bei allen Verbänden gab es seit Anfang August keinen geregelten Nachschub mehr. Die Lager waren in Feindeshand gefallen. Kamen die Abholkolonnen mit ihrem letzten Sprit bei einem solchen Lager an, war es entweder zerstört oder vom Gegner besetzt. Die Folge war, daß die Fahrzeuge, insbesondere die Zugmaschinen der Artillerie, keinen Sprit mehr erhielten.

So sah es auch bei den Panzerverbänden aus. In dieser Lage wurden die Truppen noch ständig von einem beweglichen, aus dem vollen schöpfenden Feind bedrängt und in der Defensive gehalten.

Am 12. August war es klar, daß der vom OKW befohlene zweite Stoß von Mortain auf Avranches nicht mehr durchführbar war. Alle Hoffnung war damit hin, die 3. Armee Pattons zu stoppen und ihre Zangenarme abzukneifen, die sich weit um die 7. Armee legten. Jetzt gab es nur eines: so schnell wie möglich dieser Zange zu entkommen. Rückzug über die Dives.

Die pferdebespannten Divisionen machten sich auf den Marsch. Die motorisierten Verbände deckten den Rückzug.

Der 13. August war ein Sonntag. Die Reste der Panzer-Lehrdivision lagen als »Kampfgruppe Panzer-Lehr« im Raum Habloville nordwestlich Argentan. Die Straßen waren verstopft von zusammengeschossenen pferdebespannten Kolonnen. Motorisierte Verbände wühlten sich durch. Eine Batterie Nebelwerfer ging am Dorfrand in Stellung. Pünktlich um 9 Uhr, nachdem der Morgennebel einem strahlenden Sommerhimmel gewichen war, kamen die Jabos. Fegten über die Straße. Kämmten die kleinen Wäldchen durch und schossen die Gehöfte in Brand, in deren Scheunen Grenadiere und Artilleristen für den Tag Schutz suchten.

General Bayerlein lag mit seinem Stab in einem Splittergraben am Rande eines Obstgartens. Das Bauernhaus, in dem sein Gefechtsstand gewesen war, brannte. Röhrend brauste ein Jabo über der Straße heran. Auf den Garten zu. Keine zehn Meter hoch fegte der Riesenvogel über die Kronen der Apfelbäume. Neigte sich zur Kurve. Der Pilot spähte aus der Cockpit. Blickte genau in den Splittergraben. Bayerlein sah sein Gesicht. Seine Augen. Und es schien ihm, als lachte er: Warte, ich komme gleich wieder! Und er zog seine Kurve und war auch gleich wieder da. Ratternd jagte seine Kanone die 2-cm-Granaten in den Graben. Krachend folgten zwei Bomben. Dreck, Baumäste stürzten über Bayerlein und seine Stabsoffiziere. Was noch lebte, wühlte sich heraus. Unverwundet kam keiner davon.

150 Kilometer vom Obstgarten Habloville entfernt, nach Westen zu, am Atlantik, spielte sich um dieselbe Stunde eine andere dramatische Szene ab: Im Hof der Zitadelle von St. Malo, auf der Höhe 26, stand Oberst Bacherer vor seinen Männern. 700 waren es noch. Es gab nicht mehr genug Wasser für alle, nicht mehr genug Verpflegung. Und Bacherer sagte es ihnen.

»Familienväter rechts raus«, hieß es. Und dann ließ der Oberst die Väter abrücken — in die Gefangenschaft marschieren. Für die Zurückbleibenden begann das letzte Kapitel der Zitadelle. Die Amerikaner zertrommelten die Stützpunkte und drangen in die Vorwerke ein.

Am 15. früh schlug in Bacherers Gefechtsstollen das Telefon an. Erstaunt nahm der Oberst ab. »Hier ist Generalmajor Macon«. Bacherer war sprachlos. »Ich fordere Sie zur Übergabe auf. Wir stehen bereits in Ihren Stützpunkten«, ließ der Amerikaner durch einen Dolmetscher sagen. Bacherer antwortete: »Ich sehe keine Veranlassung zur Kapitulation; aber ich bitte Sie, die nicht kampffähigen Verwundeten zu übernehmen.«

Macon stimmte zu. Es wurde eine Stunde Waffenruhe vereinbart. Die Tore der Verteidigungsanlagen öffneten sich. Amerikanische Sanitätswagen fuhren heran und übernahmen die deutschen Verwundeten. Die Humanitas siegte eine Stunde über den Krieg.

Dann schlossen sich die Eingänge zu den Stollen auf der Paulushöhe wieder. Der Endkampf begann.

Gegen 14 Uhr setzten die Amerikaner Phosphorgranaten ein. Ein Treffer ging in ein Munitionslager. Explosion. Brand. Einfließender Phosphor entzündete das Stroh der Liegestätten in den Kasematten. Und weil es keine Entlüftungsanlage gab, füllten sich die Stollen mit Qualm und Gasen.

Da befahl Bacherer, die weiße Flagge zu setzen. 350 Überlebende gingen in Gefangenschaft. Die Paulushöhe war gefallen.

Drüben, 150 Kilometer ostwärts aber, im Raum von Falaise, kämpften die Reste von 15 Divisionen, über hunderttausend Mann, weiter gegen ihre Vernichtung in einem riesigen Kessel, dem Kessel von Falaise.

»Vorwärts, raus aus dem Sack«, hieß die Parole. Aber das war gut gesagt. Eine einzige Brücke über die Orne stand den Divisionen des 84. Korps und des II. Fallschirmjägerkorps zur Verfügung. Wagen an Wagen, Rad an Rad standen unübersehbare Schlangen die Nacht über bis in den Morgen auf der Straße vor der Brücke. Wer rüberkam, war gerettet. Wer bei Tagesanbruch noch auf der westlichen Seite war, mußte sich im Gelände verkrümeln. Denn tagsüber, solange es hell war, versuchten Jabos, Taifuns und Bomber die Brücke, den letzten Rettungsweg — außer ein paar windigen Notbrücken für die Infanterie — zu zerschlagen. Merkwürdigerweise gelang es ihnen nicht.

»Wo ist Feldmarschall v. Kluge?«

Es kam der 17. August. Er wurde zu einem Schicksalstag im Westfeldzug. Schon lange war Hitler von tiefem Mißtrauen gegen Kluge erfüllt. Er hatte Informationen, daß der Feldmarschall mit den Männern des 20. Juli sympathisiert habe. Am 15. August hatte Kluge eine Frontfahrt unternommen, um sich mit General Eberbach zu treffen. Er kam aber am Treffpunkt in Nécy nicht an. Stunden vergingen. Die Heeresgruppe B funkte an die Divisionsstäbe: »Wo ist Feldmarschall von Kluge?« Am Abend erhielt Eberbach eine Funkanfrage vom Führerhauptquartier: »Verbleib von Feldmarschall Kluge feststellen. Stündlich Ergebnis melden.« Dieser Eifer entsprang nicht der Sorge um das Schicksal des Oberbefehlshabers. In Rastenburg geisterte ein böser Verdacht: »Kluge ist zu geheimen Kapitulationsverhandlungen mit dem Feind gefahren«, flüsterte man. Aber das Gerücht entbehrte jeder Grundlage, es war ein Produkt von Hitlers schlechtem Gewissen. Kluge war in einen Jaboüberfall geraten. Sein Kraftwagen und seine beiden Funkstellen wurden zusammengeschossen. Anschließend kam der Feldmarschall in den chaotischen Nachtverkehr auf den verstopften Straßen. Hilflos trieb er stundenlang im Strom einer geschlagenen Armee. Um Mitternacht, nach zwölfstündiger Abwesenheit von seinem Gefechtsstand, tauchte er endlich bei Eberbach in Nécy auf.

Das Führerhauptquartier aber glaubte die Geschichte nicht. Ein Mann, dem der Ruf bedingungsloser Treue zu Hitler, erbarmungsloser Strenge, grandioser Willensstärke und fanatischer persönlicher Tapferkeit vorausging, wurde im Flugzeug von der Rußlandfront geholt und zu Kluges Nachfolger ernannt. Am 17. August erschien er ganz überraschend mit einem Handschreiben Hitlers im Hauptquartier der Heeresgruppe und übernahm den Oberbefehl im Westen: Feldmarschall Walter Model.

Als er von seiner ersten Unterredung mit Kluge aus dem Kartenzimmer kam, lief ihm General Bayerlein in die Arme. »Was machen Sie denn hier?« fragte Model. »Ich will mich bei Feldmarschall von Kluge abmelden; denn die Reste meiner Division sollen zur Auffrischung aus der Front gezogen werden«, entgegnete Bayerlein. Die Antwort Models atmete den Geist des erbarmungslosen Rußlandkrieges: »Mein lieber Bayerlein, im Osten werden die Divisionen an der Front aufgefrischt, und so wird es in Zukunft auch hier gehalten. Sie bleiben mit Ihren Verbänden, wo Sie sind.« Grüßte und ging.

Auch Feldmarschall von Kluge ging. Er brachte noch einen Brief an Adolf Hitler auf den Weg. Dann reiste er ab. Wohin? In seinem Schreiben stand es: »Mein Führer — wenn Sie diese Zeilen erhalten, bin ich nicht mehr. Ich kann den Vorwurf, das Schicksal des Westens durch falsche Maßnahmen besiegelt zu haben, nicht tragen, habe auch keine Mittel, mich zu verteidigen. Ich ziehe mithin die Konsequenz und begebe mich dahin, wo schon Tausende meiner Kameraden sind ...«

In seiner knappen, militärischen Kritik stellte Kluge dann die Ursachen für das Scheitern der Mortain-Offensive dar: zu wenig Panzerkräfte. Keine Mittel gegen alliiertes Luftmonopol. Ein personell und materiell den Alliierten unterlegenes deutsches Westheer. Am Schluß beschwor Kluge Adolf Hitler, den Krieg zu beenden: »Ich weiß es nicht, ob der überall bewährte Feldmarschall Model die Lage noch meistern wird. Ich wünsche es ihm von Herzen. Sollte es aber nicht der Fall sein und Ihre neuen heiß ersehnten Kampfmittel, insbesondere die der Luftwaffe, nicht durchschlagen, dann, mein Führer, entschließen Sie sich, den Krieg zu beenden. Das deutsche Volk hat so namenlos gelitten, daß es Zeit ist, dem Greuel ein Ende zu machen ... Zeigen Sie nun auch die Größe, die notwendig sein wird, wenn es gilt, einen aussichtslos gewordenen Kampf zu beenden.«

In der Nähe von Metz nahm Kluge die Giftampulle.

Model konnte die Lage nicht meistern, konnte das Geschick im großen Sack von Argentan-Falaise nicht mehr ändern.

Am selben Tag, da er die Führung der Westfront übernahm, traten die bei Argentan stehenden amerikanischen Divisionen nach Norden an. Die bei Falaise stehenden Engländer und Kanadier stießen nach Süden. Das Ziel war die Vereinigung und die Schließung des Kessels. Die Falle für die 7. Armee und die 5. Panzerarmee sollte zugemacht werden. 100 000 Mann, die Reste von 15 Divisionen, waren auf einem Raum von 36 Kilometer Breite und 18 Kilometer Tiefe zusammengedrängt. Pausenlos hämmerten Artillerie und Bombergeschwader in den Kessel. Viele Verbände lösten sich auf; die Männer verzweifelten und irrten durchs Gelände oder lagen irgendwo in Deckung und warteten auf das Ende. Andere waren entschlossen, sich den Ausbruch zu erkämpfen. Nur eine schmale Enge zwischen St. Lambert und Chambois war dafür noch halbwegs offen.

Die Hölle von Falaise

Die 2. kanadische Infanteriedivision sollte den Türpfosten Falaise nehmen, dann auf Trun stoßen und das Tor der Falle zuschlagen.

Aber in Falaise saß die SS. Die 6. kanadische Brigade mußte einer kleinen Kampfgruppe der 12. SS-Panzerdivision Haus um Haus entreißen. Zum Schluß verteidigten sich 60 Grenadiere in der ›Ecole Supérieure‹ noch drei

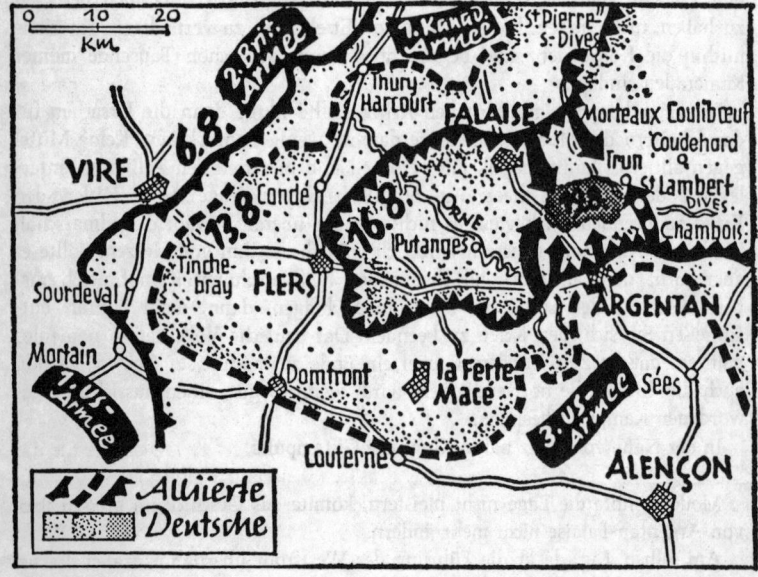

Die Entstehung des Kessels Argentan—Falaise, in dem die 7. Armee vernichtet wurde.

Tage lang. Nur vier von ihnen wurden als Verwundete gefangen. Die anderen fielen Mann um Mann. In der letzten Nacht schlichen zwei durchs Los bestimmte Sturmmänner, 18 und 19 Jahre alt, durch die kanadischen Linien, um ihrer Division vom Ende der Kampfgruppe Meldung zu machen.

Dort ist man gerade dabei, die Funkstellen zu sprengen.

Panzer sind keine mehr da. Die letzten beiden Tiger haben noch die Spitze der 53. britischen Infanteriedivision aufgehalten und wurden zusammengeschossen.

Obersturmführer Meitzel ging mit seinen Männern in Gefangenschaft, alle verwundet. Standartenführer Max Wünsche ist mit seinen letzten Kampfwagen in eine starke feindliche Pakfront geraten. Die Panzer werden vernichtet. Wünsche kann entkommen, wird aber fünf Tage später gefangen. Panzer-Meyer hat nur noch ein kleines Häuflein, ein paar hundert Mann von seiner einst so kampfkräftigen und so gefürchteten Division übrig. Ist ihnen, wie all den anderen Divisionen im großen Sack zwischen Falaise und Argentan, das Schicksal eines normannischen Stalingrad bestimmt?

Am 18. August verabredet Generalmajor von Gersdorff als Vertreter der 7. Armee mit General Eberbach, Panzergruppe West, daß das II. SS-Panzerkorps Bittrichs, welches außerhalb des Kessels liegt, einen Ausbruchsversuch der 7. Armee durch einen Gegenstoß aus dem Raum Vimoutiers in die Flanke der Engländer unterstützen soll. Am 19. nachmittags hat Bittrich noch keinen Sprit und keine Munition. Er hofft trotzdem, am 20. früh antreten zu können.

Der Oberbefehlshaber der 7. Armee, Generaloberst Hausser, befahl daher für die Nacht vom 19. zum 20. den Ausbruch aller noch kampfkräftigen Verbände.

Der Kommandierende General des 84. Korps, General Elfeldt, formulierte den Befehl knapp: »Selbständiger Ausbruch der einzelnen Kampfgruppen aus dem Kessel. Führungsstab 84. Korps deckt diese Unternehmungen mit den restlichen Splittergruppen der Nordfront und folgt als Nachhut dem II. Fallschirmjägerkorps.«

Ein Korpsstab deckt den Ausbruch seiner letzten kampffähigen Verbände! Das ist ein Befehl, der sich in der Geschichte der Generalstäbe sehen lassen kann.

General Wisch trat am 20. früh mit zwei Divisionen an. Zwei Divisionen! Das klingt mächtig. Aber es waren insgesamt 20 Panzer, zwei weniger als die Sollstärke einer Panzerkompanie! Die Infanterie beider Divisionen umfaßte drei Bataillone. Trotzdem kam der Angriff zunächst gut voran, blieb aber dann doch liegen. Die Höhe nördlich Coudehard wurde noch genommen. Dann war es aus. Das Korps konnte nur eine Auffanglinie für die aus dem Kessel stoßenden Verbände bilden.

Inzwischen war die Ausbruchsschlacht in vollem Gange.

Die Reste der 353. Grenadierdivision brachen unter ihrem erfahrenen und umsichtigen Kommandeur General Mahlmann zwischen Moissy und Chambois aus. Der General erkundete persönlich die Wege und führte die Handstreiche gegen die sichernden Feindkräfte.

Der Kommandierende General des II. Fallschirmjägerkorps, der Fallschirmjägervater Meindl, führte die 3. Fallschirmjägerdivision, Teile der 12. SS-Panzerdivision und den Armeestab der 7. Armee auf abenteuerliche Art aus der Falle. Die Aufklärung hatte bestätigt, daß der Kessel inzwischen vollkommen geschlossen war.

Meindl befahl die Aufstellung von zwei Stoßkeilen. Den ersten führte er selbst; den zweiten der Chef des Korpsstabes, Oberst Blauensteiner.

Die von der Armee beabsichtigte Unterstellung der 277. I. D. und der 12. SS-Panzerdivision kam nicht zustande, weil keine Verbindung mehr zu diesen Verbänden bestand. Aber Meindl hatte Panzer-Meyer am Spätnachmittag in einem persönlichen Gespräch über seinen Plan unterrichtet. Der Stab Meyer und die Gruppe Krause sollten den Jägern folgen; die motorisierten Teile der 12. SS über Chambois mit der 1. SS-Panzerdivision ausbrechen.

Um 22.30 Uhr schoben sich die vordersten Späher der Fallschirmjäger aus den Bereitstellungen in einem Wäldchen wie Schatten in die Nacht. Der Befehl lautete: »Wenn es geht, Kampf vermeiden.« Nach diesem Motto kroch Meindl mit seinen Jägern durch Ackerfurchen. Schlich um feindliche Panzerposten und unterlief kanadisches MG-Feuer. Gegen Mitternacht wurde die Dives erreicht. Die Brücken waren feindbesetzt. Es blieb nur eines: waten und schwimmen. Anderthalb bis zwei Meter tief war der Fluß. Die Hänge steil und von Brombeergestrüpp überwachsen. Und gleich hinter der Böschung lauerten drei feindliche Panzer. Meter um Meter robbten die Jäger in ihren klitschnassen Uniformen in den Furchen eines Kartoffelfeldes vorbei. Immer unter dem MG-Feuer durch. Drüben in St. Lambert brannten ein paar Häuser und beleuchteten das Gelände. Kampflärm drang herüber. Feindliche Panzer rollten vorbei. Abgeschossene Pferdegespanne lagen hinter Hecken und auf den Straßen.

Der Kommandeur der 3. Fallschirmjägerdivision, Generalleutnant Schimpf, wurde durch ein 2-cm-Geschoß am Bein schwer verwundet. Generaloberst Hausser, der vor Moskau das rechte Auge verloren hatte, marschierte mit der umgehängten MPi zwischen den Jägern und wurde von einem Granatsplitter erneut schwer im Gesicht verwundet. Aber der Offizier aus der alten Schule der preußischen Kadettenanstalt hielt durch. Auf dem Heck eines Panzers der 1. SS-Panzerdivision kam er schließlich nach abenteuerlicher Fahrt aus dem Kessel.

Bei dem Dives-Übergang war die Verbindung der beiden Meindlschen Stoßkeile verlorengegangen.

Oberst Blauensteiner stand mit seiner Gruppe vor der Höhe von Coude-hard. Als der Morgen graute, griff er die Kapellenhöhe an. Aber die Sperre der 1. polnischen Panzerdivision war zu stark. Er kam nicht durch. Der alt-bewährte Kommandeur des Fallschirmjägerregiments 9, Major Stephan, wurde schwer verwundet. Als der Tag anbrach, gingen die Jäger hinter Hecken, Gräben und in Gehöften in Deckung. Mit Einbruch der Dunkelheit wichen sie nach Süden aus, brachen durch und marschierten auf Orville.

General Meindl selbst war mit 20 Jägern und ein paar Offizieren durch alle feindlichen Sperren gekommen. Aber gegen Morgen gerieten sie in die Marschrichtung einer feindlichen Panzerkolonne. Drei Panzer blieben nur ein paar Meter von dem Graben entfernt stehen, in dem Meindl und seine Män-ner lagen. Sie hörten, wie sich die Besatzungen unterhielten. In polnischer Sprache. Anderthalb Stunden lang lag die Gruppe fest. Mucksmäuschenstill. Endlich schlug Artilleriefeuer in der Nähe der Panzer ein. Sie machten Stel-lungswechsel. Ein leichter Morgenregen, der etwas den Durst gelöscht hatte, hörte auf. Die Sonne kam. Die Hitze. In den Hecken war es wie im Treib-haus. Endlich erkannte Meindl das Tackern deutscher MG 42: Den Angriff Blauensteiners auf die Höhe von Coudehard.

Er sammelte nun auch seine Streitmacht. Holte heran, was an Versprengten der Fallschirmjägerregimenter 9 und 15 ankam. Und mit Unterstützung von drei Panzern der SS-Panzerdivision »Das Reich« bekam der Angriff auf die feindliche Riegelstellung ostwärts Coudehard Schwung.

Gegen 16 Uhr war ein Loch von zwei bis drei Kilometer Breite geschlagen. Um 17 Uhr rollten die ersten Lkw aus dem Kessel über die Kurvenstraße von Coudehard nach Osten. Kurz nach 19 Uhr ließ Meindl alle Verwundeten, die erreichbar waren, von einer schnell zusammengestellten Rotkreuzkolonne, die Rotkreuzflaggen weithin sichtbar, durch die Lücke herausfahren. Für alle an-deren Fahrzeuge sperrte der General den Verkehr. Sein korrektes Verhalten wurde belohnt. Die heranbrausenden Jabos drehten ab. Als um 20 Uhr der allgemeine Verkehr strömte, kamen die Jabos auch wieder und feuerten auf die Kolonnen. Erst die Dunkelheit brachte das Ende dieser Plage.

Bis gegen Mitternacht strömten Soldaten und Fahrzeuge durch das Loch bei Coudehard aus dem Kessel. Von der 3. Fallschirmjägerdivision kamen ein-schließlich der Korpstruppen etwa 4000 Männer aus dem Inferno heraus. Als eine Panzer-Aufklärungsabteilung meldete, hinter ihnen käme nichts mehr, ließ Meindl die Stellungen an den Rändern der Lücke abbauen. Regen und Wind verschluckten die Geräusche der Absetzbewegungen. Um 5 Uhr war das Loch wieder geschlossen. Feindliche Panzer rollten über die Höhe. Wer jetzt noch nordwestlich von St. Lambert durch wollte, lief in eine kanadische Pan-zersperre.

In der Morgendämmerung des 20. August wurde noch ein zweites Loch in den Einschließungsring geschlagen: Der Chef des Stabes der 7. Armee, General-major Freiherr von Gersdorff, war mit seiner Kampfgruppe, zu der auch Teile der 1. SS-Panzerdivision gehörten, direkt beim Dorf St. Lambert — bereits östlich der Dives — an die große Straße Trun—Chambois gekommen. Feindliche Pak sicherte. Gersdorff setzte zwei Panzer ein. Kämpfte die Pak nieder und überschritt die Straße. Sofort brachen aus allen möglichen Deckungen deutsche Spähwagen, Sturmgeschütze und Lkw und jagten durch

Ausbruch aus dem
Kessel von Falaise

die Bresche nach Osten; aber direkt auf eine Stellung der 90. US-Division. Die schon siegessicheren Amerikaner waren vollkommen überrascht. Sie hoben die Hände. Aber was sollte man mit ihnen anfangen? Mitnehmen? Das war unmöglich. Also ließ man die Entwaffneten einfach stehen.

Unter den energischen Offizieren Major Bochnik von den 116. Panzern und Sturmbannführer Brinkmann von der 12. SS-Panzerdivision wurde auf freiem Felde eine neue Kampfgruppe zusammengerafft und zu einem weiteren Durchbruch angesetzt. Sie stieß das rettende Tor noch weiter auf und machte die »Durchbruchsstelle Armeechef« zum entscheidenden Loch im Ostrand des Kessels.

Auch Panzer-Meyer hat seine Kampfgruppe in einigen Gehöften gegen Mitternacht gesammelt. Zusammen mit General Elfeldt und seinem Stabschef von Criegern geht die Spitzengruppe los. Bei Chambois treffen sie auf eine Panzerkolonne der 1. SS-Panzerdivision, die sich gerade zum Angriff fertigmacht. Die Gruppe Meyer schließt sich an. Aber die feindliche Panzersperre ist stark. Zurück. Erneut sammeln. Wieder Angriff. Diesmal klappt es. Die Dives wird durchschwommen. Auf den Hängen steht der Feind und schießt herunter. Das Flußbett ist die reinste Todesfalle für die bespannte Artillerie:

tote Pferde, Protzen, Kanonen, Menschenleiber dazwischen — das ist das Bild an den verschlammten Ufern der Dives.

Vorbei.

Kanadische Infanterie wird überrannt.

Meyer hetzt mit seinen 200 Mann wie die wilde Jagd durch die feindlichen Stellungen. Sie schreien nicht. Fast lautlos springen sie aus den Hekken. Die Kanadier weichen entsetzt vor diesem Sturmangriff: Voran der Kommandeur mit einem blutigen Kopfverband, die Pistole in der Faust. Neben ihm, mit der MPi, der Kosak Michel aus Dnjepropetrowsk, der Meyer den ganzen Feldzug begleitet hat. Hubert Meyer, der Ia der Division, stürmt mit einem Karabiner unterm Arm. Obersturmführer Köhn hat einen alten Brotbeutel umgehängt, den er sich mit Handgranaten vollgestopft hat.

Sie springen über einen Graben, voll deutscher Gefallener.

Nur raus. Raus aus dem Inferno. Kurt Meyer sagt heute: »Als wir draußen waren, blickten wir zurück, und verfluchten die Männer, die zwei deutsche Armeen sinnlos geopfert hatten.«

Auch die 2. Panzerdivision kämpfte sich unter ihrem verwundeten Kommandeur von Lüttwitz den Weg aus dem Kessel.

Mit den letzten 15 Panzern und der Divisionsartillerie trat Lüttwitz im Morgengrauen des 20. südostwärts St. Lambert an. Panzergrenadierregiment 304 und die letzten Panzerjäger deckten den Stoß. Die gepanzerte Spitze und das Panzergrenadierregiment 2 boxten sich durch St. Lambert und hielten das Loch gegen Trun und Chambois ein paar Stunden offen, bis die Reste der Division durch waren.

Die 116. Panzerdivision focht sich verbissen aus der Umklammerung und rettete 50 Gefechtsfahrzeuge aus dem Kessel.

Der Ic des 84. Korps, Major Hayn, steckte indessen mit seinem Unteroffizier Volland mitten in einer pferdebespannten Kolonne vor Chambois. Schon war die Brücke in den Niederungen zu sehen. Da schossen Panzer in die Kolonne. Die Fahrer jagten nach rechts und nach links von der Straße und suchten Deckung in kleinen Waldstücken. Ein Teil fand in dem alten Château d'Aubry Zuflucht. Hayn und Hauptmann Pfeifer, der IIb des 47. Panzerkorps, taten, was die Vernunft und das Herz befahlen: sie stellten Kommandos zusammen, um die vielen Verwundeten hinter den Hecken, auf den Feldern, in den Hohlwegen und neben den Wagen zu bergen. Bald waren Schloß und Park eine große Verwundetensammelstelle. Oberarzt Tillmann vom Infanterieregiment 988 und Oberarzt Dieter Müller von der »Hitlerjugend« fanden sich ein und übernahmen die Betreuung. Freilich jagte Hayn vergeblich offene Funksprüche in den Äther, in denen er das Schloß zum Lazarett erklärte. Vergeblich wurden große Leinentücher auf dem Rasen vor dem Schloß ausgebreitet. Die britische Artillerie fetzte in die Türme und auf die Vorplätze. Endlich, in der Frühe des 21. August, fuhren amerikanische Spähtrupps in den Schloßhof. Hayn übergab einem Captain der 90. US-Division die Verwundeten. Draußen vor dem Schloß lagen die amerikanischen Infanteristen, Männer aus Texas und Oklahoma. Sie warfen neugierige Blicke auf den deutschen Offizier. Einer spielte auf seiner Mundharmonika. Er setzte ab und rief auf deutsch dem Major zu: »Kennen Sie das?« Und dann erklang die alte Melodie: »Ach, du lieber Augustin, alles ist hin.« Hayn, heute Mittelschulrektor im holsteinischen Bordesholm, fühlte, wie ihm die Tränen in die Augen stürzten. Aber er blickte nicht zurück.

General Elfeldt und Oberstleutnant von Criegern hatten bei dem Gefecht um den Dives-Übergang die Verbindung zur Gruppe Meyer verloren. Bis 3 Uhr wartete der General auf eine Nachricht über die Lage an den Ausbruchsstellen; aber das einzige, was ihn erreichte, war ein Funkspruch, daß er von seinem Kommando abgelöst sei. Der Text lautete: »Abgelöst. Sammlung des Korpsstabes nördlich Mont Ormel. Neue Verwendung in einer Auffanglinie bei Amiens.«

Kurz nach 3 Uhr trat General Elfeldt an der Spitze einer kleinen Kampfgruppe, die er aus Versprengten zusammengestellt hatte, in Richtung St. Lambert an. Die Sicherung einer feindlichen Panzerabteilung versperrte den Weg. Elfeldt versuchte, sie durch einen Hohlweg zu umgehen. Zu spät. Eine Kolonne der 1. polnischen Panzerdivision stellte die Gruppe zum Kampf und schoß sie zusammen. Was nicht fiel, wurde gefangen.

So blieb General Elfeldt mit seinem Stab im Kessel, im Stalingrad der Normandie. Mit ihm blieben 40 000 Gefangene und 10 000 Gefallene zurück. Aber 50 000 hatten sich den Ausweg erkämpft.

VIII

DER ANFANG VOM ENDE

Über die Brücken der Seine

»Blauensteiner!« rief General Meindl freudig, als er seinen Stabschef und Ia gegen Mittag am 21. August in Orville traf. Der Oberst salutierte lachend: »Melde mich heil aus dem Kessel zur Stelle, Herr General.«

Wie die Zigeuner sahen Männer und Offiziere aus, die Uniformen von den Dornenhecken der Knicks in Fetzen gerissen. Verdreckt, die meisten verwundet. Aber wer diesen Ausbruch mitgemacht hatte, den konnte nichts mehr schrecken.

»Was nun, Herr General?« fragte Blauensteiner seinen Korpskommandeur.

»Ich habe heute morgen den Reststab der 7. Armee gefunden. Wir sollen in zwei Nächten an die Seine marschieren, dort das Übersetzen abwarten. Den Rückzug deckt ein Panzerverband der SS-Panzerdivision »Das Reich«.

»Und was deckt er noch, Herr General?« fragte Blauensteiner bitter.

Meindl blickte seinen Stabschef an. Er antwortete nicht, brauchte es auch nicht.

Immer wieder war seit dem 7. Juni am Kartentisch des Korps-Gefechtsstandes das Gespenst des großen alliierten Durchbruchs aufgetaucht. Die Heeresgruppe B hatte nicht genug Kräfte gehabt, um die Landung zu verhindern. Sie bekam dann nicht genug Kräfte, um in Gegenstößen die Landeköpfe aufzuspalten und den gelandeten Feind wieder ins Meer zu werfen. Die opfervollen deutschen Gegenstöße der 7. Armee reichten auf diese Weise immer nur, um Einbrüche zu beseitigen und die mürbe Front zu flicken. Eine Panzerdivision nach der anderen wurde aufgerieben. Die Alliierten gewannen Zeit, unter dem Schutz ihrer Luftflotten so viel Menschen und Material an Land zu bringen, daß man ausrechnen konnte, wann die Flut den schwachen Damm einrennen mußte. Nun war es soweit. Zwei Monate lang hatte man den Zusammenbruch hinauszögern können. Jetzt war er da. Es hatte im Kessel von Falaise zwar keine Massenkapitulation gegeben. Ein Drittel der 7. Armee konnte entkommen und der Vernichtung entgehen. Aber die Panzerwaffe, das Rückgrat für eine offensive Kampfführung, war zerschlagen. Ihre Reste reichten höchstens noch zur Abwehr. Insgesamt konnte die Heeresgruppe B nach Falaise noch über 100 einsatzbereite Panzer befehlen. 100!

Meindl dachte an die Information, die ihm im Dezember 1943 aus dem Führerhauptquartier zugegangen war. In der Lagebesprechung am 20. Dezember 1943 hatte Hitler nach dem Stenogramm Nr. 35, Seite 24, optimistisch und selbstsicher erklärt: »Das Entscheidende ist, daß der Gegner im Moment der Landung Bomben auf den Kopf kriegt. Dann zwingen wir ihn, Deckung zu nehmen. Und wenn immer nur ein Flugzeug in der Luft ist, so muß er trotzdem Deckung nehmen, und damit versäumt er Stunde um Stunde. In einem halben Tag kommt aber das Heranziehen unserer Reserven in Gang. Wenn der Gegner am Strand nur sechs oder acht Stunden angenagelt ist, kann man sich vorstellen, was das für uns bedeutet.«

Hitlers Rechnung hatte nicht gestimmt! Zwar war der landende Feind an vielen Stellen sechs Stunden, ja noch länger, am Strand »festgenagelt« worden — auch ohne Luftwaffe —, aber die Reserven waren eben nicht gekommen. Zuerst waren sie nur tropfenweise und zu spät herangezogen worden. Dann zum Teil falsch eingesetzt. Mit unzureichender Artillerie. Am hellen Tag konnten sie nicht mehr fahren, weil sie kein Dach über dem Kopf hatten. Denn der Himmel gehörte den Jabos, den Bombern, den Kampffliegern der

Alliierten. Und diese verlegten den deutschen Eingreifreserven den Weg. Machten den berühmten Strich durch die Rechnung.

Die Luftüberlegenheit der Alliierten hat den Krieg im Westen entschieden. Zum zweiten Male wurde Rommel von den alliierten Fliegern geschlagen. Das erste Mal geschah es in Afrika; denn aus der Luft, und nur aus der Luft, wurde Rommels Panzerarmee in Nordafrika besiegt, in dem Augenblick besiegt, als er die Hand am Türgriff nach Kairo hatte und das Ölparadies des Mittleren Ostens in seinem Zugriff lag. Die völlige Lahmlegung des Nachschubs bewirkte, daß das Afrikakorps in der entscheidenden Schlacht um Alamein ohne Sprit und ohne Fahrzeuge war. Damit ging die Chance verloren, Nordafrika und den Vorderen Orient zu erobern und England friedensreif zu machen.

Aus der Luft wurde auch die deutsche U-Boot-Waffe ausgeschaltet. Die Offensive der grauen Wölfe wurde gestoppt durch den Einsatz der mit Radar gelenkten Kampfflugzeuge. Sie fügten den U-Booten große Verluste zu, zwangen sie unter Wasser und manövrierten sie aus.

Aus der Luft wurde ebenso die Fertigung und der Einsatz der V 1 und der V 2 — die beiden ersten Raketenwaffen der Kriegsgeschichte — immer wieder verzögert: Die Produktions- und Forschungsstätten in der Heimat und die Abschußrampen im Frontgebiet wurden mehrmals völlig zerbombt.

Die alliierte Luftüberlegenheit wuchs sich dann bei der Invasion zum Luftmonopol aus und bildete die entscheidende Voraussetzung zum Sieg an der Invasionsfront. Bombenteppiche und Jabos zermalmten die Küstenbefestigungen und das französische Eisenbahnnetz, verhinderten den schnellen Einsatz taktischer und strategischer Reserven, unterbanden den Nachschub, zerschlugen die Panzerdivisionen und die Artillerie und machten die Grenadiere zu hilflosen Opfern.

Das ist die entscheidende, die bittere Wahrheit des zweiten Weltkriegs! Meindl kannte diese Wahrheit, und Blauensteiner kannte sie auch. Es war nicht die Schuld der Offiziere, der Kommandeure und der Stäbe der deutschen Luftwaffe, daß unsere Kampf- und Jagdgeschwader im zweiten Teil des Krieges zahlenmäßig so hoffnungslos unterlegen waren. Die Decke der deutschen Rüstungswirtschaft war für einen Krieg gegen West und gegen Ost einfach zu kurz. Es reichte für Flugzeuge oder für Panzer; es reichte aber nicht für beides.

»Und was nun?« fragte Oberst Blauensteiner seinen Korpskommandeur.

»Die große Hoffnung ist die Seine«, antwortete Meindl.

Die Seine! Ein mächtiger Fluß! Aber auch ein mächtiger Fluß stellt für die moderne technische Kriegführung kein unüberwindliches Hindernis mehr dar. Vorfabrizierte Brücken, Spezialpontons, Sturmboote befähigen ganze Divisionen, in Stunden einen Fluß zu überschreiten. Vorausgesetzt, daß seine Ufer nicht von schnell-beweglichen Truppenverbänden, von schwerer Artillerie, Sturmgeschützen und Panzern verteidigt werden, die jeden Übergangsversuch im Keim zerschlagen. Geschieht das nicht, dann ist ein Fluß nur ein Graben. Die deutschen Armeen hatten das im Rußlandfeldzug bewiesen. Warum sollten die Amerikaner, die mit Erfolg über den Kanal gekommen waren, an der Seine hilfloser sein? Sie waren es nicht.

Was General Patton schon bei Avranches bewiesen hatte, das zeigte er auch jetzt vor Paris. Kühn und unbekümmert jagte er mit seinen Divisionen durch Nordfrankreich. Die Straßen nach Paris waren offen, unverteidigt, unzerstört.

Nur mit drei Divisionen der 15. Armee glaubte das Oberkommando der Wehrmacht, Paris decken und den deutschen Rückzug auf die Seine abschirmen zu können. Wieder stand über der Maßnahme das Wort: zu wenig und zu spät. Patton rollte heran: mit drei Panzerdivisionen und drei vollmotorisierten Infanteriedivisionen. Zum Glück für den deutschen Rückzug war das Flugwetter schlecht. Die Jabos mußten auf ihren Plätzen bleiben. So kamen die Reste des II. Fallschirmjägerkorps ohne Verluste bei Louviers über die Seine.

Auch Generalmajor Kurt Meyer meldete sich mit den Resten seiner 12. SS-Panzerdivision auf dem Gefechtsstand des I. SS-Panzerkorps und wurde wie ein vom Tode Auferstandener begrüßt. Was aus dem Kessel entkommen war, ging bei Rouen in Fähren und Booten über die Seine. Verbände der Division, die zur Auffrischung schon vor der Seine lagen, wurden zum hinhaltenden Widerstand eingesetzt.

Da fährt ein Lastwagen mit den Männern, die übriggeblieben sind vom I. Bataillon Panzergrenadierregiment 25, dem Kernstück der Kampfgruppe Waldmüller. Dazwischen das Dutzend von der I. Kompanie. Ein Dutzend noch.

Im Morgengrauen des 7. Juni war die 1. Kompanie in Caen von den Fahrzeugen gesprungen. 250 Mann! Andreas Schnell erinnert sich noch genau, wie Unterscharführer Grenzow auf der Fahrt immer zu ihm sagte: »Schnell, Hand- und Fußbremse zugleich, wenn ich schreie ›stop‹.« Es hatte immer geklappt. Kein Jabo hatte Schnells Mannschaftswagen erwischt. Aber Grenzow hatte es erwischt. Und all die anderen. Bis auf das Dutzend, das jetzt auf dem Lastwagen sitzt. Nur fünf von ihnen waren am 7. Juni in Caen dabei; fünf sind übriggeblieben.

Unsere alte 21. Panzerdivision treffen wir auf dem Weg zur Seine im Kampf mit den vorstoßenden Amerikanern. Hierhin geworfen, dorthin gejagt, um die stündlich entstehenden Lücken in der schwachen, beweglichen Abschirmungsfront zu stopfen und ein erneutes Abschneiden der zur Seine flutenden Verbände zu verhindern. Seit dem 6. Juni ist die Division im Kampf. Zwei Marschbataillone — das war der ganze Ersatz, der bis Ende August eintraf. Die meisten Panzer blieben vor Caen; mit 8 Panzern IV trat die Division zum Ausbruch aus dem Kessel an. Keiner kam über die Dives. Die Panzergrenadierregimenter bestehen noch aus 40 bis 50 Mann. Die Artillerie, Sturmgeschütze, Panzerjäger und Flakeinheiten haben den größten Teil ihrer Waffen und ihrer Fahrzeuge eingebüßt. Zahlen sagen allein nichts aus über Leid und Schmerz. Aber sie zeigen die technische Katastrophe der Niederlage in einer modernen Schlacht, zeigen den Verlust der militärischen Maschinerie, ohne die der Soldat hilflos wird, und wenn er noch so tapfer ist.

Vom 6. Juni bis Ende August verloren die Streitkräfte der Heeresgruppe B 1300 Panzer, 20 000 Lastwagen und Pkw, 500 Sturmgeschütze, 1500 Feldkanonen und Haubitzen, mehrere tausend Pak- und Flakgeschütze.

Die Verluste der Truppe betrugen 400 000 Mann; Verwundete, Gefangene und Gefallene. 200 000 marschierten in die POW-Camps Englands, Kanadas und der USA.

Kriegsgott Mars hatte Menschen und Material von zwei Armeen vom Kampfplatz gefegt. Der Rest sammelte sich vor der Seine.

Die 3. Kompanie des Pionierbataillons der 21. Panzerdivision baute vor Rouen eine Brücke über den Strom. Die Männer arbeiteten wie die Berserker, denn vor dem Fluß stauten sich die ankommenden Verbände, die auf die Fähren, Prähme und Boote warteten. Der Brückenbau wurde durch keinen Luftangriff gestört. Das Wetter war günstig.

Offizierskommandos standen an der Auffahrt. Mit der Pistole in der Hand dirigierten sie den Übergang, meisterten Panik und Chaos. Da sah man Reste all der kampferprobten Divisionen, die ihr Blut in der Normandie vergossen hatten: die 21., die 2. und die 116. Panzerdivision. Die 2., 9., 10. und 12. SS-Panzerdivision. Die 17. SS-Panzergrenadierdivision, die Kämpen der Fallschirmjägerdivisionen, der Infanterie-, Luftwaffenfeld- und Flak-Divisionen, die sich so hart und bravourös in den Gärten, Hecken und Hohlwegen der Bocages geschlagen hatten.

Einen Verband suchen wir allerdings vergeblich: Das Fallschirmjägerregiment 6, das im »Utah«-Abschnitt am ersten Landungstage die ersten hoffnungsvollen Gegenstöße machte und seit dem 6. Juni immer im Kampfeinsatz war, ist nicht mehr dabei. Sein Schicksal ist ein Beispiel für den Kampf und den Untergang ganzer Regimenter.

Nach der Räumung von Carentan fochten von der Heydtes Fallschirmjäger im Bereich verschiedener Divisionen auf der Cotentin-Halbinsel. Ihr Name tauchte Mitte Juli noch einmal rühmend im Bericht der 7. Armee auf, als die Radfahrkompanie, die noch aus 20 Mann bestand, zusammen mit einem Panzer IV von der 2. SS-Panzerdivision »Das Reich« ein durchgebrochenes amerikanisches Infanteriebataillon mit 13 Offizieren und 600 Mann gefangennahm.

Dann geriet das Regiment in den Strudel des amerikanischen Durchbruchs bei St. Lô und kämpfte sich mit einer Kampfgruppe der 2. SS-Panzerdivision aus dem Coutances-Kessel nach Süden in die Auffangstellungen der 353. Division. Wer dabei war, wird es nicht vergessen: In Einerreihe ging es auf Seitenstraßen und Schleichwegen durch die Nacht, während das Rasseln der amerikanischen Panzer von der Hauptstraße herübertönte. Die Spitze des Regiments führte von der Heydte wie ein Indianerhäuptling. Er überlistete die vollmotorisierten Amis. Und sie kamen durch. Aber was war von dem stolzen Regiment noch übrig? Ein paar hundert Mann. Fast alle krank oder verwundet. Die meisten mußten auf die »IVb-Piste« geschickt werden, wie die Landser die Straße nach Alençon ins Lazarett nannten, abgeleitet von IVb, der Stabsbezeichnung für den Divisionsarzt.

Übrig blieben 60 Mann, sechzig! Sie wurden aus der Front gezogen und trafen bei Lisieux auf die Kranken und Verwundeten des Regiments; im ganzen 1007. 3000 Offiziere und Männer aber waren gefallen oder vermißt. 3000 von einem einzigen Regiment.

Noch keine zwei Stunden hasteten die Kolonnen über die Seinebrücke bei Rouen, da klarte das Wetter auf. Und mit der Sonne kamen die Herren der Schlacht um Frankreich: die alliierten Flieger.

Wiederum verteidigte kein einziges deutsches Flugzeug den Übergang. Wie der Anfang, so war das Ende. Nur ein paar Flakgeschütze jagten ihr Sperrfeuer in den Himmel. Aber sie konnten die Katastrophe nicht abwenden. Im Tiefflug fegten die Jabos über die Brücke. Schossen die Pontons auseinander. Warfen Bomben dazwischen. Die Seine bekam ihre Opfer.

Währenddessen spielte das Schlachtenglück General Patton drei Meilen oberhalb Paris einen entscheidenden Trumpf in die Hand. Beim Städtchen Mantes Gassicourt, 30 Kilometer nordwestlich von Paris, hatten deutsche Pioniere das Wehr gesprengt. Mitten bei der Arbeit erreichte sie der Befehl, sofort die große Einfallstraße von Dreux her nach Paris aufzureißen, zu verminen und für Panzer unpassierbar zu machen. Auch die Infanterieverbände, die im Raum Mantes vor der Seine lagen, bekamen Marschbefehl zur Sicherung der Einfallstraße nach Paris. Das deutsche Oberkommando glaubte, daß General Patton direkt auf die französische Hauptstadt stoßen würde, um sie schnell zu nehmen.

Das aber sollte verhindert werden.

Hitler hatte sich in den Gedanken verbissen, Paris bis zum letzten Haus zu verteidigen. Deshalb befahl er vom fernen Rastenburg, 60 Kilometer vor der russischen Front, bis in alle Einzelheiten die Operationen auf dem 1500 Kilometer entfernten französischen Schlachtfeld. Er führte den Krieg von der Karte aus, konnte den örtlichen Gegebenheiten nicht Rechnung tragen, wollte aber trotzdem jede Absetzbewegung selbst genehmigen. So wurden oft

Stunden versäumt, Stunden, die bei der schnell wechselnden Lage entscheidend waren. Hitler war, wie sich aus erhaltenen Teilen des OKW-Kriegstagebuches und aus den Studien erfahrener Stabsoffiziere für die amerikanische Kriegsgeschichte ergibt, nicht blind gegenüber der gefährlichen Entwicklung im Westen. Er beschäftigte sich mit der Technisierung des Krieges wie kein zweiter und sah die aus der amerikanischen Übermacht erwachsenden Probleme. Aber — und das war der entscheidende Fehler — er glaubte, daß die Güte des deutschen Soldaten alles wettmachen könnte. Er überforderte den deutschen Frontkämpfer.

Paris wurde kein Warschau

Der amerikanische Plan war ursprünglich nicht, wie das Führerhauptquartier annahm, auf die Einnahme, sondern nur auf eine Einschließung der französischen Hauptstadt gerichtet. Eisenhower scheute verlustreiche Straßenkämpfe.

So kam es, daß General Pattons 79. Infanteriedivision gar nicht auf Paris marschierte, sondern im Schutze der Nacht bis 5 Kilometer vor Mantes kam, ohne einen deutschen Grenadier zu sehen. Am nächsten Morgen tastete sich vorsichtig ein Spähtrupp an den Fluß. Kein Mensch bei den Amerikanern konnte sich vorstellen, daß die Seine nicht gesichert sei.

Alles war totenstill. Die Amerikaner sahen das gesprengte Wehr. Aber eine schmale Fußgängerbrücke war noch passierbar. Freilich nicht, wenn drüben auch nur ein einziges deutsches MG lag, ein einziges MG mit zwei Mann!

Der Sergeant White probierte es. Mit drei Freiwilligen sprang er über den Steg.

Sie waren drüben. Winkten.

Eine Patrouille ging ihnen nach und tastete vorsichtig das Gelände ab.

»Nur keine schlafenden Hunde wecken«, mahnte White. Sie holten sich zwei schwere MG's herüber. Ein paar Granatwerfer.

Sie hatten ihren Brückenkopf. Per Funk ging die Nachricht an General Patton. Der kam sofort. Besah sich die Sache. Jagte zu Bradley, dem Oberbefehlshaber. Rief nach ein paar Stunden bei der 79. Division an: »Das 313. Regiment ist über den Fluß zu werfen.«

Die Männer wurden aus dem Schlaf getrommelt. Jagten, keuchten mit schweren Waffen über den Steg. Bauten den Übergang mit Trägern und Brettern aus. Fuhren ihre Lasten hinüber. Und als der Morgen dämmerte und oben vor Rouen die ersten deutschen Kräfte aus dem Kessel von Falaise über den Fluß setzten, um hinter der Seine eine neue Verteidigungslinie aufzubauen, hatte General Patton 30 Kilometer westlich von Paris bereits einen starken Seine-Brückenkopf gewonnen, der nicht mehr einzudrücken war.

Die Ereignisse an der Brücke von Mantes — eine jener vielen Schicksalsbrücken des letzten Krieges — zeigten aufs neue, daß der deutschen Führung die Dinge entglitten. Nichts glückte mehr. Gar nichts. Das Glück hatte den deutschen Waffen den Rücken gekehrt.

Auch südöstlich von Paris, bei Melun, konnte Patton am 23. August mit Kräften seiner 7. Panzerdivision einen Brückenkopf bilden: Die Seine war bezwungen, ehe Paris gefallen war!

»Das Ziel der Panzer ist immer die feindliche Hauptstadt«, lautete ein strategischer Kernsatz Guderians. Eisenhower wollte von diesem Grundsatz abweichen, um Paris zu schonen. Er wollte die Stadt einschließen und die Deutschen später zur Übergabe zwingen. Dann jedoch diktierten ihm politische Erwägungen das Gesetz seiner militärischen Entscheidungen.

Am 19. August hatte die sichtbare Niederlage der deutschen Feldarmee 3000 Pariser Gendarmen zum Aufstand und zur Besetzung der Polizeipräfektur verlockt. Das war der Funke, der ins Pulverfaß fiel. Die Widerstandsbewegung griff offen zu den Waffen. En avant — vorwärts — schlagt die Deutschen aus Paris!

Dagegen konnte kein Verbindungsoffizier der alliierten Stäbe etwas machen. Da half kein Appell an die Vernunft, kein Hinweis auf strategische Notwendigkeiten. »Aux armes« — zu den Waffen — tönte es durch die Vorstädte. Die Politik war im Spiel. Keine der verschiedenen Widerstandsorganisationen — von den Kommunisten bis zu den Nationalisten — wollte sich von der anderen in den Schatten stellen lassen. Das Rathaus, der Justizpalast, das Kriegsministerium wurden besetzt. In den Straßen knallten die Gewehre. Aus den Kellerfenstern prasselten die MG's. Von den Dächern wurden Handgranaten auf deutsche Wehrmachtstreifen geworfen.

General von Choltitz, seit dem 7. August Kommandant von Paris, stand vor einer schweren Entscheidung. Der Führerbefehl lautete: »Sprengung der Seinebrücken, Kampf in der Stadt bis zum letzten Haus.«

Der General wußte, was das bedeutete: für die Stadt, die Zivilbevölkerung, die Truppe und die deutschen Stäbe, Dienststellen und Nachschubeinheiten.

Was sich aus der Lage entwickeln konnte, zeigte der seit dem 1. August auf der anderen Seite der europäischen Front tobende Kampf der Warschauer Aufständischen. Sie hatten auch in Erwartung der Befreier zu den Waffen gegriffen. Als die Russen nicht kamen, ging Warschau in Trümmer.

Choltitz wollte aus Paris kein Warschau machen. Er verhandelte mit Vertrauensmännern der Résistance. Es gab ein ziemliches Hin und Her. Der General stand zwischen zwei Feuern. Er mußte die Verhandlungen mit den Repräsentanten der Résistance und ihren Verbindungsmännern so führen, daß nichts davon bis in Hitlers Hauptquartier drang; er mußte aber auch zu einer Vereinbarung kommen, die ihn davor bewahrte, vor den unberechenbaren Kräften der Résistance zu kapitulieren. Schließlich einigte man sich auf eine Waffenruhe bis zum 23. August.

Aber die Führer der so vielschichtigen Widerstandsbewegung hatten ihre Leute nicht in der Hand. Viele Gruppen führten Krieg auf eigene Faust. Die Überfälle auf deutsche Streifen und Stützpunkte gingen weiter; die herausgeforderte Gegenwehr lief an.

Choltitz konnte die Dinge nicht mehr treiben lassen. Chaos drohte. Die apokalyptischen Roßknechte betraten die Bühne: Plünderer, Hasardeure, politische Drahtzieher. Viele Landser aus den Stäben zogen die Uniform aus und glaubten, in Zivil bei ihren Freundinnen untertauchen zu können. Manchen gelang es. Mancher bezahlte den Versuch mit seinem Leben, weil ihn die Résistance — mitsamt der Freundin — für einen Spion hielt.

Wie sollte man dieser Entwicklung Herr werden? Die regulären deutschen Truppen waren viel zu gering; die Alarmeinheiten aus Schreibstubenpersonal und Trossen aber lösten sich einfach auf. Die kampfkräftigen Verbände der Gestapo und der Polizei waren abgerückt. Trotzdem kamen immer wieder die drängenden Befehle, die Industrieanlagen und wichtigen strategischen Objekte der Stadt zu sprengen. Choltitz versuchte, mit scharfen Rundfunkverlaut-

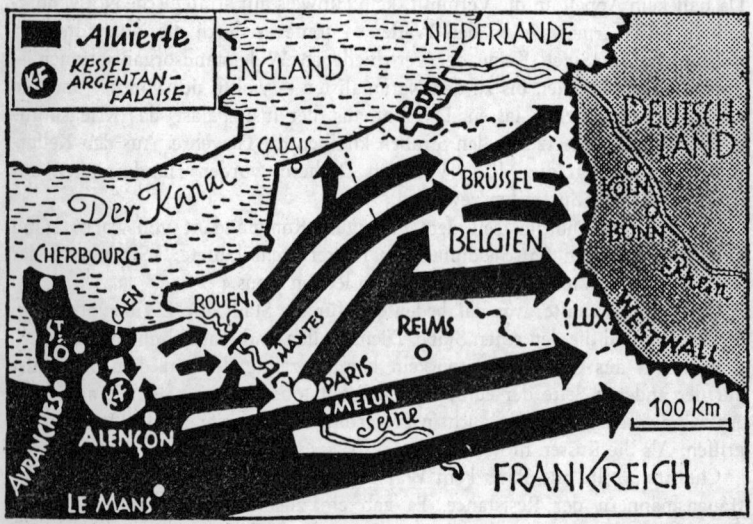

Vier alliierte Armeen jagen nach dem Zusammenbruch der deutschen Abwehrfront in Frankreich der Reichsgrenze zu. Der schwach bestückte Westwall, in den schnell zusammengeraffte Verbände geworfen werden, ist die letzte deutsche Verteidigungslinie vor dem Rhein.

barungen die Entwicklung aufzuhalten. Aber die harten Worte erhitzten nur die Gemüter und ließen die Résistance glauben, die Deutschen hätten den Waffenstillstand gebrochen. Es gab in Paris in jenen Tagen und Stunden keinen verantwortlichen Mann — vom deutschen Botschafter Otto Abetz bis zu den Kommandeuren der militärischen Dienststellen — der nicht von dem Wunsch, Paris vor der Vernichtung zu bewahren, geleitet worden wäre.

Viele Fäden wurden in diesen Stunden der Gefahr für Frankreichs Metropole zwischen den Fronten geknüpft, um eine annehmbare Lösung zu finden.

Sie wurde gefunden: Eisenhower ließ auf Grund der verständigen deutschen Haltung — entgegen seiner ursprünglichen Absicht — das V. Korps mit der 4. US-Infanteriedivision und der französischen 2. Panzerdivision in die Stadt marschieren. Choltitz bekam so einen Partner, mit dem er in militärischer Ordnung die Frage der Kapitulation behandeln konnte.

Der letzte Akt

Während die Résistance auf versprengte deutsche Soldaten Jagd machte, einzelne sich verteidigende Stützpunkte über die Dächer und durch die Abwässerkanäle umging und knackte, zogen auf der Ostseite in unübersehbaren Kolonnen die Marketender des modernen Krieges aus der Stadt: zivile und halbmilitärische Dienststellen, Kollaborateure, französische Milizeinheiten, Geschäftemacher, Schwarzhändler usw. Dazwischen die Stäbe mit ihren Lastwagen, beladen mit Büromaterial, Schreibstubenmöbeln, Stabshelferinnen. Ein trauriger Zug!

Die deutsche Garnison hielt sich nördlich der Seine bis zum Nachmittag des 25. August. Dann kapitulierte General Choltitz mit 10 000 Mann. Für manchen Soldaten, vor allem für manchen Offizier begann noch ein schreckliches Spießrutenlaufen. Die Freiheit jubelte, aber wie immer brodelte auch der Haß. Der Fall von Paris war das Ausrufungszeichen hinter der deutschen Niederlage in der Schlacht um Frankreich. Der letzte Akt des zweiten Weltkrieges begann.

Auf das deutsche Feldheer wartete nur noch der längst von allen schweren Waffen entblößte Westwall als letzte Hoffnung vor der Grenze des Reiches.

Eine arme Hoffnung.

Aber die Regimenter quälten sich ihr entgegen. »Ihr Weg war noch nicht zu Ende«, schreibt ein kanadischer Berichter in der jüngsten offiziellen kriegsgeschichtlichen Betrachtung. Und er urteilt: »Die alliierten Operationen waren in den obersten Kommandostäben besser aufeinander abgestimmt als bei den Deutschen; aber vom Kampfgeschehen auf dem Schlachtfeld kann man das nicht sagen. Da waren die deutschen Soldaten und ihre Truppenkommandeure bessere Praktiker. Der deutsche Frontsoldat war tapfer, zäh und geschickt. Er war zuweilen fanatisch, gelegentlich brutal, aber er war immer und überall ein formidabler Kämpfer, selbst unter so schwierigen Bedingungen wie in der Normandie. Vom Mann und von der kämpfenden Front gesehen, kann man nicht sagen, daß wir durch taktische Überlegenheit die Schlacht um die Normandie gewonnen haben.«

Richtig! So war es. Die bessere Strategie, die überlegene Luftwaffe, die überragende Technik, die unerschöpfliche Kraft der Produktionszahlen und der Divisionen — das hat den Sieg gebracht. Die deutsche Wehrmacht war in den zermürbenden Materialschlachten im Westen und in den mörderischen Feldzügen in Rußland zur Schlacke ausgebrannt. Die Niederlage war daher unabwendbar.

LITERATURVERZEICHNIS

Cajus Bekker: Radar — Duell im Dunkel · Gerhard Stalling Verlag, Oldenburg/Hamburg.

Basil Collier: The Defence of the United Kingdom, London 1957 · Her Majesty's Stationary Office.

John Ehrman: Grand Strategy, Volume V, London 1956 · Her Majesty's Stationary Office.

Dwight D. Eisenhower: Kreuzzug in Europa · Bermann-Fischer Verlag, Amsterdam.

Walter Görlitz: Der zweite Weltkrieg, Band II · Steingrüben-Verlag, Stuttgart.

Heinz Guderian: Erinnerungen eines Soldaten · Kurt Vowinckel Verlag, Heidelberg.

Gordon A. Harrison: Cross-Channel Attack — The European Theater of Operations · Office of the Chief of Military History Department of the Army, Washington, D. C. 1951.

Friedrich Hayn: Die Invasion — Von Cotentin bis Falaise · Kurt Vowinckel Verlag, Heidelberg.

David Howarth: Dawn of D-Day · Collins, London.

Rudolf Lusar: Die deutschen Waffen und Geheimwaffen des 2. Weltkrieges und ihre Weiterentwicklung · J. F. Lehmanns Verlag, München.

Kurt Meyer (Panzer-Meyer): Grenadiere · Schild-Verlag, München-Lochhausen.

Marschall Montgomery: Memoiren · Paul List Verlag, München.

Omaha-Beachhead · War Department-Historical Division.

Friedrich Ruge: Rommel und die Invasion · K. F. Koehler Verlag, Stuttgart.

Cornelius Ryan: The Longest Day · Simon and Schuster, New York.

Hans Speidel: Invasion 1944 · Rainer Wunderlich Verlag, Tübingen und Stuttgart.

Colonel C. P. Stacey: The Canadian Army 1939—1945 · Edmond Cloutier, C. M. G., B. A., L. Ph. King's Printer, Ottawa 1948.

Bertil Stjernfelt: Alarm i Atlantvallen · Hörsta Förlag A. B., Stockholm.

Major-General G. L. Verney: The Desert Rats. The History of the 7. Armoured Division · Hutchinson, London.

Wehr-Wissenschaftliche Rundschau: 9. Jahrgang, Heft 6, Juni 1959 · E. S. Mittler & Sohn GmbH, Frankfurt, Berlin.

Chester Wilmot: Der Kampf um Europa · Alfred Metzner Verlag, Frankfurt, Berlin.

Außerdem: Unveröffentlichte Manuskripte, Kriegstagebücher und kriegsgeschichtliche Studien aus privater Hand und aus deutschen und ausländischen Archiven.

Die Übersetzung der ersten Strophe von Paul Verlaines Herbstlied wurde frei zitiert nach Hannelise Hinderberger: Paul Verlaine »Gedichte« · Verlag L. Schneider, Heidelberg.

Die den alliierten Berichten zugrunde liegende doppelte britische Sommerzeit wurde — sofern nichts anderes vermerkt ist — auf die damals gültige deutsche Sommerzeit umgerechnet.

REGISTER

241

INHALT

Bitte beachten Sie
die folgenden Seiten:

Kurt R. Grossmann

Die unbesungenen Helden

Menschen in Deutschlands
dunklen Tagen

Ullstein Buch 33040

Zeitgeschichte

Dieses 1957 erstmals er-
schienene Buch von Kurt R.
Grossmann war seinerzeit
die erste umfassende
Information über die selbst-
losen Hilfeleistungen und
Rettungsversuche nicht-
jüdischer Menschen an
verfolgten jüdischen Mit-
bürgern. Die von dem
bekannten Publizisten
gesammelten Briefe und
Berichte geben ein erschüt-
terndes Bild jener Zeit, sind
aber zugleich überwältigende
Zeugnisse menschlichen
Fühlens und Handelns. Aus
ihnen spricht der unbeugsame
Wille zur Humanität von
Menschen aller Nationen
und Schichten. Neben der
unbekannten Frau aus dem
Norden Berlins und dem Arzt
von Jagielnicza stehen die
Taten Raoul Wallenbergs
und des brühmten Paters
Benoit – ein Triumph des
Guten angesichts der
Tyrannei.

Paul Carell

Die Wüstenfüchse
Mit Rommel in Afrika
Ullstein Buch 33020

Unternehmen Barbarossa
Ullstein Buch 33017

Sie kommen
Ullstein Buch 33008

Zeitgeschichte

Gideon Rafael

Der umkämpfte Frieden

Die Außenpolitik Israels von
Ben Gurion bis Begin

Deutsche Erstausgabe

Ullstein Buch 33043

Die authentische Darstellung
von mehr als vierzig Jahren
israelischer Außenpolitik.
Gideon Rafael, geboren 1913
in Berlin, emigrierte 1934
nach Palästina. Bei der
Gründung des Staates Israel
gehörte er zu den Männern
der ersten Stunde im neuge-
bildeten Außenministerium,
im diplomatischen Dienst
bekleidete er später hohe
Positionen.

Zeitgeschichte

Heinrich Graf von Einsiedel

Tagebuch der Versuchung

1942 bis 1950

Ullstein Buch 33046

Karl Jaspers schrieb 1951, nach Erscheinen dieses Buches, an den Autor: »Ich schreibe Ihnen als Leser Ihres Buches ›Tagebuch der Versuchung‹, einfach um Ihnen zu danken. Es ist keine schöne Lektüre. Sie ersparen dem Leser nichts. Aber daß Sie in rückhaltloser Ehrlichkeit schreiben . . . Widersprüche nicht scheuen, Ihre Wandlungen offenbaren, das, scheint mir, muß den Leser, je länger er liest, um so mehr befriedigen . . . Ihr Buch wirkt als Dokument einer von allen Befangenheiten sich befreienden Seele in den Jahren des versinkenden Deutschlands . . .«

Zeitgeschichte

Jochen von Lang

Das Eichmann-Protokoll

Tonbandaufnahmen der
israelischen Verhöre

Ullstein Buch 33042

Zeitgeschichte

Am 31. Mai 1962 wurde
Adolf Eichmann, nach fast
zwei Jahren Vernehmung
und Prozeß, wegen nachge-
wiesener Verbrechen gegen
das jüdische Volk hingerich-
tet. Das Protokoll seiner
Vernehmung, aufgezeichnet
nach den Tonbändern,
gehören zu den grauen-
haftesten Zeugnissen aus der
Hinterlassenschaft des
Dritten Reiches.

Bradley F. Smith /
Elena Agarossi

Unternehmen
»Sonnenaufgang«

Das Kriegsende in Italien

Ullstein Buch 33033

Im März / April 1945 fanden in der Schweiz geheime Verhandlungen über eine vorzeitige Kapitulation der deutschen Armee in Italien statt. Durch jetzt erst zugänglich gewordene Geheimdokumente belegen die Autoren, daß das Unternehmen »Sonnenaufgang« zu einem Schlüssel für die Beziehungen der Siegermächte untereinander nach dem Kriege wurde und bereits damals den Kalten Krieg einleitete.

Zeitgeschichte

Joseph Wulf

Presse und Funk
im Dritten Reich
Ullstein Buch 33028

Literatur und
Dichtung
im Dritten Reich
Ullstein Buch 33029

Die bildenden Künste
im Dritten Reich
Ullstein Buch 33030

Theater und Film
im Dritten Reich
Ullstein Buch 33031

Musik
im Dritten Reich
Ullstein Buch 33032

Das Dritte Reich
und seine Vollstrecker
Ullstein Buch 33039

Zeitgeschichte